征韓論의 背景과 影響

征韓論의 背景과 影響

文學博士 李炫熙 著

 한국학술정보[주]

정한론 복간사

나는 1986년에 '정한론의 배경과 영향'이란 책을 내외 자료에 의거하여 한국에서 처음 연구 출간하였다. 그 몇 년 전에 일본교과서에 한국 부문 서술이 왜곡 날조 은폐되었다고 전 국민이 들고 일어나 외교 문제로 비화하는 가운데 철저히 규탄, 성토한바 있었다. 그것이 계기가 되어 천안에 독립기념관이 국민적 성금으로 건립되는 민족적 응집의 한 마당이 우뚝 서게 되었다. 그러나 누구도 일제의 한국 침략의 배경이나 영향 등에 관한 학술적인 연구 성과를 체계적으로 내지 못하고 입으로만 흥분과 격노, 함성의 광장이 마련되었을 뿐이었다. 나는 이를 안타깝게 여기고 정한론을 연구하기 시작하여 몇 년 뒤 이를 감정과 구호가 아닌 학술적으로 차분히 그 진상을 객관적으로 규명해 냈다.

그것이 벌써 20년이 다 되었다. 망각에 익숙한 한민족은 정한론의 배경과 그 전략, 원리를 전혀 모른 채 흥분상태 속에 여기까지 왔다. 그 당시 이 책은 정한론의 시대적 배경을 궁금해 할 때였음으로 큰 관심 속에서 몇 판을 더 찍어도 다 매진되었던 기억이 새롭다.

일본의 정한론은 메이지 유신(1868) 이후 외교 문서의 오만함의 거절 때문만이 아니라는 사실을 나는 이 책에서 누누이 자료에 입각해서 강조 역설하고 밝혀냈다. 삼국 이래 일본은 한국에 대한 민족적 콤플렉스가 쌓여 있었기 때문에 한국 멸시 천대의 관념이 이렇게 한국 정벌 론으로 확대 성사된 것이다. 결국 제1차의 정한론은 신중론으로 일관되다가 중지, 보류되었고 제2차의 정한론이 1910년의 국권 피탈로 구체화된 것이다. 일본은 소원 성취한 셈이었다. 마침 당시 이 '정한론 연구'는 시의성이 있어서 동아일보를 비롯하여 몇 개의 전국 일간지가 집중적으로 취급하여 정한론의 실체와 배경이 무엇인지 상세히 규명되었었던 일이 있었다.

이 책이 절판된 지도 꾀 오래되었다. 한국학술정보가 이 책을 다시 출판해 달라는 간청에 우리 국민 중 아직 읽지 못한 분들이 있다고 생각되어 승낙하고 새로 가다듬어 맵시 있게 손질을 해서 보완하여 세상에 내놓게 되었으니 나는 20여 년 전의 그 감격과 보람을 다시 찾게 된 것이다.

일본의 고이즈미 준이치로 총리대신이 동남아 과거 피 침략국가 국민들이 우려하고 있음에도 야스쿠니 신사를 참배하고도 얼굴 하나 붉히지 않는 그런 철면피를 보면서 과거의 정한론이 과거가 아닌 현실로 오는 게 아닌가 하는 착각과 환상에 젖곤 한다. 21세기를 향한 한일 관계는 과거를 다 접어두고 한일수교 40년 우정의 해를 마무리하면서 신질서에 입각한 한일 동반자 시대에 발맞추어 세계대국다운 높은 품위와 국격(國格)과 국품(國品)을 갖추어야 한다. 한국의 칠십 고회 노인 역사학자로서 이 책을 통해 일본 국민에게 신사적이고 우정 어린 심정으로 설득하는 경고의 메시지이기도 함을 이해하기 바란다.

2006년 1월 1일 병술 원단에
저자 고희 노옹 이 현 희 씀

머 리 말

본서에는 일본의 한국침략논쟁을 집약했던 정한론(征韓論)의 역사적·시대적 배경을 파헤치고, 그 진상이 무엇인가를 밝힌 내용이 담겨져 있다. 정한론은 1870년대 초 전후에 일본조야에서 일어난 그들의 활발한 한국침략논의였으나, 실은 그 이전부터 잘못된 한국인식 때문에 자주 거론되고 있었던 사실을 해부하는 데 저자 나름대로 오랫동안 고심해 왔다.

자료가 부족한 이 단일문제를 연구함에 있어서 극복하고 입론(立論)을 전개하는 데는 애로가 한두 가지가 아니었다. 정한론은 한낱 상식적으로 생각하고 있듯이 19세기 말기에 국한되어 있었던 역사적인 사건으로 머물지 않는다는 것이 현재 일고 있는 일본의 신군국주의적 팽창주의나 우월주의·황도주의 사상과 그 행동이 표면에 나타남으로써 잘 알아 볼 수 있는 것이다.

한 마디로 일본은 한국을 아직도 식민주의 시대의 지배의식적 연속이나 그 판도 속에서 헤매고 있는 듯한 착각에 빠져 있음을 볼 수 있겠다. 계속된 항의나 시정요구에도 불구하고, 불시정조치가 그것을 단적으로 시사하고 있으며, 경제적인 불균형의 이득추구 일변도적인 정책도 이들의 측면에서 거들고 있는 것이다.

한·일 국교 정상화라는 문서적인 약속을 굳게 다짐한 지도 1986년으로 20여 년이 지나고 있고 2005년에는 40년이 된다. 그동안 일본의 일왕(日王)이나 총리가 공식적으로 과거의 죄악을 「유감」, 『통석』이라는 섭섭한 단어로 간단히 뉘우치고 있으나 이는 형식적이고 겉치레에 지나지 않고 있음을 우리는 똑똑히 목격해 왔던 것이다.

격변하는 국제 시대를 외면하는 고집에 가까우리만큼 어리석게도 과거사에 얽매여 미래를 묶어 둔다는 것은 현명하지 못할 것이다. 그러나 그 과거사는 민족사적 관용의 범위를 훨씬 벗어난 끔찍하고 오랫동안 기억해야 할 전율의 대사건이었다는 면에서 감정처리과정이 그리 순탄하지 못하다는 것도 우리 국민은 잘 파악하고, 차후의 일본을 지혜롭게 대처해야 할 것이다.

그런 면에서 오늘날 다시 일고 있고, 또 일어날 것 같은 지속적인 일본의 한국멸시와 우호를 가장한 경제적·문화적 침투 등을 효과적이고 제도적으로 방어·저지할 수 있는 장치가 확고하게 일어나야 하겠다는 조그마한 우국정신과 애국정성으로 저자는 이 정한론의 이모저모를 깊이 있게 살피게 되었다.

정한론은 일본조야의 정치적 이유로 사실상 한때 보류되었을 뿐이지 그것이 중단되었다든가, 완전히 폐지한 것은 결코 아니었음을 눈여겨보아야 한다. 정한론은 왜곡된 일본역사 2천 7백여 년 동안 그 중심을 지배하였고, 늘 주목해 왔던 움직일 수 없는 우월 정책이라는 점을 새삼 인식해야 할 것으로 생각된다.

본서를 마무리 지으면서 생각나는 것이 있다. 저자는 일본의 한국침략과 그 방어를 위한 독립운동사를 오랫동안 연구, 교육하였다. 그러한 인연으로 해서, 작고한 대왕사 박희범 사장으로부터 현실을 직시하고 바로 볼 수 있는 일본관(日本觀)을 형성하여, 오늘날 일본의 사회전반에서 사무라이를 주제로 하는 복고풍의 향수재음미가 풍성하게 일어나고 있는 또한 무역 불균형, 재일한국인의 법적 지위문제와 외국인 지문날인문제, 역사교과서왜곡사건, 거듭되는 망언과 폭언을 서슴지 않는 자기중심적인 집단에 극일·승일할 수 있는 공고한 국력을 길러 역사주의(歷史主義)에 의해 민족주의(民族主義)의 방향으로 후세에게 제시하여야 한다는 의지에 의해 이 저술을 여러 차례 권유받았다. 그러나 역량도 부족하고 자료도 마땅치 않아 사양하다가 마침내 누가 해도 일단은 정리해야 할 연구 작업 과정이라고 생각되어 이에 본서를 탈고하여 간행하게 되었다.

이 저술을 보다 정확하고 알차게 수행하기 위하여 자료수집차 일본과 미국의 주요 대학도서관과 문서기록보존소, 각 연구소 등 유관기관을 찾아 자료의 보완작업을 계속해 왔다.

그러나 막상 단행본으로 출간하게 된 마당에 와 보니 새삼 저자의 능력이 부족함을 절감하였다. 개정판을 내게 될 때 더욱 수정·보완하기로 약속한다. 이 책을 출간하는 데 애쓰신 대왕사 직원 여러분에게 감사의 말씀을 전한다.

이 책은 원래 1986년에 출간되었으나, 이 책의 학문적 가치와 보급의 필요성을 높이 산 한국학술정보(주)의 도움으로 이 세상에 다시 태어나게 되어 이에 감사한다.

2006년 1월

이 현 희 식

차 례

제1장

서 론

-일본인의 의식구조와 그 대처 자세-

제1절 사무라이정신의 실상

근대 일본은 다시 한 번 오늘날의 한국을 여러 방면에서 교묘하게 침략할 의도에 불타고 있다. 정한론(征韓論)은 한낱 19세기 말의 사실로 굳어져 있는 역사적 용어가 아니다. 오히려 오늘날 더 절실한 민족적인 대응의 자세를 갈망하고 있는 것이다.

일본의 잠재적 군국주의가 다시 그 본래의 흉물스러운 모습을 드러내기 시작하였는데, 이는 놀랄 만한 사실이 아니다. 그들의 잔악하고 혹독한 군국주의－팽창주의·대국주의·황도주의·우월주의－사상은 그의 독특한 민족의식에 깊숙이 뿌리박혀 변칙적 의식구조로 나타나고 있다. 그에 따른 모든 사회병폐와 병리현상은 불가피한 것으로 대두되었다. 그들 의식의 바탕과 그 주류를 이룬 군국패도주의사상은 역사적·시대적 배경을 통해 바로 직시·통찰·파악해 보아야만 그들의 도전적 자세에 대처하고, 극일의 한계를 넘어 승일(勝日)할 수 있는 것이다. 그러기 위해서는 먼저 '일본' 그 본질 자체를 정확하고 신속하게 파악해야만 올바로 대처할 수 있을 것이다. 따라서 그들의 침략적인—한국을 포함한 세계침략의 의도—의식구조를 살피고, 이에 대처방안을 제시해야 하겠다.

우리는 사실상 이웃 일본을 잘 파악하고 있는 것 같으면서도 그렇지 못한 경우가 더 많다. 역사적으로 보아 일본인의 변칙적 「게임」을 앞세운 고질적인 침한(侵韓)의 의식구조는 어떠하였는가. 그것을 먼저 살펴보는 것이 오늘에 얽힌 한국에 관한 일본의 내부를 푸는 첩경이 될 것이다. 뿐만 아니라 현재의 정한론을 푸는 열쇠가 될 것으로 생각된다.

일본은 토쿠가와(德川) 시대 이래에 특히 사무라이(侍), 즉 무사정신으로 굳게 뭉쳐 있었다. 사무라이라는 말은 원래 일본의 무사계급의 한 가지 특정한 범위만을 지적해 왔으나, 점차로 모든 무사계급을 지칭하게 되었다. 2세기 동안이나 변함없이 계속되었던 토쿠가와 시대의 정치·경제·사회적 제도는 히데요시와 이에야스시대에 골격이 짜여졌고, 히데타다(1605~1623년)와 이에미쓰(1623~1651년)시대에 공고한 기반을 구축하였다. 따라서 17세기 초기만 해도 그 제도는 보수적이었고 반동적이었다. 토쿠가와 정권의 주요목표는 정치적 변화를 정지시키는 일이었다. 그들은 봉건적 지배구조를 그대로 유지하였는데, 16세기에 있었던 봉건제도의 쇠퇴에도 불구하고 오랫동안 남아 있었다.

히데요시와 이에야스는 자기 부하들의 대부분과 같이 자수성가하였지만 그들이 성공한 사회적 분위기의 향상을 억제하였다. 이론적으로는 고대유교가 사회를 4계급으로 나눈 것에 근거하고 있다. 4계급 중 우두머리가 사무라이, 즉 무사행정가들인데, 위로는 다이묘(大名)로부터 아래로는 보졸까지 해당되고 있다. 다음이 농민이고, 셋째가 공인(工人), 넷째가 상인(商人)이었다. 토쿠가와 정권은 사무라이계급과 그밖에 3계급의 차이를 명백히 구분 짓고, 다른 3자보다 월등히 대우하여 사우라이를 군림시켜 왔다. 그들 사이에는 상호결혼도 금지되었고, 계급차별의 현저한 표시는 대소 두개의 칼이었다. 그 칼은 첫 번째 계급인 사무라이만 찰 수 있었고, 다른 3자는 어림도 없었다.

오늘날 급작스럽게 일본 내의 TV나 라디오에서 사무라이를 주제로 한 복고풍의 향수재음미가 풍성하게 일어나고, 침략의도가 철철 넘치는 군가가 귀를 따갑게 울리는 것도 역사교과서 왜곡과 같은 맥을 달린다는 면에서 주목해 볼 수 있겠다. 그런 면에서 현대적인 의미로서의 정한론이 고개를 들고 있다는 사실은 새삼 놀랄 일이 못되는 것이다.

여하간 정치적 권위는 이들 무사계층의 머리와 손에 꽉 박혀 있다 해도 과언이 아니다. 아무리 미천한 자일지라도 사무라이면 하층 3계급보다 훨씬 우월한 예우를 받았던 것이다. 따라서 그의 사무라이로서의 특권 중에는 키리스데라는 것이 들어 있다. 이는 사무라이에게 불경한 평민을 당장에 목을 자를 수 있는 특권을 지칭하는 것이었다. 그 이유는 히데요시와 이에야스가 취한 다이묘(大名)의 전봉(轉封) 때문이었다. 따라서 부하무사들은 아무 접촉이 없었던 백성을 지배하게 되어 있었다.

지배와 침략의 수법이 이러한 역사적 배경 속에서 익숙하게 나타나곤 하였다. 나타나는 정도에서 그것을 실천하려는 욕구로 충만되자 이웃을 슬쩍 침범하는 잔악상을 보이게 된 것이다.

이런 전봉은 부하무사계급과 농촌사회 간의 오랜 유대를 단절시켜 버렸다. 그와 같은 유대는 공통된 지방적 유대관계와 오랫동안의 상호제휴로 이룩된 것이다. 전봉이 행하여지면 부하무사의 이해관계가 그들의 주군(主君)의 이해관계와 손잡는 데 있어서 배타적으로 나올 것은 뻔한 이치인 것이다. 그들의 배타적인 의식구조는 이런 배경 속에서 싹터왔다고 보겠다. 그러므로 능률적인 계급차별이 가능하였다고 봄이 타당하다.

사무라이와 기타 계급 사이의 하나의 무리를 로오닌(浪人)이라 불렀다. 소위 무뢰한이라는 파락호, 깡패이기도 하다. 우리의 민비-명성황후를 땅에서 시해하고 석유로 불태워 두 번 죽음을 강요한 무리가 바로 이들이었다고 하면 도식적인 일본인의 의식구조로서는 당연한 위상(位相)에 든다고 볼 수 있겠다.

이들은 주군(主君)이 없는 사무라이라고 하는데, 주군이 영지(領地)를 몰수당하였기 때문에 자기 아버지의 주군을 모실 수 없는 자들이다. 그래서 부유군(浮遊群)을 이루어 정치적으로 이용당하거나 당하기를 유혹하기도 하는 귀찮은 존재였다. 그들은 출생으로 따지면 사무라이계급에 속하나 실제로는 이 계급에 들어갈 수 없었다. 그러므로 일본인은 면종복배(面從服背)의 기질도 생겨나게 된 것이다. 이익을 위하는 일이면 면전에서는 복종·아첨하는 것처럼 위장하다가도 일단 돌아서면 배신을 하는 속성을 지닌 것이다.

제2절 해외 팽창주의의 의미

도쿠가와 정권은 농업적 기반 위에서 성장하여 오랫동안 농업수입에 의존하였다. 토쿠가와 개개의 다이묘들은 토지조사를 면밀히 하여 모든 농지에 통일된 세목(稅目)을 부과하였다. 이들은 처음 농업, 즉 농토를 배경으로 성장한 것이다. 장기적인 평화가 계속되는 동안 토쿠가와 정권은 군사적 카스트제도와 본래 각 지방에 있었던 군대에 의지하여 통치해야 하는 특수 과제를 안고 있었다.

사기(士氣)와 군사적 덕의(德義)가 계속 유지되지 않으면 지배계급은 몰락하게 되어 있다. 난폭한 로오닌들을 다루는 것은 한두 세대 동안은 어려운 일이 아니었다. 그러나 토쿠가와 정권은 이를 무난히 해결하였다. 그것은 바로 무사계급에서 엄격한 윤리의식을 심어 준 것이었다. 따라서 행동의 도덕적 기준과 철학은 토쿠가와식의 체제를 계승하는 데 있어서 기본이 되었고, 나아가 그들 자신도 뚜렷한 목적의식을 갖게 되었던 것이다.

도쿠가와 이에야스가 반포한 무가(武家)의 여러 법도는 우선 학문과 무예를 진흥시키는 일이었다. 특히 무술의 연마는 중요시되었다. 전쟁이 점차 이론적인 문제로 다루어지고, 실전경험이 있는 세대가 사라져 가는 시기에 임하여 필요하게 느껴졌다. 여러 번(藩)에 무술교습소가 개선되어 운영되었고, 심신단련으로 '일본정신'을 키워 갔다. 그 가운데 궁중검술 같은 중세적 전술에 사용된 무술이 젊은 사무라이에게 강조되었다. 전적으로 강조되는 것은 전투능력보다는 '무사적 기질의 창조'였다. 다시 말하면, 무예가 스포츠처럼 정신적인 면의 증진을 위한 유일의 무기로 손꼽혔다고 지적할 수 있겠다.

무예의 연마는 일본인의 강인한 정신단련 · 인내 · 극기 · 내한 · 내서의 운동과 같은 내면세계의 호전성 양성과도 연결된다고 보는 견해가 지배적이었다. 그들은 사생활에 있어서의 충실 · 복종 · 근엄 · 결박 · 끈기 · 인내 · 계급차별의 준형과 같은 점이 이에야스의 '무가제법도'에 나타나고 있는 것이다. 이 행동지침이 무사도로 알려지게 되었다. 무사도는 전쟁시기에 사회윤리로 통용되었고, 상업구조에도 적용되었다. 강인한 기질을 단련하기 위한 요체였다.

토쿠가와 시대의 도덕론자들은 주군과 봉신(封臣) 간의 관계를 언급하지 않고, 군(君)과 신(臣)의 관계에서부터 시작되는 오륜(五倫)을 강조하였다. 특히 두드러진 것은 주군에 대한 충성, 즉 정치적 단위에 대한 충성이 있는데, 일본에서는 그것이 한 가족에 대한 성실보다 훨씬 우위에 있으므로 개인이나 가족보다는 국가에 충성한다는 기질로 굳어져 버렸다고 생각되는 것이다.

이런 사무라이정신은 요시무네 때의 중흥을 거쳐 더욱 보강되었고, 타누마 오키스쿠(田沼意次) 때에 '악의 전형'이라는 악명 시대를 거쳐 마쓰다이라 사다노부(松平定信) 때 요시무네 시대로의 복귀를 표방하였다. 그 뒤 미즈노 타다구니(水野忠邦: 1834~1845년)의 영도하에 새로운 사무라이정신의 재정비와 함께 창조적인 계승을 외치고 개개인의 절검과 정부의 절검을 주장하였다. 천보(天保)개혁이라고 불리는 미즈노의 개혁노력은 비현실적인 것이었으나, 정신개혁을 강조하였다는 면에서 전대에 볼 수 없었던 팽창주의적 '신일본정신'의 제창이라고 지적할 수 있겠다. 한편으로는 정부의 전매사업을 잘 조직·운영하고, 새로운 세원(稅源)을 포착하여 경제활동 중 비농업적 부문으로부터의 수입을 증가시키고 정부가 상인단(商人團)과 긴밀히 협조하였다.

이럴 즈음 서양인이 힘을 가지고 일본해협에 재차 출현하게 되자 전례 없는 새 압력이 토쿠가와 체제에 가하기 시작하였다. 따라서 1860년대에 와서 일본은 완전한 토쿠가와 바쿠후의 붕괴로 인하여 그 막을 내리게 되는 것이다. 그러나 개항 이후의 일본은 이와 같은 사무라이정신을 해외식민지의 건설이라는 침략적 팽창 야욕으로 연결하게 되었다.

일본인이 신도(神道)에 관한 관심의 재흥을 도모한 것은 그만큼 그들이 신도와 민족주의를 연결하고자 하는 전통적인 관념에서인 것 같다. 불교를 외면하는 유자(儒者)들은 신도를 관대하게 느끼거나 찬동하였다. 그들은 유학의 필수 부분인 역사연구를 강조하였다. 여기서 주목되는 것은 거짓투성이의 일본사이지만, 역대왕조의 지도자·사상가·교육가·종교인 등이 모두 공통적으로 역사를 깊이 연구하였다는 점을 주목해 볼 필요가 있다. 정치가만

이 관심을 가지고 있는 역사를 그 분야가 아닌 다른 분야에 종사하는 사람
들도 연구에 연구를 거듭하였다는 점이다.

제3절 침략주의와 역사의식

역사 왜곡의 명수들을 배출한 일본의 경우 그것이 결코 우연의 일치가 아니라
는 점을 알 수 있을 것 같다. 막후정책의 주요 결정자·입안자였던 아라이 하
쿠세키(1657~1725년)나 미우라 바이엔(三浦梅團: 1723~1789년)도 법률,
사회제도와 함께 역사 연구에 심혈을 경주하였다. 유교와 신도를 연구한 이시다
바이간(石田梅岩: 1685~1744년)도 역사를 연구하였는가 하면, 농성(農聖)으
로 존중된 니노미야 손토쿠(二宮尊德: 1787~1856년)도 노동을 존중하면서
"역사만이 우리의 살 길이고 눈을 크게 뜨는 지름길"이라고 역설한 바 있다.

이것을 보면 일본의 진취적 기상을 가지고 있는 많은 지도자는 역사의식
이 투철하였음을 알 수 있다. 그들이 곧 신도주의자·민족주의자임을 스스로
자긍스럽게 절규하였던 것이다. 그들이 동남아에 침략적 의도를 강력히 나타
냈던 것은 이와 같은 민족주의적인 사고방식의 소산들이며, 섬나라 특유의
해외식민지 건설의 의욕을 구조적으로 갖게 하였던 것이다. 정한론은 이런
무리 속에서 맥락적으로 성장해 간 것이다.

역사 연구는 고대로부터 번성하였던 신도에 관한 관심을 강렬히 불러일으
켰다. 이어 천황이 고대에는 통치자로서의 임무와 천손인 신도의 도장(道長)
으로서의 구실이라는 두 가지 일을 수행하였다는 것에 관해 주목을 끌게 되
었다. 일황제의 특질은 이시다(石田雄)의 논문 『이데올로기로서의 천황제』에
서도 언급한 것과 같이 아시아적 전제와 절대군주제의 한 면을 지니고 있으
며, 흥망성대의 여러 측면을 모두 담을 수 있어 파시즘 아래서도 그대로 지

배기구로서 유효하게 기능을 발휘하고 있는 것이다.

따라서 천황제는 그 스스로 존속·강화되면서 기능면에서는 역사적 단계에 대응한 변화를 발산하고 있으며, 거꾸로 변화가 거침으로써 부단히 자기 자신을 온존하고 보강하며, 타의 군림형으로서의 존재가치를 유지하는 것에 그 큰 뜻이 있다. 베를린대학 교수였던 슈탐러(Rudolf Stammler: 1856~1938년)가 말한 "내용이 바뀌는 자연법"이라는 존재형태가 아닌가 한다. 이러한 내용의 가변성과 일관된 일본의 전통과의 불가사의한 결속이 제일의 특징으로서 다른 나라의 군주제와 전혀 상이한 내용을 담고 있는 것이다. 근래에 일본 내에서 "일황의 직접 통치권 부여" 운운한 발상은 그것이 우연한 생각이 아니고 일황제의 특질이 안고 있는 전통적인 성격이 그 시대적 상황에 따라 재흥·재기하려는 비상한 움직임과도 연관하여 유추해 볼 수 있는 것이다.

여하간 신도의 관심이 일어나 일본은 중국과는 다르다는 점을 애써 나타냄으로써 민족주의적 합일점의 귀착을 호소하고 있었다. 민족주의적 감정은 신도의 상징주의를 통하여 표명되었다. 이미 13~14세기에도 민족주의의 징표가 나타나고 있었다. 몽고침략의 반동과 오고다이 일황의 제계(帝系)를 옹호하는 내용이 키타바타케 치카후사의 저서 속에 보이고 있다.

토쿠가와 시대의 민족주의의 흥기를 유교의 우연한 부산물일 뿐이라고 속단할 수는 없다. 유럽 각국과의 접촉에서 생긴 쇄국정책은 일본의 문화적·정치적 독자성을 강조하였는데, 그것이 보조적 원인이 되었을 것 같다.

제4절 일황중심의 우월주의 체계

17세기 이후 일본에서 민족주의적 감정이 급속하게 일어난 것은 그 당시에 일고 있던 경제적·사회적 변화와 같은 관련을 갖고 있었다. 유럽의 봉건사회와 유사한 봉건사회를 겪은 일본이 19세기 말 이전에 강한 민족의식을 발전시킨 유일한 비(非)서구국가라는 사실은 우연만은 아닌 것이다.

민족주의 그 자체는 토쿠가와 정권에 대해 파괴적이 아니나 민족주의의 상징으로써 일황을 이용하게 되면 그렇게 될 수도 있다. 전통적인 유교까지도 역사론 전개를 통하여 민족주의의 파괴적인 면에 직접적 도움을 주었으니, 유교 중국 황제의 전통과 일황의 종전의 힘에 대하여 주의를 불러일으킴으로써 그렇게 인정할 수 있겠다. 이 역사적 관심이 인민으로 하여금 유교의 덕의이며, 충성이 형식적으로는 일황의 대리인 장군에게가 아니라 궁극적으로 일황에게 바쳐져야 한다는 것을 알게 하였다. 정통유학자로 손꼽는 하야시 라잔조차도 신도에 대한 관심을 가져 신사(神社)에 관한 책을 발행하였다. 『대일본사』(토쿠가와 미쓰쿠니의 대역사편찬사)에서 명나라의 충신인 주순수(朱舜水)의 황실에 대한 충성 관념을 제일 먼저 강조하였다.

신도의 역사가들도 일본의 위대성은 일황이 만세일계라는 점에 있다고 선배들의 주장을 긍정적으로 뒷받침하고 있다. 정통문유학자인 야마자키 안사이(山崎闇齋: 1618～1682년)는 "만약 공자와 맹자가 일본에 공격군을 영도해 쳐들어오면 그들과 싸워 사로잡아야 그들의 가르침을 가장 잘 이행하는 길이 된다"고 강조한 바도 있었다. 결국 일황이 모든 충성의 초점이 되어야 한다는 생각으로 귀착되는 것을 전후사정으로 미루어 보아 알 수 있는 것이다. '장군'의 지위가 사실상 지위자이지만 원수는 아니라고 생각하였다.

일본의 사회병리현상은 1868년 메이지유신(明治維新) 이후 잔악성과 모방주의에다가 구미제국주의적 침략수법을 배워 이를 활용함으로써 더욱 만연되기 시작하였다. 군국일본을 거쳐 경제동물이라는 강대국이 된 그들은 역사(歷史)·신도(神道)·신화(神話)를 동체(忠과 孝의 合一體)사상으로 함유한 채 만세일계라 표현된 황실에 충성을 다짐하는 충의(국가)와 효도(가족)도 오늘날 군사동물로 「1억총침략」의 불개미의 예리한 팽창주의·황도주의·대국주의·우월주의를 표방하면서 동남아와 세계를 희롱·모멸하는 군림의 자세로까지 발전되고 있는 것이다.

제2장

근대 일본의 한국 침략과 그 시각

제1절 한국 침략의 기본 방향

1. 편견 속의 한국 인식

회고하건대, 민족적인 과거의 사실 가운데 우리가 불가피하게 감내하였던 현대사적인 충격의 비극과 진통, 시련의 하나는 침략의 근성으로 뭉친 끈질긴 근대 일본의 자기중심적이고 일방적인 한국 인식하에 세운 계획에 따라 한때 정한론이 제기되기도 하더니 침략을 감행하여 35년간(1910~1945년) 혹심한 식민통치를 받았다는 사실이다.

이와 같은 비극적이고 충격적인 사실은 세계사적인 흐름으로 관찰하여 보면, 제국주의자들의 몰염치한 동양침략과 그 지배의욕의 표출로 인식될 수 있는 것이다. 동시에 이와 같은 전후(前後) 문맥으로 관찰하여 보면, 가깝게는 구미 등 신흥제국주의적인 수업을 익힌 일본의 군국주의적인 침략정책의 직접적인 결과로 지적해 볼 수 있는 것이다.

이에 관한 정확한 사실의 파악과 객관성이 있고 학술적인 근거에 입각한 해석·평가는 결국 한·일 관계사의 올바른 이론을 정립하는 기초가 될 것임을 밝혀 두고자 한다.

비록 일본의 한국침략이 본격화된 것은 1910년이며, 그로부터 1945년까지 35년간 식민통치기간이 연장되고 있었다 하더라도 일본의 한국침략과 그 의도는 그 1910년보다 훨씬 이전에 정부와 개인에 의하여 집요하게 자행되고 있었음을 주목해야 할 것이다.

이와 같은 근대일본의 한국침략정책에 관한 연구가 종래에는 미미·영세할 정도였다. 근간에 역사학회와 국학전문기관에 의하여 그 연구 성과가 정리되

어 나왔다.1) 그에 따르면 일본의 한국침략을 취급한 시기가 개항 이후 청·
일 침략전쟁(淸·日侵略戰爭)을 전후한 19세기 후반시기까지로 국한시켜 연
구 성과가 정리되고 있는 실정이었다. 따라서 그 이후 1910년까지의 한국침
략정책을 검토·비판·분석하는 작업이 뒤따라야만 일본의 한국침략정책의
저의와 막말(幕末)과 메이지(明治)이후 일관된 일본의 팽창주의적인 국가의
기본방침이 비교적 소상히 밝혀지리라고 믿는다.

2. 아시아제패의 숨은 의도

그동안 일본의 한국 침략에 대하여 한국민의 각종 항쟁―무장, 정신 문화
사적 측면―운동은 여러 학자와 전문인에 의한 연구 실적이 나와 있다. 그러
나 침략정책의 내용을 심층적으로 파고든 본격적인 논문―정치·경제·사
회·문화―는 그리 많지 않다. 이를 해명하고 평가함으로써 왜 한국은 1905
년 이후 1910년에 가서 일본에 불법적으로 강점(强占)당하지 않으면 안 되
었는가 하는 점이 소상히 각 분야별로 분석·비판되어 제시되리라고 믿는다.

일본은 정한론(征韓論) 이전에도 한국에 대한 근본인식이 우월주의로 일
관되어 있었기 때문에 정벌논의가 여러 계층에 의하여 자주 제기된 바 있었
던 것이다. 더욱이 일본은 일찍부터 중국과의 관계에서 조공(朝貢)이나2) 상
표조서(上表詔書)의 교환이 없었다는 면에서 스스로의 문화를 가지고 있는
독자성을 강조하곤 하였다.3) 이와 같은 인식의 바탕이 뒤에는 중국과 대등
한 관계로까지 인식되어 천황가(天皇家)의 대통(大統)이 중국보다 문명의
중심지라는 엉뚱한 자기중심적인 생각들을 갖게 하였다.4) 따라서 일본은 중

1) 歷史學會編, 日本의 侵略政策史研究, 1984, 一潮閣.
   韓國史研究會編, 淸·日戰爭과 韓·日關係, 1985, 一潮閣.
   韓國精神文化研究院編, 淸·日戰爭을 前後한 韓國과 列强, 1984.
2) 隋書, 卷 81 列傳
3) 森克己(모리), 遣唐使, 1955, 至文堂, pp. 70~78.

국·조선보다 가장 우월하다는 자기 나름대로의 과장·허황된 인식을 갖고
있었다. 그러기에 조선은 인(隣)으로서 대할 수 없는 나라라고 왜곡된 대한
국관(對韓國觀)을 가지고 있었다.5) 이와 같은 그릇된 인식의 기본이 18세기
전후에는 우리나라를 침략의 대상국으로 떠올리게 하였으며, 그 준비작업이
이를 뒷받침하고 있다.6) 19세기에 와서는 한국뿐만 아니라 만주·몽고·중
국본토 나아가서는 세계로까지 뻗어 나갈 것을 궁리하고 있었던 것이다.

　이와 같은 그릇된 인식의 바탕 위에서 메이지 정부의 정한론이 대두되었
다. 이는 일본이 침략의 대상을 아시아 지역 내지는 그 이상으로 확대하고자
한 의도가 분명하였음을 알 수 있는 것이다.

제2절 일본의 한국 침략과 그 정책

1. 19세기 후반의 한·일 관계

　19세기 후반의 한국은 강대국이라는 외세의 강한 도전에 대해 응전으로
자립·자주정신의 전통을 계승 확인하고, 이를 능동적으로 대처할 자세를 취
하였다. 그러나 침략적인 외세 가운데 해양세력인 일본에 의한 침탈정책에는
곤혹을 면치 못한 채 그 대책에 부심하고 있었다.

　구미제국의 문호개방 촉구를 받아들인 일본은 동남아에서 가장 번창하는

---

4) 山鹿素行全集(야마가), 1940, 卷 12, pp. 590~594. 여기서 일본은 中國보다『中朝』
　또는『中華』라는 일방적인 인식의 바탕을 갖게 되었다. 中朝事實, 前揭書, 卷 13.
5) 日本人의 對韓國觀을 왜곡하고 있었던 者는 山鹿素行(1622~1685년), 平賀源內(1729
　~1779년), 大國隆正(1792~1871년) 등 10여 명에 달하고 있다.
6) 矢澤康祐(야자와), 江戶時代에 있어서 日本人의 朝鮮觀, 朝鮮史硏究會論文集 6,
　1969.

나라로 키워 갈 생각을 품고, 한국 등 주변국가에 대한 부단한 팽창 의욕과 침투공작을 펴 나갔다. 따라서 19세기 후반의 한·일 관계는 일본의 끝없는 침략적 도발사건으로 점철되어 왔음을 알 수 있겠다.

 일본은 재빨리 1868년에 메이지유신(明治維新)을 단행하고 일약 농업국가로부터 공업국가로의 일대 도약을 다짐한 뒤 우리나라에 왕정복고를 통고해 왔다.7) 이에 한국은 그 통고에 따른 서계(書契)가 전례 없는 오만불손한 문구라고 격분한 나머지 이를 채납치 않고 거절해 버렸다. 이때 박규수(朴珪壽)는 국교의 단절을 애석하게 여겼거니와8) 이것이 문제가 되어 이른바 일본 조야에서는 정한론(征韓論)이 제기되었다.9) 구체적으로 한국을 침탈할 부대를 편성하였고, 대원군을 일본으로 납치하려고 계획하였던 정한론은 저들의 강한 온건론에 부딪혀 당장은 실현되지 못하였다.

 그러나 1873년 사이고오(西鄕隆盛), 이다가키(板垣退助) 등에 의하여 본격적으로 논의된 한국침략논쟁은 비록 이를 반대하였던 이와쿠라(岩倉具硯), 오쿠보(大久保利通), 기도(木戶孝允), 산죠(三條實美), 소에지마(副島種臣), 에토우(江藤新平), 고토우(後藤象二郞) 등의 경우에서나 다같이 본질적인 면에서의 대한국침략관(對韓國侵略觀)의 인식에는 추호도 변함이 없었다.10) 따라서 논쟁의 본질은 자기네들 강·온건파 권력 내부의 파벌쟁투에 지나지 않는 극히 지엽적인 문제였다.11)

 이와 같은 저의와 맥락에서 볼 때 논쟁의 핵심은 양파의 침략계획의 구체적인 내용과 시기선택에 있었던 것이다. 이를 테면, 정한(征韓) 반대파에 의

---

 7) 高宗實錄, 高宗 5年 12月 29日, 同 6年 12月 13日, 承政院日記, 高宗 6 年 12月 13日 日省錄, 高宗 6年 12月 13日. 龍湖閑錄, 20 戊辰年 12月.
    龍湖閑錄, 20 戊辰年 12月.
 8) 承政院日記, 高宗 11年 6月 29日.
    日省錄, 高宗 11年 6月 29日.
 9) 煙山專太郞(게무야마), 征韓論實相, 1907, pp. 140~150.
10) 藤村道生(후지무라), "征韓論爭における外因と內因," 日本外交史の諸問題 Ⅲ, 1967, pp. 1~25.
11) 朴英宰, "近代日本의 韓國認識," 日本의 侵略政策史硏究, 1984, 一潮閣, p. 96.

하여 타이완(臺灣)이 한국보다 먼저 침공당한 실제적인 사실은 그들의 침략
행위 자체에 어떤 유화정책이 끼어들어 있지 않다는 증거가 되는 사례인 것
이다. 일본의 이 정한론은 분명히 근대일본의 황도주의 · 팽창주의 · 대국주의
에 의하여 시행되었지만, 그것은 막말(幕末)에 이미 논자(論者)들에 의하여
성숙되어 있었음에 주목해야 할 것이다. 물론 그 침략의 대상은 한국뿐만 아
니라 아시아대륙 전체에까지 미치고 있음이 많은 사례에서 분명하게 나타나
고 있다.12) 그런데 일본이 우리나라를 아주(亞洲) 중 특히 침략의 목표국가
로 좁히고 관심을 표명하였던 것은 결론적으로 지적하면 두 나라 사이의 인
식의 차이 때문이었다. 사다(佐田白茅)가 한국의 서계거척사건으로 인해
1869년 12월 우리나라의 국정을 살피고 돌아가 보고한 내용 중에 "천황의
위엄이 서지 않기 때문에 반드시 한국을 정벌해야 한다."13)고 강조함에서도
한 · 일 관계의 원만성을 쉽게 찾아 볼 수 없었던 것이다.

　이런 분위기를 계승 · 발전시킨 메이지유신 정부의 주요 인사인 기도(木戶
孝允)는 군사와 장비를 구비하여, 정한(征韓)을 건의하였다. 그가 메이지(明
治)의 첫 정한론자가 된 셈이었다.14) 일본은 개항(1854년) 이래 10여 년간
새로운 체제를 수립시켜 왔기에 한국정부의 문자불손(文字不遜)과 같은 문구
의 서계거부의 반응은 새로운 세계관을 정립하였노라고 자기 나름대로 자부
심을 갖고 있던 상황 속에서 중대한 권위의 도전이라고 생각되었을 것이다.
이런 생각은 기도(木戶孝允) 개인의 의견에서 벗어나 많은 정부의 고위층이
공통적으로 갖고 있던 한국인식의 움직일 수 없는 그릇된 바탕이기도 하였
다.15)

　따라서 일본에서의 한국 침략 문제는 찬성이냐 반대냐 하는 원초적인 견
해를 벗어나 정벌의 시기와 방법을 어떻게 결정 하는가의 여하에 좌우되었

---

12) 朴英宰, 前揭論文 참조.
13) 日本外交文書 3卷, pp. 138~150. 佐田白茅는 征韓論의 저의는 皇國에 큰 치욕을
　　가하였기 때문이라고 이 자료에서 덧붙이고 있었다.
14) 彭澤周(호우), 明治初期日韓淸關係의 硏究, 1969, 塙書房, pp. 15~22.
15) 煙山專大郞, 征韓論實相, 1907. p. 149.

음을 알아야 할 것이다. 이와 같은 맥락에서 한국의 침략을 개시하게 된 것임을 우리는 깊이 이해해야만 할 것 같다.

2. 불평등조약과 침략 의도

일본은 1875년 9월 강제로 우리나라의 문호를 개방하고 침략하기 위하여 각본에 의한 운양호(雲揚號)사건을 일으켰던 것이다.16) 결국 이 무력적 도발과 침략 사건은 일본의 한국 침략을 보장받고 용이하게 하기 위한 단서적이고 의도적인 사건의 야기였던 것이다. 이를 트집 잡아 다음해 전문 12개조의 강화도조약, 즉 병자수호조약이 강화도 연무당에서 한·일 대표 참석하에 일본 측의 일방적 계획으로 짜 놓은 안(案)에 따라 성립되었던 것이다. 이는 일본의 자기인식을 바탕으로 한 동아(東亞)의 세계질서를 우리나라에게 억지로 인정하게 한 파렴치한 의도적 도발사건이었음에 틀림이 없다.

이 조약의 내용에 따라 외교사절이 교환되는 등 일본의 본격적인 침략의 전초전이 문서적으로 보장되게 되었다.17) 초대 주한일본공사로 서울에 부임해 온 하나부사(花房義質)의 첫 발언 속에 그 의도가 단순한 한·일 두 나라 사이의 '친선'이나 '수호'의 범위를 훨씬 지나쳐 버린 침략정책의 노선이 표현되고 있었다.18) 즉, 그 일본공사라는 자는 한국에 온 이후 전국을 순회하고 나서 저희 외무대신 앞으로 보낸 비밀문서에서 이렇게 침략의 의도를 강력히 시사하였다.

---

16) 幕末 西鄕隆盛(사이고우) 등의 征韓論議는 우리나라가 그때까지 가지고 있던 東西의 세계질서관과 日本이 토쿠가와時代를 통하여 정립시킨 東西의 세계질서관과의 상호충돌에서 일어난 도전적 논의였다. 그러므로 明治政府의 대외충돌야기는 한국과의 그것을 불가피하게 하였다.

17) 金玉均傳, 上卷, 日本古筠紀念會, 1944, pp. 46~54.

18) 李炫熙, 韓國開化百年史, 1976, 乙酉文化社, pp. 63~148. 이 문제에 관하여 분서에서는 비교적 자세히 취급하였다.

"장차 한국을 경영(침략)함에 있어서는 정치·경제 분야뿐만 아니라 문화적인 측면에서도 적극성을 띠어야 한다. 그러기 위해서는 먼저 한국을 연구하고 그 새로운 시각을 가져야 한다. 한국을 철저히 알지 못하면 경영하는 데 큰 장애가 뒤따르리라고 본다. 다시 나아가 자유의 이민(移民)을 허(許)하는 데 이르면 무역의 요(要)도 또한 오늘의 비할 바가 아니다."[19]

라고 병자조약에 표면으로 나타난 바와 같이 친선이나 우호의 차원이 분명히 아니라는 문서적 확증을 검출해 볼 수 있는 것이다.

따라서 일본에 의한 한국 침략의 단서는 이미 논급한 하나부사(花房義質) 일본공사의 비밀로 기록된 문서에 공식적으로 나타나고 있음에서 찾아 볼 수 있는 것이다. 그들은 소위 한국 사정을 연구한다는 미명하에 침략을 단행할 계략을 꾸미고 있었음이 일본외교문서 등에 상세하게 나타나고 있는 것이다.[20]

여하튼 강화도조약 제1조에 보이는 우리나라의 자주권과 일본과의 평등권(平等權)의 외견적 인정은 구질서의 강력한 부인과 함께 한·청 종속관계의 무효를 시사한 것으로 분석되고 있다. 그러므로 그들의 표현대로 이 조약의 체결은 메이지유신 이래 한국과의 교섭에서 얻은 최대의 성과로 기록될 수 있는 성공적 사례였다.[21]

이와 같은 일본의 해외국가로의 침략과 팽창주의는 일황의 사방(四方)을 경영(침략)하여 국위를 여러 곳에 떨칠 것을 표명한 호언장담이나[22] 고위당국자의 외국침략을 위한 폭탄선언 등에서 자기중심적인 중화주의적 기백이 잘 표현되고 있다. 이런 선상에서 메이지 고위공직자의 인식반경에는 토쿠가

19) 花房文書, 第1, 1876年 6月 10日, 花房義質의 對韓政策意見書.
20) 日本外交文書, 第27卷 第1冊, 『對朝鮮政策에 關한 要意書』, 『內政改革案提出의 件』, 「朝鮮內政改革勸告가 拒絶되었을 때 우리가 取할 手段에 對안 件」, 「朝鮮問題에 關한 將來의 日本政策에 關한 閣議案 上申의 件」 등에 韓國侵略의 의도가 명백히 밝혀지고 있다. 陸奧宗光, 蹇蹇錄, pp. 20~25.
21) 彭澤周, 前揭書, pp. 18~25 창조.
22) 前揭書, pp. 73~75.

와(德川) 시대에 성취된 자기인식에 그 핵심이 도사리고 있음을 일견 감지
할 수 있는 것이다.

일본은 타이완정벌(1874년), 강화도조약의 체결(1876년), 서남(西南)
의 전쟁(1877년) 등은 그들의 의도대로 쟁취하였으며, 교육제도와 조세
제도도 근대적으로 개혁시킴으로써 침략할 국가에 대해서 이른바 자기네
의 선진적인 문화주의를 확대·보급시킬 여건과 준비가 마련되었다고 생
각하였다. 이 시기에 일본은 아시아에 있어서 예외적인 존재로 부각되고
있다는 그 나름대로의 생각 위에 다른 나라와 민족을 지도해야 한다는 우
월적 인식을 갖게 되었다. 따라서 동양의 반개화(半開化)의 나라에서 유
일한 문명국이 되었다고 생각하고 있었으며, 서양의 영국과 같이 동양의
일본이 되자는 욕구가 충만되어 갔다.23)

3. 근대 일본의 한국 편견

일본은 자유당(自由黨)이 조직되자 정한론과는 달리 연대론(連帶論)이 강
조되고 있었다.24) 1880년에는 '연대론'뿐만 아니라 '탈아론'(脫亞論), '흥아
론'(興亞論), '아시아주의', '제휴론'(提携論) 등의 논의가 꼬리를 물었다.25)
이는 구미세력에의 위기를 피부로 느낀 나머지 자구책의 일환으로 해석해
볼 수도 있겠다. 후꾸자와(福澤諭吉)의 탈아론(脫亞論)이나 타루이 토오키치
(樽井藤吉)의 흥아론(興亞論) 또는 아시아주의는 일본이 아시아를 침략하기
위한 정당화와 팽창주의이론으로 채택하고 정립하였던 것이다.26)

23) 佐藤誠三郎(사토오), "幕末明治初期における對外の諸類型," 近代日本の對外態度,
     1974.
24) 旗田巍(하타다), 日本人의 韓國觀, 1983, 一潮閣, 李基東譯, pp. 20~24.
25) 岡義武(오카), "國民的 獨立と國家理性", 近代日本思想史講座 8, 1961, pp. 18~20,
     pp. 21~24.
26) 山田昭次(야마다), 自由民權における興亞論と脫亞論 - アジア主義の形成をめぐつ
     て, 朝鮮史研究會論文集 6, 1969, pp. 40~44.

이와 같은 후꾸자와(福澤諭吉) 등이 주장한 의도적인 중심사상은 일본을 위할 뿐만 아니라 일본의 주도에 따르는 위기해소의 한 가지 방법으로 생각되는 것이다. 1882년 후꾸자와(福澤諭吉)의 대한국관(對韓國觀)은 "조선이 미개하면 일본이 지도해야 한다."는 등 시종 일본우월론 속에 빠져 있었다. 이는 일본 막말(幕末)의 논평자(論評者)들의 대한국관과 맥을 같이 하는 것으로서 한국 침략의 필연론·당위론·정당화를 계속 주장하였던 것으로 이해해야 할 것이다.27) 뿐만 아니라 일본은 중국·한국 등·3국간의 새로운 질서를 정립하는 데 항상 주도적인 임무를 자담(自擔)하고 있음을 의식적으로 나타내고 있는 것이다. 우리나라를 위요한 국제정세의 데리케이트한 면을 논하면서 동양의 평화를 유지하고 문명화로 유도하는 데는 먼저 문(文)으로 다음은 무(武)로써 한다는 것을 분명히 천명하고 있다. 따라서 외교의 방략은 문(文)과 무(武)를 동반해야만 가능한 것임을 애써 주지시키려 의도하고 있었다. 그는 1887년 한국을 일본의 울타리로 판단하였고, 1894년의 갑오개혁(甲午改革)도 일본의 이익을 취하기 위한 수단으로 해석하였다.

탈아(脫亞)의 기본인식은 이미 토쿠가와(德川)막부 일본에서 정향화(定向化)되고 성숙화를 걸었던 일관된 논지로 해석해 볼 수 있겠다. 그가 청·일 침략전쟁 직후(1895년 12월)의 연설 속에서 "이런 성사(盛事)를 실제로 봄은 참으로 불가사의한 행복"28)이라고 감격의 눈물을 흘렸다는 것을 생각할 때 침략전쟁의 승리는 지식인 등 누구에게나 '황홀'과 '꿈만 같은' 열광의 역사였던 것이다. 그의 의견이 일본 전체의 의견을 충족시키고 대변할 수 있었는가는 문제로 남을 수 있다. 그러나 그의 의견은 국정에까지 미쳤고, 근대화·서구화·자본주의화의 방향을 제지하였던 메이지유신의 사상적·이념적 지도자였기에 그의 주장이나 행동은 영향력을 행사할 수 있었다.29)

타루이도 토오키치(樽井藤吉)의 흥아론과 대동합방론(大東合邦論)은 결국

---

27) 崔德壽, 福澤諭吉의 朝鮮觀研究(1), 民族文化研究, 17. 1983.

28) 松本三之介(마츠오토), 國民的使命觀의 歷史的變遷, 近代日本思想史講座 8, 1961.

29) 河原宏(카와하라), 近代日本のアジア認識, 1976, pp. 90~95

에 일본과 한국이 합방하여 청국과 제휴해야 한다는 그 나름대로의 한국 침략의 구미를 돋우고 당위론을 편 궤변서인 것이다.30) 그의 이 주장은 일견 연대론(連帶論)과 모순 되는 듯싶으나 그 요지는 비슷하였다. 합방(合邦)이란 일황제의 한국 침략을 자기네의 가족주의적 확대로서 현실적으로 정당화하려는 일부의 해석은 그들의 의식구조상 수긍이 가는 것이다.31)

이와 같은 침략적인 의도와 견해에서 볼 때 그의 인식의 기초에는 일본이 동양에서 우월성을 가지고 한국을 지도해야 한다는 일종의 일방적 사명감의 억지 논리와 순화가 깃들어 있음을 엿볼 수 있다.32)

이와 같이 막말 메이지 일본의 지도자·사상가·학자 등의 한국인식이 바로 우리나라를 침략하는 데 이른바 합법적이고 정당성을 부여하였던 근거였다. 그들은 한국을 침략한다는 사실을 매우 자연스럽고도 동양의 평화와 공존을 위하는 것으로 크게 착각하고 있었다는 사실을 발견하게 되는 것이다.33)

---

30) 旗田巍, 前揭書, pp, 52~56, 同 제2장, 제3장 참조.
31) 山田昭次, 前揭論文, pp. 50~58.
32) 李炫熙, 日帝의 文化侵略政策과 그 實際, 韓國史學 8, 1986, 韓國精神文化硏究院.
33) 일련의 征韓論은 바로 이와 같은 꾸준한 침략지향이라는 신념과 맥락 속에서 이어져 내려온 세계정복의 야욕과 일맥상통하는 간교한 정책인 것이다.

제3장

정한론에 이르는 일본의 침략정책

제1절 일본인의 침략 의도

1. 침략의도의 기반과 근거

정식으로 정한론이 일본의 조야에서 대두되기 전에도 편견과 영토팽창 책에 의거하여 만연된 일본인의 계속적인 한국 침략의 의도는 끊이지 않고 전개되었다. 즉, 그들의 잘못 인식된 한국관에서부터 그것은 출발하였다. 그 기원을 소급해 올라가 보면 일본사의 교과서적 고전인『고사기』(古事記)와『일본서기』(日本書紀)의 건국신화에서부터 한국을 소위 경영하였다는 왜곡·허위투성이의 과대망상적인 자료를 만나 볼 수 있다. 그것이 대조선(對朝鮮)의 우월감과 침략론으로 연결되고 있으므로 그에 대한 비판이 선행되어야 그 진실이 밝혀지게 될 것이다. 이와 같은 바탕이 존황사상→신화세계로의 복고→대조선의 우월의식→정한론으로 연결되게 된 것임을 확실히 인식해야 할 것이다.

이와 같은 사실은 그들 자신이 잘 알고 있으면서도 의도적으로 그대로 신빙하려 들고 있다. 문제점은 바로 여기에 내재되어 있는 것이다.

우리나라는 지리상으로 보아 아시아대륙의 동부에 돌출하여 쓰시마(對馬島)를 끼고 일본과 대치하고 있으므로 양국은 순치(脣齒)의 관계에 있다고 본다.

일본이 대륙을 침략하기 위하여 먼저 한국을 넘보는 이유는 침략의 발판, 즉 가교의 임무를 수행할 수 있기 때문인 것이다.

한·일 간의 운명적 교섭은 개국 초부터 있었다. 물론 한국의 역사와 문화가 일본에 들어가 국가를 형성케 하였음은 주지의 사실인 것이다. 그럼에도 아직까지 임나(任那)에 일본부가 개설되었다는 것과 삼한토벌과 같은 망발

을 되풀이 하고 있는 것은 먼저 지적한 자료에 거짓으로 그렇게 기록되어
있었기 때문인 것이다.

그리고 고려후기 시대 이래 일본은 한국 3면의 해안연변을 침략하여 빈번
한 정치적·사회적 불안을 조정하였다. 그 뒤 일본의 도요토미 히데요시(豊
臣秀吉)는 16~17세기에 자기 나라의 문제를 해결하기 위하여 임진왜란으로
7년간 국난을 일으킨 바 있었으며, 조선왕조 초부터 왜란에 이르기까지 무
려 50여 회에 걸친 침범의 못된 작태를 전개하였던 것이다. 토쿠가와막부
(幕府: 바꾸후)의 정권이 수립된 뒤에는 조선왕조와 국교가 재개되었다.

그러나 19세기 초 이래 한·일 간의 교빙(交聘)은 중단되었다. 그러나 쓰
시마(對馬島) 번주(藩主) 소우씨(宗氏)를 통하여 이후 계속되었다.[1]

조선왕조는 개국 이래 전통적인 외교방침으로 서방에 대하여서는 실례됨
이 없게 하고, 동방에 관하여서는 믿음을 잃지 않도록 할 것을 다짐 하였
다.[2] 명(明)나라에 대해서는 적극적인 외교정책을 펴 나갔으며, 일본에 대
해서는 야인(野人)에게 취한 것과 같이 교린이라는 평교적(平交的) 차원에
서 국방책으로 선린외교를 지속화시켜 나갔던 것이다.

그런데 막정기(幕政期)에 들어서면서 일본의 대조선왕조정책은 급속히 변
화하기 시작하였다. 막말(幕末) 러시아의 동양침략정책과 영국의 동점(東漸)
침략정책이 충돌하게 될 징조가 분명해짐에 따라 일본의 대조선왕조정책도
보다 구체적이고 정치적인 한국정벌론으로 발전되어 갔다. 그것은 이 시기에
일본인의 대조선관(對朝鮮觀)이 멸시론에서 정벌론으로 변모되어 간 것을

---

1) 소우씨는 매년 17회 歲邊遣을 조선왕조에 보내어 銅 기타 일본의 특산물 등을
   조선에 바쳤다. 이에 조선왕조는 그 返證으로서 쌀·솜·牛皮 등을 쓰시마 藩主
   에게 주었다. 이 물물교환형식은 뒤에 화폐교환으로 변경되었으나, 對朝鮮王朝
   의 貿易으로 인해 올리게 된 소우씨의 이익은 매우 컸다. 이 밖에도 그는 歲賜
   米 100석을 조선왕조로부터 공급받았던 것이다. 그것은 조선왕조의 선린우호정
   신에 따라 취해진 조치였다. 그럼에도 일본은 기회만 되면 신의를 저버리고 침
   입하곤 하였다.
2) 菊田貞雄, 征韓論の眞相とその影響, 東京日日新聞社刊, 第2章, 東京, 1941, pp. 40
   ~45 參照.

의미하는 것이다.

러시아가 처음으로 일본변경에 나타나기 시작한 것은 장군 요시무네(吉宗) 시대부터였다.[3] 요시무네의 개혁은 그 기본방침이 토쿠가와 시대 초기의 무사적 기풍, 질박한 양상, 행정면의 능률성으로 되돌아가고자 했던 것에서 찾아볼 수 있다. 일본의 사학가들은 요시무네를 중국사에서 볼 수 있는 중흥지주로 비교하고 있다.

그는 농업생산을 증가시키기 위하여 개간사업을 일으키고, 감자(甘藷)와 같은 신작물을 보급시켰다. 그는 교육을 통하여 침략의 기본의식구조이기도 한 무사계급에게 주체사상이라고 할 강용한 무사적 정신의 부흥과 문장능력의 탁월 및 책임감이 있는 고도의 영도력을 강조함으로써 무사들의 사기(士氣)와 행정을 개선해 나가고자 노력하였다. 그것이 이웃인 조선왕조에의 부단한 침략적인 의욕의 고취였던 것은 두말할 나위도 없겠다. 그러나 그의 개혁적 의도는 좋았으나 결과는 반드시 그와 부합되지 않았다. 막부재정을 지원하기 위하여 농민들로부터 징세를 강화하여 농민의 동요를 자극하였다. 따라서 이런 정책은 경제활동의 비농업부문에서 생산을 강소시켰다.

요시무네의 개혁은 칭송을 받긴 하였으나 실패한 셈이었다. 그것이 그냥 다음 대(代)로 넘어가서 화폐문제의 관심만 유지시켰을 뿐이었다.[4]

2. 어불성설(語不成說)의 침략 의도

요시무네의 개혁의 의지가 자체적으로 잘 달성되지 못하였으므로 일본은 이웃인 조선왕조 등을 침략하여 보완할 것을 검토하게 되었던 것이다. 그러

---

3) 요시무네가 1716년에 와카야마의 傍系에서 벗어나 8代將軍이 되었다. 그리고 곧 하쿠세키(白石)의 개혁안을 대신하였다. 하쿠세키를 파면한 요시무네의 개혁안은 반동적 요소가 내포되어 있었다.

4) E. O. Reischauer, East Asia The Great Tradition(Seoul: the Eul-yoo Publishing Co., Ltd., 1964), pp. 805~807.

나 가쟈린 2세 이래의 러시아의 동양침략정책은 구체화되어 18세기에는 일
본을 침략할 기회를 엿보았다. 이에 관하여 1786년(조선 정조 10년, 일본
天明 6년)에 유명한 경세가 하야시 시혜이(林子平: 1738~1793년)는 한
국 침략을 위해 쓴 그의 저서 『해국병담』(海國兵談)의 서문에서 러시아의
남침에 대비하는 국방상의 의견을 이렇게 기술하고 있다. 이 책은 막부에 의
하여 금서 처분된 바 있었으며, 하야시는 1792년에 투옥되었다.

  "근자에 구라파의 마스코우비아 2세가 막강하여 멀리 달탄(韃靼)의 북변지대
  를 침략했고, 최근에 시이(室韋)지방을 침략하여 동방의 끝인 가무시캇도가(加
  模亞葛杜加)까지 점령하였다. 그런데 가무시캇도가에서 동방에는 이 이상 더
  침략할 땅이 없다. 그런고로 다시금 서쪽을 돌아보고 에죠(蝦夷)국의 동쪽인
  지시마(千島)를 손에 넣으려는 기미가 있다고 하는 풍문이다.… 벤고로우가 처
  음 시도로 모든 외구(外寇)가 침입하기 쉬운 이유를 있는 그대로 숨김없이 기
  록해서 차라리 일본의 긴요한 무비(武備)는 이러하다 함을 구미인(歐美人)들에
  게 알리려는 것이므로 …… 이 글을 작성하게 되었던 것이다."5)

  하야시(林子平)는 조선멸시론의 주창자였다. 조선왕조가 단순히 오랫동안
인호(隣好)할 수 없는, 즉 선린의 대상이 될 수 없다는 나라에 그치지 않을
뿐만 아니라 종국에는 그들의 본색을 드러내 놓게 되는 침략의 대상국으로
지목하기 시작하였다. 이에 하야시는 일본이 조선왕조를 침략할 때 이용되도
록 전기한 『해국병담』(1786년) 이외에 이미 『삼국통람도설』(三國通覽圖說:
1785년)을 저술하였다. 여하간 이 『해국병담』에서는 고대 이후 임진왜란에
이르는 시기까지의 일본의 조선왕조의 침략을 합리화하거나 불가피성을 강
조하는 등 극찬하였다.6)

  하야시와 함께 조선멸시관을 갖고 있던 자는 막말(幕末) 체제 변혁의 행동주의

---

5) 林子平, 海國兵談, 岩波文庫 9, p. 12.
6) "矢澤康祐, 『江戸時代』における日本人の朝鮮觀," 朝鮮史硏究會編, 朝鮮史硏究會
   論文集 6, 特集 明治百年と朝鮮, 1969, pp. 28~29.

자들이 정신적인 지주이며 흠모의 대상이 된 요시다 쇼오인(吉田松陰: 1830~
1859년)을 지적할 수 있다. 이 자는 하야시보다 더 엄청난 조선멸시관을 철학
같이 갖고 있어 본격적인 조선왕조침입론을 전개하여 일본이 과거에 범하였던
조선왕조에의 침략상황을 몰염치하게도 합리화하거나 찬미하기까지 하였다.7)

그와 같은 시기에 혼다(本多利男)는 막부의 인순퇴영책(因循退嬰策)을 공
박하면서

"타국을 침략해서라도 본국(本國: 일본)에 보탬이 되게 하는 것이야말로 나라
의 의무이거늘 일본의 속도(屬島)가 무참하게 타국에 탈취된다 함은 논평의 여
지가 없는 바이며, 크게 탄식하여 마지않는 바이다.8)

라고 하면서 자기 나라 일본을 지키고 더욱 확장시키기 위해서는 어떠한 경
우에라도 침략·확장해야 함을 서슴지 않고 기술하고 있다. 그러므로 혼다는

"일본을 굳게 지키기 위해서는 대일본의 국호를 동쪽 에죠(蝦夷) 내의 가무사
스카의 땅으로 옮기고, 고일본(古日本)이라 국호를 내리며, 가관(假館)을 두고
군현을 설치하자."9)

---

7) 前揭論文, pp. 28~34.
　19세기에 접어들면서 농학자 사토오(佐藤信淵: 1769~1850년)는 통일된 일본은
　만주·몽고·조선·중국을 모두 침략한 뒤 이들과 連帶하여 세계로 침략해 가자고
　절규하였다. 矢澤康祐의 前揭論文, pp. 30~32에 보면 이런 조선 등의 침략적 의도
　가 상세히 기술되고 있다. 이들 一黨은 토쿠가와 전 시대에 걸쳐 각 학과를 대신
　할 어엿한 지식인그룹이었다. 정통주자학과로는 하야시(林羅山)·야마자키(山崎
　闇齋)·야마가(山鹿素行)·아사미(淺見絅齋)·아라이(新井白石), 양명학과로는
　쿠마자와(熊澤蕃山)·요시다(吉田松陰), 국학자로는 카모노(賀茂興淵)·모토오리
　(本居宣長)·히라타(平田篤胤)·오오쿠니(大國隆正)·사토오(佐藤信淵), 실학자
　로서 경세가는 하야시(林子平)·안도오(安藤昌益)·히라가(平賀源內) 등이 있다.
　이들은 토쿠가와 이후 메이지신정권에 참여한 사람들이었다. 이들 지식인의 자기
　인식논리는 막말 유신기에 정치적 여러 변혁의 과정에 초점이 집중된다는 사실이
　중요한 과제가 되는 것이다. 維新主義·合理主義·尊王攘夷論 등으로 지칭되는
　변혁지향의 사상은 메이지유신을 성공시키는 이념적 후원이 되었다(松本三之介,
　天皇制國家と政治思想, 日本 東京: 未來社, 1969, pp. 93~110 참조).
8) 西域物語, 近世社會經濟學大系, 本多利明集, p. 172.

라고 함과 동시에 나아가

"서가라후도우(西唐太島)에 대성곽을 건립하며, 산단만주(山丹滿洲)와 교역하
여 유무상통하자."[10]

라고 일본의 침략의도를 분명하게 강조하면서

"동양에는 대일본, 서양에는 대영제국(大英帝國)이 세계에서 두 큰 부국(富
國)과 강대국으로 대두될 것이 명백한 것이다."[11]

라고 경고삼아 호언장담하였으니 일본인의 팽창대국주의와 침략근성은 동시
에 다발적(多發的)인 발상에서 출발하였던 것이다.

19세기에 와서 집권적 통일일본을 구상하였던 농학자 사토오 노부히로
(佐藤信淵: 1769~1850년)를 보면 그는 보다 적극적인 침략정책을 펴고
있다. 그는 통일된 일본은 조선을 위시하여 만주·몽고·중국본토를 모두
침략·점령한 뒤 비로소 이들과 연대(連帶)하여 일본을 세계적인 나라로
대성시켜 가야 함을 역설하고 있는 것이다.[12] 즉, 그는 혼다의 침략론을
본받아 조선과 아시아대륙의 침략을 계획하면서

"무릇 타국을 경략하는 법은 허약해서 취하기 쉬운 곳에서부터 손대어 가는
것을 원칙으로 한다. 지금에 이르러 세계 여러 나라 중에 있어서 황국(皇國)이
공략하기 쉬운 땅이라 하면 중국의 만주보다 더 공략하기 쉬운 곳은 없다."[13]

라고 하여 중국부터 손아귀에 넣을 흉계를 들어 내놓고 있었다. 또한

---

9) 前示資料, p. 202.
10) 前揭資料, p. 172.
11) 前揭資料, p. 177.
12) 失澤康祐, 前揭論文, pp. 30~33.
13) 宇內混同秘策, 日本國粹全集, 第19輯, p. 10.

"제5에는 마쑤에부(松江府), 제6에는 하기부(萩府), 이 2개부는 수많은 군선(軍船)에 화기(火器), 차통(車筒: 대포)을 적재하여 조선국의 동해에 이르러 함경·강원·경상 3도의 여러 고을을 급속히 공략해야 한다. 그 길이 곧 우리가 세계적인 큰 나라로 발돋움할 수 있는 첩경이다."14)

라는 조선왕조에의 침략의 허황된 꿈을 버리지 못하고 있는 것이다.

3. 독재정부형태의 구상

사토오는 고도의 종합적인 혁명적 방법책을 주장하였다. 그는 서양과학과 서양의 행정제도에 근거하여 완전히 중앙집권적이고 독재적인 정부형태를 구비해야만 일본이 세계로 뻗어 나갈 수 있음을 시사하였다. 막부자체가 권장한 학문이 마침내는 장기간 유지·형성되어 온 토쿠가와(德川) 체제의 개혁을 강조했던 침략사상가를 배출한 셈이었다. 토쿠가와 체제의 경제적·사회적 기층이 동요되는 것과 때를 같이 하여 정신적 지주가 붕괴되어 가기 시작했다고 볼 수 있는 것이다.

사토오와 같은 시대에 두뇌를 쓰면서 수많은 막부타도의 지사를 양성하였던 요시다 쇼오인(吉田松陰)에 이르러서는 그동안 주장해 왔던 근거 없는 일본인의 조선왕조의 멸시관과 침략론이 집대성되는 모습을 엿볼 수 있겠다.

"삼한(三韓)을 정복하고 몽고를 섬멸하여 도요토미(豊臣秀吉)가 조선을 벌(伐)함을 되풀이 하여 …… 북은 만주의 땅을 끊고, 남은 타이완과 여송(呂宋: 필리핀)을 거두고, 더 나아가서 진취(進取)의 형세를 보여야 한다."15)

라고 누누이 조선왕조에의 침범을 역설하였다. 이 자는 소위 신공황후(神功

---

14) 前示費料, p. 17.
15) 矢澤康祐, 前揭論文, pp. 34~35.

皇后)의 삼한정복설(三韓征服說)을 사실인양 강조함과 동시에 임진왜란의
합리적인 필연론을 펴면서 임나일본부의 재건론을 표방한 것이다. 이 재건론
은 구미(歐美)에 개항되어 외국의 압력에 위기를 당하게 되자 위기를 조
선·만주·몽고·중국 등을 침략함으로써 대상(代償)하도록 해야 한다는 대
상론이 정상(正常)의 회복이라는 형태로 나타나게 된 것이었다.[16] 이것이
반주변국(半周邊國)의 아제국주의(亞帝國主義: seme-imperialism)적인 속
성을 보여 주는 것으로 풀이하려는 해석도 가능하다고 본다.[17]

이러한 사상적인 구조가 요시다의 제자로서 메이지유신의 핵심인물인 사이
고오(西鄕隆盛), 기도(木戶孝允), 이토오(伊藤博文) 등에게 그대로 전승되어
정한론으로 실현되게 된 것은 유명한 사실인 것이다.

요시다와 동문(同門)이며 사쿠마 쇼오잔(佐久間象山: 1811~1864년)의
제자인 카츠 카이슈우(勝海舟: 1823~1899년)는 1863년에 '아시아연대론'이라
는 명분하에 조선왕조 등을 침범해야 함을 역설하였다.[18] 일본의 지사로 널리
알려진 카츠(勝海舟)는 기도(木戶孝允)와 오오시마(大島友之允)를 맞이하고

　　　"지금 우리나라로부터 선함(船艦)을 내어서 널리 아시아 각국의 군주를 타일러
　　종횡연합 아울러 해군을 성대히 하고 유무(有無)를 통하여 학술을 연구하지 아
　　니하면 서양의 유린을 면치 못할 것이다. 맨 먼저 이웃 조선으로부터 이를 설복
　　(說服)하고, 후에는 중국으로 미쳐야 한다."[19]

라고 강조하였다. 이에 기도가 공감하였다. 카츠의 한국 침략의 의도는
우리나라에 수교동맹(修交同盟)을 제의하되 수용치 않으면 즉각 정벌(정
한의지)하고자 하는 침략적 저의가 숨어 있었던 것이다.[20]

---

16) 金泳鎬, "開港期 韓日間의 思想的 對應形態," 日本의 侵略政策史研究, 一潮閣,
　　1984, pp. 117~118.
17) 金泳鎬, 前揭論文, p. 118.
18) 矢澤康祐, 前示論文, pp. 35~37.
19) 金義煥, 勝海舟日記, 1863年 4月 24日字.
　　朝鮮近代對日關係史研究, 景仁文化社, 1974, pp. 28~45.

다른 동문인 사카모도 료오마(坂本龍馬: 1835～1867년)는 행동주의자로 존경받는 자인바 막말기(幕末期) 토사(土佐)의 유신운동의 주역이기도 하였다.[21]

이들의 사상은 새로운 체제를 요구하면서 그것이 신동아(新東亞) 질서 속에서 진행해야 할 일본의 방향을 저울질해 줄 이념체계-실천적인 것-로서 구세대의 인식체계의 기층에 내재해 있었다고 평가된다.[22] 그리고 그런 기반 위에서 일본이 조선왕조를 침략할 역사적 배경이 자리 잡게 되었던 것이다.

이와 같은 일련의 침략적 의도와 그것을 실천하는 인물-정치가와 학자-들이 전후의 문맥에 따라 충실히 그 저의를 계승해 나감으로써 정한론은 더욱 굳게 수립되고 이론이 정립되게 되었던 것이다.

제2절 정한론의 존숭자와 그 행동반경

1. 침략의도의 배태

19세기 중반 미국의 페리(Perry)제독이 일본에 와서 불평등하게 미·일 조약을 체결하였는데 (1854년), 이 시기에 하시모도(橋本左內)는 그의 친구 무라다(村田氏壽)에게 보낸 글 속에서 일본이 독립하려면 조선 등을 먼저 침범하고 나아가 미국까지도 자기네의 영지(領地)로 확보할 계획을 세워야 한다는 것이다. 그 내용을 소개하면,

    "일본이 당면한 문제는 국내의 문제와 외번(外藩)의 문제의 2건으로 귀착 된

---

20) 原平三, "征韓論と明治6年 10月の政變," 歷史學硏究 10 참조.
21) Marius B. Jansen. *Sakamoto Ryoma and the Meiji Restoration*(Stanford Univ. Press, 1971).
22) 朴英宰, "近代日本의 韓國認識," 日本의 侵略政策史硏究, 一潮閣, 1984, pp. 94～95.

다고 생각되는 바이며, …… 지금의 형편은 장차 5대주와 동맹하여 하나의 나라로 통합하고, 그 맹주(盟主)를 세워 두면 저절로 사방의 싸움을 멈추게 하려는 계획으로 사료됩니다. 위의 동맹주(同盟主)는 우선 영국·러시아 중에 있을 것입니다. 영국은 표한탐욕(慓悍貪欲)하고, 러시아는 침집엄정(沈鷙嚴整)하므로 언젠가는 러시아에게로 인망이 쏠리게 되리라 생각됩니다."

라고 하여 러시아와의 관계를 명시한 뒤23)에 이어

"따라서 일본은 도저히 독립하기 어려울 것입니다. 독립을 하려면 산단(山丹)·만주·조선을 병합하고, 또한 미주(美洲) 혹은 인도지방 안에 영지(領地)를 갖지 않는다면 도저히 소망을 이룰 수 없기 때문입니다. 이는 당장에는 어려울 것입니다. 그 까닭은 인도는 이미 서양에게 점령되어 있고, 산단(山丹)땅은 러시아에서 착수 중에 있습니다. 게다가 지금은 역부족으로 도저히 서양제국의 병력에 적대하여 연전연승은 어림도 없는 일이므로 오히려 지금 당장 동맹국으로 되는 것이 무방할 것입니다. 그리고 아시아제국 기타의 여러 나라와는 수교도 어렵지 않을 것이나 영국·러시아는 양웅으로 병립할 수 없는 나라이므로 매우 다루기가 힘들 것입니다. …… 소생은 러시아를 따르고자 합니다. 그 까닭은 러시아는 신의가 있고 이웃이며, 또한 그와는 순치(唇齒)의 나라이기 때문입니다. 우리가 러시아를 따른다면 러시아는 우리를 덕(德)으로 여길 것입니다. 그렇다면 영국이 분개하여 우리를 칠 것인데, 이는 우리가 바라는 바입니다. 우리가 고립해서 서양동맹의 제국에게 적대하기는 어려울 것입니다. 그러나 러시아의 후원이 있다면 설령 패한다 하더라도 아주 패하지는 않을 것이 확실합니다. …… 게다가 그 전쟁까지에는 반드시 러시아와 아시아제국으로부터 사람을 청해서 일본의 대개혁을 비롯하여 수군육전(水軍陸戰)에 온갖 힘을 다할 것으로 생각됩니다. …… 아시아를 하나의 동쪽의 변(藩)으로 삼고, 서양을 우리의 소속으로 생각하고, 러시아를 형제간처럼 여겨 가까운 나라를 침략함이 매우 긴요하다고 생각되는 바입니다."24)

---

23) 安政 4年 11月 28日 村田氏壽에의 서한, 橋本景岳全集, 上卷, pp. 550~552.
24) 同 pp. 551~555.

라고 하여 하시모도 사나이는 막말(幕末) 당시의 일본의 정확한 위치를 알고 이에 대처하기 위한 방편으로 이런 서한을 친구 무라다에게 보낸 것이다. 하시모도의 한국 침략의 의도가 결국은 일본의 대륙침투에 있음을 알 수 있는 것이다. 하시모도의 의견은 곧 러시아와 손잡고 영국을 멀리하며 미국과 교류함으로써 우선 일본 자체의 국력을 키워 이웃을 차례로 침식해 가자는 원대한 침략의 저의가 바탕에 깔린 것이다.

그 가운데 장주번(長州藩)은 지리적으로 우리나라와 가까웠기에 침략의 거대한 계획을 실천에 옮기게 되었다. 그 첫째의 임무수행자가 먼저 언급한 요시다 쇼오인(吉田松陰)이었다. 그가 미국으로 가려던 계획이 실패되자 투옥되었는데, 그는 이것을 토대로 『유수록』(幽囚錄)을 저술하였다. 그는 이 글 속에서

"해가 뜨지 않으면 어둡고, 달이 차지 않으면 기울며, 나라가 흥륭하지 않으면 망한다. 그러므로 나라를 잘 보존하는 자는 헛되이 가진 바를 않음이 없다. 또한 없는 바를 더함이 있게 하는 것만이 아니다. 이제 급히 방비를 하여 함선을 갖추며, 병기와 탄약을 점검하여 바로 에죠(蝦夷)를 개간하고, 제후를 봉건하며, 기회를 보아서 캄챠가·오도가(隩都加)를 공략하고, 류까(琉球)를 타이르고, 조근회동(朝觀會同)하여 안으로 제후를 화평하게 한다. 특히 조선의 잘못을 엄중히 책하고, 납질봉공(納質奉貢)함이 옛날과 같이 성행할 때와 같게 하며, 북으로 만주를 분할하고 남으로 타이완과 필리핀 여러 섬을 다스린다. 점차 진취형세를 나타내며, 그 연후에 백성을 사랑하고 학자를 양성한다. 신중히 변방을 지키면, 나라를 잘 보존할 것이다. 만일 그렇지 않고 군이(群夷)가 쟁취하는 속에 끼워 능히 발을 들고 손을 흔들지 않고 그대로 팔짱만 끼며 보고 있다면, 우리나라는 멸망의 구렁텅이로 빠져 들어갈 것이다."[25]

라고 적극적인 정한론과 그 이웃까지도 일본의 영토로 편입해야만 일본이 세계적인 국가가 됨을 강조하였던 것이다. 그는 일본의 한국침략을 적극성을

---

25) 吉田松陰全集, 第1卷, p. 596.

띠고 실천에 옮겨야 될 것임을 절규하면서『옥시첩』(獄是帖)에서는

"러시아·미국과의 강화를 일정하게 하고, 결연히 우리가 이륜 파기하여 믿음
을 이적(夷狄)에게 잃지 않아야 한다.

단, 규약을 엄정하게 하고, 신의를 돈독히 하여 그 기간동안 국력을 길러 공
략하기 쉬운 조선·만주·중국 등을 손아귀에 넣는다. 그리고 교역(交易)으로
서 러시아와 미국에 잃었던 것을 조선 등을 침략함으로써 보상받아야 한다."26)

라고 기술하였다. 결국 조선을 침략해야만 취약점으로 가득 차 있는 일본을
충실케 할 것이며, 저희 나라의 자원을 풍부케 하여 국력을 충만케 할 것임
을 시사한 것이다.

하시모도와 요시다의 한국 등 동남아침략의 기본 시각은 각기 달랐다. 그
러나 두 침략입안자가 목적하는 방향과 목적은 일본의 강고한 독립과 세계
화로의 침략적 팽창에 있었던 것이다.

2. 제한론의 배경과 그 의미

요시다 쇼오인의 제한론(制韓論)은 먼저 삼림자원이 풍부하고 어족이 많
은 입지조건을 구비한 울릉도의 침략이었다.27) 그는 1858년(철종 9년, 일
본 안정 5년, 청국 문종 8년) 2월 19일 가츠라(桂小五郞)에게 서한을 보냈
다. 이 해는 미·일수호통상조약이 체결되던 해였다. 청국은 영·불과 천진
조약(天津條約)을 체결하여 영·불상선의 내지하천항행권(內地河川航行權)
이 인정된 때이기도 하였다.

요시다 쇼오인은 이때 가츠라에게 보낸 편지 속에서

"여기 일면 이기남자(利奇男子) 죠슈인(長府人) 고오젠(興善昌藏)이라고

---

26) 煙山專大郞, 征韓論의 實相, 東京: 早稻田大學出版部, 1908, pp. 155~156
27) 松本三之介, 天皇制國家と政治思想, 東京: 未來社, 1978, pp. 94~110.

하는 자가 있어 죽도(독도)의 개간대책이 있으며, 차후에 막부(幕府)의 허가를 얻어 에죠(蝦夷)와 마찬가지로 된다면 장차 중국 명나라 말엽의 정성공(鄭成功)의 큰 공에 비유할 수 있을 것이라 믿습니다. 이 깊은 뜻은 차지하고 막리 변통함이나 홍리의 설이 오늘의 급선무이므로 독도개간 정도는 어려운 일이라 할 수 없을 것입니다. 이는 오로지 한 관원의 주장으로서 가능한 일이라 예상됩니다. 자세한 내용은 깊은 상서로움이 있을 것으로 생각하는바 여러 가지로 배려하여 주시기 바랍니다. 천하가 태평하고 막부(幕府)에 대한 이로운 일이 있다고 하면, 먼 침략의 착수는 번(藩)에서는 조선·만주에 임함만 같지 않을 것입니다. 조선과 만주에 임함에는 독도는 제1의 기류지로서 매우 적당하다고 생각합니다."[28]

라고 하여 이미 우리나라의 영토로 확정되어 있었던 울릉도와 독도를 먼저 침입할 계획을 세웠던 것이다.

그는 동년 7월 11일 다시 가츠라에게 보낸 서신 속에서 한국 침략의 구체적인 진전사실을 구체적으로 논하고 있다.

"독도에 대해서는 1688년~1703년 때에 조선에 건너가 인도하신 일로서 어려움도 있으리라고 이곳에서도 그렇게 말하고 있으나 당시에 대변혁이 있을 때이지만 조선과 교섭하여 지금 공도(空島)로 되어 있음은 무익한 일이므로 이편에서 개간하겠다고 말한다면 이론(異論)은 있지 않을 것이다. 만약에 양이(洋夷)들이 이미 손을 뻗히고 있다면 더욱 방치할 수 없는 것이다. 그것이 발판이므로 우리 장주(長州)에 있어서는 대단히 어려운 일이다. 그러나 그의 소유로 되어 있다면 별수 없이 개간을 명분으로 하여 건너가게 되면 이는 곧 항해웅략(航海雄略)의 시초로도 손꼽게 될 것이다."[29]

이에 따르면 독도가 스스로 한국영토임을 인정한 증거가 되기도 하거니와 그들은 한국을 침략함에 있어서 단계적인 조치로서 입지조건이 좋은 울

---

28) 吉田松陰全集, 第6卷, pp. 11~20.
29) 前示資料, 第6卷, p. 50.

릉도와 독도 등을 먼저 손아귀에 넣으려 흉계를 꾸몄던 것이다.

몇 번에 걸친 요시다 쇼오인으로부터의 서신을 받은 가츠라는 1860년(철종 11년) 7월 2일 오오무라(大村益次郎)를 동반하여 로오쮸(老中) 히사세야마토(久世大和守廣周) 영주의 저택에서 의견서를 수교하였던 것이다.

그 내용 중 일절을 보면

"지금의 형세가 이미 오랑캐의 선박이 독도에 점차 근접해 오고 있다고 합니다. 그렇다면 식민, 즉 침략까지를 기도하고 있을 것으로 고찰되는 바입니다. …… 섬 안에는 이렇다 할 사람의 흔적도 없고, 조선인도 벌써부터 도해(渡海)하지 않는 바로 …… 만일에 외국에서 착수하여 식민하려는 것이라면 일본을 위함은 물론 장주(長州)도 근해이기 때문에 후환이 용이치 않을 것으로 염려됩니다. 막대한 경비가 소요될 것으로 생각되나, 근해방위의 간상금제(姦商禁制)를 요지로 하여 각하께서 국력이 미치는 한 힘을 써서 개척해 주실 것을 바라며, …… 독도개척에 관해 각하께서 일제히 지시하시면 부하일동이 애써 나라를 위해 그 목적을 성취하리라고 생각하는 바입니다. 일본의 독립을 위하는 일에 어찌 목숨을 아깝게 여기겠습니까?"[30]

라고 하여 일본은 '독도개척'이라는 미명하에 선점(先占)의 국제적 효력을 노리고 있었던 것 같다.

요시다 쇼오인의 제자로 정한론의 영향을 받은 기도(木戶孝允) 등의 울릉도·독도 등의 침략 안이 막부각료의 미승인 속에서 막말의 침략수뇌부들이 예견한 바와 같이 1861년(철종 12년) 러시아의 쓰시마 점령사건으로 구체화되었다. 이때 막부는 러시아의 점령사건을 부인하고, 관리로 하여금 대러교섭(對露交涉)에 나서게 하여 영국의 후원으로 성사되었다.

그러나 영국의 일본원조행위가 그들의 엉뚱한 동양침략이라는 그들 나름대로의 계획을 착착 은밀히 실천해 간 것으로 계산해 보아야 할 것이다. 요시다 쇼오인이 처형되던 안정(安政)의 대옥사건(大獄事件)이 일어나던 1859

30) 木戶孝允文書, 第8項 參照.

년(철종 10년) 나가사키(長崎), 하코다데(函館)의 조약항에 주재하던 영국
의 영사 호지슨(Hodgson, C.D.)은 그의 저술에서[31]

"영국은 조속히 쓰시마를 점령하여 이를 극동의 벨링섬이 되게 해야 한다."[32]

라고 역설함으로써 영국의 일본침략정책의 일면도 아울러 엿볼 수 있겠다.

한편, 러시아의 쓰시마 점령사건을 해결한 외국인 가운데 하나인 주일 영
국공사 알코크(Sir R. Alcock)는 『타이쿤의 수도(首都)』라는 자료 속에서
영국이 일본을 어떻게 하면 침범하여 식민지화할 수 있을까 하는 내용을 함
께 기술하였다.

"서구의 열강(列强), 특히 우리 영국과 같이 동양에 있어서 커다란 이해관계
를 가진 나라의 하나인 일본은 실로 그 전초(前哨)인 것이다. 영국과 같이 큰
위신이 있는 제국(帝國)과 통상무역을 가진 나라에 있어서 설령 일본이 무역
그 자체로서 금후 이후에도 거액의 기여를 하지 못한다 할지라도 심중한 고려
를 요한다. 일단 일본과 조약을 맺은 연후에 그 양이열(攘夷熱)이 아직 극에
이르기 이전에 일본과 손을 끊을 것이냐, 끊지 않을 것이냐는 오직 일본 그 자
체만을 대상으로 하여 고려해서는 안 된다."

라고 하였고, 영국의 '일본탐색전'을 일부 편 뒤에 이어

"동양에 있어서 영국은 러시아와 서로 대립되어 있다. 그리고 이제 러시아는
만주 일대의 연안에 그 세력을 부식해 가고 있다. 만약 그것이 단순한 통상무
역의 번창이라면 영국은 별로 걱정도 근심도 없다. …… 그렇지만 만약에 상무
적(尙武的)인 경향이 과중하여 바다에는 군함, 항구에는 포루(砲壘)라는 경우
에는 방심할 수가 없다. 이제 러시아는 중국·만주의 연안에서 일본을 일단으
로 하고, 다른 한편으로는 미국이 동해안에 이르는 해상권을 점유하려고 노력

---

31) Hodgson, C.D., *A Residence at Nagasaki and Hakodate in* 1859~1860, p.308.
32) 煙山專太郎, 征韓論の眞相, pp.90~95.

하고 있는 듯하다. 만약 조선과 일본, 혹은 그 일부라도 침취적(侵取的)인 해권자(海權者)의 손아귀에 들어간다면, 그 해권자(海權者)는 석탄, 철, 아연, 유황, 피난항(避難港), 저탄소, 조선(造船)의 목재창고, 공인(工人), 심지어는 용감한 해원(海員)까지도 얻게 될 것이다. …… 과연 그렇게 된다면 일단 유사시에는 호주의 연안에서 미국의 연안에 이르는, 즉 지나해에서 태평양에 이르는 영국통상의 항해는 적의 손에 위임되어지지 않으면 안 된다. 돌이켜 보건대, 일본은 실로 영국의 세계적 통상의 연쇄(連鎖) 중의 일환이다. 이 일환의 존망으로서 이 연쇄의 단속(斷續)은 결정되는 것이라고 말할 수 있다. 그러므로 다른 세력으로 하여금 동해에 있어서의 병합 혹은 정복의 문제는 그 일 여하를 막론하고 영국에 대해서는 결코 가볍게 보아 넘길 수가 없는 것이다."33)

라고 장황하게 기술하였다. 이처럼 탐색의 전후사실이 분명해지면 쓰시마를 막부직할의 지역으로 삼아 효고(兵庫)와 니이카다(新潟)를 조약항으로 삼기로 작정한 것이다.34)

이와 같은 상황 속에서 소우씨(宗氏)는 대조선과의 무역에는 이득을 취할 수 없게 되자, 이 섬 중심의 한·일·중 3국 제휴안을 제기하였다. 다시 장주번(長州藩)은 쓰시마와 인척관계가 있었고, 장주번은 울릉도의 개척이란 미명하에 침투하여 조선을 침범하였고, 식재(殖財)의 기반으로 삼을 정도였다. 그러므로 가로우(家老) 중신 오오시마(大島友之允)는 이 제휴안을 가츠라(桂小五郎)에게 제시하고 설득하였다.

이에 가츠라와 오오시마는 이들 막부의 해군조련소장 겸 군항담당관급의 가쓰다로(勝麟太郎)를 만나 다시 설득하였다. 그 내용을 보면,

"오늘 아침에 가츠라가 쓰시마 번(藩) 오오시마와 함께 왔다. 그들과 함께 조선침략에 대한 문제를 논하였다. 일본의 (침한)정책은 현재에 아시아국가 중에서 서구사람들은 대항할 수가 없다. 이는 모두 규모가 작고 원대한 정책에 미치

---

33) 德富猪郎, 近世日本國民史, 第44卷, pp. 426~427. 원문은 Sir Futherford Alcock, *The Catital of the Tycoon*, Vol. II, pp. 217ff.
34) 前示資料, p. 425.

지 못할 것 같기 때문이다. 이제 일본의 함선을 동원하여 널리 아시아 각국의 영주를 설득하고, 종횡으로 연합하여 공동으로 해군을 크게 일으켜서 학술을 열심히 연구하지 않으면 서구의 유린을 피할 수 없을 것이다. 우선 최초로 가까운 나라인 조선부터 이를 착수하여 점령하고, 후에 중국을 지배하여야 한다고 서로 찬성하였다."[35]

라고 기록되어 있다. 이것은 일본이 한국 침략의 그 기본 방향이 이미 정한론 이전부터 움직일 수 없게 세워져 있음을 알게 하는 것이다. 따라서 한국 침략의 최우선을 정해 놓고서도 그들 나름대로의 연막작전을 폈던 것임을 분명하게 알아야 할 것이다.

3. 정한론의 존숭자와 그들의 침략관

오오시마는 마스다히라(松平春嶽)가 어떻게 해군을 확장해야만 조선왕조에 용이하게 침범할 수 있느냐는 질문에 대하여 특히 침략의 역군으로서의 인재양성을 이렇게 강조하였다.

"현재에 부족한 것은 인물이다. 우리 일본은 인민귀천을 불문하고 큰 뜻이 있는 사람을 선발하지 않으면 그러한 인물을 얻기가 아주 어렵다. 다만 막부(幕府)의 인물만으로 이에 응하게 하려면 제대로 얻을 수 있겠는가. 모든 사람들이 전부 한 마음으로 힘을 다하지 않으면 큰 인물을 얻을 수 없을 것이다. 또한 쓰시마섬(對馬島)을 영국과 프랑스가 갈망하는 분명한 의도가 있다. 이는 북쪽의 러시아의 서진(西進)을 억제하는 대책이다. 시급히 이 섬을 몰수 하도록 하명(下命)하고, 좋은 항구를 개설해야 한다. 무역항을 삼을 때는 조선과 중국과의 왕래가 트이고, 또한 해군은 크게 발전할 소지가 있다."[36]

---

35) 巖本善治, 海舟日記, 1863年 4月 27日, pp. 40~45.
36) 前揭 海舟日記, 1862年 8月 28日.

라고 회신하였다. 따라서 이와 같은 경로로 가스는 쓰시마에 개항장을 영·불·러시아의 요구에 응하는 척 하면서 군항을 삼으면 일석이조의 이득을 취할 수 있음을 들었던 것이다. 동시에 한·일제휴론을 장주번사(藩士長冊) 가츠라(桂小五郎)에게 설득함으로써 막부타도의 예봉을 다른 곳으로 전환하게 하는 정책으로 활용할 생각이었다. 가쓰는 1863년 5월 오오사카성으로 등청하여 자기의 의견이 채택될 것 같다고 낙관하였다. 그러나 그 뒤에 형세가 변하여

"속리(俗吏)들이 떠들어대며 동의하지 않았다."[37]

라고 술회하였다. 따라서 그는 오오시마로 하여금 아네고우지(姉小路公知)를 설득할 것을 권유하였으나 동 5월 20일 사망하였다.[38]

조선왕조침략의 집념을 버리지 않고 갖은 묘안을 짜내고 있던 가쓰는 5월 23일 등성(登城)하였다. 원로 이다쿠라 수회노가미(板倉周防)를 만나 고오베(神戶) 훈련소의 병력을 인솔하여 조선왕조를 정벌하겠다는 뜻을 요구하였다. 그러나 형세가 어렵게 돌아가자 대책을 위하여 그와 밀담하였다. 가스의 일기에

"에도(江戶)로부터 마에고우지(前河內愛助)가 왔다. 오오고에(大越)의 편지를 지참하였다. 오쿠보(大久保一翁)는 천하에 간인(奸人)이었으며, 그대는 알 수 있겠는가라고 말했다. 그렇다면 지금 그를 알지 못할 자 누구겠는가 나는 생각한 바가 있다. …… 그 요점은 정한(征韓)에 관한 일이다. 따라서 그 간사함을 막기에 족하다."[39]

라고 기술되어 있다.

---

37) 前揭 海舟日記, 1863年 5月 15日.
38) 前揭 海舟日記, 1863年 5月 18日.
39) 前揭 海舟日記, 1863年 5月 27日.

키구다(菊田貞雄)에 따르면 가스의 의도적인 정한의 의미는 막부 내의 간사한 무리 수하(諏訪因幡) 영주의 일파를 매장하기 위한 대내의 한 가지 묘안이라고 자랑삼아 지적하고 있다.[40]

장군 이에시게(家茂)는 양이(攘夷) 단행기간을 그 해 5월 10일로 결정하게 강제하였다.

따라서 자연히 그 영향은 조선왕조정책에도 파급되어 막부는 5월 4일부로 밀령을 쓰시마 번주(藩主) 소우씨에게 보냈다. 그 내용의 일절은

"양이(攘夷)의 기한이 쇄항(鎖港)하게 되었다. 담판하기에 이르러 외이(外夷)가 조선국으로 건너가서 집을 짓는다는 소문이 있다. 동국(同國)과는 연래의 신의가 있으므로 해서 원조·출장하여 외이(外夷)의 근거의 책략을 부수고 기회를 엿보아 무력으로 복종케 할 것이다. 원래 병사들의 식량이 결핍된 나라이므로 양미(粮米) 등의 문제를 강력히 소청하는 뜻을 지당한 것이라고 듣고 있으니 소청한 대로 양미를 위한 수당 쌀 3만석씩을 매년 3번으로 분할하여 하달하기로 하였다. 그러니 쳐들어오는 적을 막아 싸울 실질적인 대비를 세워 국력을 다하여 국위를 해외에 떨치도록 하기 바란다. …… 또한 기계와 군함의 대여의 문제도 듣고 있으나 현재 부족하므로 형편 되는 대로 추후 송달하겠다."[41]

라고 침략준비에 관하여 상세하게 강조하였으며, 동시에 가스에게는

"쓰시마에 용무를 위하여 사람을 파견하였으므로 준비가 되는 대로 침략의 출정을 하고, 조선왕조의 사정을 면밀히 탐색하여 곧 상세히 보고할 것."[42]

이라고 기술하였다.

일본의 쇄국양이의 단행으로 조약국의 외이(外夷) 등은 조선왕조를 근거

---

40) 菊田貞雄, 前揭書, pp. 60~90.
41) 前揭 海舟日記, 1863年 5月 29日
42) 前揭 海舟日記, 1863年 5月 30日

로 일본을 위할 것으로 판단하였다. 따라서 한·일이 손잡고 구미의 세력을 한국 내에서 구축하기 위하여 군함담당관 가스가 시찰원으로 파견된다고 하는 형세였다. 가스는 에도로 가서 군함 쇼고오마루를 쓰시마 번주에게 대여하였다. 그러나 이 함정은 파선되고 말았고, 제휴론도 허사로 돌아갔다.[43]

막부는 1867년(고종 4년) 천주교 박해의 문제를 둘러싸고 조·불(朝佛) 사이에 분쟁이 조정되어 사절을 조선왕조에 파견하였다.[44] 그러나 막부의 관리인 외국담당관 히라야마(平山敬忠) 등이 쓰시마까지 나아가 조선왕조로 건너가려는 때에 막부는 대정봉환(大政奉還)을 단행한 결과 막부 최후의 한·일제휴의 안건도 사실상 무의미하게 되고 말았던 것이다.[45]

이와 같이 막부 말기에 있어서 여러 정치가·사상가·학자 등이 각기 그 나름대로 주장하였던 정한론은 이 당시에는 직접 실천에 옮겨지지 않았다.[46] 그러나 이 정한론의 다발적인 강조는 그 뒤 무성한 정한논의를 잉태하였다. 따라서 소위 연대론(連帶論)·탈아론(脫亞論)·흥아론(興亞論)·아시아주의 제휴론 등으로 줄을 지어 한국 침략을 위한 갖은 교묘한 술책으로 나타나고 있었던 것이다.[47]

---

43) 이 함정(쇼고우마루)은 한국으로 건너가는 중에 쓰시마 연안에서 파선되어 버렸다. 그 후 동 8월 18일의 대정변으로 가스가 실각됨으로써 모처럼 韓·日의 소위 제후론도 어쩔 수 없이 중단되었다.

44) 그 이유는 첫째로는 한국과의 관계를 복구하고, 둘째로는 프랑스와의 관계를 조정함으로써 幕府의 退勢를 만회하려고 도모함에서 찾아 볼 수 있겠다.

45) 菊田貞雄, 前揭書, pp. 88～90.

46) 오히려 이때의 활발한 征韓論議는 明治政府의 정한론을 보다 더 직·간접적으로 강하고 근거 있게 추진시켜 주었던 것이다.

47) 岡義武, "國民的獨立과 國家理性," 唐木順三等編, 近代日本思想史講座 8, 世界의 なかの日本, 日本 東京, 1961, pp. 20～24.

제4장

정한론의 정체와 그 본질

제1절 메이지유신 정부의 중앙집권화정책

1. 판적봉환(版籍奉還)

일본의 막부를 붕괴·해산시켰던 원인은 봉건제도의 몰락과 그 해체에서 찾아보아야 할 것이다. 일본 근대화의 계기인 메이지유신은 일본이 발전하고 있는 열강과 제휴할 수 있는 큰 역사적 계기를 마련하였던 것이다. 그것은 전통의식에서 근대적 중앙집권국가로의 면모를 일신할 수 있었던 것이었다.

강력한 근대국가로 발돋움할 수 있는 요인은 안으로 군사권·징세권·통화발행권 등의 장악과 그의 유효적절한 집행에 있었다. 밖으로는 변경소속문제의 완전해결과 일본이 어이없이 당했다고 생각하는 구막(舊幕)이래의 미·영 등 강대국과의 불평등하게 체결된 조약을 일본국익에 맞게 대폭 개정 적용할 수 있게 하는 계기를 마련함에서 찾아보아야 한다. 따라서 일본의 경우에서 메이지유신은 봉건제적인 제도의 전폭적인 부정에 새로운 시각을 가져야 했던 것이다.

어떻게 보면 대정봉환(大政奉還)에 의하여 막부는 붕괴되어 재기불능인 것처럼 보였지만, 장기적인 안목에서의 실권은 토쿠가와의 손아귀에 있었다고 보아야 한다.[1]

그런데 봉건제도를 해소하려는 하나의 방업으로 봉건제도의 구성원인 번

---

1) 이를 다시 한번 전후문맥으로 살펴보면, 여기에 이르러서 馬上에서 획득한 幕府의 정권은 馬上에 있어서 탈환되어야 한다는 朝廷의 公論이 더욱더 높아져 마침내 막부타도의 군사가 동원되기에 이르렀던 것이다. 이는 무력과 財力을 토쿠가와로부터 뺏어 다가 조정에 바치기 위한 것이었으나 병력과 재력을 갖지 못한 조정은 이 두 가지를 藩에 의거하지 않으면 안 되었던 것이다.

력(藩力)을 사용했던 것이 뒷날 반(反)중앙집권세력을 키운 결과를 가져 왔던 것이다.

1868년 오오우(奧羽)2) · 하코다데(函館)3) 전쟁이 끝날 당시 일본은 위기에 봉착되었다.

막부타도로 인하여 토쿠가와막부가 붕괴되었다고 한다면 이에 적극 가담한 일황지원의 제번(諸藩)의 번병(藩兵)이 오만불손해짐도 어쩔 수 없는 현상이었을 것이다. 그들에게 새로운 권력배분의 기회가 있을지 모르기 때문이었다.

그러나 조정은 실력을 갖추지 못하였다. 대정봉환 뒤의 제번은 그런대로 봉건적 반독립국가적인 실력이 얼마간 남아 있었던 것이다.

요시다 쇼오인의 제자로 강력히 한국정벌을 주장하면서 그래야만 저희 일본이 강대국이 될 수 있다고 주장한 기도(木戶)는 그 당시의 어려운 정세를 이렇게 말하였다.

"무진년(戊辰年: 1868년)의 후쿠수이(伏水)전쟁 이래 제번(諸藩)이 쿄오토오(京都)로 몰려 와서 의논이 백출하였다. 혹은 양이(攘夷)를 말하고, 혹은 개국을 말하고, 혹은 쇄국을 외치고, 또는 삼론(三論) 중 각기 파당을 지어서 국론(國論)이라 하기도 하였다. 혹은 번론(藩淪)이라고 말하는 등 일본정세가 소란하여 자연히 분란을 면치 못하였다. 토오호쿠(東北)의 전쟁을 끝내고, 제번(諸藩)은 각기 나라에 나아가 서로 아류(我流)를 주장하고 병력을 양성하였으며, 장(長)은 살(薩)과 어깨를 겨루고, 토(土)는 비(肥)와 다투며, 각기 한 지역에 할거해서 안목(眼目)을 오직 국내에만 돌리고 있어 큰 환란이 밖에서 닥쳐옴을 모르고 있었다. 이때 당시의 조정은 위의 일을 떠받드는 자가 있다고는 하나 이것 역시 어떻게 할 수 없었다. 여기에 있어서 황국(皇國)의 일대 불행, 즉 억조창생의 커다란 불행이 지금까지 한 번도 있어 본 일이 없다고 말할 만한 것이다."4)

---

2) 오오우(奧羽) : 陸奧와 出羽地方, 후쿠시마(福島), 미야기(宮城), 이와테(岩手), 아오오리(靑森), 아기타(秋田), 야마가타(山形)의 여섯 개의 縣의 총칭. 토오후쿠(東北) 지방이라고도 칭한다.

3) 하코다데(산函館) : 홋가이도오(北海道) 남단 와다리지마幕府의 直轄領이었다.

라고 이 당시의 일본국정이 분란 속에 있었던 것임을 잘 나타내고 있는 것이다.

기도(木戸孝允)의 정세불안론에 이어 동지인 오쿠보(大久保利通)의 망의 (妄議)에도 그와 비슷하게 국론분열의 탄식을 표하고 있었다.5)

이에 의하여 알 수 있듯이 메이지유신 정부의 당면과제는 막부가 붕괴된 뒤의 제후와 무사를 전적으로 부정해 버리는 일인 것같이 생각될 수 있다. 대정봉환은 곧 판적봉환(版籍奉還)6) 그리고 폐번치현(廢藩置縣)과 번병해소(藩兵解消)를 시사하는 것으로 풀이되는 것이다.

그런데 1868년의 무진전쟁으로 막부는 붕괴되었으나 이에 관련된 봉건제번은 존속하였다. 이에 따라 군현론(郡縣論)이 재빠르게 나타나 황정복고가 되던 때로부터 다시금 고개를 들기 시작하였다. 살(薩)의 번사인 데라지마 (寺島宗則)의 일기를 보면 오쿠보의 환정(還政) 논의를 엿볼 수 있다.

"어느 날 밤(1867년 12월) 오쿠보는 크게 탄식하여 말하였다. 장군(將軍)이 환정(還政)했다 할지라도 실제로 이를 취할 수가 없다. 그러므로 일단 종전과 같이 정권을 장군(將軍)에게 위탁할 수밖에 없다고 하는 조정회의가 있었다 함은 유감천만한 일이 아니겠는가."7)

라고 탄식하고 있다.

이때 데라지마는 오쿠보와 사이고오(西鄕隆盛) 등 무단파가 번주 시게하사(茂久)를 받들고 상경하려 할 찰나에 의견서를 이렇게 제시하였다.

"필경 정권이 무문(武門)으로 옮아 갈 것같이 되어지는 것은 봉건의 까닭으로 그러합니다. 총체적으로 봉건의 제후를 폐하게 되면 왕도(王道)가 바로 설 줄

---

4) 木戸孝允文書, 第8, 版籍奉還 건의의 자서, pp. 211~215.
5) 勝田孫彌, 大久保利通傳, 中卷, pp. 741~744.
6) 1569年(高宗 6年) 일본지방의 영주들이 영토와 인민을 조정에 되돌려 바쳤던 큰 역사적 사실을 의미한다.
7) 前揭 大久保利通傳, 中卷, p. 609.

로 생각됩니다. 대체로 근왕(勤王)을 제창하여 더할 나위 없이 충절을 다하려
면 그 봉지(封地)와 그 인민을 조정으로 봉환해야 합니다. 그리고 스스로는 서
민으로 인식되어 나중의 선거유무에 기대를 거는 것보다 더 좋음은 없습니다.
이리하여 비로소 공명정대한 근왕(勤王)의 본분이라고 할 수 있다고 남몰래 우
설(愚說)을 세워 놓은 계략인 것입니다."8)

이에 기도(木戶)도 1868년 2월 산죠(三條實美)와 이와쿠라(岩倉具視)에
게 문서를 보내 제후가 토지와 인민을 조정에 봉환함이 타당함을 상세하게
제시하였다."9)

따라서 판적봉환은 시기문제만 남아 있게끔 분위기가 성숙되었다. 황정복
고의 주요한 두 인물이라고 하면 살(薩)·장(長)의 두 번(藩)이었다. 그러므
로 이들이 협력하지 않는 한 메이지유신의 단행은 어렵다고 보는 것이다.

기도(木戶)는 번으로 돌아 간 모우리(毛利)에게 판적봉환을 설득하여 승낙
을 얻었으나 판적봉환은 예기할 수 없게 되었다. 이런 상황에 관하여 기도는

"이즈음 장번(長藩)의 병사 등의 실정은 실로 우려됨이 극에 달했다. 과거에

---

8) 前揭 大久保利通傳, 中卷, pp. 606~611.
9) 나라 일로 애를 많이 씁니다. 도대체 아주 새로운 정치란 한쪽으로 치우침이 없
고, 사심이 없음은 물론 공정한 것입니다. 안으로는 재능 있는 자를 등용하여 오
로지 억조창생과 백성의 사정을 두루 살펴 위로하고 어루만져 달래야 합니다. 밖
으로는 세계 각국과 나란히 하여 일본을 후지산(富岳)과 같이 태평하게 해야 합
니다. 나아가서는 지극히 바르고 공정한 마음으로 700여 년의 쌓인 병폐를 일변
시키고, 300여 제후로 하여금 빠짐없이 그 토지와 인민을 환납하게 하여야 합니
다. 그렇지 않으면, 一新이란 명분이 어디에 있다는 것입니까. 실로 천하의 대세
가 元龜·天正의 시대에 있지 아니하며, 삼가 남몰래 조정 및 諸藩의 정세를 살
피건대, 다만 병력의 강약만을 각기서로 살피고 있습니다. 조정은 저절로 薩·長
에게로 기울어지고, 薩·長은 또한 그 군대에 의지하고, 諸藩도 또한 대략 여차
하니 참으로 尾大之弊를 면치 못하며, 實權의 귀착할 바를 결코 점치기 어려운
상황입니다. …… 생각건대 토오후쿠(東北)의 전쟁도 그 병졸을 거둔 지 얼마 안
되며, 各藩의 군대가 각기의 藩으로 돌아감이 각각 다르고, 원래 근본적으로 정
치와 형벌을 각기 다르게 베풀게 될 때에는 그 害를 제거해 버릴 수가 없습니다.
조정은 애써 一新의 명분으로 하여금 그 실질에 맞지 않으면 안 될 것입니다. 그
렇지 않으면 억조창생의 커다란 불행이 과거에 비할 바가 아니라고 생각되는 바
입니다(木戶孝允文書, 第8, 版籍奉還에 관한 建言書案, pp. 25~30 參照).

내가 세기슈후젠(石州豊前)의 토지 등을 조정에 바친 일에 대해서도 의논이 분분했다. 기어이 천하의 대세를 깨닫지 못하고 오로지 한낱 번내(藩內)에 눈여겨보아 소란을 피우며, 국가의 큰 일을 망치려는 것은 참으로 개탄해 마지않는 바이다."10)

라고 솔직한 심정을 털어 놓고 있다.

그런데 판적봉환에 관한 번론(藩論)의 반대 의견은 장주번뿐 아니라 다른 번까지도 같은 생각을 갖고 있는 듯 싶었다.

"이날 오쿠보(大久保利通)에게 모든 비밀을 털어 놓았다. 그는 일단 있는 힘을 기울이겠다고 말하였다. …… 그렇지만 오쿠보는 그의 깊은 뜻을 밝히지 않았다."11)

라고 기록되어 있는 것이 그것을 의미한다.

오쿠보일기의 같은 날자 조(條)에 보면

"오늘 기도(木戸孝允)와 함께 이야기한 일이 있으며, 고마스(小松) 자택에 찾아 가서 이지(伊知岩下) 씨와 이야기를 주고받았음."12)

이라고 지적하였으니 그 날 판적봉환논의를 오쿠보와 고또우(後藤象二郎)에게 협의한 것이다. 그러나 살번에 경우 장번 이상으로 강한 반대를 받지 않을 수 없었다.13)

이 같은 절박한 위기상황은 1868년 12월 24일 오쿠보가 기도에게 띄운 서신 속에 이렇게 지적되고 있다.

---

10) 木戸孝允日記, 第1, 1868年 8月 9日字, p. 84.
11) 前揭日記, 186年 9月 818日字.
12) 大久保利通日記, 同日字.
13) 원래 薩藩은 他藩에 비해서 무사계급의 토착제도를 오랫동안 대규모로 유지해 왔기 때문이다.

"자기가 섬기는 주군에게도 사임서를 내었는데 허용되었습니다. 지난 20일 그 곳에서 어떠한 일을 시작한다는 사연을 들었습니다. 따라서 존번(尊藩)에게 의논드려야 할 사정도 있습니다. 간절하게 하교하실 사정이 있다는 것을 알고 있습니다. 실은 비밀리에 중신들에게 걱정되는 사정도 있는 것으로 보여 소청을 드리는 바입니다. 존번(尊藩)도 부득이 허용하신 것이 아닌가 합니다. 진실로 현상은 어쩔 수 없는 형편이었음을 통찰하시어 간곡한 양해를 기원합니다. 일찍이 말씀해 주신 것처럼 군대의 처치를 중용정책으로 풀어 주기도 하고, 졸라매기도 하는 형편과 같이 매우 복잡하여 부지부식 간에 그것이 커다란 화근으로 되는 폐단에 빠져 버리니 조정을 위해 커다란 해를 끼치게 된 것은 물론입니다. 충분하지는 못하나 이제까지 존번(尊藩)이나 이곳 주군(主君)의 취지도 결국 수포로 돌아갔습니다. 귀국의 휴가를 받아 돌아가게 될 수 없게 될지도 모르오니 아울러 부탁드리옵니다."14)

라고 그간의 사정을 설명하고 있다.

2. 열번(列藩)의 논란

1868년 9월 18일 고토우(後藤象二郎)는 기도와 판적봉환문제를 놓고 상의했으나 번론(藩論)의 통일은 뜻과 같이 진행되지 못하였다. 군현반대론자인 다니(谷干城)15)는 산죠(三條實美)에게 보낸 건의서에서 이렇게 지적하였다.

금년 봄에 사번(四藩)에서 곧장 진정하게 된 봉토반상(封土返上)은 신이 홀로 생각건대 군현으로 되어 마땅하다는 취지가 아니다. 이제까지는 700년 이래 간웅(奸雄)이 번갈아 일어나 천자의 토지와 인민을 사사로이 찬탈하여 자신을 위해 진력하는 자에게 나누어 주고 은의를 입혔다. 천자의 생각은 참으로 도적떼들이 모여 크게 도적질하여 그 도적의 두목에게서 각기 재물을 분배받는 것

---

14) 大久保利通文書, 第2, pp. 490~495.
15) 谷干城(다니)는 土佐藩의 郡縣反對論者 중 가장 격렬하고 대표적인 인물이었다.

과 마찬가지로 참으로 가증스럽기 때문에 이처럼 일신(一新)된 이상 각번(各藩)은 그 훔친 물건의 분배된 것을 그 물건의 임자에게 일단 돌려보내어 바른 명분으로서 소유주에게서 그 활동의 많고 적음에 따라 삭제 할 것은 삭제하고, 급여할 것은 급여하도록 해야 한다. 이제까지 토쿠가와 장군의 도장이 찍힌 서류를 소각해 버리고, 그 대신 조정의 천자의 어인을 찍힌 서류로 교체되어 하사되어져야 한다는 것이다."16)

다니는 판적봉환은 본령안도(本領安堵)로 해석하였다. 이는 당시 무사계급의 공통된 견해이기도 하였다. 이 운동에 참여한 이다가키(板垣退助)는 봉건제도의 폐지는 현실적으로 불가능한 것으로 여기고 있었다. 그런데 1869년 1월 14일 일본 남쪽 교토(京都) 마루야마 단조(圓山端藩)에서 살·장·토의 대표자가 회동하고 판적봉환을 타협하였다. 그 후 사가번(佐賀藩)도 참여하여 살·장·토·비가 의견을 같이한 뒤 동년 1월 23일 이 4번주는 판적봉환의 의견을 저희 일황(日皇)에게 바치고 있다. 그 일절을 보면

"조정으로서 단 하루라도 등한히 할 수 없는 것은 대권(大權)입니다. 천조(天祖)께서 처음으로 나라를 열고 터전을 세우신 이래 황통일계(皇統一系)로서 만세무궁하도록 천하의 모든 땅이 다 소유하지 않은 것이 없고, 그 백성이 아닌 것이 없습니다. 벼슬과 봉록으로써 천하를 유지하고, 조그마한 땅이라도 사유(私有)할 수 없습니다. 백성 하나라도 훔칠 수 없으니 이를 대권이라 합니다. 이제야 새로운 다스림을 구하여 마땅히 대체(大體)에 있는바 대권으로 연계되는 것은 추호의 거짓이 있어서는 안 됩니다. 따라서 신 등이 살고 있는 곳은 곧 천자의 땅입니다. 신 등이 다스리고 있는 것은 곧 천자의 백성이므로 어찌 사유(私有)할 수 있겠습니까. 이제 삼가 그 판적(版籍)을 거두어서 이를 바칩니다. 원컨대 조정은 선처하여 줄 것은 주고, 빼앗을 것은 빼앗아 모든 열번(列藩)의 봉토는 다시금 마땅히 칙령을 내려서 이를 개정할 것입니다. 제도·전형(典型)·군려(軍旅)의 다스림으로부터 군복과 군기의 제정에 이르기까지 빠짐없이 조정에서 시작하여 천하의 크고 작은 일에까지 모두 하나로 귀납하게 하도록

---

16) 島內登志衛編, 谷干遺稿, p.38.

하시기 바랍니다. 그 연후에야 비로소 명실상부하게 되어 해외 각국과 어깨를 나란히 할 수 있게 될 것입니다. 이는 조정에 있어서의 오늘날의 급선무이며, 또한 신하의 책무입니다."17)

이 일황에의 문서는 외국과 같이 국력을 키워 장차 해외로 식민국가를 건설해야 급변하는 국제정세에 대처하고 살아남을 수 있음을 지지한 것이다.

봉건일본을 강력한 다른 외국의 수준으로 끌어 올리려면 중앙집권적 근대국가가 되게 해야 한다는 점을 지적하였다.

1871년(고종 8년) 7월 폐번치현(廢藩置縣)을 실행한 날에 판적봉환 당시를 돌이켜 본 기도(木戶孝允)는 그의 일기에서

"내가 한 가지 모략을 꾸며서 오늘날 제후의 봉토를 모두 조정의 적인 토쿠가와로부터 수여하는 형태로 인하여 천자의 옥새를 볼 수 없는 것은 아주 명백하다. 크게 부정된 명분이 어떻게 천하에 설 것인가. 따라서 판적봉환(版籍奉還)의 설(說)을 주장하고, 살(薩)을 설득하고, 그로부터 토·비(土·肥)에 이르렀다. 마침내 조정에 판적(版籍)을 봉환(奉還)하였다."18)

라고 하였다.

기도(木戶孝允) 자신이 서류변개의 모략을 이용할 정도였으므로 번주 중신(重臣)들의 판적봉환에 관한 진정한 의미가 일본영토안정의 범위를 벗어나지 않았던 것임을 쉽게 이해할 수 있는 것이다.

한편, 1869년(고종 6년) 5월 일황은 판적에 관한 건과 지번사(知藩事)로 임명하는 건에 관하여 문의하였는데, 정한론자인 이와쿠라(岩倉具視)의 의견이 이렇게 상세히 나타나고 있다.

"성업(聖業)이 다시 일어나 여러 가지 법·제도가 개혁되어 새롭게 되는 때를

---

17) 太政官日記, 法令全書, 1869, pp. 42~49.
18) 木戶孝允日記, 第2, 1871年 7月 14日, p. 71.

임하였습니다. 열번(列藩)이 상서하여 그 판적을 봉환하고, 천자의 재가를 바라니 칙서를 내리시어 마땅히 그 충성심을 칭찬하여 그 請을 들어 상세히 처리방법을 아래와 같이 진술하나이다.

① 열번주(列藩主)를 지주사(知州事)로 임명할 것.

② 당분간은 종전의 영지(領地)를 수호하게 하여, 봉건의 형태에 군현(郡縣)의 의의가 깃들게 할 것.

③ 토지와 인민은 지주사의 사유가 아님을 명백히 하실 것을 요함.

④ 열번주(列藩主)의 일문(一門)과 그의 직속부하 이하의 재능과 학식있는 자를 골라 판주사(判州事)로 임명하여 지주사를 보좌하게 함으로써 정사(政事)에 참여하게 할 것.

⑤ 지주사・판주사 등의 직책을 규정할 것.
  단, 지주사의 가정과 주사(州事)는 완전히 다르므로 그 구분을 두고 공사를 혼동하지 않도록 할 것.

⑥ 각주의 세입은 그 수입액수의 10분의 1로써 조공(朝貢)에 충당하고, 나머지 9분을 셋으로 나누어 일부는 지주사의 가록(家祿)에 충당하며, 일부는 사졸(士卒)의 가록에 충당하고, 일부는 정청(政廳)의 경비로 충당할 것.

⑦ 각주의 육군은 군무관의 명령을 받들어 지주사가 이를 관장할 것. 해군은 군무관에 전속시키고, 지주사기 군항을 지휘하는 것을 허락하지 않음."[19]

이라고 일황의 하문(下問)을 요약해 볼 수 있겠다.

원래 이와쿠라의 이상(理想)은 군현론에 있었다. 이는 봉건의 모습으로 군현의 뜻을 깃들게 한다는 타협안으로 해석해 볼 수 있겠다. 따라서 히로자와(廣澤眞臣)의 의견과도 합치하는 것이다.[20]

당시 관청의 찬수직(撰修職)에 있던, 모리(森金之丞: 有禮)는 국체(國體)에 관한 개조를 의제로 하는 의견을 이렇게 진술하였다. 공의소(公議所)일기에 보면

---

19) 岩倉公實記, 中卷, pp. 728~732.
20) 廣澤眞臣日記수록의 公用備忘錄, 三條實美에의 建白書, pp. 462~469 參照.

"첫째, 방금 우리 국체는 봉건과 군현을 절반씩 혼합한 것과 같다. 따라서 장래
　　　국시(國是)는 과연 어떻게 될 것인가.

둘째, 만약에 이를 고쳐서 하나로 귀착시킨다면, 그 제도를 봉건으로 하느냐,
　　　아니면 군현으로 하느냐. 또는 그것이 이치에 맞느냐, 맞지 않느냐. 이
　　　익이냐, 손해이냐. 과연 어떻게 될 것인가.

셋째, 만약에 전적으로 이를 봉건으로 한다면 이를 어떻게 조치해서 인정지세
　　　에 적합 시켜야 하는가.

넷째, 만약에 전적으로 이를 군현으로 한다면 이를 어떻게 조치해서 인정지세
　　　에 적합시켜야 하는가."[21]

이 의제에 관한 의견은 반반씩으로 나타났다. 즉, 군현제의 찬성자와 봉건
제의 고수자 등의 의견이었던 것이다.[22]

1869년 4월 16일부로 히고우번(肥後藩)의 재경(在京)의 중신이 재서경
(在西京)의 중신에게 보고한 내용 중에 군현반대의 의견이 지배적임을 알
수 있다. 그 내용의 일절을 살펴보면 다음과 같다.[23]

　　　"군현으로 한다면 병력의 쇠퇴함은 날을 기다릴 것이 없이 명백한 일이라 사
　　료되옵니다. 이미 판적반상(版籍返上)된 후이므로 공의인(公議人)으로 하여금
　　전적으로 진력하게 하고, 비밀리 산죠(三條)공에게 이해득실을 말씀드려 주시
　　기 바랍니다. 국가유지에 대한 중대사라고 생각하여 이것저것 걱정되는 것일
　　뿐 밤낮으로 생각에 잠겨 있습니다."

이렇게 표면은 판적봉환을 지지하면서 재경(在京)의 번선공의인(藩選公議
人)에게는 비밀히 명령을 내려 군현론에 반기를 들게 함으로써 혼란을 더욱

---

21) 公議所日記, 第12, 明治文化全集 參照.
22) 소위 군현론자라 할지라도 군현의 즉시 실시에는 반대적인 의견을 보였다. 봉건론
　　자는 최소한도의 수정으로서 그 존속을 희망하고 있었다. 封建·郡縣論의 可否는
　　홀로 公議人의 개인적인 의견이 아니고 藩士階級의 의견을 표시한 內容이었다.
23) 淺井淸, 明治維新과 郡縣思想, p. 199. 原文은 改訂肥後藩國事史料, 第9卷, p. 753
　　에 있다.

가중시켰다.

번주라 해도 봉건론을 계속 고집하는 경우도 있었다. 호소가와(細川護久)의 봉답서(奉答書)에 나타난 내용을 보면 제도운용자의 마음 여하에 달렸음을 시사하고 있다.[24] 침략도 마음씀 여하에 있지 않겠느냐는 해석이 가능한 것이다.

야마구치(山口) 번주(藩主) 모우리(毛利敬親)가 산죠(山條實美)에게 보낸 서신 속에서 군현제도의 철폐문제를 신중히 기하라고 격론을 전개하고 있다.

> "군현제도는 중대사이기 때문에 쉽사리 결정할 수가 없다. 옛날에 군현에서 봉건으로 변하여 옮기는 것도 수백 년이나 걸렸으므로 총체적으로 점진주의를 채택하지 않으면 안 된다. 눈앞의 일만을 생각해서 급변해서는 안 된다."[25]

라고 하였다.

6월 14일 이와쿠라(岩倉具視)가 산죠(三第實美)에게 서신을 보냈는데, 판적반상(版籍返上) 지번사(知藩事)로 임명하는 일에 참가한자(기도·고토우·소에지마·오쿠보·아츠마·이다가키) 중 대체로 3개론이 있었다. 이들은 서로 걱정하고 있었는데, 이와쿠라 관계문서에는

> "원래 어느 것이나 결국에는 같은 의견이며, 충성하는 바는 두 가지가 있을 수 없고, 오직 늦고 빠름이 있을 뿐입니다. 이처럼 헛되이 있는 것은 열번(列藩)들의 거취에도 관계가 있습니다. 어떠한 일이 있더라도 단연히 일부터 소명을 받아 지번사(知藩事)로 피임되는 것으로 결정해 주시기 바랍니다."[26]

---

24) 봉건·군현의 득실을 단정하는 것은 불가피하다. 문제는 제도를 운용하는 사람의 마음 여하에 달렸다. 봉건제도라도 그 道를 얻으면 殷·周나라 때와 같이 영속할 것이다. 일단 인심을 잃게 되면 郡縣도 秦나라처럼 2代로써 멸망한다. 일본의 봉건의 미풍은 상하가 감히 명령을 어기지 않고 있기 때문에 조정의 명이 藩主를 거쳐 시작되기 때문에 존귀하다고 아니할 수 없다. 綜合日本史大系, 明治時代史, p. 318. 原文은 註23과 同, pp. 877~880.
25) 三條實美公年譜, 第24, 1869年 4月 11 毛利敬親意見書. 이렇게 당시에 있어서 藩主의 경우를 옹호 대변하고 있다.

라고 기술되어 있다.

이에 관하여 오오쿠마(大隈) 등은

"다만 명분상 개변(改變)을 일시적인 미봉책이라 하여 차후에 단연코 폐번(廢藩)되어야 한다고 주장했음을 암시하고 있는 것이다."[27]

라고 하였다. 그러나 오오쿠마의 급진론이 수용되지 않고 배척되었음은 오쿠보의 서신 중에 나타나 있다.[28]

"순서에 따른 중론으로써 이번 기회에 있어 단연 군현이 아니어서는 명목만의 개혁일 뿐 조금이라도 이익이 되지 않는다는 공론(空論)이 빈번하게 행해지고 있다는 요지입니다. 그러나 지난번 조정회의에 참석한 자 이상으로 일결(一決)하여 각축을 벌려 점차 공을 이루어 저절로 그 영역에 도달한 것은 갑자기 되어질 수 없는 일이라 정한 바입니다."

기도는 그때를 회상하면서

"겨우 조정의 의논이 하나로 결정되었다. 또한 제후로 하여금 제번(諸藩)의 세습지사(世襲知事)로 정하자는 설이 있다. 따라서 백방으로 항의하여 마침내 세습의 두 글자를 제외시켰다. 만약 세습지사의 명목이 있을 때 결코 천하를 통일하기가 어렵다."[29]

---

26) 岩倉具視關係文書, 第4, p. 277.

27) 圓城寺靑, 大隈伯昔日譚, 富山房百科文庫版, p. 286.

28) 大久保利通文書, 第3, 1869年 6月 4日 桂石衛門에게 보낸 大久保의 서한. p. 197. 조정회의에 있어서도 藩主的 反動이 두려웠기 때문인지 版籍奉還 이후 藩主를 知藩事에 임명하고, 이를 세습화하려는 제안까지도 있었던 것이다.

29) 木戸孝允日記, 第2, 1871年 7月 14日, p. 71. 木戸孝允의 시종일관된 주장으로서 「藩知事의 세습에 관한 建言」에도 "版籍奉還의 請을 받아들였다가 곧 명하기를 세습으로 한다고 할 때에는 잠시 그 이름을 고쳤을 뿐 그 실질적으로는 종래의 제후와 조금도 다름이 없으므로, 그 請을 받아들여서 무슨 이익됨이 있겠는가. 아주 어렵고 힘든 것이 오늘날에 이르러 수포로 돌아가고, 大事가 장차 무산되려고 한다." 木戸孝允文書 第8, p. 213.

라고 술회하였다. 따라서 이 세습안은 폐기되고 말았다.

이에 1869년 6월 판적봉환을 자원한 여러 번주들의 각기 다른 의견을 받아들였다.[30]

판적봉환의 하명을 받은 옛 번주는 각기 지번사에 임명되었다. 지번사에게는 이런 건이 하달되었다.

"① 종래의 지배지 총면적 및 현재 있는 쌀의 총계를 조사하여 신고할 것.
　　단, 면제는 5개년 평균으로써 조사하여 신고할 것.
② 제산물(諸産物) 및 제세수(諸稅數)를 조사하여 신고할 것.
③ 공청(公廳)의 1개년 동안의 비용을 조사하여 신고할 것.
④ 직제와 직원을 조사하여 신고할 것.
　　단, 중립후직원(重立候職員)은 인선하여 신고할 것.
⑤ 번사(藩士) 병졸원(兵卒員)의 수를 조사하여 신고할 것.
　　단, 종전의 녹(祿)이나 부양미(扶養米) 또는 지불액수를 조사하여 신고할 것.
⑥ 사사령(社寺領) 또는 그 이외 종전의 녹(祿)이나 부양미와 지급된 인원 및 지급액을 조사하여 신고할 것.
⑦ 현재 산출고(産出高)의 10분의 1을 가지고 가록(家祿)으로 정할 것.
　　단, 산출고 이의의 제반잡세도 이에 준할 것.
⑧ 지배지를 도면으로 신고할 것.
⑨ 지배지의 인구와 호수(戶數)를 조사하여 신고할 것.
⑩ 일문(一門) 이하 평사(平士)에 이르기까지 모두 사족(士族)이라 일컬을 것.
　　단, 가록은 정한 진폭에 따라 급록(給祿)을 적절하게 개혁할 것임. 또한 일문(一門)의 무리들은 추후 위계(位階)를 내릴 것임.
⑪ 가록에 상응하는 가령(家令), 가부(家扶), 가종(家從), 이하 사역(私役)하고

---

30) 太政官日記, p. 202.
　　"금번 版籍奉還의 일에 대해 깊이 시대의 추세를 보아 살피고 널리 公論을 채택하여 政令歸一의 轂念으로 상소한 그 취지대로 받아들이겠노라" 하고 藩의 의견을 받아들였다. 版籍奉還에 자원치 않은 藩에 대해서는 "금번 판적봉환의 일을 列藩이 建言함에 이르렀음에 대해 깊이 시대의 추세를 살피고, 널리 公論을 채택하여 政令歸一할 轂念으로 상소한 대로 받아들였고, 이로 말미암아 그 藩에 있어서의 봉토를 版籍返上하도록 하명하시었다." 大政官日誌, p. 203.

있는 인원을 신고할 것.

단, 종전의 지가사(知家事)는 가령(家令)이라고 부를 것.

위의 하명에 관해서는 10월 중까지 조사 신고할 것."[31]

등이었다.

판적봉환으로 말미암아 번주들이 지번사에 임명되는 봉건제도에 일대 변화가 일어나게 되었다.[32]

공의소의 공의인은 군현반대의 건의서를 냈음에도 중앙정부는 판적봉환과 지번사(知藩士)를 임명하였으므로 불만이 있었다. 그러나 정부는 묵묵부답이었다.[33]

막부를 타도할 때까지만 해도 현상타파론자들이었던 무사계급도 기반이 되는 봉건제도가 붕괴되자 현상유지론자가 되고 말았다.

이들 무사계급의 동향은 메이지 정부의 중앙집권에 대한 지방분권, 군현에 대한 봉건, 진보에 대한 보수적 주의의 경우를 취한 공의인의 언론이나 태도에서 그 저의를 넘겨다 볼 수 있는 것이다. 이렇게 집권제도의 희생자가 된 무사계급은 결국 반(反)정부운동을 나타내고 실천하는 과정에서 그들이 뻗어 나가면서 크게 발산할 수 있었던 것이 한국 등을 먼저 정벌하고 이어 대륙으로 침투하겠다는 전제조건인 정한론에 대한 새로운 의욕을 구상하게 되었던 것이다. 한국을 침략하려는 의도가 이런 경우에서 강력히 싹터 나간 것으로 생각되는 것이다.

---

31) 太政官日誌, 岩倉具視公實記, 中卷, pp. 5~80.
32) 토쿠가와(德川)가 물러난 후에 諸藩에 있어서 對立의 양상이 版籍奉還으로 말미암아 토지와 인민을 일단 조정에 반납하고, 여기에 명분은 바로 서게 되었다. 藩主 등은 새로이 知藩事에 임명되어서 일단 중앙정부의 지방장관이 되었다. 版籍奉還은 봉건제도의 초석의 하나이었던 藩主 對 藩士의 주종관계를 형식상 분리시켰다. 知藩事의 俸祿은 현재 産出高의 1할이 지급되었으나 실질적으로는 종전의 祿額에 비해 심한 감봉은 아니었다. 藩主의 정치적 지위는 명분상 급격히 변하였지만, 사회적·경제적 지위는 舊藩時代와 큰 차이가 없었던 것이다.
33) 前揭 明治維新과 郡縣思想, p. 205. 원래 公議人은 소위 藩選代議人이며, 藩士階級의 입장을 대표한 것이다.

3. 폐번치현(廢藩置縣)의 내막

오오우, 하고다데의 전쟁이 종결됨과 동시에 막부타도의 분란도 수습되었다. 토쿠가와 등의 재산은 중앙정부로 이속됨으로써 막부정권은 명실상부하게 해체된 것이다.[34]

그 당시 일본의 중앙정부가 판적봉환의 결과인 폐번(廢藩)을 단행치 않고 1871년(고종 8년)까지 천연하였던 이유는 무엇인가. 그것은 그것을 담당할 만한 여건이 성숙되어 있지 못하였기 때문이었다.[35]

그 당시의 정세는 이렇게 표현될 수 있었다.

　　각 제후 및 신속(臣屬)도 빠짐없이 그 봉지(封地) 안으로 물러나서 점차 할거(割據)의 형세를 이루고, 조정을 의심하는 모습을 나타냈다. 막부토벌의 용병에 공훈이 있었던 살·장·토(薩·長·土)의 삼번(3藩)에 대해서도 조정이 위엄을 상실하면서까지 예를 갖추어 대접하였기 때문에 조정에서의 세력이 점차 일변해서 삼번정족(3藩鼎足)의 모습을 나타냈고, 이 권력의 균형에 따라서 정부의 실권이 유지되기에 이르렀다. …… 그렇지만 …… 자칫하면 한 번(藩)의 세력이 약간 강해지거나 약해질 때는 갑자기 세력의 균형을 잃게 되기 때문에 분쟁을 일으키게 되고, 상호 시기하는 마음을 가졌다."[36]

이를 통해 생각건대 살·장·토의 협력이 없이는 폐번의 실현은 불가능한 것으로 생각된다.[37] 이에 관하여 오쿠보(大久保利通)의 망의(妄議)에서도 살·장(薩·長)의 위력을 인정하고 있다.

---

34) 여기에 한 가지 문제가 있었다. 막부타도에 참가했던 西南諸藩의 세력이 자칫했다가는 제2의 토쿠가와를 재현시키지 않는다고 할 수 없었다는 점이다. 따라서 明治政府는 이들 諸藩 및 藩士 등의 정치적 방향을 시정하기 위해 版籍奉還을 단행하기에 이르렀던 것이다.

35) 그 이유는 이렇게 설명될 수 있다. 중앙정부에 兵備가 없었으며, 정부 내부에 藩閥의 對立이 있었고, 在野에 있어서는 諸藩의 대립이 있었다. 막부토벌의 실력자인 무사 간에는 반정부적 불만이 고조에 달했기 때문이었다.

36) 鳥尾小彌太, 國勢因果論, 上(時事談 51～53쪽).

37) 菊田貞雄, 前揭書, 제3장 제1절 참조.

"오늘날 힘의 강약을 헤아리면 조정보다도 위력이 있는 자는 살·장(薩·長)
이다. 그런데 양번(兩藩)이 그 힘을 번(藩)에다만 비축을 하고, 그 힘을 조정에
다 쓰지 않고 부진하여 물러나 있음은 조정의 힘이 미약한 까닭이다. …… 그
러므로 오늘날의 급선무는 살·장주(薩·長州)가 협력하여 힘을 조정에다 바침
에 있다.38)

따라서 폐번을 단행함에 있어서는 살·장의 협력이 아니고서는 안 된다고
하여 전기한 이와쿠라(岩倉), 기도(木戶), 오쿠보(大久保) 등이 1870년 12
월 칙명을 받들고 가고시마(鹿兒島) 야마구치(山口)로 내려갔다. 그리하여
옛날 살번주(薩藩主) 시마스(島津久光), 사이고오(西鄕隆盛), 장번주(長藩
主) 모우리(毛利敬親)에게 상경하도록 권유하였던 것이다.

오쿠보가 11월 17일 교토(京都)의 이와쿠라에서 보낸 서한 중에

"그러나 기도(木戶)에게도 대략 말씀이 있었습니다. 뜻이 같은 사람에게도 시
비가 있어 일단 번(藩)으로 돌아가 암암리에 진력하여 작년에 있었던 그 취지
를 관철하여 구번(舊藩)으로 하여금 힘쓰도록 진력하라는 내용의 논의가 있었
습니다. 이는 매우 합당하다고 생각하였기에 뜻이 같은 사람에게도 온갖 방법
을 상의하였던 형편이었습니다. 따라서 소신(小臣)은 한 가지 문제의 출발이
약간 늦어질 것 같습니다. 또한 야마가타(山縣少輔)도 일찍이 사이고오(西鄕)
에게 면회하여 뜻이 같은 사람의 출경(出京)을 권장할 생각이었습니다. 가와무
라(川村) 등에게도 종종 이야기가 있었습니다. 따라서 뜻이 같은 사람이 나오
기만 한다면 믿음이 나와 간절하여 내외(內外)에 대한 이야기가 서로 조화될
것이며, 살·장(薩·長)의 일에 있어서도 매우 호전될 것입니다. 가와무라의 마
음으로는 이번에 동시에 나와 줄 것 같습니다. 그리고 오늘 아침에 기도에게도
소신(小臣)이 상의하였던바 이미 그 일은 기도도 이야기하여 두었던 바로 매우
합당한 일이라고 말했습니다."39)

---

38) 大久保利通傳, 中卷, pp. 739~743.
39) 大久保利通文書, 第4, pp. 127~132.

그들은 한국 등 동양침략의 원흉이며 무단파인 사이고오를 등장시키기 위하여 백방으로 주선하였는데, 이때의 시도가 세 번째였다.

사이고오의 상경은 동년 12월 22일 이들과의 요담을 통하여 확정되었다. 이는 오쿠보의 일기 속에서 확인되고 있다.[40] 그 당시 가고시마의 정치적 형세는 이와쿠라가 산죠에게 보낸 글 속에서 침작할 수 있으며, 사이고오의 위치를 알 수 있는 좋은 자료가 되기도 한 것이다.

　　"18일부터 오늘날까지 오쿠보(大久保)를 비롯하여 매일 왕래하며 번(藩)의 실정을 살핀 바 세상에서 분분한 말은 전연 낭설입니다. 그의 병사들 중 장년의 무리에게 폭언을 일삼는 자도 있는 것이지만, 번청(藩廳)에서는 아무런 일도 없습니다. 더욱이 사이고오 같은 사람은 실로 조정에 대해서나 천하의 일에 대해 우려와 고심을 하고 있습니다. 필히 장·사(長·士) 등과 마음을 합하지 않으면 모든 일이 제대로 이루어지지 않을 것이라는 견해이기 때문에 당세의 인물임이 틀림없는 바로 매우 감탄하였습니다. …… 이번에는 천자께서 염려하시는 뜻이 전적으로 관철될 것입니다. 이는 오로지 사이고오 형제, 오쿠보(大久保), 가와무라(河村) 등의 수고라 생각합니다."[41]

결국 대망의 침략자 사이고오는 그 음흉한 모습과 능력을 발휘할 기회가 주어진 것이다. 상경하게 된 것이 곧 그것을 의미하는 것이다. 번주(藩主) 시마스(島津)부자도 칙명을 받들었다.

살번(薩藩)의 장래를 내다보게 된 칙사일행은 1871년 1월 7일 야마구치(山口)에 이르렀던 것이다. 이에 관하여 오쿠보일기에서는

　　"1월 8일 아침에 사이고오가 왔었다. 가와무라(川村)에게 사이고오 등이 갔

---

40) "12월 22일 칙사에게 출두하여 내정이 이렇다 저렇다 함을 자세하게 말씀드렸고, 빠짐없이 이해하였다. 오늘 아침 가츠라(桂) 씨에게도 방문했고, 사이고오 씨의 先行 운운에 대해 이야기하였다. 오후에 사이고오 씨의 방문 역시 예상한 바를 이야기하기에 이르러 빠짐없이 동의하여 안심하였다. 방책은 충분히 섰다. 이 이상은 니노마루(二丸) 公의 引受 유무만 있을 뿐이다'라는 내용이 그것이었다.
41) 岩倉具視關係文書, 第4, p. 483.

었으며, 오후에 기도(木戶)가 와서 사이고오와 기도 두 사람이 그들이 갖고 있는 이야기에 관해 아무런 이론(異論)도 없었다. 상당히 회합된 것으로 보인다. 야마가타(山縣)에게도 왔다."42)

라는 것을 보면 야마구치에 있어서 오쿠보, 기도 사이고오 3인의 침략적 의도는 일치한 것으로 보아도 무방한 것이다. 이에 따라서 사이고오가 계획한 것처럼 토사번(土佐藩)의 협조를 구하기로 작정하였다.

"9일 토주(土州)로 가는 문제에 대하여 사이고오(西鄕隆盛)와 이게노가미(池之上) 당번(當藩)과 합의하여 상행(上行)하기로 하였다. 생각해 보건대 이번에는 절호의 기회로 본다. 이 거사를 놓치면 다시 얻기가 어렵다. 장사(長·士)의 결합이 첫째이므로 사이고오, 소신(小臣), 토주(土州)가 진력하는 것이 마땅한 일이므로 사이고오와 회담하여 그 처리, 동의하기로 결정하였다. 그에 따라 기도(木戶)도 동행하기를 바랐다. 상의하여 그렇게 하기로 결정하였다. 오후에 사이고오가 동행할 칙사에게 갔었다. 소신(小臣)은 토(土)로 가는 길에 기도와의 동행의 일을 물어보았는데 합당하다는 것이었다."43)

1871년 1월 10일 마침내 살·장(薩長)의 협력이 결정되었다는 것이다. 오쿠보일기에 이런 내용이 있다.

"10일 오늘 아침 사이고오와 동행하여 기도를 방문하였다. 토(土)로 가는 이야기를 하였는데, 동의가 있었으므로 안심하였다. 오후에 종이위(從二位)와 지사공(知事公)이 만나겠다고 하므로 함께 번청(藩廳)에 출두하여 두 사람을 만나뵙고, 사이고오가 그 취지를 두 사람에게 이야기한바 아무런 이론(異論)도 없었다. 또한 기도(木戶)를 비롯 정부관원 일동 역시 이론(異論)이 없었다. 윗사람들이 더욱더 동심협력하여 번(藩)을 버리고 조정의 기본을 협력하며 훌륭한 일을 찾아 진력하기로 결정하였다. 우선 당번(當藩)으로서 처리가 모두 잘 되었다."

---

42) 大久保利通日記, 下卷.
43) 前示資料 參照.

라고 쓰여 있다. 1월 중순 이후 사이고오 등은 한 자리에 모일 수 있었다.[44]

이들은 결국 한국 침략의 논의를 주요한 의제로 떠올렸는데, 처음에는 자기네의 문제를 거론하였다. 오쿠보일기에

"오늘 아침에 이다가키 대참사가 찾아 와서 모든 취지를 말하였다. 언젠가는 일동이 집회를 갖기 원한다고 말하였다. 사이고오가 찾아 와서 같이 기도를 방문하였다. 또한 기도가 오후에 찾아 와서 내일 한 차례 만나자는 뜻을 기도가 전하고 갔다. 오후에 사이고오를 방문하였다. 19일 오늘 아침 당번(當藩) 시모무라(下村珪太郞)가 찾아 왔다. 수기(杉)와 사이고오가 찾아 왔다. 오늘 저녁에 이다가키(板垣), 후쿠오까(福岡), 시모무라(下村某), 기도(木戶), 수기(杉), 사이고오(西鄕), 소생(小生)이 한 자리에 모여 사이고오로부터 그 취지의 설명을 들었는데, 아무런 이론(異論)도 없었다. 아무튼 지사(知事)에게 상의한 다음 회답하기로 했다. 모두가 좋은 형편이므로 매우 안심하였다. 20일 금일 오후에 기도가 찾아 왔다. 후쿠오카가 찾아 왔다. 어제 의논한 것을 지사(知事)가 듣고 아무런 이론이 없었다고 한다. 이다가키가 출경(出京)할 때 결정된 회답이 있었다. 오늘 저녁에 사이고오가 찾아 왔다."

라고 기록되어 있다. 그러므로 중앙집권화의 작업은 잘 진행되었다고 본다. 1월 29일 오쿠보 등은 출발하여 2월 2일 도쿄(東京)에 도착, 폐번치현이 착수되었다.[45]

폐현(廢縣)단행이 군사적 뒷받침 속에서 이루어져야 하는데 그렇지 못하였다. 이에 1871년 2월 8일 산죠의 자택에서 헌병(獻兵)할 것을 합의하였다.[46] 그 차출방법에 관하여 오쿠보일기에

---

44) 1월 16일 사이고오, 기도, 오쿠보 등은 土佐로 향했다. 17일 고우찌(高地)에 도착했으며, 18일에는 이다가키(板垣退助)가 찾아 왔다.
45) 1월 2일 오쿠보, 사이고오, 기도, 이다가키 등은 함께 배를 타고 고오베(神戶)를 출발하여 2월 2일 도쿄(東京)에 도착하였다. 따라서 廢藩置縣의 공작은 마침내 착수되기에 이르렀던 것이다.
46) 大久保利通文書, 第4, pp. 209~215.

　　"사이고오를 방문하고 조정에 들에 갔다. 오늘 3번(三藩)에게 군대를 차출하
라는 분부가 있었다. 소에지마(副島)를 찾았다."[47]

라고 기록되어 있다. 이와 같은 노력의 결과 살번에서 보병 4개 대대, 포병
4대, 장번에서 보병 3대대, 사번(士藩)에서 보병 2대대, 기병 2소대, 포병
2대 등 1만 명을 차출하기로 되어 있었다. 사이고오는 살번의 군대를 인솔
하기 위하여 2월 15일 출발, 4월 21일 시마쓰(島津忠義)와 같이 착경(着京)
하였다.[48]

　　그러나 기도(木戶孝允)의 경우는 살·장의 기대를 저버리게 하였다.[49] 더
욱이 3월 28일 모우리(毛利敬親)가 죽고, 상경하기로 한 시마스(島津久光)
가 와병 중이어서 3번연합세력 형성에 어려움을 주었다. 이 당시의 상황은
사이고오가 고향의 가츠라(桂久武)에게 보낸 서신 속에 잘 비쳐지고 있는바

　　"형세가 호전되어 이제까지 머뭇거리고 있던 번(藩)들이 오히려 분발하였다.
　　…… 이미 장주(長州)는 지사직(知事職)을 사퇴하고 서민이 될 것을 결심하였
　　다. …… 봉토를 반납하였으며, 천하의 으뜸가는 사번(4藩)이 그 실적이 오르
　　지 않는다 하여 천하의 조소거리가 될 뿐만 아니라 전적으로 조정을 기만하는
　　경우가 있었다. 천하의 일반이 돌아갈 곳을 알지 못하고, 뜻이 있는 사람은 분
　　분한 이론을 일으킨다. 그뿐만 아니라 외국인으로부터도 천자의 권위가 서지
　　않는 나라의 상대로서 정부라는 것이 나라의 사방에 흩어져 있다고 말하고 있

　　大久保利通日記, 下卷, 1871年 2月 8日字
47) 大久保利通日記, 1871年 2月 13日.
48) 3월 知藩 시마스(島津忠義)를 따라서 상비병 4대대를 인솔하여 상경의 길에 올
　　랐다. 4월 21일 시마스와 함께 着京하였다.
49) 4월 24일 기도는 명령서를 받들고 귀향하였으나 藩論의 통일에 고심한 모양이었
　　다. 설상가상으로 長藩의 병졸 중의 脫藩 주모자 등은 구루메(久留米), 히고우
　　(肥後) 기타 반정부의 무리와 결속해서 닛다(日田)縣에서 소란을 일으켰다. 長
　　藩은 이에 대해서 단호한 조치를 취할 방침이었는데, 薩藩의 오야마(大山綱良)
　　가 兵隊를 이끌고 닛다縣에 오게 되었다. 그 행동은 長藩을 몹시 화나게 하였
　　다. 그것이 薩·長의 협력에 예기치 못한 일대 장애를 초래했다. 長藩의 의혹을
　　풀기 위해서 오쿠보는 사이교오를 수반하고 야마구치(山口)에 이르렀기에 그대
　　로 종결되었다.

다. …… 따라서 당시 세계 각국과 대립하여 세상 돌아가는 형편이 도저히 그 세력을 막아내기가 어렵다. 그러므로 단연코 공론(公論)으로서 군현제도로 복구하여야 할 명령이 하명될 시기이다. 각자가 수백 년 동안 받아온 넓고 큰 은혜와 사사로운 정에 이끌러 참기 어렵지만 천하일반이 이와 같은 세상 돌아가는 운세를 어떻게 하여도 10년을 견디어내기가 어려울 것이다. 이와 같은 세상의 운세를 다른 곳으로 돌리기에는 사람의 힘으로는 미칠 곳이 아닌 것으로 생각됩니다."50)

라고 기록하였으니 이웃 나라 한국의 침략은 부득이한 것이 아닌가 하는 그들 나름대로의 염치없는 필연성과 합리성을 호소하고 있는 것이다.

4. 봉건제도의 해소와 문제점

살번(薩藩)출신의 사이고오 다카모리 등이 어려운 시기를 겪고 있을 때 메이지 정부의 실질내각수반을 누구로 삼으냐 하는 것이 그 당시 조정의 초미의 급선무였다. 당시 관제로는 산죠(三條) 우대신, 이와쿠라 대납언(大納言)과 참의제성(諸省) 장관 등이 있었다.51) 이에 관하여 오쿠보일기 1871년 6월 30일자에

"기도와 야마가타(山縣)가 다같이 사이고오를 찾아 왔다. 정치의 한 길로 나오는 자는 근본이 하나임만 못하였고, 근본이 하나인 자는 한 사람을 세우는 것만 못하였다. 따라서 기도를 옹립하여 협력동심 되어 서로 돕는 것이 마땅하다고 하여 마침내 합의를 보았다."52)

---

50) 大西鄕隆盛全集, 第2卷, 1871년 9월 20일 桂四郞에게 보낸 西鄕隆盛의 便紙, pp. 53~535 參照.
51) 이것은 1869년의 太政官의 官制로서 중앙집권의 강화를 목적으로 한 것이나 이제 廢藩의 단행에는 그 이상의 독재제도의 강화가 필요하게 된 것이었다.
52) 大久保利通日記, 1871년 6월 30일자.

라고 기록되어 있다. 이어 같은 자료에 보면

　　"6월 초순 사이고오의 생각으로 은밀히 이다가끼(板垣)와 상의한 바 있다.
　　그때의 예상으로는 의제까지 삼번(3藩)의 협력이라 말하고 있다. 그러나 사
　　사건건 어긋나서 행하여짐이 없기 때문에 이번에는 기도(木戶) 한 사람을 참
　　의(參議)로 임명하고, 대신들과 큰 일을 도모하였다. 그가 명령하는 것이라
　　면 무엇이든지 가고시마(鹿), 야마구찌(山), 고우찌(高)의 삼번(3藩)에서 받
　　들어 진력한다면 성사될 것이라는 것이다."53)

라고 기록하고 있어 오쿠보의 기록과 합치된다고 본다. 사사기(佐佐木高行)
는 살번의 비겁한 행동에 관하여 그의 일기 속에서

　　"오늘날 기도(木戶)에게 무거운 짐을 지워 놓고 삼번(3藩)이 그가 명령한 것
　　이라면 위배하지 않을 것이라는 점이 첫째로 이해할 수 없는 것이다. 가령 천
　　하가 기도를 밀어 존중히 여기고 명령을 듣는다고 해도 기도의 힘이 부족하며,
　　설령 힘이 있다 해도 기도가 명령을 받들지 않을 것은 확실하다. 사이고우(西
　　鄕)는 사실로서 그를 내세우려 하고 있지만 거리가 멀다 하겠다."54)

라고 하여 이 같은 평가는 경청할 만한 일본침략자들간의 생각이라고 본다.
또한 요시다 쇼오인의 제자인 기도(木戶)는 일본인도 책임질 인물이 못된다
고 평하다.55) 이 당시의 기도는 그 감회를 이렇게 기록하였다.

　　"오늘 저녁 야마가타(山縣素狂)가 내게 와서 말한 주된 뜻은 오늘 사이고오가
　　야마가타를 방문하였다는 것이다. 요즈음 조정에서 의논이 분분함을 근심한다.
　　따라서 나로 하여금 홀로 모든 참의(參議)직에 있게 해서 천하의 중책을 지우려

---

53) 佐佐木高行日記, 1871년 6월 明治維新과 郡縣思想, p. 282.
54) 前示資料와 同.
55) 기도는 정치상의 표면에 서서 책임을 질 인물이 못되고, 또한 그는 薩藩의 진의를
　　알아차리고 독자적으로 참의가 되는 것을 굳이 사양하고 이를 용납하지 않았다.

하고 있다. 내가 평생 서약한 바는 원래 어려움을 당해서 피할 줄 모른다는 데
있다. 그렇지만 오늘날의 사태는 내가 모든 참의직에 가히 설 수 없음이 스스로
합당한 도리이다. 그러므로 마음속으로 결정하였다. 그리하여 쉽사리 응답하지
않는 것이다."56)

라고 솔직한 심중을 털어 놓았다.

산죠와 이와쿠라가 기도와 사이고오를 참의직에 앉혔다.57) 이 당시의 사
정은 사이고오가 가츠라(桂久武)에게 폐번직전에 보낸 서신 가운데서 그 형
편을 엿볼 수 있겠다.

"삼번(3藩) 안에 한 사람이 일체를 통할하여 모두 이 사람의 수족이 되어 그
사람을 도와야 한다. 만약 그렇게 하지 않는다면 많은 사람들이 자기의 의견을
주장하게 되는 기회가 성행할 것이므로 …… 기도 한 사람을 참의로 앉게 하고,
그 이외의 사람은 성(省)으로 내려가게 하여 그의 임무를 맡아 스스로 힘쓰기
로 상의하였다. 토주(土州)에게 의논하였는데, 크게 동의하였으므로 양번(兩藩)
에서 간곡하게 장번(長藩)에게 설득하였지만 기도가 절대로 수긍하지 않았다.
…… 어느 날 저녁에 오쿠보(大久保)와 간절한 상의가 있었다. 이제 내가 노력
을 기울이기만 한다면 변혁해 나가는 데 상당한 도움이 될 것이다. 조화를 이
룰 수 있다고 하므로 어쩔 수 없이 수락하기로 하였다. 이번에 서로 조화를 이
루지 못한다면 고향에 있을 때 국민과 약속을 하였기 때문에 아주 곤궁에 빠져
있어 도저히 도피할 수도 없다. 입산할 길도 없다. 오직 땅으로 꺼져 들어갈 수
없기 때문에 승낙하였다. 이것이 기도도 납득하게 되어 두 사람이 참의의 임명
을 받게 된 사정이다."58)

라고 내막을 털어 놓았다.

따라서 6월 25일 사이고오와 기도가 참의로 임명되었고, 나머지 오쿠보

---

56) 木戸孝允日記. 第2, 1871년 6월 13일자, p. 52.
57) 따라서 종천의 모든 參議는 사직하고, 일부는 諸鄕의 지위로 강등되어 기도와
　사이고오의 두 참의가 협력하기로 약속하였다.
58) 大西鄕隆盛全集, 第2卷, 1871年 7月 10日 桂四郎에게의 答書, pp. 516~520 參照.

등은 사임하였다.59)

3번의 1만 명의 군사는 도쿄에 있었는데, 폐번치현의 준비는 완료되었다.

기도의 일기 자료 중(7월 7일)에서 참의로 정부에서 행했던 사실이 보이고 있다.60)

결국 제2의 메이지유신이라고 할 수 있는 폐번치현에 대하여 오쿠보 기도, 사이고오가 중심이 되었다. 그러나 사이고오를 움직이게 하려고 야마가타, 이노우에, 사이고오(西鄕從道), 오야마(大山巖) 등의 주선이 크게 작용하였음도 아울러 인식해야 할 것이다.61)

따라서 1871년 7월 14일 폐번치현의 조서가 발표되었다.

그 내용을 살펴보면,

> "짐은 생각하건대 다시 시작함에 즈음하여 안으로는 억조창생을 보안하고, 밖으로는 세계 각국과 대치하려고 하려면 마땅히 명실상부한 정령(政令)을 귀일되게 하여야 한다. 짐은 제번(諸藩)의 판적봉환(版籍奉還)의 뜻을 청납하였고, 새로이 지번사(知藩事)를 임명하여 각기 직책을 받들게 하였다. 그런데 수백 년의 오래된 인습의 탓으로 그 이름은 있으나 그 실적이 크게 오르지 않은 실정이다. 무엇으로 억조창생을 보호하며, 세계 각국과 대치할 수 있겠는가. 짐은 깊이 이를 개탄하는 바이다. 따라서 이게 새삼 번(藩)을 없애고 현(縣)으로 하였으니 이

---

59) 1871년 6월 25일 정부개조의 발령이 있었고, 오쿠보, 기도, 오오쿠마(犬限重信), 사사기(佐佐木高行), 사이토오(齋藤利行)를 사면하고 새로이 사이고오와 기도가 각기 參議로 임명되었던 것이다. 다음으로 오쿠보는 大藏卿, 오오쿠마는 大輔, 고또우(後藤象二郞)는 工部大輔로 임명되었다.

60) 7月 7日字 日記에 "이노우에(井上世外)가 오늘 나를 방문하였다. 사이고오가 단연히 동의했다는 회답을 듣고 크게 국가를 위해 축하하고 앞길의 진보도 여기에 있어서 한층 더 향상되리라고 기쁘게 여긴다"로 되어 있다. "7월 9일 10시 조정에 들에가 보니 의원들의 불참이 많아 곧 열려던 조정회의가 연기되었다. 사이고오도 역시 불참하였다. 오쿠보 등과 많이 의논하였으며, 그에 대해 지난날 이래 이해할 수 없는 바도 점차 이해되는 듯하였다. 제도에 관한 일은 그 말단까지를 논하였고, 그 근본을 논하는 자가 적어 확립되기가 아주 어렵다"고 하였다.

61) 이 문제가 여하히 중대시되었는가 하는 것에 대해서는 산죠(三條), 이와쿠라(岩倉)와 같은 인물까지도 廢藩置縣 발령 2일 전에 이르러서 비로소 그 실정이 알려지게 되었다는 것으로도 충분히 미루어 짐작할 수 있겠다.

는 애써 헛됨을 버리며 간단하게 유명무실의 폐단을 없애고 정령다기(政令多岐)
의 근심을 없게 하려 함이니 그대 군신들은 짐의 뜻을 지키도록 하라."[62]

라고 당부하였다. 세계 각국과 대치할 수 있게 하기 위하여서는 이웃 한국
등 동양제국에의 현대적 의미로서의 침투가 불가피함을 암시하고 있는 조서
로 해석해 볼 수 있는 것이다.

이날 제번지사는 조정에 가서 조서를 받았다. 그들은 폐번과 동시에 번지
사(藩知事)를 사임하고 도쿄부(府)의 관속(貫屬)이 되었다. 따라서 지번사
(知藩事)와 주민(사족·士族)과의 봉건적 주종관계는 해소된 셈이다.[63]

이 결과 중앙정부는 현지사(縣知事) 현령(縣令)을 직접 임명할 수 있게
되었다. 따라서 봉건적인 모든 요소는 타격을 입을 수밖에 없었다. 폐번치현
과 봉건제도의 해소에 관하여 기도는 그 당시 관리의 부서결정을 이렇게 기
록해 두었다.

"오오쿠마와 이다가키는 참의(參議)로 임명되었다. 오오기(大木)는 민부경(民
部卿), 이노우에(井上)는 민부대보(民部大輔), 야마가타(山縣)는 병부대보(兵部
大輔), 이와쿠라(岩倉)는 외부경(外部卿)으로 임명되었다. 나의 지사공(知事公)
시마스(島津), 야마우치(山內), 나베지마(鍋島) 등에게 오늘 폐번(廢藩)의 명령
을 내림에 대한 칙어(勅語)가 있었다. 나고야(名古屋), 이게다(池田), 호소가와
(細川), 하찌수가(蜂須賀)의 여러 지사(知事)는 개정의 건언(建言)을 하였다.
따라서 별도의 조칙이 있었다. 오십육 번(56藩)의 지사(知事)가 호출되었고, 폐
번(廢藩)의 조칙이 있었다. 한결같이 지금의 관리들은 여기에서 그들의 직책을
잃게 됨으로써 700여 년의 오랜 구폐(舊弊)가 점차 그 모습을 바꾸기에 이르렀
다. 비로소 세계 각국과 대치할 터전이 정립되었다고 본다."[64]

岩倉具視實紀, 中卷, p. 919.
63) 이 경우 知藩士의 東京(도쿄) 관속은 舊幕府時代에 있어서의 參觀交代와 정신을
   같이 한 것으로 오히려 그 영구화책이라고도 간주될 것이다. 당분간 舊藩大參事
   아래로 하여금 임시로 사무를 장악하고 중요사항은 중앙정부의 허가를 받도록
   하였다. 舊藩의 상비병은 1소대를 남기고, 그 이외는 해체하게 하였던 것이다.
64) 木戶孝允日記, 第2, pp. 69~72.

라고 시대적 전환점으로서의 관리의 임명에 관해 설명하면서 '세계 각국과 대치할 터전이 정립'되었음을 이제 슬며시 비치고 있다. 세계로의 침략적 거보(巨步)를 내디디자는 묵은 속셈을 들어내 보인 것으로 해석해도 좋을 것이다.

폐번치현이 정치적 평온리에 이루어진 것은 일본인 특유의 단결을 전제로 한 국체(國體)의 정신에서 기인하였기 때문인 것이다. 그리고 경제적인 이유에서는 어려운 재정적 처리를 중앙정부가 떠맡게 되었기 때문인 것이다.65) 폐번치현은 무사계급에게 중대한 영향을 미쳤다. 이 당시 무사계급의 동향을 목격한 미국인 윌리암 그리피스(Griffis, W.E.)는 그의 저서 『황국』(皇國)에서 이렇게 증언하고 있다.

7월 11일 지사(知事)는 오늘 도쿄(東京)로부터 귀향했다. 정치적 폭풍은 명백하게 포착할 수가 있었다. 무사나 관리들은 심상치 않은 모습이었다.

7월 18일 천둥과 번개가 쳤다. 정치적 강진이 일본의 중심을 엄습한 것이었다. 그 영향은 후구이(福井)에 있어서도 눈에 띤다. 강도의 격앙이 오늘날 당시의 무사계급의 가정을 지배하고 있다. 어떤 무사가 1868년의 공적으로 중앙정부로부터 수입이 부여되고 있다. 또한 후구이의 번정개혁(藩政改革)의 대표자인 미스오가(三岡)를 죽이려 하고 있다는 말을 나는 들었다.

오전 10시 도쿄(東京)에서 번청(藩廳)으로 사절이 도착했다. 갑자기 학교 내부가 소란해지고, 교사와 관리 등은 직원실에 소집되었다. 나는 수분 후에 그들을 보았는데 대부분 창백하고 흥분되어 있었다. …… 지금 받아들은 조칙은 무사의 봉록(奉祿)을 감하고, 쓸모없는 직책을 없앴다. 이들 한직에게 지불되었던 봉급은 금후 국고에 수납되어져야 한다는 것을 명하는 것이었다. 관리의 수는

───────────

65) 토지경제에 기초를 두는 봉건제도는 幕府의 自術策으로서의 參觀交代制의 실시로 말미암아 이미 元祿 元年(1688)경부터 도시경제를 발흥시켰다. 그 후 幕末에 이르러 국방의 필요상 諸藩의 재정은 극도로 피폐하기에 이르렀다. 藩札의 발행으로 간신히 파탄을 면했던 것이다. 이 재정적인 궁핍은 유신과 동시에 심각하게 되고, 1869년 版籍奉還後 諸般은 각기 재정적 정리와 그 재건설에 진출하지 않을 수 없었다. 이처럼 곤경에 빠져 있는 諸藩의 재정적 처리를 중앙정부가 인수하게 되었던 것이다. 廢藩置縣을 더욱 용이하게 하였다는 견해는 대체적으로 타당한 것이다. 自柳秀湖, 明治大正國民史, 明治次編 參照.

최소한도로 감원되어 번(藩)의 재산은 금후 제국정부의 소유로 돌아가는 것이었다. 후구이(福井)의 번(藩)은 중앙정부의 현(縣)으로 되고, 관리는 모두 도쿄(東京)에서 직접 임명하게 된 것이었다.

이 변화는 나에게는 안성맞춤이었다. 종래에는 번교(藩校)의 직원은 14명으로 사공이 많으면 배가 산으로 올라간다는 느낌이 있었으나 이제 직원은 겨우 4명이다. 번청(藩廳)의 공무원은 나의 호위자 4명과 수위 8명이 해고 되었다는 것을 알려 왔다. 나의 수위는 오늘부터 2명이 되는 것이다. 후구이 현청(縣廳)의 공무원은 500명에서 겨우 70명으로 감원되었다. …… 오랜 세월에 걸쳐 일본 최대의 화근은 공무원과 일을 하지 않고 태만한 밥벌레가 많은 것이었다.

7월 19일 오늘 학교에서, 특히 나의 부서에서 뚜렷한 것은 직원의 결근과 그 것으로 말미암은 소요와 저해였다. 직원실은 텅텅 비었고, 마치 손님이 떠나간 후의 잔칫집과 같았다. 현청(縣廳)의 정원은 전날의 잉여인원에 비해서 현저하게 적었다. 그 도시의 노인들은 염려가 극에 달해 발광할 정도였다. 지금도 과격한 사람은 이와 같은 격변을 가져오도록 활약한 미쓰오가(三岡) 및 근황(勤皇)의 인사들을 죽이려 하고 있다는 것 등을 학생들이 나에게 말하였다. 그러나 존경받아야 할 무사 및 위엄있는 선비들은 한 사람도 남김이 없이 조칙의 뜻을 체험하고 있는 것이다. 폐번(廢藩)은 홀로 후구이(福井)에 한하지 않고, 일본 전국에 대해 불가피한 것이었다. …… "[66]

라고 후구이(福井) 일대에서 일어났던 폐번 이후의 국내 상황을 비교적 상세히 적고 있다. 이어 그리피스는 12월 1일자에서

"12월 1일 지사(知事)의 상경(上京)과 폐번치현(廢藩置縣) 이래 그 도시에 있어서 일대 변화가 일어났다. 중신의 대부분은 제국정부에 의해서 상경하도록 명령되었다. 미쓰오가(三岡)는 이제 도쿄(東京) 부지사(府知事), 오가사와라(小笠原)는 제(提), 그 이외 여러 명은 타현(他縣)의 관리로 임명되었다. 어떠한 현(縣)의 사람을 타현(他縣)의 관리로 삼아서 지방적인 편견을 타파하는 것이 중앙정부의 방침이었다. 이것은 훌륭한 착상이었다. …… 나의 친우와 나를 도와

---

66) Griffis, W. E. , *The Mikado's Empire*, Chap. XV, "The Least Day of Feudalism." pp. 525~536.

준 사람들은 후구이(福井)를 떠나갔고, 번교(藩校)의 상급생은 …… 자기의 운
명을 개척하고자 도쿄(東京), 요코하마(橫濱)로 떠나갔다. …… 금년 여름 이래
700여 가구 이상이 후구이를 떠나갔다는 것이다. …번(藩)의 군대양성소는 폐교
되었고, 화약·총기제조소는 이전하였다. 프랑스식의 군복을 입고, 어문문장(御
門紋章)을 단 모자를 쓰고, 국기(일장기)를 군기(軍旗)로 받드는 3개 중대의 친
병(親兵)이 이제는 그 도지의 병영을 차지하고 있다. 낡은 지방적·봉건적 특권
이 폐지되어 가고 있는 것이다."67)

라고 절박한 상황을 목격자답게 상세히 그리고 있다. 이에 관하여 일본인의
수기에서도68) 그렇게 기록되고 있다. 그들의 생활의 어려움을 10월 8일 이
후의 사실 속에서 지적하고 있다.69)

따라서 봉건제도가 폐지됨에 따라 1871년 10월 이후 무사계급의 생활난
은 정치적 측면은 두말할 것도 없고 경제적 궁핍과 사회적인 처우문제에 있
어서 해결해 주지 않으면 폭발할 위협의 요소로 굳어져 간 것이다. 결국 그
것을 해결하고 대우를 제대로 해 주려면 평온한 나라 한국을 정벌하지 않고
서는 불가능했던 것이다. 무사계급이 앞장서서 한국을 침략하고자 했고, 그
정신적 지주로서의 무사정신을 표방한 것도 결코 우연한 일이 아니었다. 거
기에 날조·왜곡되었던 한국인식이 멸시관에서 침략 의도로 발전, 굳어져 갔
으니 한국정벌은 불가피한 것이라고 강조하였다.70)

---

67) 前示資料, pp. 529~537.
68) 明治維新과 郡縣思想 수록의 岸和田, 藩志, pp. 299~304.
69) 일본인의 기록은 이런 내용이었다. 10월 8일 점차 세상의 형편이 절박하게 되어
    감에 따라 이것저것 가릴 것 없이 각지 商法에 따라 商業을 하였다. 대개 손실
    을 보았다고 하기에 으레 그렇게 될 것이라는 생각에 자기는 그것에 손을 대지
    않았다. 오직 날마다 검소하고 절약하여 다소의 부업을 하려 사노무라(佐野村)
    메이겐사(明岩寺) 내에 있는 초롱집에서 초롱 만들기를 배우려고 호리(堀理)를
    따라 오늘부터 가서 배우기 시작하였다. 종이를 바르는 것은 그럭저럭 따라 하
    겠는데 뼈대를 맞추는 것은 생각보다 어려워서 뼈대를 부러뜨리는 일이 많았다.
    일의 형세가 그렇게 하지 않을 수 없다고는 하지만 내년에는 벌써 60세가 되어
    백발은 말할 것도 없고, 대머리가 거의 되어가는 모습을 '초롱이 없는 대머리가
    되어 가면서 수고롭기만 하는 바르는 보람도 찾을 길이 없네'라고 하였다.
70) 朴英宰, "近代日本의 韓國認識," 日本의 侵略政策史研究, 一潮閣, 1984, pp. 81~95.

그러나 어떤 구실을 명분으로 잡아야 국제적으로도 불가피성을 내 보일 수 있기 때문에 궁리에 궁리를 거듭하였던 것이다.

제2절 주민의 해방과 재정정책

1. 주민의 해방문제

메이지 정부가 들어서기 전에 일본이 구미제국과 더불어 체결한 개국조약은 구미제국에게만 유리한 불평등조약이었다. 이 조약의 개정을 위하여 일본의 조야는 엄청난 정책적인 배려를 아끼지 않고 있거니와 구막(舊幕) 이후의 양이론이 부국강병의 형식을 취하게 됨은 정석적인 코스이기도 하였다.

대정봉환이 봉건제도의 해체를 수반하지 않고 단지 대의명분(大義名分)만을 가지고서[71] 토쿠가와로부터 정권을 회수하기 위해서는 어차피 살·장·토의 번병(藩兵)을 이용해야 하였다. 이들이 표방한 부국강병은 메이지유신 정부의 대내정책이 되어야 한다는 이론이 지배적이었다. 이 사실을 삼번(3藩)의 경우에서 살펴본다면 황정복고는 그들의 활동과 밀접히 관련 맺게 되어 있었다.

오오우, 하고다테의 전쟁이 종결될 찰나에 서남 여러 번(藩)이 불손하기까지 하였다는 것도 어쩔 수 없는 추세였다. 오히려 전쟁의 조기타결이 못마땅하였던 것이다.[72]

사이고오와 이다가키 등이 번병을 채근하여 귀경했을 때 실전에 간여치 않았던 재인(才人)이 조정에 있음을 보고 내심 못마땅해 하였다.[73] 이 당시

---

71) 木戸孝允日記, 第1, 1868年 6月 18日字, p. 55.
72) 左沈亘, 植村正久와 그 時代에 수록된 혼다(本多庸一)의 談. 第1卷, p. 577 參照.
73) 사이고오(西鄕), 이다가키(板垣)는 각기 병사를 인솔하여 귀향하였다. 전적으로 藩政改革에 종사하여 그들의 실력을 양성하고, 장차의 변란에 대비하고자 대기

의 형세를 장주번사(長州藩士) 도리오(鳥尾小彌太)는 이렇게 회고하고 있다.

"무진전쟁(戊辰戰爭: 1868)은 그 의와 불의, 충성과 불충의 비판을 차지하고
라도 …… 필경 근왕과 좌막(佐幕) 양당의 알력으로 생기는 국란(國亂)이나.
봉건전제의 울분이나 불평에 온 정신을 쏟아서 한 바탕 포연탄우 속에서 발산
시킨 것이라고 말할 수 있을 것이다.

이처럼 이전의 갈등이나 응결은 이 한바탕 싸움터에서 발산·소진되었다 할지
라도 다시금 새로운 형세를 낳게 되었다. 그것이 근년에 국가를 위해 불행한 형
세를 노출하게 되는 원인이 된 것이다. 이제 그 대요를 말하면 이 싸움에 천황의
깃발을 받들고 용전분투하여 큰 공을 세운 제후의 신하 및 뜻이 있는 사람이라
고 일컫는 소속 없는 무사의 무리들은 그 무공(武功)을 자부하고 있다. 걸핏하면
천하에 자랑하고 의기양양하여 타인을 경멸하는 상태였다. 이와 반대로 패배한
막부(幕府)의 신하 및 오오우(奧羽) 일대의 사민(士民: 주민) 그리고 이에 가담
한 부랑의 무리들이 분하게 생각하여 다시금 천하의 변혁을 바라며, 시기를 틈타
서 이 원한을 갚으려고 하였다. 이에 암암리에 유명한 제후를 선동하기도 하고,
이간시켜 오로지 정부의 장해가 되도록 획책하였다. 진퇴거취를 정하지 못하고
형세를 관망하여 공도 세우지 못하고 죄도 없는 제후는 저들의 공이 있는 제후
들의 무용(武勇)을 과장하였다. 천하에 군림하면 천하의 사람들 역시 공경하고
두려워함을 선망하였다. 다시 한번 싸움이 일어난다면 반드시 강국의 명성을 천
하에 떨쳐 잡을 것을 희망하여 빈번히 병사들을 수련시키고, 전비(戰費)를 증가
시켰다. 남몰래 강력한 번(藩)과 기맥을 통하는 정세가 된 것이다."[74]

라고 설파하였다. 사민이 기회가 되는 대로 해원(解怨)의 경우를 손꼽아 기
다렸던 것이다.

여하간 막부토벌은 성공하였다. 그러나 메이지 정부의 기초는 미약하였다.

중이었다. 그리고 당시에 諸藩은 半獨立國家와 같이 서로 대치되어 있었으므로
의기가 앞서는 藩兵을 거느린 西南諸藩의 방향이 무력을 갖고 있지 않은 중앙정
부에게 큰 위협이 되었던 것이다. 조정에 있는 자들은 이들의 방향과 처분에 깊
이 생각을 하였고, 근심도 비쳤다.
74) 前揭 時事談, 國勢因果論, 上, p.45 이하 수록.

1868년 10월 21일 이와쿠라(岩倉具視)의 의견서를 보면

"오오우(奧羽) 평정의 기회로써 조속히 군제(軍制)를 일원화시키도록 하는 것은 실로 급선무라고 생각됩니다. 따라서 군무관은 말할 것도 없고, 기타에서 인선(人選)을 엄정히 조사하도록 하고, 오오무라(大村益次郎)는 그 적임자로서 가장 타당한 인물입니다."[75]

라고 기록되어 있어 그간의 사정을 잘 이해할 수 있겠다.

이에 관하여 기도의 일기에도 회계와 군비에 대해서는 이런 대목이 있다.

"오오무라에 이르러서 앞에 말한 바와 같이 정책을 정하였다. …… 병제(兵制)의 기초도 서게 되었으므로 내 평생의 소원은 바로 대정일신(大政一新)이다. 참으로 그 실적이 거양되어 천자의 권위가 널리 해외로 뻗칠지라도 천하에 뚜렷한 목적이 없다고 해서는 막부(幕府)와 무엇이 다르겠는가. 그러므로 그 근본에 있어서 천하의 수입을 다섯으로 나누었다. 그중 3분을 육해군, 1분은 정부의 경비 그리고 1분은 두 말을 요하지 않고 구휼(救恤)로 써서 누구나 만민의 편익을 위한 사업에 충당하여 서로 필히 진력하여야 한다. 그리고 해군에 있어서는 군함이 크게 국가를 보호하는 중대한 기계이다. 따라서 나라 안의 인원에게는 빈부를 고르게 하여 다함께 우국충정으로 국채를 모으고 공평한 법을 일으킬 때는 기필코 크게 성취할 것이라는 여러 문제를 논하는 바이다. 오오무라(大村)는 동의가 더욱 빨라 그 기본이 결정될 것을 요망함으로써 소생은 그 조건의 단서를 세우고 그 기본을 일으키는 일을 맡긴다."[76]

라고 기록한 뒤

"어젯밤 대정일신(大政一新)의 큰 취지를 논하였고, 크게 천하의 병력을 양성할 것을 논하였다. 그 의논을 어느 정도 관철시켰다."[77]

---

75) 田中惣五郎, 大村公實記, pp. 274~281. 原文은 岩倉具視公實記, 中卷, pp. 602~607.
76) 木戸孝允日記, 同 11月 6日字.

라고 기록한 것을 보면 메이지유신 정부가 급히 필요로 했던 것은 병력(兵力)이었다. 10월 17일 그 일에 있어 효고(兵庫)현 지사이며 한국침략의 실질적인 원흉이며 앞잡이인 온건파 이토오 히로부미(伊藤博文) 등도 오오우(奥羽)전쟁 때 사용하였던 번병을 곧 황군으로 헌상하면서 번병의 마음을 수습해야 한다고 진언하였다. 그 진언서의 일절에서

　　"일본의 정체(政體)는 상고 시대에 있어서는 문무(文武) 다함께 그 권한이 조정에 있었으며, …… 북벌의 군대를 조정의 상비군으로 하고, 총독·군감·참모 이하 모두 알맞은 직위를 부여하여 이들로 하여금 군병을 다스리게 하였다. 구미 각국의 제도를 절충하여 일본의 병제(兵制)를 개혁하였다. 이를 조정이 직접 통제한다면, 안으로 무뢰한들을 제재하고, 밖으로는 세계 각국에 대해 부끄럽지 않을 것이다. 여기에서 비로소 문부의 양권(兩權)이 천자에게 돌아간다."[78]

라고 건의하였다. 군무부지사(軍務副知事)인 오오무라는 번병의 향방을 제일 정확하게 알고 있었다.[79] 그의 부하인 후나고시(船越衛)는 회고담을 남겼는데, 그 가운데

　　"만약 오늘의 상태 그대로라면 육군의 개혁을 제외하게 된다. 그러나 일조 국가유사시 조정으로부터 제번(諸藩)에 출병을 명령하게 될 때에는 그 세력상 반드시 살·장(薩·長)을 주로 하게 될 것이다. 오늘날 살·장의 사람은 모두 많은 전쟁을 경험한 충신들이지만, 모든 일에는 아무튼 폐단이 따르기 마련이므로 …… 만약 살·장의 병력을 주로 한다고 함에 있어서는 후일에 행여나 미나모도(源)와 다히라(平)의 횡포를 되풀이 하지 않는다고 할 수 없는 것이다. 그러므로 이번 기회에 새로 조정의 군대를 양성해야 한다. …… 육군의 통일을 도모하고, 황족들에게 통솔의 임무를 맡게 해서, 소위 병마의 대권을 신하에게

---

77) 前示資料, 同 12月 10日字.
78) 大村益太郎傳, p. 270.
79) 한국침략에도 공을 세운 그는 東北戰爭 중에 이미 西南을 겨냥하였다. 이 대책으로 藩兵을 해소하여 징병제도를 시행하려고 했던 것이다.

맡기지 말고 조정에서 직접 장악해야 한다."[80]

라고 기술하였으며, 징병제도창시에 가담한 바 있는 중장 소가(曾我)의 회고 담 중에

"당초 오오무라(大村)의 생각으로는 병학료(兵學寮)를 오오사카(大阪)에 두 고, 화약제조소를 야하따(八幡) 또는 우지(宇治)에 설치할 계획이었다. …… 나 는 노골적으로 말하고 싶지는 않으나 당시의 국내형세를 살필 때에는 유신의 대업이 아직 실마리를 잡지 못하였다. 그래서 각지에 불온의 분위기가 충만해 있었다. 진세이(鎭西)방면은 매우 경계를 필요로 할 만한 점이 있었다. 오오무 라(大村)에게는 당시 재빨리 서남(西南)의 전쟁이 살주(薩州)방면에서 일어나 리라는 것이 그의 눈에 반사되어 있었을는지도 모른다."[81]

라고 회고하였다. 여기에 국민징병제를 주장하는 오오무라(大村益次郎), 번 병(藩兵)을 재편성하여 친병(親兵)으로 하려는 사이고오(西鄕降盛), 오오무 라를 지지하는 기도(木戶孝允), 사이고오와 타협하는 오쿠보(大久保利通) 등 이 일단이 되어서 1869년 6월 판적봉환 때에 맞추어 조정회의를 개막하였 다. 당시의 상황을 오쿠보와 기도가 각기 그 일기에서 지적하였다.

"21일(1869년 6월) 10시 조정에 들어가 병제(兵制) 한 가지에 대하여 오오 무라를 불러내서 평론하였다. 또한 장·사·살(長·士·薩) 삼번(3藩)의 정병 을 차출하는 문제에 대해 많이 토론하였다.
　22일 10시 조정에 들어가 그것에 대해 평론하였다.
　23일 10시 조정에 들어갔다. 오오무라(大村), 요시이(吉井), 오오이(大井)가 벼슬을 한 후 처음으로 조정에 들어 왔다. 이들과 여러 가지의 의논에 이르렀 고 삼번병대(3藩兵隊)의 차출이 결정되었는데, 병제의 결정은 매우 어려웠다.

80) 維新史料編纂會, 講演速記錄, 第6輯, 男爵 船越衛, 明治維新 때에 있어서 朝鮮 論, pp. 37~42.
81) 德富猪一郎, 公爵縣傳, 中卷, p. 192.

　24일 10시 조정에 들어갔다. 병제 한 가지에 대한 일대 토론이 있었고, 결연히 건의를 하였다.

　25일 무라다(村田)와 이시하라(石原) 등이 찾아 왔다. 가쓰(勝房)가 찾아 왔고, 12시에 조정에 들어갔다. 오늘도 병제 한 가지에 대한 의논이 있었고, 번병(藩兵)을 제외하고 농병(農兵)을 뽑아 친병(親兵)으로 한다는 것과 군무관의 유망자를 결정하도록 하였다. 그러나 안심이 되지 않아 유망한 자를 차출해서 의논을 하여 대략 결정을 하였다."[82]

라고 오쿠보일기에서 지적하였고, 기도일기에서는

　"23일 11시 지나서 조정에 들어갔다. 6시가 지나서 퇴정하였다. 오늘은 병제와 조선에 대해 논의하였다. 내 평생에 의논한 바와 다른 의견이 많았다. 열심히 의논을 많이 하였으나 병약하고 또한 부진하였다. 오늘 이런저런 일이 있었다. 비가 많이 왔다.

　24일 11시 지나서 조정에 들어갔다. 오늘도 또한 병제에 대하여 의논하였으나 역시 나의 견해와 달랐다. 황국(皇國) 앞날에 관한 일이 점차 이루어 지지 않으면 가히 행할 수 없는 일이다. 퇴정하여 돌아오는 길에 오오무라(大村)를 방문하여 시세를 헤아려 앞날의 목적에 대해서 의논하였다."[83]

라고 각기 그 상황을 지적해 놓았다.

　따라서 살·장·토의 정병(精兵)을 친병으로 하는 오쿠보의 안건이 채택되었다. 그러나 이 안건은 번별 문제의 해결책이 아니었다. 장·토주의 번병을 합해 1대대, 살반을 제외한 병력으로는 2대대 정도였다. 그러므로 40만 사족(士族)의 처리는 그리 쉽게 풀리지 않았다. 오오무라가 오쿠보의 안(案)을 기초로 하여 작성한 타협적 친병제도의 안건은 다음과 같다.

　"① 여러 방면의 현재의 병력 중 연령은 25세부터 35세까지로 체구가 건장하고

---

82) 大久保利通日記, 각 해당 日字 參照.
83) 木戸孝允日記, 각 해당 日字 參照.

　　자진해서 군병퇴기를 원하는 자를 뽑아 친병(親兵)으로 삼는다. 그리고 그
　　병력의 편성은 번(藩)의 차별 없이 육체의 장단에 응하여 편성하면 피차
　　균일한 제도가 될 것이다.

② 친병으로 편제된 이상 오오슈(奧川)는 물론 모든 요충지에 배치하여 상비병
　　으로 한다. 의복용도는 다소를 막론하고 관에서 급여하며, 월급은 반 또는
　　3분의 1을 급여한다. 그 나머지는 관에서 저축하였다가 연한이 차서 군병을
　　명하게 될 때에 즈음하여 그 결산됨을 급여하여서 고향땅에서 산업의 터전
　　을 삼게 한다.

③ 군병의 연한은 5년으로 정한다. 다만 40 미만 중 희망에 따라 앞으로 5년
　　을 허용한다. 단, 정밀한 법과 군율은 일정의 조항으로 기재할 것.

④ 사령(司令)과 향도(饗導), 모든 장(長)이나 관원은 군병 중에서 서로 선택
　　하는 방법으로 선거하여 임명한다.

⑤ 군율(軍律) 기타 일반의 법제(法制)는 추후 기재할 것이다."84)

　이들 헌병(獻兵)은 1869년 7월에 새로 만들어진 병부성에 소속되게 되었
다.85)

2. 징병제도의 확립과 그 반응

　전래적인 봉건제도의 초석인 신분적 사・농・공・상의 계급제도를 타파하
고 무사계급의 특권마저 박탈하는 것이 일본중앙정부의 급선무로 등장하였

---

84) 공작 야마가타전, 중권, pp. 149~152.
85) 이에 따르면 막부토벌 이후의 諸藩의 兵의 동태는 明治維新이 무사계급의 부정
　　이었음을 증명하고 있다. 기술한 바대로 大政奉還은 版籍奉還을 의미하고, 版籍
　　奉還은 동시에 廢藩置縣을 초래해야 할 터였다. 幕府의 부정은 봉건제도 그 자
　　체의 부정이기 때문에 幕府에 연계되는 藩과 무사적 특권계급의 전면적 부정이
　　아니어서는 아니 된다. 그런데 維新政府에는 봉건제도를 붕괴시키고 자기의 중
　　앙집권적 기초를 확립할 만한 병력과 재력이 결핍되어 있었다. 어떻게 하면 중
　　앙정부에도 병력을 가질 수 있을까, 어떻게 하면 諸藩의 병력을 없앨 수 있을까
　　하였다. 이는 전국을 평정한 維新政府의 당면과제였다.

다. 이에 따라 징병제도의 확립은 불가피한 정책실시 중의 우선순위였다. 그러나 40만 명의 사족(士族)은 정치적 지도권을 상실하게 되었다. 따라서 실업자로 몰락케 되었다. 이와 같은 불평불만은 1870년(고종 7년) 2월의 장주번 군인의 반란사건을 야기하고 말았다.[86]

일본정부당국은 유격대를 제외하고 상비군 4대대를 편성하면서 종래의 부대명을 없애버렸다.[87] 유격대의 불만은 여러 부대의 불만과 같았다. 유격대 중심의 2천여 명의 번병(藩兵)은 야마구치를 탈출하여 미야(宮)시를 근거로 불평불만자―승려・농민・상민―를 포섭하였기에 큰 세력으로 성장할 수 있었다.

이에 기도(木戶孝允)는 야마구찌로 가서 반란병을 오랜 고생 끝에 진압할 수 있었다.

1870년 태정관은 번제(藩制)개혁을 발포하고, 각 번도 이어 참여케 유도하였다.[88] 따라서 전국의 제번은 번제개혁에 착수하였는데, 번사의 녹제(祿制)개혁은 상박하후적 경향을 띠었다.[89]

이를 다시 표현한다면 무사계급은 종래의 봉건적 특권을 박탈당하고, 국정에는 사족(士族)과 민(民)을 동시에 참여시키는 이상적인 제도로서 이것은 이미 언급하였듯이 메이지 정부가 1871년에 단행한 폐번치현과 1872년의 징병령 등으로 나타났다고 본다.[90]

---

86) 長州藩은 戊辰戰爭에 수훈을 세운 奇兵, 遊擊, 整武, 振武, 銳武, 健武 등의 諸隊를 병합하여 나약자를 제외하고 정예를 뽑아 새로이 상비군을 편성하려 하였으나 遊擊隊는 솔선하여 이에 반항하였다.

87) 상비군 4대대를 편성하여 시나가와(品川彌二郎)・노무라(野村靖)・미요시(三好重臣) 등 7명을 監軍, 미우라(三浦梧樓) 등 8명을 錄事로 임명하였다.

88) 이는 주로 諸藩의 財政의 재건을 주로 한 것이며, 藩財政의 1할을 知事의 家祿으로 하고, 나머지의 1할을 陸海軍費, 9할을 관청의 경상비로 하여 士卒의 급여에 충당하도록 하였다. 그것은 모쪼록 경상비를 절감하여 그 여분을 군사비로 비축해두라는 명령에 근거하고 있었다. 藩兵은 士族과 兵卒族의 두 계급 외에는 인정하지 않았다. 종래의 藩費의 절감으로 인하여 적절히 상환하도록 하라는 지시였던 것이다.

89) 예를 들면, 土佐藩에서는 1870년 12월 士族과 文武의 일반직을 없앴다. 관원과 병사는 士族에서 새로이 발탁하고, 藩士 등의 家祿을 전폐하고 祿券을 급여하였다.

당시 제번의 헌병(獻兵) 등의 봉건의식을 잘 표현하고 있는 다니(谷干城)
의 기록을 보면 그때의 상황을 짐작할 수 있겠다.

　　"지사공(知事公)이 치도관(致道館)에 들어와서 대장(隊長)을 소집하여 군대의
　　대개혁을 행하였다. 친병으로서 조정에 바치는 것이므로 젊잖게 순응하도록 하
　　라는 명령이 있었다. 또한 자세한 것은 군사담당 소참사(小參事)에게서 들도
　　록 하라. …… 이번의 개혁은 살·장·토(薩·長·土) 삼번(3藩)의 정병을 헌
　　납했다. 이것으로서 금위(禁衛)로 하고, 폐번현의 대개혁의 후원으로 하는 뜻이
　　므로 살·장(薩·長)의 군병보다 우수하도록 한다. 결코 뒤지지 않도록 할 것이
　　며, 다만 대오(隊伍)를 편성할 때는 대도(帶刀)는 임의대로 하라는 명령이었으
　　므로 이 폐도론(廢刀論)에는 사관(士官) 중에도 이론자(異論者)가 있어 의논이
　　분분했다. 그러나 단호히 이를 채용되지 않았으므로 그 이론자(異論者)는 핑계
　　를 꾸며 사직원을 냈다. 유례없이 그것을 그대로 수리하고, 마침내 정선하여 2대
　　대를 만들었다."91)

라고 기록하였다. 토사번(土佐藩)의 헌병(獻兵)은 이다가키(板垣退助) 명령
에만 복종하였다.

　1873년 정한론이 일단 보류된 직후 살번출신의 근위병은

　　"오직 사이고오께서 돌아가셨기 때문에 나도 돌아간다."92)

라고 하는 간단한 이유로 귀향하고 있다.

　1871년 4월 진대(鎭臺) 그들이 오랫동안 생각한 뒤에 히가시야마(東山)

---

90) 1871년 7월의 廢藩置縣은 사이고오(西鄕隆盛)의 출현과 그 배후의 병력으로 인
　　해서 비교적 용이하게 단행되었던 것이다. 사이고오의 재출현은 土佐의 이다가
　　키(板垣退助)와 그 藩兵의 상경을 재촉하였다. 薩藩의 보병 4대대와 포병 4대,
　　長藩의 보병 3대대, 土佐의 보명 2대대와 기병 3소대 및 포병 2대 총인원의 약
　　1만 명으로 병무성에 직속하게 되었다. 여기에 있어서 일단 조정은 병마권을 諸
　　藩으로부터 수습한 것처럼 보였다.
91) 谷干城遺稿, 上卷, 다니의 限山詰綸謀錄, p. 225 參照.
92) 谷干城遺稿, 上卷, p. 423.

와 세이가(西海) 양도(兩道)에 두었다. 히가시야마도의 본영(本營)은 이시마기(石卷)에, 분영(分營)은 후쿠지마(福島)와 모리오카(盛岡)에 두었다. 세이가도의 본영은 오쿠라(小倉)에, 분영은 하카다(博多)와 닛다(日田)에 각각 두었다. 이들 진대(鎭臺)는 병무성의 관할에 소속되었다. 그 후 7월 14일 폐번치현이 된 결과 제번의 상비병은 해산하였다. 병제개혁에 따라 진대(鎭臺)를 도쿄(東京)·센다이(仙臺)·오오사카(大阪)·구마모토(熊本)에 두었다. 도쿄(東京)의 진대(鎭臺)는 그 분영을 니이가타(新潟)·우에다(上田)·나고야(名古屋)에, 토오후쿠(東北)의 진대(鎭臺)는 본영을 이시마기(石卷)에, 분영을 아오모리(靑森)에 두었다. 오오사카(大阪)의 진대(鎭臺)는 분영(分營)을 고하마(小濱)와 다가마스(高松)에 두었다. 구마모토(熊本)의 진대(鎭臺)는 분영을 오쿠라(小倉)·히로시마(廣島)·가고시마(鹿兒島)에 각기 두어 오로지 무력적 반정부운동에 대한 경비를 담당하게 하였다.

따라서 중앙정부의 징병제도는 1870년 이래 야마가타(山縣有朋)의 노력으로 1872년 11월 18일 실현되었다. 이날 공포된 조칙의 일부는

"짐이 생각하건대 그 옛날 군현제도(郡縣制度) 아래 전국의 장정(壯丁)을 모집하고 군단(軍團)을 설치하여 국가를 보호하도록 하였다. 원래 병사와 농민의 구분이 없었으나 중세 이후에 군사권이 무문(武門)으로 돌아가 병사와 농민이 비로소 구분됨으로써 마침내 봉건의 정치를 성립시켰다. 1868년의 일신(一新)은 실로 2천여 년 이래의 일대 변혁이었다. 이때에 해륙병제(海陸兵制)도 역시 시세에 따라 적절하게 제정되지 않으면 안 되었다. 이제 이 나라의 그 옛날의 제도에 기인하여 해외 각국의 양식을 참작하였다. 전국에 병사모집의 법을 제정하여 국가보호의 기초를 수립하도록 원하는 바이다."[93]

라고 하였으니 이제 본격적인 정한(征韓)을 위한 군사적인 뒷받침은 법제화된 셈인 것이다. 고시(告示)에는

---

93) 岩倉具視公實記, 中卷, p. 1038.

"대정유신에 따라 열번의 영토를 봉환하였다. 신미년(辛未年)에 이르러 멀리 군현(郡縣)의 옛 제도로 복구되었다. 세습을 하고 앉아서 먹고 사는 무사는 그의 녹(祿)을 감하고, 도검을 몸에 지니지 않도록 하여 사민(四民)이 점차 자유의 권리를 얻도록 하려는 것이다. …… 사(士)는 종전의 사(士)가 아니고 민(民)은 종전의 민(民)이 아니다. 균등한 황국 일반의 민(民)으로서 나라에 보답하는 길에는 원래 그 구별이 있을 수 없다. 천지에 …… 세(稅)가 없을 수 없으며, 이를 나라의 비용에 충당하도록 한다. 그렇다면 곧 인간된 자는 기본적으로 심력을 다하여 나라에 보답하도록 하는 것이 마땅하다. 서양 사람들은 이것을 일컬어 혈세(血稅)라고 말하는데, 그것은 생혈(生血)로써 나라에 보답하는 것을 말하는 것이다. …… 적어도 나라가 있으면 곧 병비(兵備)가 있고, 병비가 있으면 곧 사람들이 그 구실을 담당하지 않을 수 없다. …… 그러므로 이제 전국의 사민(四民)들 가운데 남자 20세에 이른 자는 모두 병적(兵籍)에 편입하여 위급할 때의 필요에 대비하도록 하기 바란다."[94]

라고 기록해 두었다. 징병제도에 반대하는 계급이 있었는데, 사족(士族)과 농민이 그들이었다. 군사담당자의 견해로 볼 때 다른 면을 보여 주어 일률적인 것 같지는 않았다.[95] 토사번 다니(谷干城)도 사민개병(四民皆兵)의 의(議)에서 이런 견해를 보였다.

"나라의 안전과 불안, 강함과 약함, 존립과 멸망 모두 나라의 군대의 강약에 걸려 있다. …… 그러므로 여러 사족(士族)의 청년들은 모두 이를 받아들여 군병으로 충당되도록 하여야 한다. …… 다음으로 평민에 이르기까지 모두 선발하여 군병으로 삼아 사족(士族)을 앞에 서게 하고, 평민을 뒤에 서게 하는 것은 상하의 순서를 따르게 하기 때문이다.

지금 천하의 정치가 아직 일정하지 않으며, 엄연히 사족(士族)과 졸족(卒族)

---

94) 岩倉具視公實記, 中卷, pp. 1029~1033.
95) 예를 들면, 長州 출신의 군사담당자 야마다(山田顯義)는 징병주의에 있어서 근본적으로 징병 그 자제에는 찬성이었지만, 시기상조론을 제창하였다. 징병령을 연기하여 그동안에 사관 및 하사관의 양성과 국민의 군사훈련을 도모하도록 하고, 軍事裝備의 정비를 마친 후에 전국에 징병령을 내려야 할 것임을 주장하였다.

의 구별이 있다. 사족의 이름이 없어지지 않는 한 좀처럼 사민(四民)이 균등하다
고 말하기는 어려울 것이다. 또한 조정의 각 번(藩)에는 모두 엄연히 사졸(士卒)
의 구별이 있다. 그러므로 평민 중 발군의 인물은 사족대(士族隊)에 편입하고,
다음에 각 군에서 모집한 사람은 졸족병(卒族兵)으로 하면 어떻겠는가."[96]

라고 표현하고 있다. 이는 타협적인 차별안이라고 생각된다. 유력한 반대는
사족으로 황군(皇軍)을 삼으려는 의견이었다.[97]
　다니(谷干城)는 이렇게 말하고 있다.

　　"특히 기리노(桐野)는 가장 징병주의에 불만이었다. 사이고우는 과묵한 사람
이므로 분명히 말은 하지 않지만 역시 장병주의(壯兵主義)이었던 것 같다. 야
마가타(山縣)와 고니시(小西卿)는 서양을 다녀온 사람으로서 오로지 징병을 주
로 했다. 이때 군의 참모는 니시(西周助)이었으나 니시가 야마가타를 도와서
육군을 개혁한 공은 적지 않았다. 징병단행의 공은 야마가타라고 나는 믿는다.
…… 기리노(桐野)의 불평은 거의 절정에 달해 있었다. 나에게 야마가타(山縣)
대보(大輔)를 몹시 꾸짖으며 말하기를 그 사람이 흙을 파먹는 농민들을 모아
가지고 인형을 만들어 무엇에다 쓸 것인가라고. …… 원래 기리노(桐野)는 징
병을 싫어해서 군병은 사족(士族)에 관한 것이라고 생각하는 듯 하였다."[98]
　이에 관하여 징병제도의 창시자 야마가타는

　　"농공상업에 종사하는 사람의 자제는 조금도 병역의 의무, 즉 호국의 권리를
알지 못하고 겁이 있다. 자기 자신을 낮춘 습성을 버리지 못한다. 따라서 입영
을 기피하는 이들이 적지 않게 있다."[99]
라고 지적하였다.[100] 이것은 징병 고유(告諭) 가운데 혈세(血稅)라는 문제

---

96) 谷干城遺稿, 下卷, pp. 45～49.
97) 維新 당초부터 士族階級에 잠재하고 있었던 것이다. 長州의 마에하라(前原一誠)
　와 다이가쿠(大樂源太郎) 등의 일파, 薩摩藩主 시마스(島津久光)와 사이고오(西
　鄕隆盛)의 일파, 사가(佐賀)의 시마(島義男) 등은 모두 징병제도에 대한 대표적
　인 반대자였다.
98) 谷干城遺稿, 上卷, pp. 238～240.
99) 國家學會, "徵兵制度 및 自治制度確立의 沿革," 明治憲政經濟史論 所錄, p. 394.

를 농민이 오해하였기 때문에 폭동이 일어났음을 기록한 것이다.101) 1868
년 이후 일본의 미작(米作)은 흉작을 면치 못하였다. 각처에서 농민폭동이
일어났던 것은 당연한 추세였다.

일본 내에서 이 당시에 40만 명으로 추산되는 사족(士族)이 봉건적 병역
의 특권을 몰수당하여 실업(失業)상태를 면치 못하였던 것이다. 농민이 병역
에 순종하는 것을 사족에 대해 대체하는 자신의 권리라는 사실은 미리 예기
치 못했던 것으로 보인다.102)

메이지유신이 봉건제도의 부정이었다는 면에서 봉건 제번과 연결되어 있는
사족의 경우도 부정되어야 할 것이다. 판적봉환은 번주(藩主)의 봉토와 백성
을 조정에 바치는 것이고, 폐번치현은 번주와 번사와의 봉건적 주종관계의 단
절에 의해서 봉건제도를 끊어버리는 것이었다.

따라서 중앙정부의 기반이 확고하게 다져짐에 의거 사족계층은 정권으로
부터 소외되었다. 이 시기의 정한론은 그들의 반정부운동으로 일어나게 되었
다고 생각되는 것이다. 더욱이 이들은 한국을 정벌해야만 내부의 불평불만
그리고 문제점의 해결의 단서를 잡을 수 있다고 믿었던 것이다. 한국침략의
의도는 이런 측면에서도 당연히 야기될 수 있다고 판단되는 것이다.

---

100) 징병폭동이란 것이 1873년 3월의 구마모토(熊本) 縣을 비롯하여 후쿠오카(福岡),
  오오이따(大分), 오카야마(岡山), 돗도리(鳥取), 시마네(島根), 히로시마(廣
  島,), 가가와(香川), 나가사키(長崎), 희메애(愛媛), 교토(京都) 등에서 일어난
  이후 1874년까지 각종의 폭동과 관련하여 속출하였던 것이다. 이 중 1873년 사
  누키(讚岐)와 메이또우(名東) 縣의 징병폭동은 血稅 폭동의 최대의 것이며, 처형
  자가 2만 명에 이르렀다.
101) 東京日日新聞, 1874年 2月 7日.
102) 加田哲二, 明治初期 社會思想의 研究, p. 67; 維新 이후의 社會經濟思想論, p. 87.

제5장

메이지 정부의 재정조달과 사족계급

제1절 재정조달문제

1. 재원확립의 필요성

비록 메이지 정부가 대정봉환으로 인하여 새롭게 자리는 잡혀 있었다 해도 재원(財源)의 결핍으로 인하여 실권을 장악하기에는 아직 거리감을 갖게 되었다. 예를 들면, 실력자 중의 한사람이었던 요시노부(喜火)는 대정을 봉환하였으나 아직도 700석의 큰 봉토와 백성을 호령하고 있던 당당한 봉건적 실권자로 그 기세가 등등하였던 것이 그것을 입증해 주는 것이다.

사실상 메이지 정부에서는 이 시기까지 이렇다 할 재정적 기반이 다져지지 않고 있었던 상태였기에 당국자들의 고민은 이만저만이 아니었던 것이다. 메이지유신 정부로서 해야 할—중앙집권정부의 구축—화급(火急)한 사업은 재원의 확보라고 지적할 수 있겠다.

1867년(고종 4년) 12월 9일에 개막되었던 일본 어전회의 석상에서 오쿠보(大久保利通)는 유신 정부의 시급한 선결문제의 해결로 재정의 조달을 절규한 바 있었다.

정묘일기(丁卯日記)에 보면 이런 대목이 나온다.

"오소구보가 자리를 떨치고 나아가 진술한 것은 막부(幕府)는 근래에 도리에 어긋나고 불순한 중죄를 졌을 뿐만 아니라 이번에 내부(內府)의 처사에 있어 그 옳고 그릇됨을 판별함에 있어 구태여 오고시(尾越) 토후(土候)의 주장을 믿고 용납할 것이 아니고, 이를 실지로 답사하는 것만큼 못하다. 우선 그 관위(官位)를 깎아내리고, 그가 소유한 토지를 몰수하도록 명령해야 한다. 추호의 불평의 기색이 없다면 그 진실됨을 알 만하므로 속히 입궐하도록 하여 조정에 서게 즉시 작용할 것이다. 만일 이를 거역하여 일점이라도 항거하는 기색이 있으면 이는 속이는 것이다. 따라서 참으로 그 관직을 박탈하고, 그의 영지를 몰수하여 그 죄를 천하에 내보임이 마땅할 것이다."[1]

라고 기술되어 있음을 유심히 관찰할 필요가 있겠다.

한편, 1867년(일본 게이오 3년) 12월 9일 마쓰다히라(松平春嶽) 같은 자는 실력자 이와쿠라(岩倉具視)로부터 재정곤궁의 비참한 현실을 전해들은 뒤 노부요시(慶喜)에게 그가 소유한 봉토 가운데 얼마간을 그 충당에 헌납하도록 권고를 의뢰받은 바 있었던 것이다.[2]

그에 관한 상세한 내용을 앞의 자료에 의거해서 더욱 깊이 상고해 본다면

"그리고 또 이번의 영단으로 변혁할 것을 하명하셨다. 그러나 조정에 있어서는 병마의 권력도 없다. 제일 먼저 회계의 출처가 없기 때문에 점차 이에 대한 명령이 있을 것으로 보인다. 당장에 노부요시께서 막부(幕府)의 소유액 중 얼마쯤 헌상하도록 노부요시께 전달해 주기 바란다.[3]

라고 기술되어 있다. 이와 같은 몇 가지 사료에 의거하여 깊이 살피건대, 조정에 군사병마권과 재정수입원을 수납케 하는 것은 매우 화급(火急)을 요하는 일이 아닐 수 없었다.

따라서 메이지 정부의 중앙집권화는 구막부(舊幕府)의 봉수를 징발하게 강요하였다. 그러나 1869년의 판적봉환과 1871년의 폐번치현도 사실은 대의명분을 지키는 것 밖에도 메이지유신정부의 재원확립을 목적으로 표방하였던 저의를 분명하게 파악해야 할 것이다. 막부 측에서 이 메이지유신정부의 이 같은 요청에 대응하지 않았기 때문에 정벌의 군사를 일으키게 되었다.

---

1) 明治維新과 郡縣思想, p. 106.
2) 逸事史補. pp. 354~356 參照.
3) 蘆田伊人, 松平春岩全集, 第1卷 所收, 明治雄新과 郡縣思想, pp. 107~109. 逸事史補, pp. 355~356 參照.

그런데 유신 정부에서는 군비가 충분치 않았기 때문에 1868년 초 전국의 전답 수확고를 표준으로 하여 앞으로 15년 동안에 정화(正貨)와 교환하게 될 지폐 48,973,973양을 발행·사용하기로 결정하였던 것이다.

나아가 쿄토(京都)와 오사카(大阪)지방의 재벌과 업자에게서 헌납금을 수렴하게 하는 명령을 내리는 등으로 막부토벌의 군자금에 보전하도록 조치하였던 것이다. 이 같은 사실은 유신정부가 막부정벌이나 토오후쿠전쟁의 군자금을 조달하는 데 얼마나 극심한 노력을 기울였는가 하는 사례를 들어볼 때 그 어려움과 과정을 짐작할 수 있는 것이다.[4]

여하간 메이지유신정부의 재정확보에 있어서 제일과제는 막부토벌의 결과로서 종래의 천자의 영토를 금령화(禁令化)하는 것을 위시하여 1871년의 폐번치현과 1873년의 지조개정(地租改正)을 단행하였다. 따라서 모든 조세의 징수권한을 장악함으로써 제2의 과제로 들어서게 되었던 것임을 규찰해야 할 것이다.

전국적으로 산재해 있는 토지로서 천자의 영토 또는 좌막(佐幕) 제후의 봉토는 조정으로 수납되었다. 폐번된 결과, 조세는 원칙적으로 전부 중앙정부의 손안으로 귀착되었다.

당시의 전조(田租)는 미곡으로 납부하는 것을 원칙으로 정하였기 때문에 이것이 유신정부의 불편을 주었는데, 그 원인을 두 가지로 거론해 볼 수 있겠다.

그 하나는

"옛 관습의 곡물로의 납부는 그 운반과 납부가 아주 번잡하여 백성이 그 노임의 변제를 감당하지 못할 뿐만 아니라"

다른 하나는

---

4) 中山太郎, 賣笑 3000年史, pp. 614~616 參照.

"매년 시장의 곡물가격이 오르고 내림이 원래 일정하지 않아 국가산출의 재정
상의 예산을 세우는 데 곤란"5)

한 것으로 두 가지를 그 이유로 손꼽아 볼 수 있겠다.

2. 재정조달의 궁리

예전 막부시대에는 번(藩)이 자급자족경제의 하나의 단위였다. 그러나 참
관교대제(參觀交代制)의 결과로 인한 도시경제의 발달은 점차 화폐경제를
팽창시켰다. 미곡운반의 어려움과 모순은 점차 명확하게 들어나게 되었던 것
이다.

메이지 초년기의 납세제도는 그전의 경우와 크게 달라진 것이 없었다. 그
러나 전국 각지에서 조세로 납부되어진 미곡운송과 번잡함은 당시 영세한
운송수단으로서는 담당하기가 힘에 겨웠던 것이다.

매년 시장의 곡물가격은 인상되고 인하됨이 일정치 않아 국가 산출의 재
정예산을 짜기가 매우 어렵다고 함은 화폐경제시대에 있어서 미곡납부제도
의 부조리를 시사하는 것으로 풀이되고 있다. 납세지역의 단일집중화는 이미
언급한 바와 같이 교통기관의 미발달 때문에 조미(粗米)운반의 원활을 기할
수 없었다. 뿐만 아니라 정부는 국고수입을 계상하기 위해서는 대량의 조미
(粗米)를 일시에 시장에 매각하지 않을 수 없었다. 이는 자연히 미곡가격의
폭락을 초래하게 되었다. 만약에 일본정부가 이런 위험부담을 안고 있었다면
재정적 기반이 미약한 메이지유신정부는 이를 지탱해 나갈 수 없었을 것이
분명한 것이다.

따라서 여러 가지 면에서 고민하고 새로운 진로를 모색하고 있던 일본정
부는 이 위험에서 벗어나기 위해 지조(地租)의 금납제(金納制)를 채용하지

---

5) 明治財政史, 第5卷, pp, 329~330 參照.

않으면 안 되었다.

1873년의 지조(地租)의 개정은 중앙정부의 재정적 강화를 위해 극히 긴요한 것이었다. 환언하면 세상은 일신되었으나 당시의 일본은 아직 토지경제의 영역을 탈피하지 못하였고, 인구의 약 8할은 농민이었음을 알 수 있다. 이에 정부세입의 8할 5부는 농민들이 납부하는 지조에 의존하고 있었다. 그러므로 이 지조개정은 정부에 대해서는 유일한 재정조달의 확립을 의미하는 것이었다. 따라서 이는 사족(士族)과 농민에 대해서도 중대한 의의를 갖게 되었음을 알아야 하는 것이다. 중앙정부가 국회의 모형이라고 생각되었던 지방장관회의를 지조개정을 위해서 맨 처음 열었던 만큼 이 문제는 중요시하지 않을 수 없었다.

1873년 4월 일본 대장성(大藏省)의 긴급한 결의에 의한 소집에 의해서 당시 일본 수도에 온 70여 명의 지방장관은 지조개정을 협의하였다. 그런데 이는 다음 3종류의 의견으로 분류·요약되었다.

첫째, 옛 습관에 의한 조액(租額)을 금의 순도에 따라 환산하고, 이를 지권(地券)의 반별(反別)로 부과해서 점차 각지의 품위와 그 조세액으로 하여금 상호 부합하기에 이르도록 할 것.

둘째, 단편적인 미봉책이 오히려 근본을 뜯어 고치는 것과는 같지 못하므로 생산고에 따라 정하는 제도를 단연 폐지하고, 검사하는 것도 중지한다. 지가(地價)에 대한 부과세를 획일된 신법(新法)으로 시행하도록 할 것.

셋째, 지조의 개조되지 않을 수 없음은 원래 말할 필요조차 없겠다. 그러나 예부터의 관습을 갑자기 제거해 버린다는 것은 쉬운 일이 아니므로 5~6년 동안 얼마 정도 토쿠가와의 옛 규정에 의해 오로지 중정(中正)의 검사법에 따라 그 전조(田租)를 수납하게 함으로써 각지의 조세액의 치우침을 교정하여 점차로 지권(地券)을 수여한다. 민중이 옛 태도를 탈피하여 새로운 제도에 익숙하여지기를 기다려 획일의 새로운 법을 행하려 할 것.[6]

---

6) 明治財政史, 第5卷, pp. 328~331 參照.

이상의 세 가지 주장 중에서 첫째 것에는 찬성자가 적었다. 그 이유는 구막부시대의 지조에 편중의 차가 있었기 때문이었다. 세 번째의 주장은 현실적으로 보아 적당치가 않았다. 그러니까 결국 둘째의 주장이 최대 다수의 찬성자를 확보할 수 있었다. 그 뒤 소위원이 뽑혀 지조법개정 초안이 작성되었다.

이노우에(井上馨)가 실각된 후 회의를 주재한 오오쿠마(大隈重信)는 이 초안에서 '지조개정의 의정원에의 문의'라는 진보적인 의견서를 제출하였다.

자료에 따르면 이런 대목을 접할 수 있다.

"도대체 세법시행의 필요는 땅을 갈고 노력하는 자에게만 부과하지 말고 물품을 소비하는 자에게서도 나오게 한다. 물산의 번창을 유도하고, 국가의 성황과 부유를 돕는 것으로써 근본이 되는 취지를 삼아야 할 것이다. 따라서 지조는 경운(耕耘)하여 노력하는 자에게 수입하고 있는 형편이다. 그러나 그들에게서는 좀더 약하게 부과하는 것이 경제의 근본이 되는 취지에 적합할 것이다. 옛날의 세법은 전적으로 토지에만 이를 부과하고, 그 지상에 있는 물품의 여러 세금 따위는 그대로 불문에 부친다. 그러므로 그 세액도 지조 중에 포함하고 있는 상태이며, 지금 당장에 이를 구분하기가 곤란하므로 우선 지금은 지가의 100분의 3을 지조액으로 정한다. 금후 물품의 여러 가지 세금을 부과하여 그 세액이 증가함에 따라 점차 지조와 물품세를 구분하여 마침내 지조는 원가의 100분의 1로 할 것을 조사한다는 것이다."[7]

라는 것이었다.

3. 지조개정안(地租改正案)과 정한론의 구체화

한편, 지조개정안은 7월 협의한 바와 같이

---

7) 前示資料, pp. 331～333.

"이번 지조개정에 대해 옛날부터 내려오는 전답과 공납의 법은 빠짐없이 폐지되었고, 게다가 지권(地券)의 조사가 끝나는 대로 토지의 대가에 따라 100분의 3으로써 지조로 정하라"[8)

고 명령이 하달되었다.

포고와 동시에 지조개정조례가 공포되었다. 따라서 지방관에 대해서는 개정에 관한 해설서가 보내졌다. 지조(地租)개정의 골자는 세 가지로 대략 요약·설명될 수 있겠다.

"첫째, 지조의 물체에 있어서 옛날의 지조는 토지의 수확을 표준으로 하여 부과되었다. 그러나 개정법에 있어서는 토지의 가격에 응해서 과세되었다. 따라서 곡물의 수확량에 따라 등급을 정하여 세금을 과세하도록 하였다. 지조부과(地租賦課)의 비율, 토지등급의 확정, 곡물의 등급검사 등의 구법(舊法)은 폐지되었다. 그 대신 과세표준으로서 지가가 설정되었다. 즉, 지가는 우선 전지 1단보의 수확을 석(石)당 얼마의 금전으로 환산하고, 종자·비료·지조 및 재비(材費)를 공제한 잔액을 순수익으로 하여 이를 일정이율(一定利率)에 의해서 환원하도록 한다. 지가로 인하여 복잡한 봉건적 조세가 일단 정리되었다.

둘째, 관세(關稅)의 정도에 있어서 종래의 지조는 오공오민(5公 5民), 사공육민(4公 6民), 삼공칠민(3公 7民) 등 여러 가지가 있었으나 신지조는 지가의 100분의 3으로써 정률(定率)로 삼았다. 그 해의 풍흉(豊凶)에 따라서도 일체 조세를 증가하거나 감면을 하지 않을 것이다.

셋째, 수세(收稅)의 물건에 있어서 종래의 전조(田租)는 미곡으로 납부하는 것을 비롯하여 금납(金納)·석대납(石代納)·대두납(大豆納) 등 다양성을 보이고 있다."[9)

그런데 지조개정은 농민의 경우에서 살펴 볼 때 토지소유자를 대상으로 한 정리의 통일이었다. 따라서 직접 토지경작자에게는 관계할 바가 없었던 것이다.

---

8) 前示資料와 同一.
9) 土屋喬雄·小野道雄, 近世日本農村經濟史論, p. 302.

　다시 말하면 종래의 납세의무자는 직접 생산자인 농민이었으나 개정의 결과 토지소유자가 납세의무자로 변하였다. 이에 소농민 및 소작농민은 정부와 직접적인 관계를 끊게 되었고, 오히려 지주에 대해서 봉건적 영주에의 의무와 비슷한 것을 갖게 된 것은 지주의 지조가 금납제로 변했기 때문에 소작농민이 지주에게 지불하는 소작료가 구태의연하게 상납미(上納米)라는 것으로 명백하였다. 구막부시대의 경제적 기본은 토지에 있었다. 영주는 민중의 상납미의 증가를 꾀하기 위하여 백성을 보살피는 대상을 토지경작자에게 두고 그 대책을 세웠다.

　메이지유신정부는 재원확립을 위하여 토지소유자를 정책의 대상으로 삼았던 것이다. 이것은 세입의 8할 이상을 차지하는 지조이기 때문에 당연한 일이었다. 메이지정부 초기에 있어서의 중앙집권국가건설을 위한 부국강병은 지조에 의존하고 있었던 것이다. 그러므로 1873년의 지조개정은 많은 땅을 가지고 짓는 일본농민에 대한 일종의 권력부여였다. 이 명문화된 권리에서 결국 1877년대의 자유민권운동이 일어났다. 시험삼아 이제 구막시대와 지조개정 후에 있어서 지주, 번(藩) 그리고 국가의 취득률을 나타내면 한층 더 명백하게 될 것이다.

　1873년의 지조개정의 결과 봉건 시대에 있어서의 토지지배자인 무사계급은 전적으로 토지에서 해방되었다. 따라서 종래의 무사가 차지하고 있었던 토지지배권은 지주에게 양도되었다. 그러므로 이 특권은 법률에 의해서 명기되었던 것이다. 번제(藩制)시대와 지조개정 후의 토지경제의 분배율을 비교해 보면 단지 지주의 취득률만이 증가되었다. 소작인의 지주에 대한 관계가 봉건제도 하와 변함이 없는 것을 알아본다면 지조를 금납하도록 정해진 지조개정이 지주에게 절대로 유리하였던 것이다.

　지주가 소작인으로부터 받아들이는 소작료는 구막부 시대처럼 물납(物納)이었다. 그러나 일본정부는 지주의 쌀의 화폐화를 용이하게 하였다. 이로 인한 손실을 해소하기 위해 쌀의 수출금지를 해제하고, 쌀값이 국내에서 하락하는 것을 방지하기에 힘썼다.10) 그러나 오오쿠마(大隈重信)가 정원(政院)

에 제정한 질의서에 일본농민이 전적으로 부담하는 지조에 관하여서는 이런 견해가 나타나고 있다.

> "지금보다 더 가볍게 부과하는 것이 경제의 본 취지에 적합한 것이라 아니 할 수 없다."[11]

라고 지적되어 있다.

사실상 지조는 전과 다름없이 여전히 중세(重稅)였다. 특히 폐번치현(廢藩置縣)이 일어날 즈음에 중앙정부가 구번(舊藩)의 채무와 구번토(舊藩土)의 봉록 일체의 지불을 인수하였다. 게다가 일본으로 하여금 근대 국가가 되게 하기 위하여 여러 가지 시설비를 조달해야 할 정부는 토지경제 이외에 별다른 세입의 방도가 없었던 것이다. 따라서 그때 현실로는 지조총액이 지조개정에 의하여 감소를 가져오게 되었음은 상상할 수가 없었던 것이다."[12]

지배권을 잃어가던 당시의 무사계급은 대정봉환에서 폐번치현에 이르러 정치사회적 특권을 잃었다.

1873년의 지조개정과 가록봉환(家祿奉還)으로 더욱더 그들의 경제적 특권은 박탈당하였다. 다시 표현한다면 일본의 메이지유신은 봉건제도의 전면적인 부정을 전제로 해서만이 근대적 중앙집권국가를 수립할 수 있는 것이다. 이에 봉건 시대의 지배계급인 무사계급의 존재가 부정되었던 것도 당연한 귀결이었다. 1872년의 징병령도 곧바로 무사의 실직을 의미하고, 이듬해(1873년)의 지조개정은 무사계급을 토지로부터 해방시키게 하자는 내용의 명문화인 셈이었다."[13]

무사계급이 막다른 골목에 봉착되니 그들이 해야 할 태도는 반동적인 복고운동으로 그 돌출구를 찾을 수밖에 없었다. 이런 배경과 경과가 결국 이

---

10) 前示資料 參照.
11) 我妻東策, 明治前期農政史의 諸問題, pp. 49~51.
12) 前示資料, pp. 49~52.
13) 前示資料, pp. 49~50.

웃인 한국을 정벌하여 그들의 1차적인 불평불만을 다소 해결할 수 있다고
믿었으며, 2차로 한국정벌로 자기네의 근대화를 그만큼 충실하게 앞당길
뿐 아니라 충당, 실현할 수 있다고 굳게 믿었던 것이다.14)

4. 유신 정부와 사족계급의 소외

1868년에 일본이 단행한 메이지유신정책은 두말할 나위 없이 봉건제도를
해체시키고 근대서구화를 지향하였다.15) 봉건제도는 토쿠가와막부 수립 때
붕괴될 요소를 지니고 있었다.16) 사실상 막부를 방위해야 할 무력방패는 그
무력유지를 위함으로써 파탄과 낭패를 초래하였던 것이다.

막부는 물론 제번(諸藩)의 경우도 무사계급의 존재를 소원하게 여겼다. 막
말(幕末) 가영(嘉永)시기, 즉 1850년대 초에 침략차 일본에 왔던 미국 해군
제독 페리의 내항기(來航記)에 보면 이런 모순점을 지적하고 있음을 발견하
게 되는 것이다.

> "자기 스스로 나라의 생산자원에 아무런 보탬이 되지 않으면서도 근로가 강제
> 되어지고, 이렇다 할 수익도 가질 수 없는 하층의 여러 계급의 근로소산의 일
> 대 소비자인 공무원, 무사, 제후, 교관의 비율이 불균형하게 많다."17)

---

14) 李炫熙, 韓國現代史의 理解, 서울: 瑞文堂, 1976, pp. 20~30.
15) 그와 같은 개혁은 이 과정에 있어서 봉건제도를 근저로 한 諸藩과 維新의 원동
력인 무사계급도 역시 해체되게 되었다. 그러나 봉건제도가 갑자기 붕괴된 것은
아니었다.
16) 다시 표현을 한다면 봉건제도의 초석은 정치적으로 제후를 版土에 봉하고, 將軍
은 제후에 대한 生殺與奪權을 장악하여, 사회적으로는 봉건 여러 계급을 세습화
함으로써 직업과 신분을 일치시켰다. 경제적으로는 농업에 두었던 것이다. 그러
나 이 초석은 봉건제도의 고정화와 함께 붕괴되었다.
17) Francis L. Hawks. *Narrative of the Expedition of an American Squadron to the
China Seas and Japan* Vol I, p. 405.

라고 기술되어 있는 것이다.

결국 토쿠가와 중심의 평화유지자인 무사계급도 평온을 되찾자 비생산적 유민으로 되고 말았던 것이다. 이 계급(무사)의 유지야말로 봉건제도의 경제적 기초를 약화시키는 것이었다.18)

막부 말기에 대외적인 압력이 무사계급의 봉기를 자극하였다. 여기에서 막부는 여지없이 붕괴되고 말았다. 메이지유신의 원동력인 무사계급은 막부타도를 야기함으로써 계급적 전락을 촉구하였다. 메이지유신정부는 무신전쟁 이후 무사계급을 해체하였다.19)

막부타도는 봉건제반과 무사계급을 총동원하여 이룬 결과였다. 무력뿐만 아니라 재력도 모두 봉건제번의 것을 먼저 동원했다. 막부(幕府)라는 봉건제도의 거목은 이에 연계되는 번(藩)과 번력(藩力)이라고 하는 봉건적인 것의 동원으로 붕괴되었다.

일본근대국가 건설의 실마리는 1867년 10월의 대정봉환에서 찾아 볼 수 있다. 이미 언급한 무진전쟁으로서 제1단계가 끝났고, 막부와 제번과의 봉건적 주종관계는 단절된 것이다.

1869년의 판적봉환은 곧 그의 제2단계를 나타내는 것이다. 이로 인하여 봉건적 반(半)독립국가군은 일단 부정되고 말았다. 1871년의 폐번은 집권국가건설의 제3단계를 형성하였고, 그것이 봉건제도 붕괴해체의 제1보라고 생각된다.20)

---

18) 무사계급은 봉건제도로부터 해방되어지지 않으면 안 되었다. 이와 같은 상태에 놓여진 무사계급은 幕政 후기에 이미 경제적 궁핍으로 말미암아 소시민화됨으로써 경제적·사회적으로도 부분적이기는 하나 자기 해방을 모색하고 있었다.

19) 그것은 근대국가건설을 위해서는 설령 유신의 공로자인 무사계급도 일단 정리하지 않을 수 없었던 것이다. 원래 분권적 半獨立國家群이라는 느낌의 봉건제후의 존속은 중앙집권국가의 성립과는 서로 용납되지 않았다.

20) 여기에 있어서의 舊藩主와 舊藩士와의 봉건적 주종관계는 격리되었던 것이다. 廢藩과 동시에 무사계급의 존립의 의의는 해체되지 않으면 안 되었다. 병력의 양성 유지와 재원의 확보는 집권적 근대국가건설의 2대 초석이었다. 중앙정부가 강대한 병력을 유지하기 위해서는 분산적인 封建諸藩의 병력을 해체시키고, 그 통수권은 일황이 장악하게 되어야 하였다. 이 논리적 결론이 1872년의 징병제도이었다.

중앙집권국가의 경제적 기초인 재원확보의 문제에 직면한 메이지유신정부
는 소극적으로는 세출의 절감을 가져 왔다. 적극적으로 세입의 증가를 꾀하
여야만 했다.

메이지정부는 폐번의 조건으로 구번(舊藩)의 채무지불과 사족의 봉록급여
의 책임을 모두 받아들였던 것이다.21)

고우찌번(高藩)의 개혁은 1870년 12월 사족의 문무의 일반직을 해촉하고,
관원과 군인은 사(士)와 민(民)에게서 박탈되었다. 사족의 가록(家祿)을 전
폐하고 녹권(祿券)을 급여하였다. 이 급격한 번제(藩制)의 개혁은 무사계급
의 사회경제적인 지위에 변혁을 부여하였다.

그들은 구막부시대부터 생활난에 허덕이기 때문에 삭감된 봉록으로는 연
명조차 힘에 겨웠다. 신분계급으로서의 사족과 직업계급으로서의 사족은 명
백하게 분리되었다. 그 결과 1871년 12월에는 관직에 있는 사람 이외의 귀
족·사족·병졸들이 자유롭게 농·공·상업에 종사할 수 있도록 허용되었다.

유신정부는 사족의 궁핍을 구제하려고 1870년 도쿄부(東京府) 관속의 군
인들 가운데 농·상업을 희망하는 자에게는 녹액(祿額)의 5개년분을 일시
지급하였다.22)

폐번치현 후에 메이지유신정부는 재원확립의 견지에서 사족(士族)의 봉록
에서의 부담을 부득이 경감하였다. 폐번(廢藩) 후의 사족은 이미 존속의 의

---

21) 그러나 당지 士族의 봉록 및 賞祿은 정부세입의 3분의 1을 차지했으며, 근대국
가건설의 일대 지장을 형성하고 있었던 것이다. 원래 이 士族의 봉록은 舊幕時
代에 이미 諸藩에 있어서의 큰 부담으로 되어 있었으나 유신기의 막부토벌의 용
병이 勤皇諸藩의 재원을 극도로 고갈시켰다. 1869년의 版籍奉還의 결과 舊藩知
事의 家祿이 現石의 1할로 되었다. 1870년 9월의 藩制改革은 藩의 수입고의, 1
할을 知事의 家祿으로 하고, 그 잔액의 1할을 육해군비에 충당하였다. 그리고 9
할은 공무비와 병졸의 봉록으로 충당하도록 되어 있었다. 그러나 知事 이하의
官祿은 各藩에서 적절하게 처리하도록 하였다. 또한 藩債支拂의 연한을 정하여
家祿과 공무비 속에서 염출하라는 규정이었으므로 우선 藩債償還의 필요한 藩士
등의 봉록은 극단적으로 삭감되었던 것이다.

22) 1871년 正月에는 이 內規를 士族에게도 파급되게 하였다. 이에 도쿄府 이외의
각 府縣 관속의 士族에도 농업과 상업으로 돌아가기를 원하는 자에게는 도쿄府
(東京府)의 예에 준해서 5개년분의 산업자금을 급여하였던 것이다.

의를 잃고 있었던 것이다. 설상가상으로 1872년의 징병령은 300년에 걸친 무사의 신분계층과 직업계급을 격리하였다. 따라서 40만 명의 사족은 실업계급이 되고 말았다. 구제사업으로의 전환이 불가피했던 것은 이 같은 이유에서였다.

중앙정부의 재정적 확보는 1873년의 지조개정을 계기로 이루어졌다.[23]

이와 같은 지조개정은 봉건제도 하에 있어서의 토지지배자로서의 무사계급을 토지로부터 해방시켰다. 뿐만 아니라 종래 무사계급이 명분상으로 가졌던 토지에 대한 일체의 권리특권은 지주에게 귀속되었다. 여기에 있어서도 사족(士族)은 봉건적 특권계급이 그의 지위로부터 전락하여 서민계급으로 흡수될 수밖에 없었다.

결국 메이지유신은 봉건제도에 관한 전면부정이라 아니할 수 없겠다.[24]

일본의 메이지유신은 사족계급(士族階級)이 자기의 부정에 의해서 달성된 것이었다. 그러나 당시에 그것을 인식하였던 사람은 과연 몇 사람이나 되었을까.

메이지유신의 지도자들은 당시에 일본이 직면한 중대한 위기를 인식해서 막부(幕府)의 실력을 부정하지 않을 수 없었다. 이 막부타도운동은 여러 가지 이색요소를 내포하고 있었다. 그러므로 매우 데리케이트하였던 것이다. 막부타도는 이에 대치해야 할 중앙집권적 근대국가의 건설을 가져와야만 했던 것이다. 그러나 이의 인식빈곤계층인 양이론자(攘夷論者)는 메이지유신의

---

23) 대대적으로 이루어진 이 개정은 종래의 物納으로 하여금 金納이 되게 하고, 그로 인하여 정부의 세입을 일정하게 한 것과 上納米를 화폐화하는 것으로의 위험을 납세자에게 전가함으로써 그 기초를 더욱 공고히 하였다.

24) 일본 근대화의 결정적인 계기였던 것은 메이지유신이었다. 즉, 유신의 원동력이었던 무사계급은 幕末에서 유신에 이르기까지 자기부정의 운동에 참가하였던 것이다. 의식적 또는 무의식적이거나 아무튼 무사계급은 근대국가건설의 희생적 임무를 다하였기 때문에 維新政府의 기초확립에 따라서 40만의 士族階級은 붕괴의 길로 걸어가야만 했던 것이다.

계기를 떠나 사회경제적인 지배권으로부터 이탈하였다. 그네들이 양이의 대상을 엉뚱하게도 한국정벌을 집약·해석한 정한론에서 찾게 된 것도 사족계급으로서는 그들 나름대로의 침략적인 저의가 발동되었기 때문이 아닐까 싶은 관찰을 가능하게 하고 있다.

제2절 메이지유신 정부의 기반강화와 대외관

1. 유신 정부의 영토침략과 교섭

19세기 중엽 일본에 있어서 막부 말기에 좌막(佐幕) 개항이라는 사실과 함께 근황양이(勤皇攘夷)의 양대 세력의 첨예한 대결이 장차 막부도괴 운동으로 향하였다. 그러나 좌막개항이 반드시 내실을 겸비한 참된 개국주의를 충족시킬 수는 없었다. 또한 근황양이가 반드시 타당성이 있는 쇄국 강경주의라고 잘라 평가할 수만은 없었던 것이다.[25]

개항주의(開港主義)나 쇄국주의나 종국에는 일본의 자위책의 대립적 구현 이외의 아무 의미도 없는 것이었다. 메이지유신정부의 외교문제를 중심으로 하여 중앙정부의 보강화를 어떤 형태로든 구체화해야 했던 것이다.

이때 상반된 현상의 개항과 양이(攘夷)의 두 논란도 본질적으로는 동일한 것으로 생각된다. 메이지유신은 봉건제도의 와해에서 중앙집권적 근대국가건절에의 탄생의 진통이었다. 이 같은 일대 변혁은 외교문제에 의해서 명확한 단서적 계기가 되었다.

---

25) 幕府는 당시의 국정에 있어서 서양제국의 실력주의적 입력에 대항할 수 없다고 보고 부득이 개항을 단행하였다. 이와 반대로 勤皇攘夷는 幕府의 약체와 일황의 허가를 받지 않은 安政條約을 체결한 것에 대해 불만의 걱정을 느끼고, 장차 勤皇攘夷는 막부타도의 표어로 전향하기에 이르렀던 것이다.

따라서 조정은 왕정복고의 국서를 나라 안에 있는 외국사절에게 교부하여 그 소속국의 최고통치자에게 봉정하도록 조치하였다. 왕정에의 새로운 출발임을 내외에 천명하고자 한 의도였음에 틀림없는 것이었다.

그러면 메이지유신정부가 처리해야 할 대외교섭문제는 무엇이었을까. 그것은 가라후도(樺太)를 비롯하여 오가사와라(小笠原), 여러 도서, 류큐(琉球) 등의 소위 변경의 소속문제의 구막(舊幕) 이래의 불평등조약개정의 문제였다. 실질적으로는 일본에 귀속시켜야 할 것이라고 생각되면서도 이와 같은 여러 곳에는 막부의 명령이 파급되지 못하였던 것이다.26) 불평등조약은 막부관리들의 무지몽매 이외에도 당시의 일본 국력으로서는 어쩔 수 없었을 것으로 보인다.

이와 같은 두 개의 큰 문제는 확고한 구심점과 통제세력으로서의 중앙집권국가가 존재하지 않았던 데서 그 이유를 찾아 볼 수 있겠다.27) 그네들이 항상 염두에 두고 실행하려 했던 정한론(征韓論)도 실업(失業)의 불만, 무사들의 반정부운동, 그리고 국력의 팽창확대로 인한 양이론의 변형이었다. 따라서 근대국가건설의 도상에 있어서 어쩔 수 없는 침략수단으로 구체화된 것이 아닐 수 없는 것이다.

2. 일본의 변경귀속 집념

(1)가라후도(樺太)에 관한 교섭

일본은 변경의 귀속문제를 정한 시기 전에 완결하기 위하여 적극적인 외

---

26) 러시아의 동점남하정책이 현저하여짐에 따라 북방변경의 소속문제가 구체화되었다. 영국·프랑스·미국의 세력이 일본에 미쳐옴에 따라 오가사와라와 류큐諸島의 귀속문제가 의의를 갖기 시작한 것이다.

27) 봉건제도는 지방분권적 半獨立國家群의 양상을 나타냈던 것이다. 근대국가는 중앙집권적이 아니어서는 안 된다. 그리고 근대국가의 건설은 국력의 충실과 팽창을 전제로 한다. 여기에 변경귀속문제와 조약개정이 표면화되지 않으면 안 된다.

교정책 등을 폈다. 먼저 가라후도의 경우를 살펴보기로 한다.

구막부 시대 이래 가라후도의 지역이 특히 중요시된 원인을 살펴보면, 극동에 있어서 러시아의 남침정책이 보다 현저해지면서 그 방어의 일환으로 정책적 배려를 첨예화시켰던 것이다. 더욱이 일본은 장차 러시아마저도 자기네의 영토로 편입시킬 야욕을 품고 있었으므로 러시아의 동남아로의 남침루트와 거점지역인 가라후도에 대한 신경을 날카롭게 돋우지 않을 수 없었던 것이다.

따라서 러시아의 아시아침략정책의 방향전환 때마다 막부(幕府)의 북쪽변경의 처리 방침도 바꾸어지고 있었다. 일본이 생각하기에 러시아는 큰 나라이어서 그와의 접촉으로 말미암아 마찰을 일으키는 것은 불리하기 때문에 러시아를 피하려고 하는 막부(幕府)는 그때마다 표면적으로 온화주의를 견지하여 문제의 근본적인 해결을 적극적으로 하지 않는 듯한 인상을 풍기게 하였다.[28]

결국 평온한 척한 메이지유신정부는 하고다데부의 설치와 함께 권판사(權判事)인 오가무라(岡村監補)에게 가라후도(樺太)에서 근무하도록 엄숙히 명령하였다. 오카모도(岡本)는 가라후도, 즉 사할린을

"확실하지는 않으나 일본의 땅이 틀림없다. 조선인(한국인), 중국인은 모두 알고 있다. 귀국이 이를 어떻게 생각하고 있는가를 알고자 하며, 이제까지 어장(漁場)임에도 상관하지 않은 조치는 출가인(出稼人)이나 토착민들이 모두 어려움을 겪고 있음을 고려한 것이므로 이 점을 양해하시기 바랍니다."[29]

라는 항의를 러시아 관헌에게 정식으로 접수시켰다.

---

28) 明治政府가 수립되었던 때의 북쪽변경은 쿠릴(千島)列島에 있어서 에도로후(擇捉)와 우루쯔부(得撫) 두 섬을 경계로 하고, 가라후도(樺太)는 당분간 일본인과 러시아인 모두에게 거주하고, 전체 섬을 자유롭게 왕래하도록 하는 미결된 그대로 두게 되었다. 그것도 일종의 정책적인 배려임에 틀림없는 사실이었다.

29) 外務省調査部, 大日本外交文書, 第2卷 第2冊, p.74.

1869년 6월 러시아의 군대가 갑자기 이 곳을 점령하여 토착하기 시작하였으므로 그는 급속히 일본 수도로 와서 실정을 정부에 보고함과 동시에 그 영구적 대책을 구하였던 것이다. 이에 일본정부는 동년 8월 마루야마(丸山作樂)를 외무대승(外務大丞), 다니모도(谷元道之)를 외무권대승(外務權大丞)으로 각기 임명하고, 가라후도에서 러시아 관리와 그 선후책을 교섭하게 하였다.

오랫동안 교섭에 교섭을 거듭한 결과 사할린을 생명선으로 하여 여기에 진수부(鎭守府)를 설치할 것에 합의하고, 이 뜻을 일본정부에 보고하였다.[30]

이에 동 12월 마루야마 외무대승은 러시아의 육군중좌인 데후데라도우윗치와 협의한 바 있었다. 그러나 당시 일본으로서는 러시아의 국력을 능가할 수 없어 1870년 4월 귀경하고 말았다.

일본 외무성은 미국공사 데롱에 의뢰하여 북위 50도로 국경선을 확정지으려는 방침을 세웠다. 그 후 영국공사의 반대국 태도견지와 미국공사의 조정 알선의 포기로 인하여[31] 일본정부는 러시아와의 분쟁야기를 피하려 하였다. 마침내 정한론이 제기되는 1873년 6월에 와서[32]

"매년 과다한 비용을 허비하며, 이 곳을 다스린다 해도 그 인민들은 필히 자립생산을 할 수 없을 것입니다. 그렇다면 힘을 헛된 땅에 사용하는 것은 무익할 뿐만 아니라 오히려 해가 생기게 될 것입니다. 그러므로 신(臣)이 버리는 것을 차라리 옳게 생각하는 것입니다."[33]

라는 의미의 개척차관 구로다의 가라후도포기론도 이때에 대두되었던 것이다.

이와 같은 갑작스러운 건언서를 받아든 일본정부는 우선 외무대승 미야모

30) 同 大日本外交文書, 第2卷 第3冊, p. 506.
31) 同 大日本外交文書, 第4卷, pp. 347~349 參照.
32) 黑板勝美編, 國史硏究年表, 岩波書店, 1936, p. 251.
33) 綜合日本史大系, 明治時代史, 1873年 5月 黑田淸隆의 建言書, p. 676 參照.

도(宮本小—)를 파견해서 실정을 조사시켰다. 동시에 전적으로 은인자중하여 대러시아관계의 호전을 관망할 수밖에 없는 실정이었다. 이때로 말하면 아직 일본이 러시아를 국력면에서 능가 극복할 수가 없어서 비록 침략적인 의도 는 넘쳐흘렀다 해도 속수무책이었던 것이다. 이와 같은 상황이 일본의 정한 론 직전의 사할린에 관한 고육책이었다고 풀이 된다.

(2) 오가사와라(小笠原) 여러 섬에의 대책

1853년 미국 해군제독 페리가 해군저탄소의 건립을 계획하여 영국정부로 부터 항의를 받았을 때부터 오가사와라 제도(諸島)가 직접적으로 국제적 의 의를 갖게 되었던 것이다.34) 이제까지 오가사와라 제도에 관한 일본의 주권 은 사실상 존재할 수 없었다.35) 그러나 오가사와라 제도를 국력이 미치지 못 한 땅이기 때문에 포기한다는 것은 장래 중대한 국제관계를 낳게 할 것이라는 견지에서 막부(幕府)는 1861년 외국담당관 미즈노(水野忠德)를 파견하여 이 를 회수하게 하고, 다음해 수십 명의 하찌죠섬(八丈島)의 주민을 옮겨서 개척 하도록 하였다. 그러나 그 후 막부각료의 변동에 따라 이 주민의 귀향을 명령 하였다. 이리하여 오가사와라 제도는 또 다시 외국이주민의 수중으로 돌아가 게 되었다.

그 뒤 일본 메이지유신정부의 수립과 동시에 오가사와라 제도의 재회수는 계획되었다. 그러나 그 태도는 약간 소극적이었다. 그런데 1873년 1월 미국 배 사우수시호가 오가사와라 제도의 후다미만(二見灣)으로 향한다는 출항서 (出港書)를 요코하마(橫濱) 세관에 제출했던 것을 계기로 하여 동년 8월 10 일 외무경인 소에지마(幅島種臣)라는 자는 태정관(太政官)의 질의에 대하여

"오가사와라 제도(諸島)에 대해서는 우리의 땅이 물론이지만 …… 유신(維新) 으로 모든 것을 개혁하는 때를 당하여 전적으로 이를 도외시하는 것은 있을 수

---

34) 黑板勝美編, 前揭書, p. 243.
35) 註 33)와 同一資料, p. 681 參照.

없는 일이다. 그렇지만 나라의 비용을 쓸 곳이 많음에 즈음해서 일시적으로 착수한다는 것은 무익한 일로서 …… 따라서 생각건대 이 제도(諸島)의 개척에 관해서는 잠시 보류하기로 하고, 당분간 해군성에서 취급하게 하는 것이 좋을 것이다."36)

라고 언급하였다.

오가사와라 제도가 일본영토라는 것과 경비의 형편상 이 제도(諸島)를 당분간 해군성의 직할로 할 것 등을 건의하였다.

한편, 이보다 조금 앞서 5월 13일 영국공사 파쿠스는 외무소보 우에노(上野景範)를 방문 오가사와라 제도의 소속에 관하여 이와 같은 의견을 제시하였다.

"무인도로부터 점차 거류인이 늘어날 것이라는 소문이 있는데, 이 여러 섬은 귀국의 소속인가."37)

라고 하는 질의에 관하여 우에노(上野景範)의 대답은

"그렇소이다. 그렇게 여기고 있소이다."38)

라고 진술하였다.

동년 8월 미국의 판리공사(辦理公使) 데롱은 외무경 소에지마(副島種臣)에게 미국정부의 오가사와라 문제에 관한 다음 방침을 은밀히 시사하여 일본의 오가사와라 제도 소속문제를 조속히 해결해야만 할 것을 거듭 촉구하였다.

---

36) 外務省調査部, 大日本外交文書, 第6卷, pp. 403~406.
37) 前示資料, 大日本外交文書, 第6卷, pp. 367~369 參照.
38) 上同, pp. 367~368 參照.

"일찍이 미해군제독 코모도 루 페루가 일본에 항해하였을 때 함대 중의 한 척
이 그 섬들을 답사하고 미국의 이름으로써 이 섬들을 점거한 사건은 이미 의의
를 살펴보았다. 그런데 이 함대 중의 한 척이 이 섬에 도착한 것에 대해 국회
의 행정처분을 얻은 바 없었다. 그 후에도 당정부에서 그 해군사관의 전의(前
意)를 계속 도와 줄 주의(主意)가 있는지는 알 수 없다. 따라서 만일 미국의
국민이 그 국민을 구하려는 주의(主意) 때문에 이 섬에 체재한다면 이들은 그
소행에 대하여 진정 우리 정부로부터 보호를 부여받기 위한 분명한 허가도 없
었으며, 또한 묵인된 허가도 없었던 자들이다. …… 이로 말미암아 미국국민이
라는 권리와 나 그리고 그들의 직책을 포기하는 것이었다.[39]

라는 기술 속에서 오가사와라 제도에 관한 그동안의 교섭경위를 짐작해 볼
수 있는 것이다.

(3) 류큐(琉球)제도에의 교섭문제

일본 동남쪽 해상에 위치한 류큐섬은 해산물이 그리 많지 않은 편이다. 일
찍이 조선 시대에 우리나라와 평교적 교섭을 전개해 왔던 이 곳은 소군도(小
群島)이기 때문에 인접한 나라들과의 통상무역 등에 의하여 유지해 왔다.

류큐는 중국 명나라 태조 때 회유에 의해 입조(入朝)하여 책봉을 받기 시
작해서부터 정치적·경제적으로 종속관계를 취하였다. 이러한 관계는 청나라
에 이르기까지 지속되었다. 그 결과 일본과 류큐와의 관계는 점차 멀어졌다.

그 후 1609년 사스마(薩摩)의 시마스(島津義久)는 군대를 오키나와(沖繩)
로 파견하여 국왕을 포로로 하였다. 그리하여 류큐는 정치·경제적으로 종속
화시켰던 것이다. 따라서 류큐는 일본과 중국에 대해 양속적 관계를 유지하
였다. 이즈음 일본이 황정복고로 국력을 키워 이웃을 정복하려는 야욕이 발
동할 때였기에 류큐에 관해서도 다른 태도를 취하게 되었다.

1868년에 단행된 메이지유신은 곧 일본의 군국주의를 부활 실천시킨 계기
가 되었다. 유신 정부의 류큐통치의 방침은 1871의 폐번치현(廢藩置縣) 후

---

39) 同 大日本外交文書, 第6卷, p. 400 參照.

류큐는 시마스(島津)의 배하를 떠나서 가고시마(鹿兒島)현의 관할에 놓여졌을 때에 확립되었던 것이다. 그 무렵 류큐인 66명이 표류하다가 타이완에 도착하여 54명이 야만인들에게 살육되었던 사건이 일어났었다. 이때 일본정부는 불법적으로 팽창주의에 따라 타이완을 정복해서 류큐가 일본영토임을 내외에 선포하여 그 양속문제를 일거에 해결하려고 하였다.

1873년 외무경 소에지마(副島種臣)가 청나라에 가서 타이완이 중국의 교화가 미치지 못하는 땅이라는 뜻의 언질을 얻은 것은 1874년의 타이완침략의 전제가 되었다. 이 악의적인 침략원정은 일본정부가 정한론(征韓論)의 일시 보류 후에 살인(薩人)의 회유책으로 시도되었다.40) 결국 일본은 그 특유의 침략정책에 따라 류큐를 완전 점령하고, 그 명분을 찾기에 갖은 수단과 방법을 다 동원하였던 것이다.41)

---

40) 前示 綜合日本史大系, 明治時代史, p. 692.
41) Dickens, E. V. and Lane Poole, S., *The Life of Sir Harry Parkes*, Vol. II, p. 186.

제6장

일본의 문호개방과 침략수법의 습득

제1절 불평등조약의 체결과 개정문제

1. 일본의 최초 대외조약과 그 의미

근대 일본은 1854년 우리나라와는 달리 과감하게 구미 각국 앞에 문호를 개방하여 발전을 거듭하는 서양 여러 강대국과 어깨를 같이 할 내부적 준비에 들떠 있었다.

그러나 정책적 단수의 차원이 높다고 자부하고 있는 일본당국자들도 실은 개방조약을 체결한 미국이나 영국의 제국주의적 침식책략에는 전혀 대안이 준비되어 있지 못하였다.[1] 이때 일본이 미국과 첫 개항조약을 맺은 것을 그 내용상으로 볼 때 크게 불평등하다는 것이 각 조문에 함축적으로 포함되어 있었던 것이다.[2]

1854년(일본 安政 원년) 3월 일본의 막부는 하야시(林) 대학두(大學頭)를 수석전권으로 삼아 미국 해군제독 페리와 불평등한 일・미 화친조약(日・美和親條約)을 체결하였던 것이 일본 최초의 대외개방조약이었다. 그 후에 가나가와(神奈川)조약의 규정에 따라 미국으로부터 보내 온 총영사 다운센드 해리스와 이노우에 시나노(井上信農), 이와세 히고우(岩瀨肥後) 사이에 일・미 수호통상조약(日・美修好通商條約) 및 상민무역장정(商民貿易章程)이 1858년에 체결되어 비로소 형식과 내용이 정비된 조약이 성립된 것이다. 그 후 네덜란드・러시아・영국・프랑스 등과도 잇따라 개국통상 조약을 체결하였는데, 이들 여러 조약이 기본으로 삼은 것은 모두 다 일・미

---

1) 黑板勝美編, 前揭 國史硏究年表, pp. 243~244.
2) 菊田貞雄, 征韓論の眞相とその影響, 第3章 第2節 第3項.

수호통상조약이었다.

이후 일본에 있어서 조약의 최대 낭패와 후회라면 최혜국의 조관 등 일본
이 일방적으로 당한 정치·경제 등의 손실을 입은 것이었다. 즉, 가나가와
(神奈川)조약 제9조에 보면 이런 대목이 명시되어 있는 것이다.

> "일본정부가 외국인과 접할 때 미국에 면제하지 않은 바를 면제할 때에는 미
> 국인에게도 마찬가지로 면제하도록 이에 대한 담판을 미루기로 한다."

이와 같은 명문화된 내용에 따라 일본은 이후 조야가 당혹함을 금치 못
하였던 것이다.3) 이 조문은 에도(江戶)조약 제12조에 보이는 바와 같은 것
을 비교해 보게 되는 것이다.

> "코모도 루 페루와 체결한 1854년 3월 31일(음 3월 3일) 2개 항구를 개항
> 하기로 한 가나가와(神奈川)에 있어서 이름을 기록한 조약규정 안에 이 조약
> 의 규정과 다른 것은 이번에 개정한다. 또한 1857년 6월 17일 미국의 총영
> 사와 시모다 부교우(下田奉行)와 체결했던 약정의 규정은 빠짐없이 이 조약
> 중에 열거하였기 때문에 그 약정도 또한 개정할 것."4)

에 저촉되지 않았으므로 여전히 유효하였다. 그리고 최혜국조약이 엄청난 효
과를 발휘한 것은 오히려 그 이후의 일이었다. 1869년 오스트리아전권인 앤
턴 폰 베스와 일본국 외무경 자와(澤宜嘉), 외무대보 데라지마(寺島宗則) 사
이에 체결된 일본·오스트리아 수호통상항해조약(修好通商航海條約) 등은
그 극치에 이르렀다고 표현할 수 있는 것이다. 이와 같이 절대적으로 국익
에 불리한 일본과 오스트리아와의 조약체결은 당시 주일영국전권공사 해리

---

3) 近世日本國民史, 神奈川條約締結篇, p. 219. 英文은 페리來航記, 第1卷, p. 379.
4) 近世日本國民史, 安政(1854~1859) 條約締結篇, p. 166.
　　영문은 Chosen da E., The Complete Journal of Townsend Harris, Appendix IX.
　　p. 583

파크스의 거중조정에 의하여 이루어진 것이었다.

그는 영국공사관에 베스와 같이 직무하면서 통역관 시보올트를 대동하기까지 하며 단지 오스트리아를 위해 힘쓴 바 있었다. 그러나 그것은 결국 오스트리아로 하여금 유리한 조약을 체결하게 한 것이었다. 그런 후에 최혜국조약에 의해 영국도 그 결과에 따라 균점하기 위한 것이었음은 1869년 10월 20일 귀국 중에 자기 부인에게 띠운 파크스의 서신 중에 잘 표현되어 있었다.5)

결국 일본은 감당할 수 없는 외세도전을 능동적으로 대처하지 못하고 구미제국과의 불평등한 조약을 체결할 수밖에 없었다. 따라서 그 해독이 얼마나 크며 일본의 국익(國益)을 저해하는가 하는 것은 그 뒤 조약 내용에 따라 취해진 여러 조치 속에서 충격적으로 나타났던 것이다. 대안이 없는 문호개방이 결과한 충격을 흡수하고 그 손실을 보전해야 할 절대적인 필요가 타이완 및 한국에의 침략정책의 개항으로 구체화되었다고 표현해 볼 수 있는 것이다.6)

2. 불평등조약의 새로운 인식

일본의 메이지유신정부는 1871년 7월 말 대장경 다테(伊達宗城)를 전권대신으로 삼아 청나라의 이홍장(李鴻章)과 일・청수호조약 18개조를 체결하였다.7) 여기서 최혜국조약의 삽입은 청나라전권에게는 인정되지 못하였으니 그들이 구미 등 대외적인 조약에서의 불평등성을 새롭게 인식한 것이 아닌가 싶은 생각이 든다.

---

5) The Life of Harry Parkes, Vol. ii, pp. 150~151.
6) 李炫熙, 韓國史大系 8, 서울: 三珍社, 1973, pp. 15~26.
7) 黑板勝美篇, 前揭書, p. 250.
　여기서는 太政大臣 三條實美가 청나라와 가조약을 체결하였다고 기록하였다. 이해(1871년) 7월 4일에는 하와이국과 조약을 체결하였다.

따라서 어처구니없이 일방적으로 당한 청나라는 일본에 있어서 서구인이 향유하는 치외법권, 포교의 자유 등의 국익을 앞세울 수 있는 엄청난 큰 특전에 참여할 수 없었다.[8]

회고해 보건대 기구다(菊田貞雄)는 그의 저서에서 최혜국조약의 삽입이 단지 막부(幕府)의 관리의 무지에 의한 것으로 그들에게 모든 책임을 덮어씌우는 것은 타당하지 않다고 지적하고 있으나 이는 일본정부 자체가 무지의 소치임을 알아야 할 것이다.[9] 일본 메이지유신 정부도 또한 앞의 정책을 답습하여 구막부 이상으로 불평등한 조약을 오스트리아와 체결하였던 것이다.[10]

다음으로 새롭게 인식할 것은 치외법권이었다. 일본의 경우 치외법권의 규정이라고 지적해 볼 수 있는 것은 1613년(일본 警長 18년) 8월 28일 영국동인도회사의 사절인 존 세이리스에게 부여하였던 것이 처음이 아닐까 한다.[11]

자료에 보이는 내용을 살펴보면 그 시초로서의 대목은

"영국인 중에 도주하는 자가 있을 때 죄의 경중에 따라 영국인의 대장의 생각 여하에 따라 선고할 것."[12]

이라는 것이었다.

막부말기에는 1855년 네덜란드 상관장(商館長)인 얀 헨드리크 돈케르 쿠루티우스가 제출한 일본과 네덜란드 간의 새로운 개항조약인 제4조에 보면 이런 대목을 발견할 수 있다.

---

8) 田保橋潔, "幕末 維新思想의 日·美關係," 史學會, 明治維新史硏究, p. 270.
   大日本外交文書, 第4卷, pp. 203~207 參照.
9) 註 2)와 同一參照.
10) 요컨대, 幕末 당시는 말할 것도 없고, 明治 초기에 있어서까지도 日本의 국력이 미약해서 오직 외교적 기술만을 가지고는 대등한 조약의 체결은 사실상 이룰 수 없는 소망이었다.
11) 黑板勝美編, 前揭書, p. 201.
12) 近世日本國民史, "토쿠가와幕府上期," 上卷, p. 200.
   Murrakawai and Murakawa, Letters written by the English Residents in Japan, 1611~1623, p. 110.

"네덜란드 사람이 일본의 규율을 범한다면 데지마(出島)에 체류하고 있는 네덜란드고관에게 알리면 규율을 범한 자로 하여금 네덜란드정부로부터 그 국법에 따라 징계할 것."13)

이라고 하였다. 그러나 이것은 일본에 국한된 내용이라고 보아야 할 것이다. 실질적으로 고찰해 보면 치외법권의 시초로서 1858년 6월에 체결된 일·미 수호통상조약 제6조를 잠시 살펴 볼 필요가 있겠다.

"일본에 있어서 법을 범한 미국인은 미국의 재판관의 재판소에서 재판을 하고, 만약 죄상이 발견될 때에는 미국의 법으로써 벌할 것이며, 미국인에 대해 법을 범한 일본인은 일본재판관으로부터 재판을 받고, 일본의 법으로써 벌할 것."14)

그런데 이와 같은 치외법권의 일견 까다로운 조항이 큰 장애나 검토없이 수월하게 막부관리의 동의를 얻은 문제에 관해서 해리스는 경탄과 환호를 금치 못하고 있다.

해리스일기에 보면

"나의 커다란 놀람과 기쁨은 이것이 아무런 이의(異議)도 없이 동의를 얻은 것이다."15)

라고 고백한 대목을 보면 실감이 난다.

이처럼 상상 이상으로 쉽게 해리스가 목적을 달성한 것은 어떤 이유에서인가. 그것은 막부관리의 무지로 돌리는 문제와 함께 일본당국자의 대외관계 및 국제법에 관해 몽매가 더 큰 몫을 차지하고 있다는 사실을 명심해야 할 것이다. 일본의 무지몽매가 더욱더 큰 문젯거리였음은 그들의 국제인식의 빈곤 때문이었다.

---

13) 前揭 近世日本國民史, 日露英蘭條約締結篇, p. 513.
14) 前揭 近世日本國民史, 安政條約締結篇, p. 160.
    英文은 해리스 全日記 附錄, p. 581.
15) 해리스全日記, 1857年 2月 26日 木曜日 p. 317.

"영사의 재판에 관한 문제는 훗날에 있어서는 하나의 큰 문제로 되었지만 이는 토쿠가와막부의 시조 이에야스(家康)가 영국인, 네덜란드인, 기타 모든 외국인에 대해서의 정법(定法)으로서 우리들의 그에 대한 피고인은 그에게서 재판한다. 그의 우리에 대한 피고인은 우리에게서 재판하는 것을 당연한 것으로 여겼던 구습(舊習)에 의한 것이므로 별로 이 문제에 대해서는 우리들이 재판위원의 조치를 이러저러하다고 논평해야 할 성질의 것은 아니다."16)

라고 기록되어 있다. 이어

"그러나 혹은 영사재판권이 회부되어 있음을 가리켜 굴욕이라 한다. 옛날 아라이(新井白石)가 조선과 교섭할 당시부터 '일본인은 일본법에 준하고, 그리고 조선인은 조선법에 준하여 처벌되어야 할 것'이라고 정해졌던 것이다. 이렇게 생각하는 것이 옛날 사람으로서는 정당한 것이었다."17)

라고 기술되었다. 그러나 이 두개의 견해는 동정적인 사실임과 동시에 공평하게 당시의 국가정세와 백성의 실정을 여실히 전하고 있다. 그러나 이와 같은 일본인은 '일본의 법률로, 외국인은 외국의 법률로'란 오직 일본에만 통용되는 상식이었던 것이다.

이것을 객관적으로 검토해 본다면 역시 치외법권이었던 것을 알 수 있게 되는 것이다.

이 같은 전후사실을 검토해 볼 때 비교적 공평하였던 해리스는 일본에 대한 치외법권의 요구를 만족하게 여기지 않았다. 훗날에 이르기까지도 그것 때문에 마음속에 부담을 느꼈었다고 전해지고 있다.18) 그러나 해리스의 양

---

16) 近世日本國民史, 安政條約締結篇, p. 475.
17) 續維新前後의 政事과 小栗上野, p. 150.
18) 田保橋潔, 前揭書, p. 274.
　　Griffis, W. E., Townsend Harris First American Envoy in Japan, p. 331
　　Atlantic Monthly May. quoted in Inajo Nitobe's, The Intercourse between the United States and Japan, 1881, p. 107.
　　Tokyo Times, July 21. 1872, quoted in Nitobe's, pp. 107~108.
　　福地源一郎, 幕府衰亡論, pp, 81~82.

심의 가책에도 불구하고 일본은 영사재판권문제 때문에 오랫동안 불편함을 감내치 않을 수 없었다.

결국 이와 같은 일본이 느낀 치외법권 문제의 불편과 충격은 곧 한국을 침략하기 시작한 1876년 2월 27일의 불평등한 강화도조약(江華島條約)에서 한국에 그대로 이전 적용시키고 희열감을 만끽하였던 것이다.

3. 관세권의 해석문제

일·미간에 처음 체결한 조약은 미국 총영사 타운센드 해리스의 인간성에 매혹된 일본의 무비판 검토하에서 그대로 감수하였던 것이다. 이때 최저 5%, 최고 주정류(酒精類) 35%, 원칙 20%라는 고율의 적용이었다.[19]

1858년의 일·영조약(日·英條約)에서는 종래 2할 과세의 목면과 양모의 수입세가 제2류의 5%로 인하되어 미국·네덜란드·러시아 등의 조약국도 최혜국조약에 의해서 이 특전을 입게 되었다. 그 후 오오사카(大阪), 에도(江戶), 니아가타(新潟)의 개시개항(開市開港)의 연기대상으로서 1862년 런던조약, 1864년의 파리조약에 의해서 수입세 2할 원칙은 파기되었다. 다시금 1866년의 개세약서(改稅約書)에 의해서 5% 이하로 절하되었던 것이다.

이와 같이 일본에 관세자주권(關稅自主權)이 없고, 모두 피아(彼我)의 협정에 의해서 징세를 하는 상황이었으므로 막부말기의 유신 당시에 일본이 외국무역에서 받은 손해는 결코 작은 것이 아니었다.[20]

그러나 이것으로 종료되는 것이 아니었다. 이들 조약은 모두 편파적인 것이어서 외국인과 외국선박이 일본에 있어서 통상무역을 행하였다. 또는 거주하는 경우의 권리특권을 인정하면서 다른 한편으로는 일본 및 일본선박이 다른 지역에 이르렀을 경우의 일은 명문에 없는 것이었다.[21] 그런데 처음 일·미

---

19) 해리스全日記 附錄, 貿易章程, pp. 588~590 參照.
20) 灘本誠一·向井鹿松, 日本産業大系 第10卷, "商業運輸業," pp. 96~99.

조약에 있어서 해리스의 초안 제11조에서는 이런 대목을 엿볼 수 있겠다.

  "일본 국민은 미국에 있어서, 일본 배는 미국에 있어서 가장 혜택을 많이 받는 국가의 국민과 배에 대해 제반면허(諸般免許)와 각별한 면허를 주도록 할 것."[22]

이라고 하는 최혜국조약이 삽입되어 있는 점을 발견할 수 있다. 일·미조약의 담판 중에 막부관리가 말한 바

  "출항세는 입항세와 동일하게 부과할 예정이다."[23]

라고 주장하고 있음을 엿보겠다. 해리스는 수출세를 부과하지 않을 것이므로

  "출항세를 결국 부과하게 된다면 조약 11개조를 삭제"[24]

할 것을 청원하였다. 일본 쪽은 그에 대해

  "그 점은 이미 각오가 다 되어 있다."[25]

라고 기술하였다.

  따라서 최혜국조약은 성립되지 못하고 끝맺게 되어 일본 측에 있어서 만이 편견 속에 젖어 있는 것같이 보였다. 여하간 뒷날의 여러 조약의 모형이었던 일·미조약 중에서 상호적 최혜국조약이 삭제되게 되었던 것은 아무리

---

21) 渡邊幾治郎, 明治史講話, pp. 156~159.
22) 勝安芳, 開國起源(上), p. 224.
    近世日本國民史, 安政條約締結篇, p. 165.
23) 前揭書, p. 624.
    開國起源(上), p. 313.
    해리스全日記, p. 552.
24) 前揭書. p. 624.
25) 前示資料.

보아도 새로운 이해차원인 것 같다.

4. 조약개정사절단의 출발

일・미조약의 체결은 구미제국주의에 대해 지식이 없었던 일본에게 불평등한 결과를 가져 온 것이었다. 따라서 개정을 위한 일본의 비상한 움직임이 일어난 것은 이와 같은 이유에서였다.

이와 같은 사정이 있기 때문에 일본의 메이지정부(明治政府)는 재빠르게 1869년 2월 외국관에 대해서 조약개정을 위한 위임의 지시가 있었다. 이에 따라 일본의 소위 이익을 대변한다는 취지에서 침략의 앞잡이 이와쿠라(岩倉具視)는 다음과 같은 의견서를 올렸던 것이다.

> "여기에 있어서 외국과 접촉하는 데에는 그 조약을 고치고, 또한 종전의 피해를 제거하여 국체(國體)를 보호하지 않으면 안 된다. 지금처럼 외국이 제멋대로 그의 군함을 일본의 항구에 정박하고 군대를 이끌어 상륙하였다. 또한 외국인이 일본의 법규를 범한 자를 일본에서 조치할 수 없게 되는 것 등이 가장 국가의 굴욕적인 것이다. 이는 외국에서 받은 모욕의 극이라 하겠다. 단연 이를 수정하여 국가의 위신을 바로 잡지 않으면 안될 것이다. 만약에 그 조약수정에 있어서 그가 난폭한 언동과 이를 듣지 아니하면 무력으로 위협하고, 곧바로 불화하게 되는 단서가 생길지라도 잘못은 일본에 있었다. 일본은 정당하며, 마음을 가다듬고 담력이 있으면 무엇이 두려운 것이 있겠는가."26)

라고 그간의 사정을 기록하고 있다. 이와쿠라(岩倉)의 조약개정에 대한 의견은 주로 일본의 체면과 위신에서 출발한 것이었다.

1871년 8월 대장경 오쿠보(大久保利通), 대장경대보 이노우에(井上馨)가 정원(正院)에 제출한 조약개정의 의견서는 재정적 견지에서 한 것으로 불평등조

---

26) 岩倉具視關係文書, 第1, 1869年 2月 會計外交의 條目條目의 意見, p. 325.

약을 개정해서 기울어진 관세자주권(關稅自主權)을 회수해야 한다고 하였다. 이로 인해서 일본의 부국강병의 실적을 높이 올려 열강과 어깨를 나란히 할 터전을 확립할 것을 역설한 것이었다. 그 문서에는 이런 글이 기록되어 있다.

"조세자는 나라를 다스리는 중요한 움직일 수 없는 중추이다. 즉, 부강의 근간이므로 일찍 개정하여 바로 잡아 고쳐야 한다. 부과된 세금을 적절하게 하여 내외조세로서 나라를 다스리는 여러 가지의 비용을 공급·충당하도록 한다. 해륙(海陸)의 군비를 개혁하여 자주국의 권리를 보유하도록 해야 한다. 세계 각국과 대치·병행하여 상호간에 침범과 능욕이 없도록 하고자 하기 때문에 안(案)을 심의하건대, 각 항구에서 수출입물품세에 대해서는 말할 것도 없이 외국상인이 와서 무역을 일삼는 것을 허락하고, 국제공법에 관한 것과 동등하게 각국에게 협의하여 결정할 취지가 아니다. 세계 각국에 공통되는 관례의 규칙이라고 생각되는바 국가에 대한 것은 당초에 무역을 허락할 때 다소의 분규도 있었다. 그간 부득이한 사정도 있었다. 특히 수출입물품세 및 무역규칙 등을 일일이 조약서에 기록하고, 또한 그 개혁은 피차의 협의로써 시행되어야 할 것이다. 심하게 되면 국내의 세금과 연관되어 약간 억제를 받아 종종 자주의 권리가 저해되었음은 원통하고 분하다. …… 지금 모든 벼슬아치들이 여러 가지 정사(政事)의 진흥을 도모하여 다행히 과거의 실추를 만회하고, 오래된 폐단을 바로 잡아 고쳐 고유의 권리를 보유하고자 한다. 다행히 오는 임신년(壬申年)은 조약갱정(條約更正)의 시기에 해당되기도 하므로 신중하게 의논하여 힘써 세계 각국의 공통된 도리에 의거하여야 한다. 종래와 관계되는 오래된 폐단을 탈피하여 공평하게 조약을 개정하여 먼저의 조약서에 있는 수출입조세의 종목 등에 관해서는 전적으로 일본의 특별한 허가로 돌려야 한다. 물산(物産)의 많고 적은 유통의 실정에 응하여 편의 적절한 처분이 있게 되면 물산(物産)의 부흥의 기초가 수립된다. 따라서 독립된 위엄도 갖추게 될 것이며, 이번 조약개정의 일대 거사는 실로 국가의 흥망성쇠에 관계되어 등한시할 수 없는 중대사이다. …… 또한 외무성에도 통고하여 갱정(更正)의 목표를 심의하도록 말씀드리는 바입니다."[27]

___

27) 大久保利通文書, 第14, pp. 362~366.
　　大日本外交文書, 第4卷, pp. 63~66 參照.

이런 장황한 글 속에서 오쿠보의 의도를 읽어 볼 수 있겠다.

이처럼 조약개정은 일찍이 일본정부가 노리고 있던 것이었다. 그러나 정부 내에 있어서도 일본문물제도의 빈약함으로 인해서 불평등조약의 개정은 당장 기약할 수 없었다. 조약개정의 전제로서 법률제도를 개정하면서 내외국인 거주의 준비를 필요로 하였다. 그러므로 차후에 조약의 여러 국가에의 빙문사(聘問使)를 파견하여 오로지 조약개정에 관하여 피아(彼我)의 의견을 교환하고, 동시에 서양의 문물제도를 힘써 조사하는 것이 좋다는 의견도 제시되었다.

그러나 일본조정의 의논이 용이하게 결정되지 않았다. 따라서 태정 대신(太政大臣) 산죠(三條實美)는 외무경 이와쿠라(岩倉具視)에게 이에 대한 의견을 구했다.[28]

마침내 9월 15일 그는 조약개정 연기가 타당하다는 의견과 사절이 귀국한 뒤 조정의 광범위한 의견을 수렴하고 나서 개정 신청을 제기함이 좋다는 것이다. 그리고 조약을 개정함에 있어서는

　　"법률, 이재(理財), 교제(交際)의 세 가지가 …… 급선무이므로 사절일행 중에서 연구하게 함이 옳다고 생각됨"[29]

이라는 회신을 냈다. 결국 심사숙고한 결과 일본정부는 사절파견의 건의안을 채납하기로 결정하였다. 이 조약개정을 위한 중대사명의 외국사절파견의 결정에는 일본 메이지정부의 고문인 가이드 바베크의 건의가 주효하였던 것이다. 1872년 8월 1일 그가 미국 개척교회의 외국전도국 총주사 존 페리스에게 보낸 서신을 보면

---

28) 岩倉公實記, 中卷, pp. 926~929.
　　大日本外交文書, 第4卷, pp. 67~69.
29) 岩倉公實記, 中卷, p. 938.
　　大日本外交文書, 第4卷, p. 73.

"내가 1869년 에도(江戶)에 왔을 무렵 양이열(攘夷熱)이 활발하게 전국을 휩쓸었으나 다행히도 얼마 되지 않아 멈추었다. 유력한 친구 등이 내게 말하기를 '아마도 금년 가을이나 겨울에 외국파견사절의 문제는 실현되어질 것 같다.'라고 되어 있다. 그러므로 나는 편지를 비밀리에 1869년 6월 11일경 당시에도 지금의 유력한 각료의 한 사람인 나의 친구 오오쿠마(大隈)에게 보냈다. …… 1871년 1월 26일 이와쿠라(岩倉)가 나를 만나자면서 자기에게 오기를 원했다. …… 마침내 그가 말하기를 '그대의 안(案)은 우리들이 할 수 있는 유일한 것으로서 그대가 만든 안(案)은 문자 그대로 실행하겠다.'고 말하였다. 외국파견대사는 나의 의견대로 인선되었다. …… (중략)

이 일에 대해서는 당신에게만 알리는 것이며, 일체 공표되어서는 아니 된다. …… 더욱이 이와쿠라(岩倉)와 나의 사이에 묵계가 있어서 이번 사절파견의 창안은 모든 표면상의 명예를 그들에게 돌려야 할 것이다."[30]

라고 기술되어 있다.

1871년 11월 21일자의 서신에서는

"어제 아침 4시에 기상하였다. 종일 매우 바빴다. 저녁때 5시부터 11시까지 미국공사와 일본 총리대신의 타합으로써 하루를 끝마쳤다. 지난주 금요일(17일) 천황을 면담하는 명예를 얻었다."[31]

라는 내용으로 미루어 생각하건대, 조약개정의 논란은 1869년경 이미 일본 조정회의에 상정·토의된 것임을 알 수 있겠다.

따라서 바베크는 이를 알아차리고 사안(私案)을 작성하여 과거에 나가사키(長崎)시절의 제자 오오쿠마(大隈重信)에게 이를 제시하였다. 1871년에 이르러 이와쿠라(岩倉)는 오오쿠마에게서 바베크의 안건을 알았으

---

30) Griffis, W. E., Verveck of Japan, pp. 258~262.
31) *Ibid*, p. 255.
    Luben, B. M., *American Influence in Early Modern Japanes Education*, University of Chicago, p. 26.

며, 이를 기초로 하여 대사파견의 성안(成案)을 얻었다.

1871년 10월 8일 외무경 이와쿠라(岩倉具視)를 우대신(右大臣)에 임명하여 특권전권대사로 임명하였다. 참의(參議) 기도(木戸孝允), 대장경 오쿠보(大久保利通), 공부대보 이토오(伊藤博文), 외무소보 야마구찌(山口尚芳)를 각각 부사에 임명하였다. 이에 외무에 이사관·서기관·수행원을 합쳐 일행총원 48명, 기타 연소한 귀족과 사족(士族)의 자제, 유학생, 개척사(開拓使), 여자유학생들을 합한 수십 명을 더하여 11월 12일 대사일행은 미국공사 찰스 데롱을 향도로 앞세우고 미국으로 떠나게 된 것이었다.32)

제2절 불평등조약의 개정운동과 정한론

1. 일본사절의 미국 도착과 국서제출

우선 일본이 조약을 맺은 미국에 불평등을 시정해 주기 위하여 파미(派美)되었을 때의 대표는 이와쿠라(岩倉具視)였다. 이들 일행은 1871년 12월 6일 미국 샌프란시스코에 상륙하였다. 10월 8일 파견된 지 거의 2개월 뒤의 일이었다.33) 그들 일행은 사명을 수행하기 시작하였다. 먼저 샌프란시스코에 있는 일본영사 찰스 부룩크스의 안내로 부근의 산업과 교육사정 등의 시찰을 끝마쳤다. 그 이듬해(1872년) 1월 21일 마침내 동부 미국의 수도 워싱턴에 도착하였다. 대통령 유리세스 그란트를 만난 이와쿠라 대사는 국서를 제출하였다. 이와쿠라 일본대사 등과 미국 국무장관 해밀톤 휫쉬와의 회담은 1872년 2

---

32) 이들 특수사명을 띤 일본정부의 대규모사절단은 미국 태평양기선희사의 아메리카호에 탑승하고 요코하마를 출발하였다. 큰 기대와 국익을 염두에 두었던 것이다.
33) 黑板勝美編, 前揭書, p. 250.

월 3일 국무성에서 시작되었다. 그 자리에서 의미심장하게 이와쿠라가 장차
일본에 있어서 개정되어야 할 조약의 준비로서 서로의 희망사항을 의논하자
고 말하였다. 이때 국무장관 횟쉬는 이렇게 대답하였다.

> "미국대통령의 임기가 4년이다. 그때마다 각료도 다시 임명하고 상원 의원은
> 2년마다 3분의 1을 교체하며, 조약은 국무성으로부터 상원으로 제출되고, 그
> 의결을 거쳐야 비로소 실시된다는 것을 조리 있게 설명하였다. 그리고 가령 초
> 안을 협의하여도 이에 조인하지 않을 때에는 후일 증거가 될 것이 없으므로 이
> 번에 초안서에 조인하여 후일의 증거로 하는 것이 양쪽에 유리하다."34)

그런데 확실한 내용은 잘 알려져 있지 아니하나 불평등한 내용의 조약
(일·미 간)의 개정은 이 사절의 직접적인 목적이 아니라고 일본인 기쿠다
(菊田貞雄)는 그의 저서에서 극력 주장하고 있다. 즉, 국서에도 사절들로 하
여금 이미 체결한 조약을 개정하도록 타협시킨다는 명문이 없다고 하였
다.35)

따라서 이날의 장시간에 걸친 진지한 일·미 간 회담의 결과, 부사 오쿠보
(大久保利通)와 이토오로 하여금 조약개정에 관한 위임장 신청을 위하여 귀
국시키는 조치를 취하였다.

일본사절은 조약개정을 위해 두 가지 안, 즉

> "첫째, 무역관세를 정하는 것은 자유의 권리를 얻을 것과 국외중립일 것. 둘
> 째, 외국영사의 재판의 권리를 없애고 일본사업성에 귀착시킬 것."36)

---

34) 綜合日本史大系, 明治時代史 p. 628.
　　大日本外交文書, 第5卷, pp. 138~141.
　　Treat, P, J., *Diplomatic Relations between the United States and Japan*, Vol. I,
　　1932, p. 432.
35) 大日本外交文書, 第4卷, pp. 96~98.
　　영문으로는 이런 것이 參考된다. Lanman, Charles, *The Japanese in America*,
　　New York, 1872, re-edited by Okamura, K., *Leaders of the Meiji Restoration
　　in America*, pp. 28~29.

등을 제출하였다.

이 문제는 굉장한 굴욕외교인 동시에 장차 조약체결국에의 예속을 문서적으로 보장하여 주는 중대 문사안이므로 속히 집약해서 개정하고자 서둘러 댔던 것이다. 이에 관하여 미 국무장관 휫쉬는 이런 의견을 제시하였다.

"구주(歐洲)의 각국처럼 만족할 만한 지방의 재판소를 설립한 다음에는 언제든지 영사의 재판을 없애는데, 미국정부에서는 반대치 않고 크게 환영하는 바이다. 그러나 이를 개설함에 있어서는 전적으로 만족할 만한 보장이 뒤따라야 되므로 장래 이를 갖추는 데 용이하지 않은 일이라 생각된다."37)

라고 난색을 표명하고 있었다. 또한

"재판소를 설치한 후에 실로 충분하다는 증명을 얻기까지에는 약간의 시간을 필요로 할 것으로 생각된다."38)

라고 애매하고도 핵심을 피하는 회답을 보낼 정도였다.

이에 관하여 집요하게 물고 늘어지는 이와쿠라(岩倉具視) 일본대사는

"일이 아무리 잘못 돌아간다고 해도 …… 그렇지만 일본이 개화로 나아가고 있음은 데롱 씨에게도 목격되어진 대로입니다. 유신(維新) 이래 일본정부에 있어서도 각별히 진력하여 백성을 문명으로 이끌어 나라를 각국과 같이 병립하는 것이 소망입니다. 결국에는 그 지위에 이르게 될 것이다. 지금 그 권한을 일본정부에 맡겨도 무방할 것이여, 이 일이 금번 본인의 사명 가운데 무엇보다도 크고 중요하다 아니할 수 없는 바입니다."39)

---

36) 大日本外交文書, 第5卷, pp. 140~142.
37) 前揭書, p. 144.
38) 大日本外交文書, 第5卷, p. 152.
39) 前揭書, p. 170.

라고 힘주어 절규하였다.

그러나 횟쉬는 일본대사의 개인적인 요청이라기보다 국가의 전체적인 국익을 위한다는 사실을 감안하여 좀처럼 수긍하지 않았다. 그는

> "귀국정부의 각별한 각오가 있음은 잘 이해할 수 있다. 그러나 정부수립 이래 지금까지 3~4년이 지났을 뿐이며, 외국처럼 정부의 권위가 전적으로 충분하지 못하다."40)

라고 핵심적인 답변을 완곡하게 피하였다.

2. 조약개정문제의 진통과 시련

미국은 이 문제뿐 아니라 일본 측의 관세자주권 회수문제에 대해서는 이와 같은 그들 나름대로의 견해를 가지고 있었던 것이다. 자료에 보이는 내용을 보면

> "이러한 상황으로 미루어 보아 귀국정부에서 오로지 독립국의 이유로서 조세를 귀국정부의 독권으로 책정한다는 일에 대해서는 미국의 이론(異論)보다도 다른 나라의 이론(異論)이 더욱 많을 것이다. 그러나 외국인들이 귀국 내를 아무런 지장 없이 여행하거나, 상업을 하여 일본 내에 있어서도 역시 자국 내에서와 똑같은 편의를 얻는다는 것에 대해 일본정부에서 이를 보증하게 될 때까지 이 독권을 주장하는 것은 사리에 합당치 않다고 생각한다."41)

라고 추상같이 논박하고 나선 것이다. 그런데 미 국무장관이 제시한 희망조건은 모두 12개조에 이르고 있다.

---

40) 大日本外交文書, 第5卷, pp. 170~171.
41) 大日本外交文書, 第5卷, p. 151.

다음에 그 주요한 것을 열거해 보겠다.

> "① 여행수표의 법을 수립하여 외국인을 보호하며, 그리고 일본 국내를 통행하
> 여 일본인과 무역을 영위할 수 있는 권리를 부여할 것.
>
> ② 국내의 여러 가지 운상(運上)을 설치하거나 또는 개항장으로 운반해내는 물
> 품에 세를 부과하지 않을 것.
>
> ③ 어느 나라로부터 수입하거나 또는 어느 나라에서 수출하든지 간에 수출입세
> 는 모두 공평하게 할 것.
>
> ④ 타국정부에 부여한 무역의 이익 또는 특별한 특전이나 특례는 이를 미국의
> 국민에게도 동등하게 미치게 할 것.
>
> ⑤ 언론·출판 및 양심의 자유를 부여하고 교회 및 예배에 관한 일에 대하여 너
> 그럽게 용서하고, 이를 꾸짖거나 모욕하지 않도록 할 것."42)

한편으로 생각하여 보면 그중에서도 특히 사법제도가 확립될 때까지 신교
의 자유의 문제를 조약 중에서 보장하여야 한다고 하는 국무성의 제안은 일
본대사들이 예기하지 않았던 어려운 문제에 봉착된 것이었다. 이처럼 사절
등에 대해서는 매우 곤란한 문제로 등장할 수밖에 없었다. 자료에 보면

> "내정의 문제에 대해서 외국인이 관여하고 간섭하는 것을 좋아 하지 않는다."43)

라고 기록되어 있다. 그들은 이어

> "교법(敎法)의 가책을 벗어난 연후가 아니면 자유로운 관계가 불가능하다. 또
> 한 외국의 교법(敎法)을 모욕하는 것은 바로 외국인을 모욕하는 것에 해당한
> 다."44)

라는 논법으로 우라가미(浦上)의 기독교를 신봉하는 서구제국과 가깝게 하
지 못하게 한 사건이 상상 외로 강한 영향력을 갖게 되어진 사실에 대해서

---

42) 前揭書, 第5卷, pp. 142~144.
43) 前揭書, 第5卷, pp. 161 ~162.
44) 前揭書, 第5卷, p. 161.

는 경악을 금치 못하는 것이다.

이윽고 조약개정운동에 뛰어들다가 일을 마치고 3월 24일 귀국한 오쿠보와 이토오는 미국정부와의 교섭형편을 정부에 아뢰어 심의하도록 하였다. 외무경 소에지마(副島種臣)는 고문 파샤인 스미스에 의하여 개별국인 조약개정의 불리함을 알고 있었으므로 적극적으로 일·미 조약개정(日·美條約改正)에 냉담하였으나 오쿠보 등의 강력한 주장을 억제하기 곤란하여 일단 앞의 의견을 철회하면서 이런 말을 꺼냈다.

> "조약개정을 외국이 결정한 것은 앞의 의견에 어긋나며, 내외적으로 불합리한 점이 적지 않음을 건의하였지만 부득이한 형편도 있어서 ……"45)

라고 양보하기로 하였다. 마침내 조정회의는 회동담판을 조건으로 일단 조약개정의 위임장을 부여하였다. 영국으로 부임하게 될 외무대보 데라지마(寺島宗則)를 감시의 임무를 주어 동행하게 주선하였다."46)

따라서 오쿠보 등은 5월 17일 요코하마를 출범하여 6월 17일 워싱턴에 도착하였다. 이와쿠라 등은 이미 외국에 있어서 개별적으로 조약을 체결하는 것은 최혜국약관(조약)의 조항에 의해서 불리를 자초하는 일이 많음을 알고 조약개정의 담판을 중지할 것을 결심한 때였다.47) 일본의 사절들은 혼신의 힘을 다하여 소위 국익우선적인 행동을 폈다.

6월 19일 이와쿠라 대사는 휫쉬 국무장관 집을 방문하여 일본정부의 방침에 따라 일·미 조약개정의 단독담판중지의 문제를 결정하였다. 추후에 구주(歐洲)의 한 도시에서 회동 담판하여야 하겠다고 미국정부의 양해를 얻으려고 하였다. 그러나 국무장관이 이를 용인하지 않았다.

그 후에 일본대사 등은 영국으로 건너갔다. 그리고 난 후에 프랑스, 벨기

---

45) 前揭書, p. 183.
46) 前揭書, 第5卷, pp. 67~69.
47) 大日本外交文書, 第5卷, p. 180, pp. 163~165, p. 205, pp. 207~209 各 參照.

에, 네덜란드, 독일, 러시아, 덴마크, 스웨덴, 이탈리아, 오스트리아, 스위스 등의 여러 나라를 방문하여 일본거주의 외국인이 일본 법률에 따르는 것이 일반의 공통된 도리이다라는 취지를 설명할 때마다 상대방은

"지금의 정세로는 도저히 …… 우리 서구인들을 …… 따를 수 없다."48)

라고 적극 반대의사를 개진하였던 것이다. 뿐만 아니라 소위 일본의 관세자 주권의 요구에 대해서도

"말씀하는 취지의 핵심이 무엇인지 잘 알 수 없습니다. 지금까지의 상황으로 는 불합리한 점이 없는 것으로 생각됩니다."49)

라고 표방하는 정도였다. 그러므로 이쪽의 희망조건이 쉽게 상대편에게 통하 지 않는 것이었다. 그와 반대로 상대편은 일본에 거주하는 외국인 문제와 기 독교에 대한 것을 논하는 형편이므로 미국에 있어서와 같은 의견과 거의 다 를 바가 없었다.

이러한 실정이었으므로 일본부사의 한 사람인 기도 등은 미국에 있을 때 이 미 조약개정의 어려움을 깨닫고 1872년 2월 18일의 일기에

"일본 독립의 체제를 잃지 않고 지금까지 외국인 때문에 일본의 권리를 잃은 관세규칙, 항구규칙, 지방의 규칙이 실제로 아직 일본의 법칙에 들어맞게 하기 어렵다 할지라도 …… 그들에게 급여할 것은 이미 부여하였다."50)

라고 기록되어 있다.

또한 당시 그가 이노우에(井上馨)에게 띠운 서신 속에

---

48) 前揭書, 第5卷, p. 231.
49) 大日本外交文書, 第6卷, p. 100.
50) 木戸孝允日記, 第2, pp. 149~152.

"실로 이번의 사건은 일본조정의 큰 사건의 하나이므로 함부로 경거망동하지 않도록 도모하였다. 그러나 대체로 첫 번째 도착한 곳에서는 이를 잃은 상황이며, 이는 필경 소생들의 불초였다. 어떻게 할 수 없는 바이나 아직 통탄할 따름이다. …… 원래 오늘 내친걸음으로 국무장관과의 면회에서 시초부터 일본의 개화된 증거를 빠짐없이 거론하였다. 그리하여 항구 몇 곳을 개항하였다. 일본 내에서의 외국인의 보행을 편하게 하였다. 외국인 거류지를 없애고 일본인과 함께 거주하도록 허용한 것 등 기타 이런저런 사건이 일본의 개화를 진보시키는 데 도움이 되었다. 그 이익이 비록 일본에게 있다 하지만 미 국무장관도 역시 이를 모두 희망하는 것이었다. 국무장관은 실로 능숙하고 절묘한 수단으로 '개항해 주어 일본정부가 걱정되겠다.'는 등 달콤한 말로 일본이 상실한 관세규칙, 항구규칙, 재판권, 지방규칙 등 모두를 일본에게 부여할 것을 허락하지 않았다. ……"[51]

라고 하였으니 일본정부로부터 특파된 사절들의 문제해결을 위한 진통이 얼마나 크고 감당하기가 힘에 겨웠는지를 알 수 있을 것이다. 그들의 시련이 곧 정한론을 제기해서라도 숙원을 풀어야 하겠다는 집념으로 발전되어 가고 있음을 미루어 알 것 같다.

3. 대사파견의 소득

결국 일본이 국익을 노려 파미(派美)한 자국 대사의 사명은 과연 성공한 것인가. 그것은 처음부터 성취 가능성을 배제한 배경을 함께 가지고 다녔다고 해도 과언이 아닌 것이다.

대사파견이 조약개정의 준비공작으로서 얼마나 성취도를 달성했는가는 크게 의문을 던져 주는 것이다.

일본 측의 조약개정의 희망조건을 조약당사국에 전하여 그들의 뜻을 살펴 조약개정이 얼마나 어려운가를 깨달은 것만도 충분히 소기의 목적은 달

---

51) 木戸孝允文書, 第4, 1872年 3月 11日, pp. 342~345 參照.

성되었다고 본다면 그 이상의 무리와 어리석은 평가는 없을 것이다. 조약 개정의 준비공작에 관한 한 대사파견은 성공이라 말하기는 어렵다. 그들 이 서구문명의 근원이 심원함을 깨닫고 서양문물제도의 수입으로 인하여 어려운 조약개정으로 향하게 될 계기를 열었다고 한다면 그런 것을 이해 (理解)하는 선에서 머물게 되고 말 것이다.

사절 등이 관찰한 것이 반드시 동일하지는 않다 하더라도 착안점의 차이는 각각의 개성·사상·체험·학식과 견문 등을 시사할 뿐만 아니라 일본에 돌 아온 이후의 정치의 운용에도 긴밀한 관련을 갖게 되는 것이었다.

대사 이와쿠라는 미국방문 중 가장 경탄했던 것이 그 나라가 공화국이면서 연 방정부의 기초가 철석같이 공고한 기반 위에 놓여 있다는 사실이었다.52) 또한 부사 오쿠보가 1872년 10월 15일 영국수도 런던에서 사이고오(西鄕隆盛) 및 요시이(吉井友實)에게 보낸 감격적인 서신이 있었는데, 그 내용은 다음과 같다.

> "여러 사람이 여기저기를 둘러 본 것은 진기하게 구경 하였던 수도였다. 특히 제작
> 장 중에서 가장 성대한 것은 리버풀 조선소, 맨체스터 목면공장, 글래스고우 제철소,
> 브리스톨 견직공장과 모직물공장, 셰피일드 제철소, …… 은 기 제작소, 버어밍검
> 맥주공장, …… 유리제작소, 레스터 내의 이스위기 염산공장 등은 아주 거대하고 기
> 계정밀공업이 극히 발달한 것 같다. 이에 버금가는 크고 작은 기계공장은 셀 수 없
> 을 만큼 많다. 영국의 부강이 이루어진 까닭을 알기에 충분하였다. ……"53)

이 얼마나 섬 구석에 앉아 국제정세에 어두웠던 일본지도층의 감탄어린 견 문이라고 아니 할 수 있겠는가.

부사 기도(木戸孝允)는 미국 샌프란시스코의 한 초등학교를 견학한 뒤 역 시 경탄한 나머지 그의 일기에 이런 대목을 기록해 놓았다.

---

52) Griffis, *The Mikado's Empire*, p. 588.
   Griffis, W. E., *The Rutgers Graduates in Japan*, p. 14.
53) 大久保文書, 第4, p. 448.

"이제 일본으로 하여금 일반국민들의 개화를 진전시키고 일반의 지식이나 슬기를 명백하게 발전시킴으로써 국가의 권력을 지속시키며, 독립에 얽매이지 않게 하려면 몇 명의 인재의 출세만으로는 매우 어렵다. 따라서 급선무는 오직 학교보다 앞서는 것은 없다."[54]

이 얼마나 교육의 힘이 크고 역동적인가를 감격적으로 느낀 글이라 아니 할 수 있겠는가.

그는 귀국하자마자 곧 일본정부에 건의문을 올렸다. 그 일절을 기술하여 보면

"각국의 일의 행적이 약간의 차이는 있다고 하지만 그 폐흥존망(廢興存亡)하는 까닭을 살펴보면 정규전칙(政規典則)의 성쇄득실(盛衰得失) 여하를 살피는 데 있을 따름이다."[55]

라고 감동적인 내용을 드러내 놓고 있다.

그리고 이어서 이런 정치형태를 칭송함과 동시에 입법부의 활동도 예찬하고 있다.

"의원(議員)인 자가 있어 매사에 사실을 조사하여 검사한다. 사무를 맡아보는 직무의 의미에 따라 억측하여 판단함을 억제한다면 이는 정치의 가장 아름다운 소이라고 생각된다."[56]

라고 기록되어 있었다. 그러므로 국가흥륭의 기초를 교육의 보급, 헌법의 제정, 대의원(代議員)의 설립에서 찾아보고자 한 것이다. 이들 사절의 새로운 문물시찰은 상호 이질적인 것같이 느꼈지만 실제로는 비슷한 결론에 도달한 것이다.

---

54) 木戸孝允日記, 第2, 1871年 12月15日, pp. 126~129.
55) 前揭資料 參照.
56) 明治文化全集, 第2卷, pp. 197~198.

메이지유신정부 초기에 일본은 겨우 폐번치현(廢藩置案)을 거쳐 중앙집권화에 착수했을 시기여서 조정에 있던 사람은 모두 부국강병만이 당시의 일본을 서양 여러 나라와 대치할 수 있다고 믿었다. 그들은 귀국 후 이번 각국의 방문 중에서 얻은 지식과 체험을 가지고 일본을 근대제국주의국가로 발전시키려는 새로운 의욕에 가득 차 있었다.

이와쿠라에 따르면 메이지유신정부의 기초강화로 인하여 그것이 갖추어지지 아니하면 실현될 수 있다고 믿었다. 또한 그에 의하면 이는 산업입국안(産業立國案)이었다. 기도(木戸孝允)에 의하면 헌법제정과 국회개설안이라고 지적해 볼 수 있는 것이다.

이를 간추려 본다면 첫째, 일본의 국력을 공고한 기반 위에 구축함으로써 불평등하게 일방적으로 체결된 조약을 개정할 수 있다는 결론에 도달하였다.

둘째, 일본의 사절들은 구미를 시찰 견문함으로써 강대국이 된 이유가 바로 '힘'에 있음을 지실(知悉)하게 되었다는 사실이다. 그것은 곧 일본도 국력을 경주해야만 강대국이 될 수 있다는 묘한 결론에 도달하였다는 표현일 것이다.

셋째, 그들 일행이 귀국하자마자 극력 당장에 취할 정한론을 반대한 것은 계획 없이 추진하는 무모함을 탓하고자 함에서 출발한 것이다.

따라서 국력을 키워 더 큰 효과적인 정한(征韓)을 전개하여 한국을 송두리째 집어삼키겠다는 음흉성과 침략성이 그 내부에 도사리고 있었음을 알 수 있는 것이다.

제3절 일본사절의 귀국과 정한논의

1. 사절의 귀국

큰 호기심과 국력배양만이 세계를 제패할 수 있다고 새로운 침략적 다짐으로 충만해 있던 구미방문사절단이 일본정부의 긴급훈령에 따라 귀국하였다. 이에 따라 부사 오쿠보는 1873년 5월 26일에, 부사 기도는 7월 23일에 각기 귀국하였다. 이어 이와쿠라(岩倉具視)대사는 부사 이토오(伊藤博文)와 야마구치(山口尙芳) 등을 대동하고 동년(1873년) 9월 13일 서둘러 귀국하였다. 당시의 일본 국정이 평온하지 않았기 때문에 그 질서유지를 위하여 급거 귀국하였던 것이다.

1872년의 이와쿠라 대사 일행의 외국여행에는 진보적이고 온건한 개화인 사라는 자가 끼어 있었다. 이와쿠라의 외국시찰 및 조약개정요구를 위한 여행에 대하여 그리피스는 이렇게 언급하고 있는데,

> "처음으로 일본은 위엄과 전권을 구비한 사절에 의해 전 세계에 소개되었다. 일행은 괴뢰 또는 어린 비둘기인 관원이나 영주의 일단은 아니었다."[57]

라고 하는 내용을 접해 볼 수 있겠다.

태정대신(太政大臣)인 산죠(三條賞美)를 수반으로 하는 소위 부재정부는 참의 사이고오(西鄕隆盛), 이다가키(板垣退助) 등의 극력 무단파가 정권을 장악하고 있었다.

살(薩)의 세력은 이렇게 분포와 계통이 서 있었다. 사이고오의 수하에 개척차관 구로다(黑田淸隆), 해군소밀 가와무라(川村純義), 육군대보 사이고오(西鄕從道)로 위계질서가 편성되어 있었다.

이 살(薩)에 대한 장주(長州)의 세력은 육군경 야마가타(山縣有朋)와 대장대보 이노우에(井上馨)가 편성되어 있을 정도여서 세력이 크게 떨치지 못하였다. 이 살·장의 두 세력에 게재할 수 있는 자는 이다가키(板垣退助)와 고또우(後藤象二郞), 사가(佐賀)의 오오쿠마(大隈重信), 소에지마(副島種臣), 오오기(木木喬任), 에토우(江藤新平) 등이 버티고 있었다. 이로 미루어 본다면 메이지유신 이래 조정에 있는 사람은 오오쿠마 단 한사람뿐이었다. 이제 사가인(佐賀人)이 정부의 요직을 다수 차지하고 있는 것이 대사들의 외

---

57) Griffis, W. E., *The Mikado's Empire*, 第5版, p. 324.

국여행 중의 정치적 움직임에 미묘한 영향을 끼치지 않을 수 없었던 것이다.

기도, 오쿠보 등이 외국여행에 즈음하여 걱정한 것은 폐번치현(廢藩置縣) 직후 중앙정부의 기초가 아직 공고하지 못할 때에 무단파의 참의(參議) 등이 애써 건설 중에 있는 중앙집권국가를 역행시키는 듯한 일이 되어서는 어찌하나 하는 것이었다. 그러므로 이들 수뇌부의 부재중의 정부로 하여금 이러한 두려움에서 멀리함과 동시에 가능하는 한 현상유지를 기하기 위하여 다음과 같은 약정을 체결하였다.58)

"① 국서를 휴대한 병견사(幷遣史)는 취지를 받들고 일치단결하여 의논의 모순과 목적에 차질이 없도록 할 것.

② 내외의 긴요한 사건은 그때마다 서로 보고하고, 한 달에 두 차례의 서신은 반드시 빠트리지 말고 할 것.

③ 대사는 사명을 완수하고 귀국한 뒤에는 각국과의 의논 및 고안된 조건을 참작하거나 생각하여 결정해서 이를 실지로 시행할 것.

④ 국내의 사무는 대사가 귀국한 후에 크게 개정할 목적인 바, 그동안은 가급적 신규의 개정을 필요로 하지 말도록 할 것. 만일 부득이 하여 개정할 일이 생기면 파견된 대사에게 조회하도록 할 것.

⑤ 폐번치현(廢藩置縣)의 조치는 국내의 행정사무의 순일에로 귀착시키는 터전이므로 일을 하여 가는 도리를 쫓아 순차적으로 그 실효를 거양하고 개정의 위치가 되게 할 것."59)

2. 개혁의 단행

이와 같은 시기에 대사일행이 부재하는 동안 1872년 2월 일본의 병무성

---

58) 이 맹약은 기도의 의뢰를 받아서 오오쿠마가 작성한 것이라고 한다.
   渡邊幾治郞, 문서에서 본 오오쿠마 候, pp. 27~28 參照.
59) 大日本外交文書, 第4卷, p. 102.
   大久保利通傳, 下卷, pp. 22~24.

을 폐지한 뒤 육군성과 해군성의 두 성(省)을 신설하였다. 같은 해 11월 일
본 메이지 정부는 전국적으로 징병제를 실시하였다.

1873년 1월에 종래의 사진대(四鎭臺)를 폐지하는 대신 육진대(六鎭臺)를
개편 설정하였다. 이로써 무진전쟁(戊辰戰爭 : 1868)에 참가하였던 군인
들도 그 자리를 잃게 되었다.

1873년 7월에 와서 지조(地租)의 대개혁으로 지가(地價) 100분의 3으로
서 조세법률을 정하고, 미납(米納) 대신에 금납(金納)으로 동일하게 하였다.

교육방면에서의 개혁은 이보다 앞선 1872년에 실시되었다. 즉, 전국을 8
대학구로 구분하고, 다시 대학구를 중·소학구로 나누었다. 그 구마다 마다
중·소학교를 설치하여 6세 이상의 아동은 사·농·공·상(士·農·工·商)
의 구별 없이 공학시키기로 되었으며, 문부성이 이를 주관하도록 하였다.

1872년 8월 사법성은 직제(職制) 및 사무집행의 세칙(細則)을 정하였다.
종래 지방행정하에 있었던 재판권은 독립시켜 더욱더 사법권은 확립하게 되
었다. 나아가 1873년 6월에는 문명주의에 근거한 형벌법이 반포되었다.

이와 같은 서정(庶政)개혁은 거액의 경비가 수반되므로 재원이 취약한 대
장성은 육군성·사법성·문부성과 대치할 수밖에 없었다.[60]

다음으로는 외교 방면에 있어서의 개혁이다. 사가(佐賀)의 소에지마(副島
種臣)가 미국인 고문 루젠돌, 스미스 등의 조력을 얻어서 메이지유신 직후의
소극적인 부진 외교에서부터 적극성을 띠면서 문호개방정책을 폈다.[61]

일본은 메이지유신 이래의 핵심인물인 이와쿠라(岩倉具視), 기도(木戶孝
允), 오쿠보(大久保利通) 등이 외유 중에 개혁을 요하는 마땅한 것은 거의

---

60) 전국적인 징병제도에 수반된 야마가나(山縣)의 예산청구는 문제가 되지 않았고,
  에토우(江藤新平), 오오기(大木喬任)의 사법권 독립 및 學制改革에 수반되는 예산
  청구액은 財源難의 이유로 격감되었다. 여기에 있어서 예산문제를 에워싼 長州藩
  의 대장대보 이노우에(井上馨)에 대한 佐賀出身의 에토우, 오오기의 藩閥意識이
  고조되었다. 이노우에가 사직하고 오오쿠마(大隈)가 대장성의 지배자로 되었다.

61) 여기에 있어서 부재정부를 조종하는 자는 佐賀藩閥이었다. 봉건의식에서 완전하
  게 탈피하지 못한 정부의 부처에 있어서 미묘한 藩閥的인 대립기운의 조성도 불
  가피한 것이었다.

다 수행한 셈이었다. 그것은 정한론 같은 구체적인 침략수법으로 나타났었다고 보겠다.[62] 그들은 1868년 무진전쟁에서는 무훈이 없는 문치파이기도 하였다.

이에 반하여 무단파도 사신부재 중에 개혁을 단행하고자 하였다. 1872년과 1873년경의 문무대립을 무단파에서 관할하였다. 이에 관하여 도리오(鳥尾小彌太)의 의견을 들어 보면 이렇다.

"돌이켜 보건대, 나는 원래 군인으로써 몸을 일으켰던 것이다. 그러므로 왕정유신(王政維新) 이래 오로지 군사에만 진력하여 이 제국의 군사를 통일하기에 이르면 비로소 왕정유신의 실효를 거두리라고 믿고 있었다. 이에 위험을 무릅쓰고 비방의 화살 앞에서 전적으로 군사의 개정에 종사한 것이다. 생각건대, 이 군사통일 후에는 무도(武道)로써 국민을 교육하였다. 천하의 인민으로 하여금 남녀없이 봉건 시대의 무사와 같은 성품을 구비케 하여서 외국의 난에 대비하게 하고, 일본국가의 독립을 완성하리라고 생각하였다. 그런데 어찌 예기했으랴. 문명개화라는 풍조로 말미암아 천하를 소란케 하며, …… 일반의 인심이 몹시 부박(浮薄)에 흘러 …… 나는 남몰래 이를 걱정하여 1873년 춘하의 시기에 마침내 하나의 정책을 건립하여 이를 사이고오(西鄕隆盛)에게 호소하였다. 그 호소에 대해 말하기를 일찍이 듣건대 문무(文武) 양도(兩道)는 수레의 두 바퀴와 같다고 하지만 이 지구상에 나라를 세우는 이상은 말할 것도 없이 어느 한쪽으로 편파됨이 없어야 한다 할지라도 일본의 오늘의 양상은 문무가 다 함께 개조(改造)의 운명에 처해 있는 것이다. 그러므로 일시에 양도(兩道)를 진전시키는 것은 국력에 한계가 있어서 성취하기가 어려운 바이다. 그렇다면 아무튼 일본의 독립을 인정하는 데 빠르고 또한 확실한 한편을 택해서 힘을 그 한편에 진력하여 우선 국가의 근본을 굳혀 놓고, 그런 후에 여력(餘力)을 신장시켜 다른 한편을 진척하는 것만 같지 못하다. …… 그러므로 오늘날의 계책은 무단정치를 펴서 천하의 유약하고 경솔한 기풍을 일거에 변화시켜 국가의 독립을 위해서는 외국과의 전쟁을 각오하는 것이 상책이다. 이것이 나라를 흥하게 하는 지름길이다. …… 시기를 보면 이를 결행하는 시기는 대사일행이 귀국하기 이전에

---

62) 大久保利通昔日譚, p. 459.

있다 하겠다. 왜냐하면 대사일행의 귀국 후에는 자연히 대사일행의 의견에 있어서 반드시 이 계책에 대한 반대가 나올 것이기 때문이다. 만약 그렇게 될 때는 조정에서 커다란 분분한 의논으로 소란하게 될 것이다. 우리들의 진력으로써는 도저히 달성할 수 없을 것이다. 이제 이 무단정치를 수립하는 방안은 전국의 조세를 3등분하여 아무튼 그 2등분을 육해군에 충당하기로 정하였다."[63]

라고 언급하였다. 그는 이어

"사족(士族)의 상직(常職)을 해제한 것을 종전대로 되돌려 전국의 사족을 배치하여 남김없이 6관(管) 진대의 직할로 한다. 엄격한 법률을 제정하여 이를 제재하고, 20세 이상 40~50세까지의 남자는 남김없이 상비 또는 예비의 양군(兩軍)으로 편성하도록 한다. …… 또한 평민이 무예와 싸움을 숭상하는 자는 그 재능과 기예(技藝)의 기량을 시험하여 대거 사족(士族)으로 삼고, …… 전국 일반평민은 둔전(屯田)의 법에 따라 처리하고, 군단(軍團)을 두어 남자로서의 구실에 견딜 수 있는 자를 겨울과 봄의 계절에 뽑아 빠짐없이 징집·훈련하여 호국군(護國軍)으로 삼고, …… 그리고 좌우대신 중의 한 사람을 반드시 대장으로 임명하게 한다. 친히 천황의 명령을 받아서 해륙(海陸)의 대권(大權)을 수습함으로써 이 무단정치를 통일하여야 한다. …… 사이고우는 말하기를 귀설(貴說)에 대해 하나하나 모두 동의한다."[64]

라고 침략의도를 상호 이심전심으로 이해하고 의미 깊게 미소를 띤 일이 있었다.

이에 의하면 무단파의 황군안(皇軍案)은 사족(士族)을 상비군으로 하고, 평민을 둔전병(屯田兵)으로 충당한다는 대강의 줄거리였다. 이는 국민개병제와는 거리가 먼 다른 의미를 내포하고 있는 것이다.

1872년의 야마시로야(山城屋)사건의 책임자인 야마가타(山縣有朋)는 근위도독직을 그만두고 사이고오(西鄕隆盛)가 육군원수에 임명되어 근위도독을

---

63) 時事談, pp. 98~101.
64) 前示資料, pp. 99~102.

겸임하였다.65) 그때 사이고오는 영국에 체류 중이던 오쿠보(大久保利通)에 게 편지를 보내 이런 의견을 제시하였다.

"병부성에 있는 근위국에서 약간의 물의가 있어서 …… 야마가타가 도저히 근 무할 체면이 없게 되어 …… 나에게 측근에 들어와 함께 어려움을 인수하도록 …… 거듭 와서 원하는바 점차 합의점에 이르러 나에게는 원수로서 근위도독의 임명을 삼가 받아 당분간 파열한 가운데에서 낮잠을 자고 있는 듯한 느낌입니 다. …… 삼현(三縣)의 병사는 천하에 큰 공이 있는 까닭으로 폐번치현(廢藩槪 縣)의 하나의 커다란 어려운 문제도 이루어졌습니다. 여기에 어려운 논의를 일 으킨 것도 없고 하므로 왕가(王家)의 주석(柱石)입니다."66)

라고 설파하였다.

이를 보면 사족(士族)의 장래를 상당히 염려하고 있는 듯한 인상을 느낄 수 있는 것이다.

사이고오란 자가 원수에 임명된 사실을 알아차린 기도(木戶孝允)는 문명 국가에 있어서는 문무(文武)의 구분이 완연하고 제왕이나 대통령만이 원수 인 것은 우연한 일이 아닌 것으로 인식하고 있었다.

일본에 있어서도 메이지유신의 시기에 통수권을 조정에 돌려 드려야만 된 다고 기록하여 재빨리 훗날 근위병이 정치에 중대한 발언권을 갖게 되어야 할 것을 통찰하고 있는 것은 주목할 가치가 있었다고 본다.67)

따라서 대사의 해외여행은 무진전쟁(戊辰戰爭: 1868년)이래의 울적한 기 분에 그 출구를 찾고자 한 것이었다. 내치파(內治派) 대 외정파(外征派), 문치파(文治派) 대 무단파, 살·장·토·비(薩·長·土·肥)의 번벌의식,

---

65) 야마시로야사건 등도 육군부대에 있어서 薩·長의 대립기운에 가하였다. 실은 야마가타가 품고 있는 民兵主義에 대립하는 士族意識의 구체화이며, 근위에 거 점을 둔 薩摩武士 등은 그들의 친분이 있는 사이고오를 추대하는 것으로써 만족 하였던 것이다.
66) 1872年 8월 12일 大久保利通에의 書信, 大西鄉陸盛全集, 第2卷, pp. 662~664.
67) 木戶孝允日記, 第2, 1872年 9월 18일, p. 261 參照.

장병(壯兵)주의 대 민병주의, 진보개국주의 대 보수양이주의 등이었다. 이들은 모두 메이지유신의 지도자인 이와쿠라(岩倉), 기도(木戶), 오쿠보(大久保)의 부재(不在)를 각자의 목적달성을 위해 서로 이용했던 것이다. 그들은 모두 중앙집권적 근대국가건설의 중도에 일어나는 크고 작은 시련에 불과하였다. 그리고 당시 일본에 밀어닥친 시대적인 파도가 합일하여 구체적으로 그 돌파구를 찾기 위해서 궁리 끝에 짜낸 것이 한국을 정벌하자는 정한론으로 집약된 것이었다.

따라서 일본의 무단파와 문치파는 그 근본에 도사리고 있는 저의가 다 같이 한국을 정벌·지배하겠다는 뜻으로 일치되고 있음을 주목해 볼 수 있는 것이었다.

제7장
정한론의 침략적 의도

제1절 침략을 전제로 한 징벌논의

1. 정한론 대두의 배경

일본이 한국을 정벌·침략하고자 기도한 것이 보통 서식에 격노한 대원군의 일본 서계(書契)의 거척사건 이후라고 일본인이 쓴 대부분의 논저에서는 주장하고 있다. 즉, 메이지유신을 단행한 일본이 한국에 왕정복고를 알리는 뜻에서 외교문서를 제시하였으나 한국정부의 대원군이 그 문구가 "짐", "황조" 등 오만불손하다 해서 일본조야가 격분하여 정한론을 일으켰다고 지적하고 있다. 그러나 이것은 이미 일본의 편견투성이인 한국인식의 오류에서부터 일어나고 있는 철두철미한 뿌리 깊은 침략수법에서 울어 나오고 있음을 주목해야 할 것이다.1)

따라서 이와 같은 침략의 맥락은 고대로부터의 한국 멸시관에서 출발하였다는 사실을 깊이 인식해야 할 것이다.

근대적인 의미로서 일본의 한국정벌론은 1868년 메이지유신으로 인한 왕정복고의 통고서 거척사건으로 말미암아 비로소 일어나지 않았다는 사실이다. 1867년 3월 7일 일본 규슈 출신의 일본인이2) 홍콩(香港)에 체류하면서 그 지방의 신문에 기고한 내용 중에 정한설이 유포된 것 등이 이를 증명해 줄 수 있는 것이다. 광뚱(廣東)발행의 중외신문(中外新聞)에 기고한 내용을 보면 이와 같다.3)

---

1) 朴英宰, "近代日本의 韓國認識," 日本의 侵略政策史研究, 서울 : 一潮閣, 1984, pp. 81~111.
2) 日本 九州出身의 八戸順叔임.

  "조선국왕이 5년에 한 번씩 에도(江戶)에 가서 대군(大君)을 배알 헌공(獻貢)
하는 것이 고례(古例)이나 조선국왕이 이 예를 폐한지 오래되므로 일본국이 근
래 무비빈성(武備頻盛)하여 군함 80여 척을 구구(購求)하고 군사를 발하여 조
선국을 정토(征討)할 뜻을 가지고 있다."

  이에 청나라 측에서는 이를 믿지 않았으나 근래 일본이 영국・프랑스 등과
강해(講解)하여 군비를 혁신하였음을 외국신문지들이 보도하는 바,[4] 만약 한
국이 일본의 거점이 되면 중국과 이웃하고 있기 때문에 그 두려움이 깊어질
것이라는 것이다.[5] 따라서 예부(禮部)로 하여금 한국 국왕에게 조회하여 명
확히 방사(訪査)함으로써 환난을 미연에 방지할 것을 청하게 하였던 일이 있
었다.[6] 이에 예부에서 해당 신문지에 게재된 서양 여러 나라와 일본의 정형
(情形) 5조를 조록(照錄)하여 한국정부에 보고하였다.[7] 이날 조정에서는 회
자하여 신문기사의 오보임을 지적하는 한편, 대마도에 서계를 보내어 본국에
전달하여 문제된 일본인의 기사를 힐문(詰問)케 하였다.[8]
  당황한 일본은 동 10월에 정한설은 유언(流言)임과 함께 사신의 입송(入
送)을 제의하는 답서를 보내 온 일이 있었다. 비록 그들이 '유언'이라고 애써
변명하고 있으나 정한론은 이미 메이지유신 이전에 있었던 일관된 한국정벌
이라는 차원에서 이해해야 할 중대사인 것이다.[9]
  이런 시기에 일본의 외국사무담당 도구세(東久世通禧)는 1868년 1월 왕
정복고(王政復古)라는 메이지유신의 단행사실을 우리나라에 알려 왔다. 뿐만
아니라 이를 널리 알리는 뜻에서 국서를 프랑스를 비롯하여 영국・이탈리
아・미국의 공사, 프러시아의 대리공사, 네덜란드의 대리총영사 등에게 전달

---

3) 高宗時代史, 고종 4년 3월 7일 국사편찬위원회 간행, p. 332.
4) 承政院日記, 高宗 4年 3月 7日.
5) 日省錄, 高宗 4年 3月 7日條.
6) 高宗實錄, 高宗 4年 3月 7日條.
7) 龍湖閑錄, 20, 丁卯年 3月 6日 出來禮部啓文.
8) 鍾山集, 卷 21.
9) 한국사, 16, 국사편찬위원회 간행, 1975, pp. 87~89.

하였다. 그 후 메이지천황(明治天皇)은 친히 각국 공사를 인견 알현하였다. 이 무렵에 기도(木戶孝允)는 대한의견(對韓意見)을 작성하여 상달하였다.

구체적으로 사절을 한국에 파견하여 왕정복고의 취지를 알렸다. 따라서 구교(舊交)를 바로 잡을 것을 진언하였으나 막부토벌과 토오후쿠(東北)의 평정의 일로 인하여 그 당장에는 실현되지 않았다. 이윽고 3월 23일 조정은 쓰시마 번주(藩主) 소우(宗義達)에게 지시를 내려 한국과의 수교를 이제까지와 같이 장악할 것과 왕정복고에 대해 오늘 이후 한국 교섭의 사무는 일체 조정에서 관할할 것이므로 그 뜻을 한국에 알릴 것을 명령하였다.10)

소우씨는 이 뜻을 알고 1868년 12월 자기 직속부하인 히구치(樋口鐵四郎)을 대차사(大差使)로 임명하여 한국의 부산으로 파견하였다. 메이지유신의 내면적인 사정을 알려 더욱더 이웃과의 우의를 두텁게 하고자 하는 서한을 교부하였다. 또한 이보다 앞서 소우씨가 대차사 파견에 대해 동래부사에게 예고한 서한에도 소위 대정일신(大政一新)에 대해 진술하였다.11)

그런데 일본계의 통역관 훈도(訓導) 안동준은 서한의 형식이 종전과 어긋난다 하여 이에 응하지 않았다.12) 교섭 약 1년이 지난 1869년 10월이 되어서 한국인 훈도가 설명한 이법(異法)의 이유 5개조를 다음과 같이 들고 있다.

① 소우(宗義達)가 좌근위소장(左近衛少將) 다히라(平朝臣) 등이라고 칭함은 전례(前例)에 따르지 않았으므로 격외(格外)의 문자이다.

② 신인(新印)을 찍은 서계(書契)는 받을 수 없다는 것.

③ 예조참판공이라고 할 것이 아니라 대인(大人)이라고 할 것.

④ 황실(皇室)이란 글자는 천하를 통일한다는 뜻이다. 귀하와 나와의 왕래의 서계에는 사용해서는 안 된다.

---

10) 大日本外交文書, 第1卷 第1冊, pp. 573~579.
11) 大日本外交文書, 第1卷 第2冊, pp. 609~612.
12) 異例라는 뜻은 書契에 『我邦皇朝』, 『朕』 따위가 함부로 표시되어 있어 종전 교린의 관계를 벗어나는 무례라고 보았던 것이다.

⑤ 봉칙(奉勅)의 칙(勅)은 이는 천자의 소령(詔令)을 말한다. 이를 국내에서
사용하는 것은 무방하지만 이웃 나라와의 교제에서 사용하는 것은 단연코
불가하다."13)

이것이 크게 두 나라 사이의 외교사단으로 야기되는 것같이 '서계건'을 들
먹이고 있다.14)

이는 일본이 한국에 대해 국가적으로 인정되지 않는다는 중대사로 생각되
는 것이다. 그러나 이에 관하여 일본인은 이 서계거척사건이 곧 정한론의 배
경인 것처럼 꾸미려는 의도에서 고의적으로 그렇게 서술하고 있는 것이
다.15)

따라서 정한론은 일본의 한국침략이라는 일관된 맥락에서 찾아 보아야만
그 배경과 동기를 올바르게 파악할 수 있을 것이다. '서계거척사건' 자체는
어떻게 보면 꾸며진 하나의 '계기포착'일 수밖에 없다고 생각되는 것이다. 원
래의 그들이 한국을 침략, 정벌하고자 한 것은 신공황후의 조선정복이나 임
나일본부의 설치 주장과 임진왜란 등 그 맥을 같이 하는 침략책의 일환이었
음을 분명히 말할 수 있겠다.

2. 대원군의 집권과 정한론

1863년 조선국왕 철종이 후사(아들)가 없이 승하하자 왕족 이하응(李昰
應)의 둘째아들인 나이가 겨우 12살의 명복이 왕위에 올랐다. 이 분이 고종
이었다. 이하응은 흥선 대원군으로서 정무(政務)를 장악하였다. 섭정왕이 된
셈이었다. 조선의 국내는 이제 새로운 왕조로 결속되었다.

---

13) 渡邊幾治郎, 日淸・日露戰爭史話, p. 16.
14) 大日本外交文書, 第2卷 第3冊, pp. 410~411.
15) 菊田貞椎, 征韓論의 眞相とその影響, 제1부 제3장 제3절, 東京日日新開社, 1941
참조.

정권을 장악한 홍선대원군은 강경파의 주장을 채용하였다. 16) 군사권을 확
장하여17) 안으로 기강확립 등18) 근대화를 향한 혁신정치를 폈다. 19) 그러
나 원성도 들었다. 20) 밖으로는 강경일변도의 쇄국정책을 펴 나갔다. 21) 러

16) 왕이 어려서 즉위하였으므로 興宜大院君은 국왕의 生父로서 정권을 장악하고 主
農的 실학사상의 영향하에 외척의 전횡과 왕권의 강화 및 결속을 위해 판단성이
있는 내외 정치의 개혁을 단행하였다.
　그것은 왕실의 위엄인 爲民政策을 확립하고 전제정치를 통한 개혁과 개편에 역
점을 둠으로써 구체화되었다. 따라서 세도정치를 근절하기 위해 안동김씨를 정
권에서 축출하고 四色의 인재를 고루 등용하려 애썼으며, 일체의 계급적 차별을
견제하는 데에 뛰어난 솜씨를 보였다.
17) 19세기 말 대원군정책의 특색은 봉건왕조의 복구와 강화에서 찾아 볼 수 있다.
문무고관의 합의체였던 備邊司를 없애고(1865년), 의정부의 권능을 부활시킴과
동시에 3軍府를 재설하여 문무관의 권한을 분리, 군국기무를 장악하였다.
18) 왕실의 권위와 기강을 확립하기 위하여 趙斗淳(1796~1870년)·李裕元(1814~1888
년)에 명하여 경국대전의 增補添削의 과정을 거친 大典會通을 편찬케 하였다.
동시에 六典條例도 다시 보충·수정하였고, 宗府條例·五禮便攷·三班禮式(1866
년)도 이때 마련하였다. 무엇보다도 당파의 피해를 직접적으로 겪었던 그로서
는 양반들의 세력이 기반화된 서원을 사액사원 47개소만 남기고 화양서원 등을
비롯하여 600여 개소를 철폐하였다. 서원은 막대한 田莊과 노비를 점유한 데다
가 免稅(脫稅)·免役의 특혜를 받아 국가재정을 침식하는 사례를 나타내어 국
민의 빈축을 샀다. 이를 기반으로 지방에서 권세를 부리던 인사는 정부의 명령
을 어길 정도로 위력이 당당하였다. 따라서 이의 철폐는 집권체제의 일원화의
속셈을 보인 것이다. 청주에 있는 송시열의 萬東廟를 철폐한 것은(1865년) 이
의 대표적인 경우이기도 하였다. 그러나 그는 강경하게 유생들의 반발에 대해
백성을 저해하는 자는 공자가 다시 살아난다 해도 내가 용서하지 않는다고 강
경한 소신을 나타냈다.
19) 대원군은 국가재정을 축내는 지방의 악질적인 관리나 토호들의 부정부패를 예방
하기 위하여 田地의 兼併를 막았다. 강점된 漁箭은 정부에 귀속시켰다. 국고수
입을 놀리기 위해 토지조사사업을 강행, 대장에 누락된 농지를 추적하였다. 常
民(平民)만이 부담하던 軍布를 洞布 또는 戶布라고 하여 양반도 납부케 하는 戶
布稅를 실시하는 동시에(1871년) 양민을 괴롭히는 탐관오리를 숙정하였다. 還穀
制를 폐지하고, 社倉制度를 부활하여 대여양곡의 회수규칙을 엄하게 실시함으로
써 농민을 위한 구휼책을 전개하였다.
20) 양반관료의 특전과 횡포를 막는 등 사회정화와 풍속교정에 힘쓰는 반면, 왕권의
회복과 국가의 위신을 높이기 위해 1865년(高宗 2년) 경복궁의 재건을 착수하여
1867년(高宗 4년)에 완성을 보았는데, 이를 원만히 추진하기 위한 정책에서 각
종 세금을 징수하여 국민의 원성을 사기도 했다.
　그 후 농민에게는 1結에 100文의 稅錢인 結頭錢을 부과하였고, 서울 도성문을
출입하는 백성에게는 門稅를 징수하였다. 願納錢이라는 미명 아래 금전을 강징
하여 경비에 충당하였다. 거기에 當百錢이라는 악화를 주조하여 유통구조에 혼
란을 초래하였으므로 뒤에 중지한 일도 있었거니와 僞幣의 남발, 물가의 등귀

시아와의 통상(通商)을 물리친 일, 천주교의 박해를 포고하여22) 다수의 프
랑스 천주교인을 순교케 하였던 것은 그의 양이사상(攘夷思想)의 표면화이
었던 것이다.23)

등 후유증을 유발하기도 하였다.

한편, 巨木의 채벌과 畿內壯丁의 징발 등 강제수단 및 民弊의 뒷받침으로 경복
궁의 근정전·경회루와 광화문 등의 부속건물을 구비하였다.

21) 산업혁명을 거쳐 자본주의국가로 발전하여 상품시장과 원료공급을 위해 동남아로
세력을 뻗혀 동인도회사를 설치한 영국을 비롯하여 프랑스 미국·러시아 등이 조선
의 문호개방을 요구해 오자, 그들의 異樣船 출몰에 조선의 집권층은 당황하였다.
급박한 사태는 이미 오래전 18세기 말부터 시작되어 온 것이었다. 1831년(純祖
31년) 영국상선의 제1차 무역, 1845년(憲宗 11년)에 제2차 통상요청이 있었고,
1846년에는 프랑스군함이 충청도해안에 나타났었다. 그 뒤 1865년(高宗 2년)에는
러시아의 통상요구가 있었으며, 1866년(고종 3년) 독일 상인 오페르트(Oppert)
의 세 번에 걸친 개국통상을 요구받았다. 뒤에 충청도 德山郡 가야동에 있는 대
원군의 생부 南延君의 무덤이 도굴당한 사건은 통상을 거절당한 분풀이와 일확천
금을 계산한 해적행위였다. 이래서 대원군의 대외강경정책은 집요하게 전개된 것
이었고, 그들과 연결되었다고 믿는 천주교도에 대한 탄압을 노골화시켰다.
19세가 말엽 경인 동년(1866년, 高宗 3년)초 미국상선 제너널 셔어만(General
Sherman)호가 대동강까지 와서 교역을 요구하였으나, 평양의 군민이 격침하여
선원을 죽게 했다.

22) 천주교세의 확장 추세, 洋人 신부의 전입, 洋貨의 침투 등은 이 같은 위기의식을 더
욱 극대화하였다. 1866년(高宗 3년) 마침내 대외강경책으로 두 번에 걸친 서양인과
의 무력충돌을 초래하였다. 대원군은 먼저 천주교를 박해하였다. 철종 이후 조선의
천주교도 수는 늘어났고, 프랑스신부도 입국하여 베르누(Bereneux), 리델(Ridel) 등
12명이나 되었다. 대원군은 영국·프랑스와 결탁하고 동남진하는 러시아를 막으려
했으나 실패한 데다가, 폐쇄적인 배외사상으로 천주교도를 탄압하였다.

23) 1866년(高宗 3년)에는 천주교도 南鍾三 등 수천여 명과 신부 9명도 함께 처형하
였다. 이를 丙寅邪獄이라 한다. 이 사실이 조선을 탈출한 리델(Ridel) 신부에
의하여 淸國주재 프랑스함대사령관 로즈(Rose) 제독에게 알려졌다. 이 소식을
들은 북경주재 프랑스 대리공사 벨로네(Bèlonlét)는 즉시 로즈로 하여금 조선을
침입케 하였다. 2척의 戰船은 한강으로 해서 楊花津까지 왔다가 형세만 정찰한
뒤 그냥 돌아갔다.

이미 프랑스는 외교적으로 수차에 걸쳐 통상을 요구한 바 있었으나 대외강경책
을 고집하던 대원군에 의하여 거절당하였다. 교인살해에 원한을 품은 프랑스는
무력으로 문호를 개방시키고자 계획하던 중 군함 7척으로 강화도에 상륙·점령
하고, 군기 및 역사서를 약탈해 가는 반면, 서울까지 침범하려 했으나 通津과
文殊山城에서 한성근·양헌수 부대의 분전으로 퇴각당하고 말았다. 이를 丙寅洋
擾라 한다. 조선의 수비병이 이를 물리쳤기에 대원군은 이 사실 하나를 과장되
게 선전하고 서양의 세력을 과소평가하였다. 조선은 이와 같은 격퇴의 사실을
청국과 일본에 전하고, 성곽이며 포대를 유리하게 수축하는 등 국방안보태세를
보다 강화하였다.

1866년 10월 프랑스와 동양함대사령관 로즈는 7척의 군함을 인솔하여 강화성을 포격하였다. 이때 한국군을 공격하였으나 서울을 습격할 수 없다고 여겨 함대를 철수해 버렸다.24) 대원군은 이것을 프랑스군의 패배로 간주하여 구미(歐美) 따위는 두려울 것이 없다는 것이었다.25) 일본은 대원군의 입장에서 본다면 한국이 무력으로 격파한 구미제국(歐美諸國)의 실력주의에 의거 문호를 연 나라라고도 할 수 있다.26) 게다가 그 일본이 구막(舊幕) 이래 한반도를 침략·지배하려고 하는 야망을 깊이 품고 있기에 매우 경계 중에 있었다. 이러한 무렵에 소우씨의 서계(書契)는 관례를 무시하였다. 한국으로서 본다면 청국 이외는 사용해서는 안 되는 황(皇)·칙

---

24) 1868년(高宗 5년)에 독일인 오페르트가 통상을 요구하다가 거절됨을 분히 여겨 대원군 부친인 南延君의 墓를 파헤치려 한 국제 시체도굴 미수사건이 일어났다. 제너럴 셔어먼(General Sherman)號가 대동강 강가에서 군민에 의하여 소각된 사건을 계기로 1867년 초와 1868년 두 번에 걸쳐 미국 군함이 진상을 규명한다고 황해도 연안과 대동강 언저리에 왔으나 사건전모를 파악하지 못한 채 끝나 버렸다. 이에 미국의 아시아함대사령관 로저스(Rodgers)는 駐淸 미국공사 로오(Low)와 상의하고 강화도공격을 위해 1871년에 5척의 군함으로 仁川 앞바다에 침범한 한·미 전쟁이라고까지 지칭된 辛未洋擾가 일어났다. 廣城鎭과 갑곶 등에 침입한 미군은 魚在淵 부대의 40일 간의 완강한 저항에 부딪쳐 퇴각하였다. 격전 중 그는 전사하였으며, 한때 후퇴하였던 미국함대는 초지진과 덕진을 함락하였다. 이렇게 대원군은 두 차례에 걸친 洋擾가 조선 국력의 강화와 저력에 의해서 승리한 것이라 오판하고, 더욱 대외경계와 강경정책을 전개하였다.

25) 대원군의 이 같은 대외무책임방임주의 사실을 알리기 위하여 각지에 洋夷侵犯, 非戰則和, 主和賣國이라는 내용의 斥和碑를 세웠다. 그런데 兩 양요 때 佛·美가 적극적 정책을 쓰지 않았던 것은 프랑스는 安南을 경영하였고, 미국은 南北戰爭(1861~1865년) 이후의 국내수습책(서부개척 등)이 더 중요한 문제였었기 때문이었다. 이 정책은 한편으로는 대원군을 반대하는 민씨 일파의 세력이 점차 대두하여 더 이상 대외강경정책을 고집할 수 없게 하였다. 대원군이 정권에서 물러남과 함께 외교정책에 변화가 일어나 문호는 세계 여러 나라 앞에 개방되기에 이르렀다.

26) 대원군 집권 10여 년간의 대외강경정책은 구미제국뿐만 아니라, 특히 일본에 대해서도 마찬가지였다. 斥倭를 주장하면 할수록 일본의 조선에 대한 태도와 정책은 더욱 위협적이었다. 사이고오(西鄕隆盛) 같은 武士派의 征韓論이 한 때나마 대두하여 조야를 떠들썩하게 한 것은 이 같은 배경 때문이었다. 한편 淸과의 관계는 그들 내부의 사정 때문에 조선에 적극적인 면을 보이지 않아 내왕하는 정도로 교섭을 유지할 뿐이었다.
李炫熙, 한국근대인물(대원군), 새문사, 1995.

(勅) 등의 문자를 사용했기 때문에 일본이 한국을 침략할 때가 도래하였다고 판단하였던 것은 당연한 귀결인 것이다. 국가의식이 앙양된 메이지유신(明治維新) 당시 부국강병주의에 의해서 세계열강과 어깨를 같이 하는 것보다 침략을 염원하고 있던 일본은 한국의 서계거척사건을 간과할 수 없다고 생각하였다.

그런데 이에 관하여 어떤 일본인은 한국이 과거에 마치 일본에 '속령'이거나 '정벌' 되었던 사실로 심히 유감스럽게 여기고 있는 듯싶게 쓴 것을 볼 수 있다.27)

당시 그의 막료 중의 하나였던 후나고시(船越衡)는 이런 이론을 전개 하였다.

"오오우(奧羽) 전쟁도 끝나고 하고다데(函館)도 평정되었지만, 오늘날의 군인 중에는 전쟁이 없어 여전히 솜씨를 부리고자 하는 한탄을 참지 못하는 자들이 많다. 그리고 조선과 일본과의 사이에 다소 분규(紛糾)가 있음을 기화로 곧바로 조선을 정벌하려고 하는 논자(論者)가 있었고, 또한 조정안에도 그 논자가 있었다."

라고 정한론의 배경과 그 의미를 피력한 뒤

"그들은 어떤가 하면 오늘날 전쟁은 끝이 났으나 승리에 도취된 군인들을 그대로 두어서는 억제하기가 심히 곤란할 것이다. 차라리 그 예봉을 바깥으로 향해서 승리하면 좋고, 패배한다 할지라도 그 영향은 별로 없을 것이다라고 말할

---

27) 前記한 菊田貞雄이 그의 저서에서 "먼 왕조 시에 우리 속령이었던 조선이 아니었던가. 도요토미 히데요시에게 정벌되었던 조선이 아니었던가. 舊幕時代 禮聘使를 보내 왔던 조선이 아니었던가. 그 조선에게 禮를 후하게 해서 皇政復古를 통고했는데도 이처럼 無禮하였다. 舊幕 이래 尊皇攘夷의 의식하에 維新의 大業에 참여해 왔던 무사들의 攘夷의 목표는 이제 化하여 征韓論으로 되었다. 이 기운은 토오후쿠(東北) 전쟁과 하고다데(函館) 평정 무렵에 관군참모 오오무라(大村益次郎) 등이 인식하고 중대문제시하기 시작했던 것이다"라고 터무니없는 궤변적인 주장을 늘어놓고 있는 것이다(동 저서 제1부 제3장 제3절 참조).

것이다. 일찍이 도요토미 히데요시가 조선을 정벌한 것과 같은 취지를 본받으려는 것이다. 도요토미 히데요시라면 그래도 괜찮을는지 모르지만 천황이 친정하는 오늘날 신하를 통제하기가 어렵다고 하여 성패(成敗)에 상관하지 않고 사태를 외국에서 꾸며서까지 그 예봉을 타국으로 전향하려고 함은 몹시 부당한 정략(政略)인 것이다. 가령 통제가 어렵다고 한다면, 만약에 승리한다면 더욱더 통제가 곤란하게 되지 않겠는가. 이처럼 왕정복고하게 된 이상 이제부터 유신의 대업을 성취하지 않으면 안 되는 때를 당해서 신하를 봉제하기 어려워서야 어떻게 무슨 일을 하겠는가. 아무튼 오늘날 조선에서 사태를 일으킨다는 것은 동의할 수 없다. 이 일에 대해서는 대략 기도에게 말하여 두었지만, …… 하긴 기도(木戶孝允)에게도 조선정벌론은 있었다. 기도의 논이라면 나도 동의한다."28)

라고 술회하였다.

이것도 따지고 보면 하고다데 전쟁 직후 오오무라(大村)가 관군참모(官軍參謀)로서의 체험에서 결과된 의견이었다.

그렇다면 기도(木戶孝允)의 정한론이란 무엇일까. 토오후쿠(東北) 전쟁이 끝나자 그는 1868년 12월 14일 이와쿠라에게 건의해서 한국으로 사절을 파견하여 '한국의 무례를 책하자는 것이었다. 만일 반성이 없을 때는 문죄사(問罪使)를 발하여 황국의 국위를 신장함이 마땅하다고 말하였다. 그럴 경우는 국내의 인심을 일변시켜서 형제가 집안싸움을 벌리는 악폐를 말끔히 씻고, 메이지유신의 목적도 관철할 수 있다 할 것이다.'라고 그의 입장을 밝히고 있다.

그는 1869년 1월 하순에 군무관 오오무라(大村益次郎)에게 이런 서신을 보냈다.

"결국 하고다데를 평정하기에 이르렀다.
해륙(海陸)에 있어서 조정이 정비를 한바, 오로지 조정의 힘을 주축으로 한 병력을 가지고 조선땅 부산 부근을 경영하도록 바라는 바이다. 이는 물론 물산

---

28) 明治維新에 즈음하여서의 朝鮮論, pp. 34~36.

(物産)이나 금은(金銀)의 이익은 없을 것이다. 비록 손실이라 생각되지만 황국의 나아갈 방향을 정하여 억만창생의 눈을 내외로 크게 바꾸게 하고 해륙의 여러 기예(技藝) 등을 발전하게 하여 장차 황국으로 하여금 흥하게 일으켜 아주 오랜 세월까지 유지하도록 하고자 하는 것이다. 이 밖에는 별 다른 정책이 없으며, 아직 에죠(蝦夷) 땅을 개발하지 못한 터이므로 다른 곳에 손을 대는 것의 불가함도 있으나 이는 곧 하나를 알고 열을 모르는 것이다. 에죠에 대한 일은 차후에라도 늦지 않다. 오직 조정에서 에죠에 대한 이익을 탐하지 않는다면 어떻게 해서든지 수단은 있을 것이다. 한국에 대해서는 황국의 국체가 세워진 바로써 오늘날의 세계의 조리(條理)를 추진하는 것이다. 동해에 빛을 떨치게 되는 것은 여기에서부터 비롯되는 것이라고 생각한다. 만약 서로 싸우게 된다고 할 때 반드시 서둘지 말고, 연차적으로 정하여 한 지방을 검거하고, 그런 후에 다음 점령계획을 세워 힘이 미치는 대로 게으름이 없이 전력할 때에는 반드시 양 3년을 넘기지 않아서 천지가 크게 변하고 실적을 올리게 될 것이다."[29]

라고 하였다. 정한론의 기수와 일본의 한국침략을 선도한 바 있는 온 건론자 기도는 한국을 의식한 듯 이런 견해를 피력하였다.

　　"한국을 정벌한다 해도 무턱대고 우격다짐으로 이를 정벌하는 것은 아니다."[30]

라고 하여 교묘한 술책을 써서 한국과 한국인을 기만하자는 속셈인 것이다. 겉으로는 선린과 우호를 가장하면서도 속으로는 치밀한 잔혹성이 깃든 침략을 단행하자는 것이 정한론의 기수 기도(木戸孝允)의 음흉한 계략인 것이다. 군병을 즉시 한국으로 파송하는 것이 아니고

　　"오늘날 무엇인가를 조선에서 일을 꾸며서 해야 한다. 말하자면 발판을 붙여서 소위 적국외환(敵國外患)을 꾸며서 국내의 모든 일에 대해 이것저것 개혁을 단행하려고 하는 것이다."[31]

---

29) 前揭 木戸孝允文書, 第3, pp. 232~234.
30) 木戸孝允日記, 제1, 1869年 10月 30日, p. 184.

라고 하는 것이다.

정한론의 명분을 찾기 위하여 일본침략자들은 백방으로 그 묘수를 모색하고 있었다.

3. 한국정부와의 빈번한 교섭

정한론의 명분을 찾기 위해 노력하던 일본정객들은 이제 한국정부에 의도적인 왕정복고의 통지와 함께 교섭을 간청하였다. 번병(藩兵)을 해산하여 친병(親兵)을 징집해야만 했던 필요상으로 정한론은 적절한 구실이라고도 보이고 있다. 그 후에 1869년 12월 조정의 여론은 한·청(韓·淸) 양국에 사절을 파견하기로 결정하였다. 곧이어 기도에게 은밀히 사절의 명령을 내렸다. 그런데 1870년 야마구치번(山口藩)의 군대의 폭동이 있어서 그는 이것을 진압하기 위해서 번(藩)으로 돌아와 수개월 동안 체류한 후 도쿄(東京)로 돌아갔다. 그러나 마침내 사명의 임무를 수행하려고 하지 않았다. 그 이유는 분메이지 않으나 어떤 명분을 찾아야만 한국침략의 그럴 듯한 단서가 잡히기 때문인 것으로 보인다. 그런 어간에도 한국정부와의 국교의 교섭은 원만히 진행되지 못하였다.

한국과는 외교담당이 대마도주에게 세습특권을 인정하였던 것이다. 이리하여 이미 언급한 대로 1868년 3월 23일 대마도주가 한국정부에 왕정복고를 통고하게 되었던 것이다.

그러나 일본의 중앙정부와 대마도주와는 한국교섭에 관한 방법에 차이가 있었다. 메이지유신정부는 혁신외교를 고집하였으나 대마도주는 주저하였다. 대마도주가 그 절충안을 모색한 것은 이 때문이었다.[32] 일본 사신의 왕정복고를 설명받은 한국정부는 이를 엄중문책하고 귀국할 것을 통고하였다. 그 다음해에도 같은 요구를 되풀이 하면서 교섭을 강청하였다. 그러나 한국정부

---

31) 前揭 明治維新에 즈음하여서의 朝鮮論, p. 35.
32) 田保橋潔, 近代日鮮關係의 研究(上), pp. 137~153.

는 정현덕의 장계에 따라 서계는 개수(改修)하여 받으라고 엄명을 내렸
다.[33] 물론 이때는 동래부사 정현덕(鄭顯德)이 직접 지휘하였으나 그 배후
의 인물 흥선 대원군의 강경일변도적인 쇄국정책이 서계를 거척토록 막후에
서 작용하였던 것이다. 이에 일본정부는 대한국(對韓國)의 교섭은 정부 자체
가 직접 절충하겠다고 적극자세를 취하였으나 대마도주는 그대로 자기가 외
교교섭을 전담해야 성사할 수 있다고 양보하지 않았다.

일본은 1869년 6월 봉건영주제를 없앴다. 대마도주도 봉건제후의 신분을
잃고 지방관으로 떨어지고 말았다. 그러나 소우씨의 항의와 대마도가 한국정
세에 밝다는 이유가 작용하여 우리나라와의 교섭은 외무성과 대마도주의 공
동관리로 추진되었다.

그럼에도 불구하고 침략적인 근성으로 뭉친 일본 중앙의 관리는 정부가
직접 교섭에 임해야 효과가 있다는 명분을 내세우고 직접 관리의 파견을 검
토하였던 것이다.[34]

따라서 외교의 실황을 조사한다는 명분하에 1869년 말에 외무권대록(外務
權大錄) 사다(佐田白茅) 등이 왜관에 파견되었다. 이어 다음해(1870년) 10월
외무권소록(外務權小錄) 모리야마(森山茂)・사이또(齋藤榮)를 파견하였다. 이
어 외무소승(外務小丞) 요시오카(吉岡弘毅)도 한국에 외교사절로 왔다.[35] 그
러나 옛 규약에 따라 대마도를 경유하지 않은 외교는 허락지 않는다는 원칙하
에 정면으로 거절되었다. 1871년 7월 대마도주 소우씨는 400여 년간 한국과
의 외교를 전담하던 세습직권이 파면되고 말았다. 이미 1869년 초 한국정부의
완강한 거절에 부딪치자 기도(木戶孝允)는 조선정벌을 공공연히 주장하였다.

---

33) 承政院日記, 高宗 6年 12月 13日.
34) 前揭 한국사, 16, pp. 98~100.
35) 1870年 7月 外務小丞 요시오카(吉岡弘毅), 外務權大錄 모리야마(森山茂)와 함께
   12명 등이 出仕하여 히로쓰(廣津弘信)를 시켜 보냈으나 별로 요령을 얻지 못하
   였다. 明 1872년 정월 소우(宗重臣)씨는 옛날 신하인 외무에 있는 10명 등과 出
   仕하여 소우라(相良正樹)를 大差使로 하여 모리야마, 히로쓰 등과 함께 조선으
   로 보냈으나 목적을 달성하지 못하였다. 한국의 거절은 더해갈 뿐 소우라 등은
   하는 일 없이 동년 6월 헛되이 일본으로 돌아가고 말았다.

1873년 6월 모리야마는 귀국하여 한국의 거절사건을 외무성에 보고 하였다. 당시 외무경 소에지마(副島種臣)는 멀리 청나라에 체류하고 있었다. 외무소보 우에노(上野景範)가 대신하여 그 전말을 정원(正院)에 상신하였다. 태정 대신(太政大臣) 산죠(三條實美)는

> "우선 금번에 무엇보다도 우리 국민보호를 위하여 육군의 약간과 군함 몇 척을 그 땅으로 파견하도록 하여 …… 그 위에 사절을 파견하고 공리공도(公理公道)로써 기필코 담판하게 할 생각이다."36)

라고 말하였다. 이것은 두말할 필요 없이 한국을 침략하기 위한 위장전술임이 분명한 것이다. '우리(일본) 국민보호'라는 구실로 육군과 군함을 동원하여 한국을 침략하겠다는 저의가 바로 그것을 의미하는 것이었다. 이처럼 그들은 침한론을 자국의 거류민 보호라는 기만수법으로 호도하고 무력침공을 일삼았던 것이다.

동년 6월 12일 각료회의에 참석한 참의(參議)는 사이고오, 이다가키, 오오기(大木喬任), 오오쿠마, 고토우, 에토우이었다. 이다가키가 나서면서 이 일에 찬성하였다. 소위 거류민 보호는 정부의 의무이므로 속히 1개 대대의 군대를 부산에 보내고, 그런 후에 수호조약의 담판에 이르도록 할 것이라는 외교적 상식론을 제의하였다. 이는 물론 1개 대대 병력을 부산에 상륙시켜 무력으로 침공을 개시하겠다는 저의가 명백한 것이었다.

4. 사이고오(西鄕隆盛)의 정한론

일본 무단파로 강경한 정한론을 내세운 자는 사이고오였다. 사이고오는 이다가키에 반대하고,

---

36) 大久保利通傳, 下卷, p. 85.

"지금 홀연히 군대를 한국에 보내서 거류민을 보호한다고 하면 한국은 우리 쪽의 행동을 침략으로 오해할 것이다. 용병(用兵)의 정책은 중지하고, 책임 있는 전권대사를 파견하여 한국과 담판하여야 한다."

라고 하면서 만약에 대사를 살해하기라도 하게 된다면 그때야말로 정정당당하게 토벌할 시기라고 호언하였다. 그리고 전권대사는 정모정복을 착용하고 예절을 후하게 하여 갈 것을 제언하였다.37) 사이고오의 치밀주도한 정한론의 서두를 통해 그의 정략적 발언을 이해할 수 있는 것이다.38)

이렇게 이다가키도 자기의 의견에 따르자 사기가 충천해진 그는 다음 단계로 음모를 진행시켜 나갔다. 사이고오는 전권대사로 자기를 임명하여 주도록 제안하였다. 이에 대부분의 참의(議參)는 대개 사이고오의 뜻에 찬성하였으나 산죠는 일이 중대한 것이어서 그 찬성여부를 결정짓지 못하였다.

달이 바뀌어서 7월 26일 외무경 소에지마는 청국에서 귀국하여 그곳 사정을 보고하였다. 다시 말하면 청국정부는 한국의 내치외교를 전적으로 자주자치적으로 일임하고 있기 때문에 한국이 일본에 대한 무례에 책임을 지지 않는다는 것과 그리고 당시 일본에 있는 러시아공사 부조프는 일본과 한국 사이에 사건이 있을 때는 러시아는 이에 간섭하거나 또는 방해할 의사가 없다고 전했던 취지를 확실히 언급하였다. 이들 의사표시는 오직 말로 주고받았던 것으로 외교문서에 의한 것이 아니기 때문에 물론 확증은 되지 않았다.

그러나 소에지마와 정한론자(征韓論者)에게는 자신을 가지지 않을 수 없게 하였던 것이다. 그 날에 소에지마는 한국파견사절의 문제는 외무외교에 속한 것이기 때문에 당연히 외무경으로 하여금 이를 결정하도록 하는 것이 마땅함을 주장하였다. 태정 대신 산죠도 소에지마의 주장을 옳다고 생각하여 대찬성하였다. 만약에 외교적 수완이 있는 소에지마가 사이고오 대신 사절이 되어 있었더라면 한국과의 수호조약도 의외로 빨리 성립되었을는지도 모른

---

37) 大西鄕隆盛全集, 第2卷, pp. 735~737.
38) 이타키기는 사이고오의 의견에 따르면서 자기의 見解는 철회한다고 밝혔다. 결국 征韓論은 당초 강경파 사이고오의 계획대로 추진되고 있었음을 엿보겠다.

다. 그런데 사이고오는 어디까지나 자기주장을 고수하여 정한론진(征韓論陣)
은 대립하였다. 사이고오는 어느 날 밤에 소에지마를 방문하였다. 그 자리에
서 한국파견사절을 자기에게 양도하도록 부탁하였다. 소에지마는 사이고오의
입장에 동정하여 그의 요구를 들어 주었다. 7월 29일 이다가키에의 편지에
이런 내용이 적혀 있다.

> "소에지마와 같은 사절은 될 수 없을지라도 죽는 일이라면 마음의 준비가 되
> 었다고 생각하고 있으므로 잘 좀 부탁드리는 바이다."39)

라고 명백하게 기록되어 있음을 보겠다.

　동년 8월 3일 사이고오는 산죠에게 건의서를 제출하였다. 한국파견사절의
임명을 재촉한 것이다. 그 내용 중에 이런 대목이 있다.

> "조선의 문제는 일신(一新)도 이루었다. 손을 쓴 지가 어언 5~6년이 되어 가
> 는 바이다. 그런데 최초로부터, 친목을 추구할 것이 아닌 것은 아마도 무슨 방책
> 이 있을 것으로 생각하였는데, 오늘날 조선이 교만하고 무례하게 될 때에 이르러
> 비로소 이러저러하게 머뭇거리고 있어서는 천하의 웃음거리가 된다. 누가 국가
> 를 흥흥하게 할 수 있겠는가. 현재 우리들이 호사로 아무렇게나 주장하는 바가
> 결코 아니며, …… 최초의 취지를 관철하지 못해서는 후세까지의 모독이므로
> …… 단연 사절을 파견하시어 그의 곡직을 분명하게 가리어 마땅할 것이다."40)

　사이고오의 이 글을 보면 마치 정한론의 즉자적인 책임이 한국 측에 있는
양 전가의 보도를 그럴 듯하게 휘두르고 있음을 엿보겠다. 한국이 무례하게
대하는 데 있어서 방관하고 있다면 이것은 '천하의 웃음거리'가 된다는 궤변
인 것이다. 그야말로 웃음거리를 사이고오는 우리에게 선사하고 있는 것이다.
　동년 8월 17일 일본은 각료회의를 열었다. 산죠는 사이고오의 결심이 공

---

39) 大西鄕隆盛全集, 第2卷, p. 737.
40) 大久保利通傳, 下卷, p. 87.

고함을 알고 마침내 그를 한국파견사절이 되게 하였다. 산죠는 다음날 도쿄 하고네(箱根)의 행재소(行在所)에 문안을 드리고 각료회의의 상황을 보고하여 저희 일황의 결정을 바라게 되었던 것이다. 이에 일황은 한국파견사절의 문제는 중대사이기 때문에 이와쿠라 대사의 귀국을 기다려 숙의한 후에 다시 상주(上奏)할 것을 명령하였다. 이는 일황과 침략자 사이고오와의 음모가 척척 들어맞는 형국을 우리는 앉아서 볼 수 있는 것이다.

5. 강경·온건론의 양상

정한론은 일본조야에서 강경·온건 양론으로 날카로운 대립의 양상을 보였다. 온건파 정한론자 이와쿠라 대사 일행이 귀국한 것은 그 해 9월 13일이었다. 산죠는 이와쿠라에게 한국파견사절의 경과를 보고하면서 이와쿠라의 교묘한 술책을 전제로 하여 조언을 구하였다. 이와쿠라는 오쿠보를 참의로 하여 기도와 함께 각료회의에 참여시킬 것을 주장하였다. 크게 힘이 될 것이기 때문이었다. 이내 허다한 경위를 거쳐 약 한 달 뒤인 10월 12일 마침내 오쿠보는 참의에 취임하였다.

기도의 주장으로 정한론자측(征韓論者側)에서도 소에지마가 참의로 임명되었다. 이에 정한파와 신중론파 등 양파의 대립적 양상은 심각하게 노출되었던 것이다.41)

10월 14일 이와쿠라 등이 귀국한 후 정한론의 심층논의를 위한 제1회의 각료회의가 전각료 참석리에 열렸다. 강경파 정한론자 사이고오는 이 자리에서 한국정벌과 그 지배문제가 국위선양에 관한 중대문제임을 논하였다. 동시에 한국파견사절의 문제가 무엇보다도 우선적인 급무임을 역설하였다. 온건론자 이와쿠라, 오쿠보는 그 의논에 반대하였다.42) 한국파견사절은 정한(征韓)을

---

41) 河原宏, 西鄉傳說, 東京: 講談社, 1971, pp. 130~131.
42) 온건론자의 반대는 韓國征伐 그 자체에 限定하는 것이 아니고 實力을 배양한 뒤

전제로 할 것과 오늘날은 아직 외정(外征)의 실력성숙의 시기가 거의 못된다는 것을 이유로 들어 논박 하였을 뿐이다. 이에 대해 오오쿠마와 오오기(大木)는 이에 찬성하고 나섰다. 강경침략파 사이고오는 어제의 각료회의에 있어서 자신의 소론을 다하였다고 하여 15일의 각료회의에는 출석을 보류하였다.43)

그는 그 뒤 산죠에게 시말서를 제출하였다. 사이고우, 기도의 2인을 제외한 참의 및 산죠, 이와쿠라 등이 서로 모였을 때 오쿠보는 어제의 반대론을 반복하여 강조하였다. 그러나 소에지마와 이다가키도 사이고오의 주장에 동의하여 논쟁이 쉽게 결정되지 않았다. 여기에 있어서 산죠와 이와쿠라는 여러 참의들을 별석에 대기시키고 심사숙고하였다. 이윽고 한국침략을 전제로 한 각료회의를 다시 개최할 것을 선언하기에 이른 것이다.

산죠대신으로부터 사이고오의 진퇴는 국가의 안락과 근심에 관한 것이기 때문에 사이고오의 의견을 채용할 것을 엄숙히 선언하였다. 산죠의 원래 계획된 저의는 당시 12일 이와쿠라에게 보낸 글 중에 상세히 나타나 있다고 생각된다. 그 일절을 보면

> "실로 사이고오도 단단히 결심을 한 것이었다. 군대의 동정도 이 일거의 형편에 달려 있으므로 거의 통제의 방도가 어렵겠다. 장차 갑자기 생긴 변란 피해의 걱정을 감수할 수 없겠으며, 군대를 통제하지 않는다면 장차 구제될 수 없는 큰 변란으로 생각하는 바이다."44)

라고 기술하였다.

산죠는 사이고오의 배후에 도사리고 있는 엄청난 무력을 경계했던 것이다. 이리하여 이와쿠라는 오쿠보의 사의가 공고함을 알았다. 따라서 자책의 마음

에 철저히 그리고 영원히 韓國을 침식, 지배하자는 보다 근본적인 문제접근에 본래 의도가 개재되어 있었던 것이다. 그러므로 강·온건론자의 征韓論은 '한국을 침략·지배'하자는 근본방향에서 전혀 별개의 異見을 가진 것이 아니었다.

43) 黑龍會編, 西南記傳, 第5卷, 1908, pp. 50~59.
44) 1873年 10月 12日 三條로부터 岩倉에게, 岩倉具視關係文書.

을 견딜 수 없어 17일 기도, 오쿠보와 함께 사표를 제출하였다.[45]

17일 사이고오를 비롯한 강경일변도의 정한론파의 참의들은 조정에 들어왔다. 그러나 신중론파의 참의는 전부 탈락하였다. 산죠대신은 국가비상의 대사건의 경우 전 각료가 출석한 다음에 재결(裁決)되어져야 마땅하다는 이유로 연기를 요구했다. 이날 산죠는 이와쿠라, 오쿠보, 기도의 사표를 보고 우려하였다. 따라서 진퇴유곡에 몰렸다. 그는 18일 이른 새벽에 정신이상을 일으켜 인사불성에 빠졌다. 19일 산죠는 사표의 주달(奏達)을 이와쿠라에게 위탁하였다. 20일에는 일황이 산죠의 집을 방문하였다. 다시금 이와쿠라의 집도 방문하여 칙어(勅語)를 내렸다. 22일 사이고오, 소에지마, 이다가키, 에토우의 정한파 참의 등이 이와쿠라집을 방문하였다. 속히 상주(上奏)하여 재가를 거쳐서 한국파견사절의 발령을 재촉하였다. 그런데 이와쿠라는 단연 이를 거절해 버렸다.[46] 에토우는 이와쿠라의 자격이 태정 대신 대리이기 때문에 대리자는 본인의 의사를 규정에 따라 행동하여야 마땅할 것이다. 그럼에도 불구하고 본인의 의견에 반대되는 의견까지를 주문(奏聞) 하려고 하는 것은 온당치 않다는 법이론을 가지고 공박하였다. 그러나 이와쿠라는 그의 결심을 바꾸지 아니하였다. 강경파 침략론자 사이고오 등은 자기들의 의견이 행하여지기 어려움을 깨닫고 분연히 떠나가 버렸다.

10월 23일 이와쿠라 대신은 입궐하여 상세하게 각료회의의 상황을 알려 한국파견사절은 이때 당장은 승산이 없다는 이유를 상세히 진술함으로써 일황의 결단을 희망하였다. 다음날 24일 거듭하여 이와쿠라를 일황이 접견하고 주의(奏議)를 재가하였다.

10월 23일 사이고오는 참의·육군 대장·근위도독의 일체 공직을 사퇴하는 글을 올렸다. 다음날 이다가키, 소에지마, 고토우의 여러 참의도 각기 뒤

---

45) 이와 같은 辭意 소동은 이미 예정된 극적인 제스처였음이 분명한 것이다.
46) 征韓論 그 자체에는 전혀 異見이나 다른 方法上의 문제가 있을 수 없는 것이다. 단지 그 시간이나 경우에 따라 실시의 규모와 참가인원의 數字가 달라질 뿐인 것이다.

이어 자기네의 무력침공계획의 좌절로 인해 사표를 제출하였다. 이들 정한론파 참의는 모두 면직되었다. 그러나 기도, 오쿠보 등의 온건론자 일당의 사표는 수리되지 않았다.47)

이리하여 메이지유신기에 있어서 최대문제이었던 한국정벌을 위한 사절의 논의는 일단 보류되었을 뿐이었다. 중앙집권적 근대국가건설의 도중에서 야기되어야 할 것이 마침내 나타났고, 패퇴되어져야 할 것은 정권 밖으로 전락되어 버렸다고 말하는 일본인도 있다. 여하간 정한론은 한국을 속히 그리고 영원히 침략·지배하여야 한다는 근본적이고 실질적인 흉계와 음모에는 강·온건론자의 구분이 있을 수 없다는 것이 여러 가지 귀한 자료 속에서 증명하고 있는 것이다.

단지 그 시기나 규모를 걱정하는 일방, 일본의 군사력 장비 등의 준비상태를 고려하여 서서히 침략하자는 의논이 지배적이었던 사실을 정확히 인식해야 할 것이다.

제2절 정한논쟁의 침략적 흉계

1. 호전론자(好戰論者)의 한국정벌 의도

1870년을 전후로 한 시기는 일본의 호전적인 정한론자에 의하여 한국에 대한 외교가 전담되었다. 즉, 기도(木戸孝允)나 사다(佐田白茅)와 같은 강경군벌이 외교권을 장악하고 아시아를 향해 침략의 마수를 뻗히기 시작하였던 것이다.

---

47) 河原宏, 前揭書, pp. 140~148.

따라서 일본은 역사적인 예규를 일방적으로 폐기함으로써 두 나라 사이의
외교교섭을 더욱 정돈상태로 몰고 간 것이다. 그러므로 가장 곤경에 빠진 것
은 대마도주였다.48) 어려운 현실을 타개하기 위하여 한국관리들에게도 알리
어져 있던 통사(通詞: 浦瀨祐)를 주선하였다. 이에 통사를 불러 정부의 임무
를 주어 그를 파견하였다.

명을 받은 이 통사는 한국외교의 실제적인 책임자였던 권대참사(權大參事)
오오시마(大島正朝)의 지령을 받고 1870년 5월 상순부터 예전계획에 따른
방식을 취하는 타협안을 내놓았다. 이는 어느 정도 타결이 되는 듯하였다.
그러나 예기치 않은 사건으로 수포로 돌아갔다.49)

이와 같은 좌절에도 불구하고50) 일본 메이지유신정부는 통사(浦瀨祐)의
교섭방안에 어떤 힌트를 얻은 바가 있었다. 방법에 따라 이미 언급한 외무권
소승 요시오카(吉岡弘毅)와 외무권대록 모리야마(森山茂) 등이 일본정부의
파견원임을 밝히고, 동 11월 3일에 왜관에 도착하여 훈도 안동준과의 면담
을 요청하였다.51) 그러나 역시 대마도 이외의 사신과는 교섭할 수 없다고
완강히 거절되었다. 따라서 그곳에 체재한지 10개월에 때마침 미국함대가
강화를 침공한 1871년 신미양요(辛未洋擾)가 일어나게 됨으로써 일본은 이
사건에 말려드는 것을 꺼려 적극적인 외교를 중단하였던 것이다.

---

48) 문제가 된 외교의 대리하청자이며 그 권한을 위임받은 대마도는 한국과의 외교를
　　전도민의 사활문제와 결부시키고 있었다. 따라서 일본정부가 외교권 박탈에 항의
　　하여 佐田 등이 渡海할 때에 乘船에 수 없이 공격의 발포를 행할 정도였다.
　　佐田白芽, 征韓論의 舊夢談, 明治文化全集, 卷22, pp. 41~42.
　　이 당시 對馬島主는 朝鮮에 약 6萬金의 負債를 지고 있었던 것으로 집계되고 있
　　는 것이다.

49) 의외의 사건이란 이런 것이다.
　　즉, 당시 일본에 있던 駐日獨逸代理公使 브란트(Max August Scipio von Brandt)
　　가 독일군함 헤르타(Hertha)에 탑승, 同年 5월 3일에 釜山에 입항하여 외교교섭
　　을 모색하려 하였으나 거절되자 空砲로 위협사격을 가하고 돌아간 사건이었다.
　　이때 헤르다함선에는 對馬島의 역관 등 日本人이 다수 동승하여 있었다. 따라서
　　洋倭가 손잡고 通謀하였다는 혐의가 짙게 되어 日本의 교섭을 거절하게 되었다.

50) 高宗實錄, 高宗 7年 5月 4日.

51) 承政院日記, 高宗 7年 11月 4日.

그 후 호전성을 띠고 계속적으로 정한론을 제기한 일본정부는 난국타개를 위하여 대마도주번(對馬島州藩) 외무대승 소우(宗義達)의 파견을 계획하였다. 다시금 적극외교를 위하여 모리야마(森山茂)·히로쓰(廣津弘信) 등이 기선 만주환(滿珠丸)을 타고 고종 9년(1872년) 1월에 부산에 도착하고, 대수 대차사정관 히구치(桶口鐵四郎)에게 귀국을 명하였다. 그는 첫 사신으로 파견된 이후 왜관에 3년간 체제하였다. 모리야마 등은 대마도주가 스스로 세습 직이 파직되었음을 통보하는 문서를 한국정부의 훈도 안동준에게 전하려 하였다. 그러나 동래부사 정현덕은 왜사가 기선에 탑승함은 서양의 이양선(異樣船)과 얼핏 보아 오해되기 쉽다고 하였다. 따라서 그 사용을 금지하고 사신은 구례에 위배되므로 마침내 거절하였다.

이에 그들은 강경책을 의논하고 5월 20일에 외무출사(相良正樹) 등이 관수(館守)와 관원(館員)을 인솔하고 왜관을 나와 동래에 이르러 그 부사와의 직접 교섭을 요청하려 하였다.52) 그런데 왜관의 왜인은 규정된 지경을 벗어날 수 없고 또 절차를 밟지 않고는 부사를 만날 수 없었다. 그러므로 이 왜관난출(倭館攔出)은 큰 파문을 일으켰던 것이다.53) 따라서 동래·부산 등 우리 국민의 항일감정을 자극한 바 되었다. 이에 따라 왜인에 대한 경계를 강화하였다.

이 당시 일본 안에서는 참의 사이고오(西鄕隆盛), 이다가키(板垣退助) 등 정부 중요 인물들까지 이미 논급한 바와 같이 정한론을 주장할 때였으므로 일본정부는 외무대승 하나부사(花房義質)를 특파하기로 하였다. 그의 임무는 외교교섭의 난국을 타개하는 한편, 이미 대마도주의 권한이 박탈되었으므로 외무성이 왜관을 접수하는 임무도 띠고 있었다.

마침내 1872년 9월 하나부사(花房義質)의 일행은 군함 춘일에 탑승, 기선

---

52) 高宗時代史, 高宗 9年 6月 7日.
53) 倭館攔出은 300년 내에 없었던 일이다. 이는 中宗 5년(1510년) 三浦倭亂과 흡사한 큰 사건이므로 그 책임을 물어 訓導 安東晙과 別差 高在健이 그 자리에서 책임을 지고 사퇴, 파직되었다.

유공환을 거느리고 부산에 도착하였다. 군함 춘일에는 보병 2개 소대가 승선하고 있었다. 그런데 왜관난출이 있은 후 사태가 험악할 때에 화륜선 2척이 출현하였으므로 하나부사의 교섭이 받아들여질 수가 없었다. 하나부사는 정부의 대표임을 밝히고 교섭을 촉구하였으나 훈도·별차에 의해서 거절되고, 한국 측은 에도관원과 화륜선은 속히 철거하라고 명하고, 왜관에 대하여 철공철시(撤供撤市)를 단행하였다.54) 이에 따라 하나부사는 체류 수개월 만에 귀국해 버렸다. 한편 하나부사는 초량왜관을 접수함으로써 왜관은 일본 외무성소관으로 변하였다.55)

1872년 일본정부가 왜관을 접수한 후 왜관관수(深見正規)를 외무출사로 하고 관사(館司)에 임명하였으나 동래부사는 이를 인정하지 않아 그 직능을 수행할 수 없었다. 곧 일본정부는 다음해 1월에 왜관관수를 파직하고, 그 후임으로 외무출사 히로쓰(廣津弘信)를 임명하였다. 그는 3월에 도착하였다.56)

동년 5월 3일에 왜관출입을 감시하는 수문장과 통사에게 잠상(潛商)을 엄중히 다스리라는 전령서(傳令書)를 왜관수문장직사(倭館守門將直舍)의 뒤편

---

54) 이는 倭館에게 공급하는 食糧을 끊고 交易을 禁止하는 조치였다.

55) 문제된 草梁倭館은 世宗 때 三浦開港에 기원을 두고 己酉條約 때에 재건된 것으로 倭를 희유하기 위한 客舍였다. 그 건설비와 滯在倭官員의 비용은 모두 朝鮮朝가 부담한 것으로 對馬島主에게 특별히 그 사용이 허가된 데 지나지 않았다. 그리고 對馬島主는 倭館을 봉하여 조선에 막대한 부채를 지고 있었다. 일본정부가 이를 접수한다는 것은 불법이다. 조선정부, 특히 東萊府가 일본정부와의 직접 교섭을 거절하고 對馬島主를 통하라는 이론은 交隣政策에 기본을 두고 있으나 이러한 倭館의 실정으로 볼 때 타당한 일이었다. 일본정부는 막연히 倭館을 對馬島의 출장소로 생각하고 있었는데 반하여 조선정부는 日本政府가 倭館을 접수한 것을 승정하지 않았다. 그러므로 조선정부는 倭館은 對馬島主에게 준 特惠였으므로 일본중앙파견관리를 추방하고 이를 접수하여야 하였다. 그럼에도 일본정부는 對馬島主로부터 倭館을 접수한 후 스스로 公館이라 개칭하였다. 그리고 對馬島 官員의 대부분은 돌아가고 일본 외무성 관리가 새로 임명되었다. 이러한 일본의 일반적 처사에 대한 조선 측의 보복은 억울하게도 경제적 봉쇄에 그치고 말았다.

56) 이 무렵 일본에서는 정부군의 지방토벌과 臺灣出兵 등에서 軍閥 관리들을 불러 결탁하고 財閥化한 三井系가 외무성의 허가를 받았다. 對馬島 상인의 이름을 빌려 倭館에 잠입하여 東萊商人과 密貿易을 시작하였다. 近代資本主義의 침투를 인식하지 못하고 있던 당시의 조선 관리들이었으나 潛商을 法으로 엄금하고 있었다. 더욱이 倭館과의 관계가 험악할 때라 東萊府使에 큰 충격을 주어 軍官을 파견하여 倭館을 수색하고 그들의 출입을 감시하여, 철공철시로써 징계하였다.

에 게시하였다.57)

일본인들은 이 전령문이 모일(侮日)이라 하여 흥분하였고, 일본 국내에 서는 정한론이 재연되었다. 그리하여 한국의 강경책과 일본 국내사정으로 사태는 더 악화되어 이 전령서의 개시 이후 외교교섭은 더욱 단절되었다.58)

2. 경악할 한국정벌의 구체안건

이미 논급하였듯이 일본이 메이지유신 이후 왕정복고의 사실을 한국정부에 통고하면서 외교교섭을 재개할 것을 권유하자 한국정부가 이를 거절한 것은 당연한 귀결이다. 그런데 이를 두고 정한론을 제기함은 그 의도가 어디에 있었는지 모르겠다. 양보한다 해도 이는 분명 일본의 한국침략을 합리화·명분화하자는 속셈밖에는 없다고 판단할 수밖에 없는 것이다. 일본이 사신을 보낸 후 한국정부의 거절에도 불구하고 8년간에 걸쳐 외교교섭을 계속한 일은 일본이 한국과 선린을 도모하기 위한 데 목적이 있었던 것은 결코아니었다. 메이지유신을 주도한 왕정복고 주의자들 중에는 소위 허무맹랑한 신공황후의 조선정벌이라든가 도요토미(豊臣秀吉)의 조선정벌을 꿈꾸는 침략주의자들이 많았다. 근대자본주의를 도입하여 부국강병책과 근대화의 과정을 밟으며 제국주의적 침략수법을 따르고 있었다.

---

57) 문제가 되었던 이 傳令書는 潛商을 단속하는 경계문이었으나 洋夷의 風俗을 모방함은 이미 일본인이 아니며, 不法之國이란 내용이 있었다. 이 傳令書는 朝鮮의 日本明治維新에 대한 확고한 정책을 명시한 것이다. 日本이 이제까지 수백년의 慣例를 어기고 교섭을 강행하려 한 데 대한 증오의 발로이기도 하며, 일본을 멸시하는 내용이 담겨 있었다. 그 후 10월에 다시 東萊府는 이와 내용이 유사한 傳令文을 고시하였다.

58) 田保橋潔, 前揭書, pp. 293～296 참조.
高宗 10年 5月 3日의 東萊府使 傳會書中의 前文을 보면 이런 말이 나온다. 「我則依三百年約條 而彼之變不易之法 抑獨何心乎 事若違例 則難行之本國 亦所難强 而況可行於隣國 而唯意行之乎 彼雖受制於人不恥 其變形易俗 此則不可謂日本之人 不可許其來往於我境 所騎船隻若非日本舊樣 則亦不可許入我境」.

그러나 일본이 한국과의 외교교섭 중 무력을 행사하지 못한 것은 아직 중앙집권제가 확립되어 있지 못하여 국내문제가 복잡하고 타이완출병 등 외교문제가 있었기 때문이었을 뿐이지 우호나 선린을 고려한 처사가 아님은 명확한 것이다. 또한 국제사회에서 그 국력이 인정되지 못하였기 때문이었다. 그러나 1875년에 이르러서는 아직 문제가 있기는 하였으나 국내문제는 해결되어 국론이 통일되어 가고 타이완출병도 종결되었다. 이에 운양호사건을 일으키게 된 것이다. 이 무력도발은 소위 정한론과 청과의 외교교섭과 깊은 관계가 있다.[59]

이미 시사한 바와 같이 외무출사 사다(佐田白茅)는 초량왜관에서 1870년 3월에 귀국하여 외무경(外務卿)에게 외교의 타결은 무력으로 한국을 굴복시키는 길밖에 없다고 건의하였다.

"한국은 불구대천의 적으로 반드시 정벌하여야 하며, 정벌치 않으면 황위가 서지 않는다."[60]

사다의 정한론은 어떻게 보면 허망된 것도 같은 것으로 침한을 위해 병력 출동을 실현할 때 이렇게 해야 한다는 구체안을 제시하고 있는 것이다. 그가 주장한 정한론의 규모를 보면 다음과 같다.[61]

---

59) 복고주의와 발맞추어 제기된 征韓論은 한국을 무력침공 한다는 일본의 침략적 팽창론이었다. 이런 파렴치한 행위는 이미 德川幕府時代에도 있었다. 그런데 明治維新을 전후하여 復古主義가 왕성해짐에 따라 다시 대두되었다. 그들은 王政復古와 尊王攘夷를 주장하며 豊臣秀吉의 遺業을 계승하여 대륙을 공략하여야 한다고 떠버리고 있었다. 그러나 초기의 정한론은 아직 정부의 실제행동으로 반영될 단계는 아니었다. 그런데 長州의 藩士인 木戸孝允이 정한론에 감화를 받아 뒤에 明治政府의 內閣에 들어가면서 정부 내에도 추종자가 생기고, 그가 미친 영향은 매우 커서 파급효과를 거두게 되었다. 木戸는 조선에 첫 使臣을 파견하여 곧 해결이 안되자 1869년 초에 大臣 三條實美와 岩倉具視에게 정한론을 주장하였다. 木戸의 정한론 주장은 한국을 정벌하면 日本의 국위가 세계에 떨치고, 국내의 인심을 국외로 향하게 하는 데 있었다.
60) 實不俱戴天之寇也 必不可不伐之 不伐之則皇威 不立也.
61) 日本外交文書, 卷3, pp. 138~140.

"10개 대대는 강화부를 향하여 왕성을 직공한다. 6개 대대는 경상·전라·충청 3도로, 4개 대대는·강원·경기로, 10개 대대는 압록강을 거슬러 올라가 함경·평안·황해 3도로 진격하여 서로 호응하면 오순(5旬)도 못되어 조선국왕을 포로로 할 것이다."

이 30개 대대의 병력동원으로 한국을 정벌하면 승산이 있다는 그럴 듯한 출병안이 제시되자 이에 고무되는 자가 적지 않았다. 따라서 정한론이 고조되고 그 의욕을 북돋게 되었다.

참의 기도(木戶孝允)는 이 정한론을 고무 선동하여 동조자를 얻었다. 병부대보(兵部大輔) 오무라(大村永敏) 등이 이에 군침을 흘리며 동조하였다. 기도는

"우리는 단연 결심을 하여야 한다. 고로 군대·함선·군자·기계를 미리 준비하여 완급에 대비하여야 한다는 건백서를 정부에 제출하였다."62)

는 것이다. 물론 기도의 이 같은 의견은 그 자신의 개인적인 야욕을 넘어 일본정부(외무성)의 공식적인 견해라는 사실에 주목하지 않을 수 없을 것이다.

이 같은 맥락에서 동년 7월에 외무대승 야나하라(柳原前光)는 기도의 주장을 기초로 하고 현지 외교실무자인 모리야마, 히로쓰 등의 보고에 의하여 더 구체적인 정한론을 우대신 이와쿠라(岩倉具視)에게 제출하였다.

그 내용의 요지는 이렇게 표현할 수 있겠다.63)

"조선국은 북은 만주에 연하고, 서는 달청(韃淸)에 접한 지(地)로서 이를 우리 영역으로 만들면 실로 황국보전의 기초로서 장차 만국경략진취(萬國經略進取)의 기본이 된다. 만약 타(他)에게 선수를 빼앗기면 국사(國事)는 이에 끝난다."

이런 야욕어린 소위 합리적인 주장은 한국을 정벌·지배하겠다는 저의가

---

62) 前揭書, pp. 145~147.
63) 前揭書, pp. 149~151.

분명한 것임을 주시해야 할 것이다. 뿐만 아니라 현직 일본의 외무권대승 마루야마(九山作樂)는 사다의 출병론에 쌍수를 들어 전폭적인 지지·찬성을 표하면서 동지를 규합하고, 1870년 12월 중에 정한계획까지도 세운 바 있었던 것이다.64)

이 일은 발각되어 국사범으로 취급되었으나 일본 내의 상하주민에게 큰 충격을 안겨 주었다.65)

이 무렵은 일본 국내가 불안할 때라 참의 오쿠보(大久保利通) 등은 국내문제의 복잡 미묘함을 들어 이들의 주장에 반대하였다. 또 외무성 안에서도 반대론자가 있었다. 그런데 정한론은 일본 국내사정과 밀접한 관계가 있었다. 그들은 구미열강을 본 따 한국을 침공하여 열국에 국력을 과시함으로써 구미열강과 맺고 있는 고질적인 발전에의 장애물이라고 생각한 불평등조약을 개정하는 수단으로 삼았다. 또 메이지유신 후에 배출된 불평사족을 외지전장으로 보내어 그 불만을 무마하자는 데에 정략가들의 꾀가 숨어 있음을 간과할 수 없겠다. 한국에서 분쟁을 일으켜 국민의 관심과 여론을 일제히 밖으로 쏠리게 하여 개혁정치에 박차를 가하려고도 계산하였다. 이 당시 정한론자와 신중론자는 정치의 이해관계와 시기에 따라 달라졌을 뿐으로 본질적으로는 모두 같은 황도주의적이고 대국주의적이며 침략팽창주의자들이었다.66)

어처구니없는 한국을 침략하려는 이러한 구상은 한국을 의식한 것이었다. 한국은 청에 복종하고 그 정삭(正朔)을 받고 있는데, 일본이 청과 동등의 격

---

64) 丸山作樂이라는 外務權大丞은 작당하여 1870년 12월 중에 "朝鮮國은 皇國을 위해서는 重地로서 이때 손을 쓰지 않으면 반드시 他國이 相征할 것이다. 方今의 時期를 잃지 않고 속히 兵을 發하여 彼國을 侵하면 반드시 功을 이룰 것이다. 遷延하여 彼國이 文明開化의 때에 이르면 도저히 征伐은 이루어지기 힘들 것이다"라고 하였다. 그는 스스로 총지휘관이 되어 決死隊를 모집하고 12월 중에 단독으로 한국에 침입하려는 흉계를 꾸민 일이 있었다.

65) 田保橋潔, 前揭書, pp. 308~310 참조.

66) 일본 외무성은 朝鮮出兵을 예상하고 淸國 내지 歐美列强과의 외교적 포석을 강구하게 되었다. 그중에서도 淸과 朝鮮과의 封建的 宗屬關係가 가장 문제시되었다. 당시 明治政府의 관리들의 對淸外交의 구상은, 첫째는 歐美列强이 淸과 맺은 바와 같은 優位에 선 조약을 체결하는 것이고, 이것이 불가능할 때는 적어도 淸과 대등한 조약을 체결하려는 것이었다.

이 되면 한국은 일등이 낮아지고 청과 수호를 하면 임진왜란 때 명군이 한국을 원조한 일과 같은 일은 없을 것이다.67) 다시 표현하면 일본은 청과 조약을 체결함으로써 국제적 지위를 차지하여 한국과의 교섭에서 유리한 조건을 가질 것을 약속하였다. 또 만일 무력을 행사할 때에도 청이나 구미열강이 간섭하지 않는 보장을 받으려 노력하였던 것이다.

따라서 1870년 9월 야나하라(柳原前光)가 파견되어 청나라 직예총독 이홍장과 회담하고, 다음해 4월에 대장경(伊達宗城)이 전권대사가 되어 청국 대표 이홍장과 청·일수호조규상정각해관세측에 조인하였다. 그런데 이 조약은 열강이 청과 체결한 바와 같은 최혜국의 조건이 없으므로 일본국 내에서 불만이 일어나 그 후 야나하라가 청국에 파견되어 수정을 요구하였으나 뜻을 이루지 못하였다. 그러므로 일본정부의 청과의 조약체결과 함께 한국문제를 논하려는 일은 청을 자극할 우려가 있으므로 아직 입 밖에도 내지 못하였다. 그러나 이 조약의 체결로써 일본은 한국보다 국제적으로 일단 높은 지위를 획득하여 한·일 관계는 새로운 국면에 접어들었다.68)

야나하라 등이 총리아문에 파견되어 총리아문대신 모창희(毛昶熙)·훈순(薰恂)과 회견하고, 한국과 청과의 관계를 묻게 되었다. 여기서의 문답은69) 청의 한국과의 관계가 논의된 것이 주목을 끈다.70)

---

67) 彭澤周, 明治初期日淸關係의 硏究, p.31~33 參照.
68) 日本에서는 右大臣 岩倉具視의 일행이 大使로서 外遊 중으로 西鄕隆盛(陸軍大將兼 參議近衛都督)이 政權을 장악하고 있었다. 西鄕은 淸·日條好條約에서 얻은 국제적 지위로써 일거에 朝鮮과의 외교를 해결하려 하였다. 이때 臺灣出兵의 뒷마무리와 淸·日修好條約의 비준교환을 위하여 1873년 3월(日本 陽曆)에 副島를 特命全權大使로 하고 外務大丞 柳原, 外務小丞 平井希昌 및 美國人 外務顧問 등을 隨員으로 하여 淸國에 파견되어 7월에 이르기까지 4개월간 외교활동을 전개하였다. 그런데 그 주된 목적은 淸의 朝鮮에 대한 관계를 확실히 해두는 데 있었다. 平井은 駐淸美國公使 로오(Frederick F. Low)를 방문하여 辛未洋擾 때 淸國이 미국에 취한 바 내용을 물었다. 로오公使는 그때 미국이 조선과 國交를 열기 위하여 淸의 總理衙門에게 알선을 요구하였으나 "조선은 淸의 屬國이나 그 政敎禁令은 朝鮮이 獨自的으로 행하는 것이며, 淸은 조선내정에 간섭하지 않는다."는 회신을 받았다. 단, 軍艦의 파견을 극력 저지하여야 한다고 하였다고 말하고, 일본에 동정을 표하였다. 美國公使로부터 總理衙門回信의 등사본을 얻고 淸國의 조선에 대한 태도를 재확인하려 하였다.

일본사신의 이 답변은 청국의 한국 내정외교에 불간섭주의의 확인이라고 단정하였다. 후일 일본사신이 구두로만 확인하고 문서로 작성하지 않은 것에 대하여 일본 국내에서 물의를 일으켰다. 청국은 확실히 조선왕조에 대하여 외교형식상으로는 종주국적 입장을 취했으나 그 국내문제에 대하여는 간여하지 않았다. 그리고 청의 프랑스·미국이나 일본에 대한 이러한 태도는 당시에 청국 자신도 열강과의 관계로 복잡하였고, 한국문제로 말려들기를 꺼렸으며, 일시적인 모면책의 색채가 짙다고 보여 진다. 따라서 선린관계에 있던 청국은 중요사건의 경우 한국에 극비리에 통보하곤 하였던 것이다.

3. 한국과 청국과의 외교관계

한국은 청국과 어떠한 외교관계를 가졌는가. 대원군은 구미열국 등과 일본의 청과의 관계에 신경을 썼다. 특히 일본이 청국과 수호조약을 체결한 사실을 중요시하였다. 고종 9년(1872년) 4월에 청에서 돌아온 동지사 민치상(閔致庠)과 부사 이건필(李建弼)을 소견하였을 때

> "지난 가을에 양이가 이로써 왜인을 유인해 와서 중국과 통화(通話)를 요청하여 이미 약정을 맺고 장차 교역을 행하려 한다."

---

69) 日本外務省編, 日本外交年表ㅡ 主要文書 上文書, p. 52.
70) 문답을 열거하면 다음과 같다.
　　柳原: 朝鮮은 貴國 및 我國(日本) 간에 介在하여 양국에 왕래함이 오래이다. 前年 美國駐京公使가 장차 彼國에 일을 일으키기 이전에 그 書信을 貴衙門예 託하여 조선에 寄할 일을 청구하였을 때 貴國은 朝鮮을 屬國이라 칭하나 內政敎令에 이르러서는 모두 관여하는 일이 없다는 答이 있었다는데 과연 그런가.
　　淸國則: 屬國이라 칭함은 舊例를 循守하고 冊封獻貢의 典을 存할 뿐이다. 고로 그와 같이 회답한 것이다.
　　柳原: 그렇다면 和戰權利와 같은 것도 貴國에저 떨어져 간여하는 바가 없는가.
　　淸國側: 그렇다.
　　柳原: 彼國(朝鮮)도 또 我近隣이기 때문에 我大使가 彼에 交友를 희망하고 있으니 이 일에 가장 주의하고 있는 바이다.

라고 보고하였다. 이어

> "왜(倭)는 이미 중국과 신복의 관계가 아닌 나라로서 왜인은 칭신(稱臣)하지
> 않는 것 같다."

고 하였다.71)

이 사실을 전해들은 한국의 조야는 당황하였다. 대원군은 청국의 요로와
긴밀한 연락을 취하고 한국의 일본에 대한 강경책을 해제하기를 요구하였
다. 청나라 예부상서 만청려(萬靑藜)에게 낸 서한에는 해이(海夷: 日本)가
준동하여 안심할 수 없으며, 폐방(幣邦)도 문사무비를 일신하여 안으로 수
정(修政)하며, 밖으로 어모(禦侮)하되, 만일의 사태가 발생하면, 이수이전
(以守以戰)하여 단호히 격퇴할 것"이라는 결의를 표명하는 한편, 정보제공
을 부탁하고, 일본이 왜관의 대마도왜인을 축출하고 강점하였으며, 그 행패
등 일본의 정세를 통보하였다.72)

그러나 이와 같은 국제정세의 변화에 관해서 대원군은 표면상으로는 강경
하였으나 내심으로는 사태를 우려하고 있었다. 다음해 8월에는 회환진하사
이근필(李根弼) 등이 근래 북경에 왕래하는 왜인의 복색이 일변하고, 양이를
본떠 양선을 탑승한다고 하였다.

> "6월 초에 왜인이 국서를 전하더니 황망히 돌아갔는데, 중조지사(中朝之士)
> 가 말하기를 저 나라에 반드시 내란이 일어났다고 하더라. …… 왜주(倭主)
> 가 양추(洋酋)를 끌어들여 그 힘을 빌려 관백을 제거하였으며, …… 오늘
> 날은 양과 왜가 다름없다."

라고 허무맹랑한 정보를 전달하였다.73)

---

71) 承政院日記, 高宗 9年 4月 4日.
72) 前揭 한국사, 16, pp. 112~113.
73) 李瑄根, 朝鮮最近世史, p. 189.

이때는 청국에서 일본의 소에지마(副島) 등이 청국의 한국관계를 다짐하고 결론을 얻은 후였다. 이렇게 당시의 한국의 요로인물은 국제정세에 어두웠다.

한편, 일본은 조선왕조를 앞질러 청국과 수호조약을 맺어 우위의 지위를 차지하고 청국의 조선내정불간섭까지 확인하였다. 이 소식은 일본 사이고오 정부에 정한론을 일으키는 도화선이 되었다. 때마침 이에 앞서 동래부사의 전령서가 일본 외무성에 도착하여 각의가 열렸다. 참의 이다가키(板垣退助)는 즉시 출병을 주장하였고, 사이고오는 스스로 대사가 되어 교섭하고 성공하지 못할 때는 출병하자고 주장하였다. 사행(使行)에서 돌아온 소에지마는 일본이 한국에 사신을 파견하거나 출병하여도 청국이 불간섭할 것이라 하고 사이고오의 설을 지지하였다. 그리하여 8월(日本曆) 사이고오를 대사로 한국에 파견할 것을 결정하였다.[74]

그의 정한론은 일본 국내 수십만의 실업하급사족을 한국전쟁에 몰아내면 반드시 성공할 것이며, 이에 따라 국내의 여러 곤란한 문제도 해결한다는 데 바탕을 두고 있었다. 또한 청국의 불간섭과 러시아의 동조에 더욱 자신을 얻게 되었다. 일본은 러시아공사 부조프(E. Butzow)로부터 일본군이 한국을 점거하였을 때 러시아가 한국영토를 자유로이 통행할 수 있게 하면 사할린 전도를 양도한다는 조건으로 불간섭의 보장을 받았다.[75]

그뿐 아니라 당시에 동양에 침투한 미·영·프·독 등 구미열강 등은 한국의 문호를 개방하려다 실패한 나라들이었다. 일본이 방법 여하를 막론하고 한국을 개방하게 하는 데는 자기네들의 국익과도 무관하지 않았으므로 반대하지 않고 오히려 은근히 묵시적으로 적극 동조하였던 것으로 판단되는 것이다.[76]

韓國史(최근세편), pp. 330~333.

74) 西鄕隆盛은 소위 大陸派로서 大陸侵攻을 주장하였다. 뿐만 아니라 야심가인 그는 淸國·러시아의 정세를 살피고 있었다.

75) 彭澤周, 前揭書, pp. 41~44.

76) 그런데 日本國內에서 1872년 9월 外遊 중이던 정한론자 岩倉具視·伊藤博文 등이 귀국하였다. 그들은 내치치중론에 치중하여 득세하였다. 10월에 政變이 일어나 西鄕 등은 실각하게 되고, 한국출병도 무기 연기되었다. 그러나 이와 같은 日本의 對韓國의 정벌 방침은 변함이 없는 것으로 단지 시기가 연기된 데 불과한 것이다.

제8장
정한논쟁의 심층 분석

제1절 정한논쟁의 근저관측

1. 한국정벌의 목표

한국을 정벌하여야 한다는 일본 고내로부터의 무사적(武士的)인 정신사의 맥락에는 일본인 상하의 생각이 한결 같았다. 단지 시기·규모가 문제였다. 따라서 정한론을 둘러싼 논쟁이 크게 일어날 수밖에 없었다. 어차피 중앙집권국가건설의 과정에 있어서 반드시 그 실행문제에 있어서 야기되어야 할 파란이었다. 사이고오가 한국파견사절의 문제에 생명을 건 과업이었던 것은 그가 다음과 같은 말 속에서 느낄 수 있다.

　"사절을 폭살에 이르게 할 것은 결코 틀림이 없는 일이다."1)

라는 대목에서 그 전투성과 호방성을 엿볼 수 있겠다.

신중론파(온건파)의 오쿠보가 사이고오의 이 심경과 대립될 것을 확신하면서 참의에 취임했을 때의 결의도 조

　"바로 지금의 형세가 내외적으로 말할 수 없이 곤란하고, 황국이 위급존망에 관계되는 시기라고 생각되는바 단연코 당직을 배명(拜命)하여 이 어려움에 몸을 바쳐서 끝이 없는 천은(天恩)에 보답하고자 결심하였다. …… 이 어려움을 내가 아니면 그밖에는 그 적임자가 없어 유감스럽게도 결심한 바이다."2)

---

1) 1873년 8월 17일 이다가키에게의 사이고오의 書翰, 大西鄕全集, 第2, p. 2755.
2) 大久保文書, 第5, 1873年 10月 家族에게 남긴 秘書, pp. 40~45 參照.

이런 말 속에서 정한론을 편 자들은 적임자가 없어 자기 자신들이 마치 십자가를 짊어지고 나서는 양 말하고 있어 우리를 격분케 하고 있는 것이다.

사이고오와 오쿠보라는 두 명의 흉한이 사사로운 정을 넘어서 죽음을 각오해서까지도 그들이 확신하는 한국정벌이라는 국위선양의 어지러운 판국에 섰던 데에 정한론의 중요성이 있는 것이다. 결국 양흉 간의 경우가 양극처럼 상위한 것일 뿐이었다.

사이고오가 정한론을 주장하지 않으면 안 되었던 배후에는 이미 언급했듯이 사족(士族)의 향방의 일대 문제가 있었기 때문인 것이다.3) 이와 같은 분위기는

"3현(3縣)의 군병은 천하에 큰 공이 있는 까닭으로 …… 진실로 왕가(王家)의 주석이다. 이처럼 공적이 있는 자에게 잔념이 있게 하는 것은 유감천만한 일이다."

라고 그 자들의 침한책(侵韓策)을 두둔하고 있는 것이다.4)

일본국민이 영웅시하고 있는 사이고오는 사족(士族)과 장병주의자(壯兵主義者)이었다. 따라서 유신의 공로자인 40만 사족의 대우에 대해서 크게 고려한 것은 이해할 수 있다. 게다가 일본 유신 정부의 외교관계도 진척되지 않았다. 오스트리아와 체결한 조약 등은 구막 시대의 것보다도 매우 굴욕적인 것이었다. 여기에서 일어났던 것이 일본에 대한 한국의 양이적(攘夷的) 태도이었다. 구막(舊幕) 이래의 양이론자 사이고오는 사족적 견지에서 생명

---

3) 막부토벌운동의 꽃이었던 무사계급도 막부와해 후에는 공동목표를 잃고 걸핏하면 방향을 잃기 일쑤였다. 이것이 이윽고 版籍奉還에서 廢藩置縣으로 추진했던 원인의 하나이기도 하였다. 廢藩의 결과는 舊藩主와 士族과의 일체의 봉건적 주종관계는 단절되었고, 설상가상으로 1872년의 징병제는 士族의 최후의 특권까지도 박탈해 버렸던 것이다. 그리고 維新政府의 관원들은 士族階級 중에서도 무훈이 없는 소위 俗吏들이어서 그들이 의도한 바는 대개 40만 士族이 지향하는 바와는 일치하지 않았다.

4) 1872년 8월 12일 西鄕에게서 英國에 있는 大久保에게의 書翰, 大西鄕全集, 第2, pp. 663~667.

을 걸고 한국파견사절이 될 것을 주장하였고, 사절의 폭살에 의해서 사족의 무력적 행사에 이유를 부여할 수 있다는 것과 이것이 멸망해 가는 사족에게 방향을 부여한다는 것이었다.5)

『사이고오전설』을 쓴 가와하라(河原宏)와 같은 자가 존경한 사이고오의6) 이러한 심경은 1871년 러시아관계에서 삿포로에 진대(鎭臺)를 설치하고 둔전병(屯田兵)을 두어 스스로 그 사령관이 되려고 하였던 것을 필두로 하여 1872년 소에지마, 이다가키와 협의하여 사관을 만주시찰에 파견하였던 것이 손꼽힌다. 그리고 1873년 다시 사관을 타이완으로 보내 침략 하였던 것에도 상세하게 나타나 있다.7)

2. 소에지마와 에토우 등의 흉계

이와는 반대로 같은 한국파견사절을 강력히 제창하여 침략의 작품을 만들려는 흉계를 꾸몄던 소에지마의 근거는 어디까지나 외교공략에 있었다. 즉, 그는 1871년 외무경 취임과 동시에 강경한 적극주의를 채택하였다. 미국인 고문의 원조에 의해 1872년에는 페루의 노예선 마리아 루스호 사건에 간여하여 종래 부진했던 일본외교에 획기적인 승리를 가져오게 하였다. 한국정벌 문제로 좁혀 말하더라도 옛날 쓰시마번주(藩主)에 의촉되어 있던 것을 외무성의 직할로 변경하였다. 한국의 강경한 태도의 배후에 청나라가 있다는 것을 간파한 음흉한 침략자 소에지마는 류큐(琉球) 여러 섬과 그 이외에 타이

---

5) 대외적으로는 豊臣秀吉 이래의 한국문제를 해결하고, 尊皇攘夷의 취지에도 합당하고, 자연이 국위를 밖으로 신장하는 길과도 합치하는 것이라고 확신했다.
6) 河原宏, 前揭 西鄕傳說, pp. 93~116.
7) 요컨대, 사이고오의 征韓論은 사태를 밖으로 끌어내어 국내의 혼란을 재정비하려는 흉계이었다. 이 좋은 기회를 놓치지 않으려고 하였던 사이고오의 초조한 심경의 정도를 충분히 엿볼 수 있는 것이다. 즉, 그의 征韓論은 逆을 써서 순응하게 하려는 것이었다. 그러나 그것은 어디까지나 日本의 팽창과 大國主義를 향하는 군국주의적 신장주의(팽창)를 강조하였던 결과인 것이다.

완과 한국문제의 해결을 위해 북경으로 갔다. 그는 거기에서 타이완은 미개척의 땅이므로 청국은 류큐어민의 살해책임을 지지 않는다는 것과 한국은 독립국이기 때문에 그 대일(對日)과 양이(攘夷)의 책임은 중국이 관여할 바가 아니라는 것의 언질을 얻고 왔다. 그의 동양정책은 한국, 타이완을 정벌하여 한·일·청의 공동타협에 의한 구미제국의 동점책(東漸策)을 사전에 대비함에 있었다.8)

1872년 정한론의 원천적 찬성지지론자인 오쿠보, 이토오(伊藤)의 양부사가 조약개정의 위임장을 일본정부에 요청했을 때 조약개정은 외무경의 책무임을 주장하여 양보하지 않았던 소에지마는9) 한국파견사절의 외무가 외무경에게 있다고 하여 사이고오에 대항했던 것은 외교의 도리이었던 것이다. 청나라로서도 1871년에 일본과의 평등조약을 체결하였다. 그런데 한국이 이를 거부함은 용서할 수 없다는 사리에도 맞지 않는 생각을 해냈던 것이다. 그는 일본이 한국과의 조약체결에 성공하면 그것이 이윽고 구미제국과의 불평등조약개정의 시기를 촉진할 것이라고 생각한 것 같다.10)

그런가 하면 에토우(江藤新平)의 특이한 면에서의 음흉한 정한론은 1871년, 6월 이와쿠라에게 건의하였던 대외책(對外策)에 의해서 분명하다.

> "속히 대책을 정하여 밖으로는 원략(遠略)에 힘쓰고, 안으로는 정치를 수습하여 능히 인정의 향배를 상세히 하여 이를 처리하지 않으면 어려움을 면하지 못할 것이다. 만약에 이를 정하고 힘써서 일관되게 상세히 하여 대처한다면 이때는 얻기 드문 좋은 기회이다. 이 기회를 틈타 대책을 시행할 때 어찌 비단 국가를 흥하게 할 뿐이겠는가."11)

---

8) 相馬由也, 早稻田講話, pp. 71~73.
9) 大日本外交文書, 第5卷, p. 183.
10) 이것이 결국 일본의 국위를 대외적으로 선양하는 연유라고 일방적으로 판단했던 것이다. 그러므로 소에지마와 사이고오의 征韓論은 명분은 동일하나 그 根低에 깔려 있는 한국을 침략지배하겠다는 섬나라적인 생각과 규모는 약간 다른 것이다. 후자는 한국파견사절을 외교문제로 취급하고 있음에 반하여, 전자는 士族의 향방이라는 국내문제를 보다 중대하고 봉건적으로 취급하였던 것이다.
11) 的野半介, 江藤白(下), p. 294.

라고 하였다. 일종의 무마조의 합리를 가장한 기구다의 궤변적 이론인 것이다.12)

따라서 에토우 자료에 나타나 있는 계속된 내용 속에서

> "무릇 중국은 아시아의 쟁지(爭地)이다. 이를 얻지 못한 자는 위태롭다. 이를 얻으면 아시아 전체를 점령하게 된다. …… 무릇 중국을 얻어 아시아의 형세를 차지하고, 현명하게 대처하여 능력을 구사하고, 정치를 정돈하여 민심을 편안하게 해야 한다. 마침내는 미국·러시아·프랑스와 세계를 다툴 수 있을 것이다."

라고 하여 세계정복까지 꿈꾸고 있었다.13) 환언하면 에토우의 한국정벌은 그것으로 끝나는 것이 아니고 세계정복으로까지 연결하려는 흉모가 도사리고 있었던 것이다.

그러나 이를 대내적으로 본다면 법치적(法治的) 헌정주의로써 살·장(薩·長) 중심의 번벌(藩閥) 전제주의에 대항해 왔던 에토우가 이 정한론으로 말미암아 살·장의 이간책으로 보았던 것은 사실이었다.14)

또 고토우(後藤)의 정한론도 에토우와 비슷하였다. 그러나 장주(長州)의 세력을 구축하여 살·비·토(薩·肥·土)의 연합내각조직을 목적으로 하였던 것이라고 하나 정한론이 실현되는 것이 전제되어야 함도 간과할 수는 없는 것이다.

이다가키는 정한론에 관해 이런 생각을 품고 있는 것이다.

> "정한론이 생긴 것은 진실로 부득이한 일로 출발했다 할지라도 또한 당시 일본의 형세에 있어서 정략상의 필요에서 이를 촉구한 것이다. 일본이 조선에 대한 방침이 아직 수립되지 않았고, 이것의 처분에 미쳐야 할 긴밀한 요망은 더

---

12) 이는 외교방침의 확립을 주장한 것으로서 그 취지는 미국·러시아·프랑스와 제휴하여 청나라를 지배하고, 후에 세계를 정복해야 한다는 분에 넘치는 야망적인 의도인 것이다.
13) 的野半介, 前揭書, pp. 297 299.
14) 的野半介, 前揭書, pp. 301~304.

욱더 절박했다. 모든 창업이 겨우 해를 거듭하여 폐해가 발생하고 유신개혁의 정신은 거의 소침되었다. 용맹 활발한 시골무사도 고위관리에 올라서 이제는 서울의 인사의 기풍으로 화하여 버렸다. 무인이 죽음을 아끼고, 문신은 금전을 탐내며, 온 조정은 부패를 빚어냈다. 저 야마시로야(山城屋和助)의 사건과 같은 기타 말로 다할 수 없는 사건이 많았다. 나는 당시 깊이 이를 개탄하고 사이고오와 의논하여 말하였다. 이제 한국에 대해 일을 꾸미는 것은 좋은 기회가 도래한 것이다. 이를 다행한 일이라 일컬음도 이상하지만 형세가 여기에 이르러서는 분연히 생사의 갈림길에 처해 진면목의 대업을 기도하지 않을 수 없어 여기에 그와 의기상투한다."15)

라고 침략적인 흉견을 교환하기에 이르렀던 것이다.

음흉한 정한론자 이다가키의 침략론도 우선은 살·장 번벌타파의 정략이었던 것이다. 이와쿠라 대사의 해외방문 중 기도와 오쿠보의 중심인물의 부재를 호기로 하여 진보주의적 문치파는 모든 급진적 개혁을 성취해서 대사일행의 귀국 후에는 개혁의 여지가 없을 정도이었다. 또한 사이고오 등의 무인파도 이에 맞서 무단정치에로의 역행을 꾀하려는 기색도 엿보였던 것이다.16)

정한론이 패퇴한 배후에는 이와 같은 복잡 미묘한 심리가 작용했던 것을 알 수 있겠다.17) 이와 반대로 이다가키, 에토우, 소에지마, 고또우 등의 경우에서는 사이고오 만큼의 열의와 순수성이 없었다. 정한론파 참의의 보조의 불일치가 그들의 입장을 심히 약화시켰던 까닭도 실은 여기에 있었던 것이다.

---

15) 西南記傳, 上卷, pp. 492～495
16) 이때 야기된 征韓論은 薩·長의 藩閥 외의 사람으로 말미암아 薩·長의 離間策으로서, 또는 薩·長의 專制의 대항책으로서 政略視되지 않을 수 없었다. 이 움직임은 이미 土佐藩이 廢藩置縣 전에 兵制整備로서 薩·長에 대비한 것으로 나타났으며, 이는 실로 大政奉還을 에워싼 薩·長 對 土佐의 움직임으로 시작되었던 것이다.
17) 參議를 사직한 직후 이다가키, 고토우, 소에지마, 에토우 등이 薩·長의 藩閥政府打倒의 기치를 높이 들고 民選議院設立의 건의서를 정부에 상정한 것은 당연한 일이었다. 그런데 홀로 사이고오는 이다가키의 민선의원운동에 관심을 갖지 않았고, 귀향하여 私立學校를 창설하여 士族的 입장에 의거하여 西南戰爭의 방향으로 진행하고 있었다. 거기에 생명을 걸고서까지 한국파견사절이 되려고 하는 사이고오의 초조한 생각이 있었던 것이다.

신중론파의 경우 유신 이래 사이고오와 한국침략에 있어서 그 시기나 규모 등의 의견에서 대치되는 흉간은 장주(長州)의 기도였다.

3. 기도의 음흉성과 그 실제

사이고오가 사족의 향배를 중대시한 나머지 조선파견사절의 문제를 에워싸고 사후 중심의 움직임을 보이고 있는 데 반해서 기도는

"사이고오 참의로부터 타이완과 조선의 토벌에 대한 문제를 운운하고 그리고 조정에서도 이미 결의하고자 하므로 심히 우려하지 않을 수 없다. 만민이 곤란하고 고통의 상태에 있다. 신령(新令)은 자주 하달되고, 백성은 더욱 혼미하고 있다. 작년 이래로 봉기를 하였는데, 수차 정부는 수수방관의 형편에 놓여 있다. 이러할 때에의 대책을 말하면 내정을 다스림보다 급함이 없다. 외무를 말하면 가라후도(樺太)의 인민을 보호함보다 앞서는 것이 없다. 그리고 여론에 부화뇌동하여 더욱 국민을 괴롭히고 더욱 국력을 소모함은 결코 내가 복종할 수 없는 것이다. …… 즉, 내정의 다스림을 제일로 한다."[18]

라고 주장하였다. 결국 내정을 제일로 삼았다는 것인데, 이는 역시 한국을 정벌한 뒤 그 재력과 자원을 잉용(仍用)함을 전제로 한 것이다.[19] 그는 국력신장과 인재육성을 수차 강조한 바 있었는데, 그의 문서 가운데 이런 대목을 볼 수 있다.

"은밀히 생각하건대 나라를 다스림에 외무가 있다. 백성을 무마하는 것보다

---

18) 木戸孝允日記, 第2, 1873年 9月 3日, p. 420.
19) 간교하고 흉폭한 기도의 이 정치적 신념은 1873년 8월의 소위 『征韓征臺灣速行의 反對意見書』 중에 명백하였다. 그는 참의직에 있으면서 병을 앓고 있다는 이유로 각료회의에 참여하지 않았고, 상기의 의견서를 가지고 자기의 非征韓的 立場을 천명하였다.

급한 것이 없고, 병력을 이용하는 방략에 있어서 힘을 기르는 것보다 앞서는 것이 없다. 청하건대 그 외무를 말하자면 …… 대정유신 이래 5~6년의 세월이 이미 지나갔다. 개제(改制)의 법도가 아직 적절하지 못하고, 천하에 그 처할 바를 상실함 …… 날로 더해 가고 있다. 만약에 조정이 힘을 다하여 이를 무마하여 기르지 않으면 용병의 거사가 필경에 그 의의를 다하지 못하고, 폭력을 폭력으로 서로 교환하게 된다. 그 흔적은 어떻게 이 백성을 편안하게 하겠는가. …… 그리고 다스림의 효과가 아직 문명으로 화하지 못하고, 나라의 발전이 아직 문명으로 화하지 못하고 있다. 나라의 발전이 아직도 부강에 합당치 못하며, 독립은 이름뿐이고, 그 실력이 없다. …… 그러므로 오늘날 근무는 근검절약을 주로 하여 재무를 정리하느니보다 더 중요함은 없다. 그런데 이제 과연 두 나라를 경영함에 있어서 행군의 비용과 체진(滯陣)의 비용을 합치면 헤아릴 수 없겠다. 빨리 승리한다 해도 선후책이 없고, 빨리 승리할 수 없으면 지구력이 없을 것이다. 양자의 회계를 도외시한다 하여도 그 폐해는 둘 다 면할 수가 없다. 어느 시기에 국력을 길러낼 수 있겠는가. …… 아아 나라를 다스림에 있어 그 의무를 이루지 못하고 용병하기에 그 방책을 잃었다. 국가의 복을 구하기를 원해서 되레 그 화를 빠르게 하는 것을 어찌 생각하지 못하였겠는가. …… 엎드려 비는 것은 주로 우리의 업무를 힘써 하고, 우리 국력을 돈독하게 하여 명분을 바르게 한다. 그리고 서서히 두 나라를 도모한다면 수년 후를 기한다 해도 늦다고 하겠는가."[20]

라고 하였다. 한국과 타이완을 수중에 넣도록 신중을 기하자는 주장인 것이다. 그의 간교함이 넘쳐흐르고 있음을 기구다의 저서 속을 들추어 보면 더욱 명백해지는 것이다.

일본이 메이지유신을 단행한 1868년에 정한론을 제창한 기도는 조정의 제1인자였으면서도 신중론으로 급전한 것을 이해할 수 없다고 하는 평가도 있다. 그러나 실은 그는 당시와 1873년의 사이에는 일본이 한국을 쳐들어갈 무력이나 장비·군사 등 사정이 똑같지가 않다면서 이런 의견을 보이고 있다.

---

20) 木戸孝允文書, 第8, pp. 129~132.

"대정복고(大政復古)의 초기에는 봉건이 여전하였고, 병마의 다스림이 남김없이 제후에게 있었다. 조정은 마치 빈 그릇으로 천하에 임하는 당시의 각료회의에서 일황의 위신이 저락됨을 걱정하여 일시 일을 한국으로 돌려서 새롭게 친병을 징집하려는 시도였다. 아울러 내부의 우환을 압도하려는 생각이었을 뿐이다. 그리하여 명철한 조서를 한번 내림으로써 제후는 각기 판적(版籍)을 봉환하고, 천하가 숙연하였다. 분분한 의논이 마침내 멎었다. 오늘날의 시세가 옛날과 동일하지 않다. 그런데도 어찌하여 남아 있는 불씨에 불을 붙여 한국에다 힘을 헛되이 낭비하겠는가."21)

라고 미리 한국정벌이 온당하지 않은 듯한 선린과 우호론도 비치고 있는 것이다. 그는 정한론의 성숙을 국내의 실력배양에 두고 있었다. 그것은 그가 외국을 실제로 견문하고 왔기 때문인 것이다.22)

조야가 한창 한국정부의 외교문서거척사건으로 문죄사를 파견해야 한다는 극단론이 나오면서 정한론이 제고될 때 기도는 신중론을 폈다. 그것은 기도라는 자가 더욱 침략전쟁론에 가까운 위험한 흉모자라는 사실이 위의 논조에서 입증되고도 남음이 있는 것이다.23)

그런데 이즈음 가고시마(鹿兒島)출신의 요꼬야마(橫山正太郎)는 조금 특이한 28세의 청년이었다. 그는 1870년 7월 26일 2통의 건백서를 중의원에 제출하고 할복자살하였다. 28세의 그 청년이 1통은 9개항에 걸친 사회부패상을 개탄한 것이며, 다른 1통은 정한론의 어리석음을 통매한 것이어서 주목을 끌게 하고 있다.24) 그것은 당시 정한론을 펴는 자가 가장 많은 곳으로 알려진 그의 출신지에서 신중론을 들고 나와 할복자살로써 이를 관찰하려 했다 해서

---

21) 木戸孝允文書, 第8, "征韓征臺灣速行의 反對意見," p. 132.
22) 기도는 대의명분과 병마의 권력 두 가지 모두가 이제야 조정으로 돌아 왔고, 전국이 평정되어 하나로 된 오늘날 征韓論의 명분이 서지 않는다고 믿고 있었다. 그가 歐美諸國을 방문하는 동안 선진국의 군사제도, 교육 및 憲政에 관한 것에 깊은 관심을 가진 것도 당연했다. 그의 정치적 식견과 신념은 이 외국여행에 의해 더욱더 높아졌고, 더욱더 강해졌던 것이다.
23) 前揭 日本의 侵略政策史研究, pp. 49~50.
24) 太政院日記, 184, 1870년 8월 10일.

주목거리인 것이다. 그래서 크게 우리의 시선을 집중시켰었다. 이제 그 내용의 요지를 보면 먼저 기강을 세우고 정령을 통일하여 신의를 천하에 보여 만민이 안도해야 한다는 것이었다.25)

　이런 정한론은 강·온건 양론이 무성했었다.26) 결과적으로 1870년 전후의 정한론은 양론으로 인해 일단 보류되었으나 그 후유증은 적지 않았다.27)

----

25) 朝鮮征討에 관하여 在野民間에서 자주 주장하는 것은 필경 皇國의 委靡不振을 慨歎한 나머지 그렇게 憤激論을 한 것이라 본다. 그렇다고 해도 출병하는 데는 뚜렷한 大義名分이 있어야 하며, 특히 해외에 대해서는 한번 명의를 잃게 되면 가령 승리를 얻었다 해도 天下萬世의 誹謗을 免할 수가 없다. 兵法에 나를 알고 그를 안다는 것이 있다. 이제 조선에 관한 것은 잠간 뒤로 밀고 我國(日本)의 實情을 살피건대, 뭇 백성은 飢渴困窮에 떨어졌으며, 政令은 소소한 枝葉의 일뿐이고, 근본은 아직도 不定이며, 모든 것이 名目虛飾뿐, 實效를 거두는 것은 매우 적다. 一新이란 입으로 외치나 一新의 德化는 전혀 보이지 않으며, 萬民이 흉흉하여 어딘지 土崩의 징조가 보인다. 만일 我國의 國勢가 충실 성대하다면 조선이 어찌 능히 非禮를 우리에게 加해 올소냐. 걱정은 여기에 있다. 단지 조선을 小國이라 업신여겨 명분 없는 出師를 일으켜 만일 蹉跌이 생길 때, 천하의 億兆 무엇이라 할까. 蝦夷(北海道)의 개척마저도 그 土民들의 원한을 받음이 많다. 더구나 조선은 근래 자주 외국과 接戰하여 매우 전쟁에 능하다 듣고 있다. 그렇다면 1592년 文祿(壬辰)의 時勢와는 전혀 다름을 알 수가 있다. 豊臣秀吉의 威力으로서도 수 개년의 힘을 소비했다. 이제 佐多 아무개의 所論처럼 조선을 손바닥 속에서 움직이려 하니 이는 자기를 속이고 남을 속여 國事를 장난으로 삼고자 함이다. 이것은 이들의 말을 가리키는 것이라 하겠다. 오늘의 급무는 먼저 紀網을 세우고, 政令을 통일하며, 信義를 천하에 보여 萬民이 安睹케 하는 데 있다(前揭書 再引用, p. 50).

26) 정한론자들은 문제가 된 琉球列島를 비롯하여 臺灣 등을 征討했듯이(1874년) 韓國 역시 손쉽게 정토할 수 있을 것이라는데 근거를 두고 집요하게 공작해 왔다. 따라서 정한론은 마침내 1873년 10월 22일 메이지정부에서 정식으로 논의되었다. 이는 이미 논급했듯이 구미 순회방문에서 2년 만에 귀국한 右大臣 岩倉具視, 內務卿 大久保利通, 參議 木戶孝允 등을 맞이하여 정식으로 上程되었다. 그러나 의견의 일치를 보지 못했다. 그것은 신중론이 우세하였기 때문이었다. 즉, 온건파가 더 음흉하였기 때문이다. 주로 해외를 두루 돌아보고 돌아온 文治海外派의 論理性에 主戰論은 압도되었다. 따라서 主戰論者인 西鄕隆盛을 비롯한 後藤象二郞·板垣退助·副島種臣·江藤新平 등은 下野하였다. 이로써 끈질기게 부르짖었던 이른바 정한론은 廟堂에서의 정식논의의 종막을 내린 셈이었다.

27) 岩倉具視의 阻擊(1871년), 江藤新平이 일으킨 佐賀의 亂(1874년), 熊本神風連의 亂(1876년), 秋月 및 萩의 亂(同上) 그리고 西鄕隆盛을 비롯한 桐野利秋, 篠厚國幹 등이 일으킨 西南戰爭(1877년)의 내란이 계속 일어났던 것이 손꼽히는 문제점이었다. 뿐만 아니라 음흉하고 간교했던 신중론자 大久保利通도 阻擊殞命(1878년)되고 말았다.

4. 오쿠보의 정한논쟁

일본 내에서 정한론을 편 자는 한두 사람이 아니었다. 그것은 소위 고위 지도층의 공통적인 생각이 아닐까 싶다. 그 가운데 오쿠보는 원래 중앙집권 주의의 실행자였다. 그는 정한론으로 말미암아 유신의 대업을 중단시키는 것 이라고 생각하였다. 그는 정한논쟁 무렵에 그 나름대로 정한의 오류라는 이 유 7조를 의견서라 하여 제출하였다.

> "무릇 국가를 경영하고 통치하여 그 강토와 인민을 보호함에는 깊이 생각하고 장래를 생각하는 묘책이 없이는 안 된다. …… 친정(親政)을 한 시기가 아직 오래되지 않아 정부의 기초가 확립되지 않았다. 또한 일단 번(藩)을 없애고 현 (縣)을 두는 등 …… 이것 때문에 살 곳을 잃거나 산업을 빼앗겨 크게 불행하 게 된 무리가 실로 적지 않다."

라고 하면서 이어

> "그렇지만 정부의 기초에 있어서 아직 일찍이 심한 변동은 없었고, 또한 진대 (鎭臺) 등이 설치되어 있어서 이에 숨소리를 죽여서 눈치를 살피며 대비함이 엄하기 때문에 아직 중대한 환난을 일으키는 일이 없다고 한다. 그러나 만약 기회를 엿보아 일단 염려를 하지 않으면, 변을 일으킬는지는 헤아릴 수 없다. …… 재작년부터 금년에 이르기까지 혹은 포령의 뜻을 오해하여 혹은 조세(租 稅)가 증가될 것을 염려하여 변두리의 미련한 백성이 쉽사리 고무 선동되어 소 요를 일으키므로 부득이 선혈을 지상에 흘리는 것이 이미 몇 번이었던가. …… 아직은 갑자기 조선과의 전쟁을 일으킴이 불가한 이유 중의 하나이다.
>   오늘날 이미 정부의 지출이 막대하여 세입이 항상 세출을 보상하지 못하는 걱 정이 있다. 하물며 이제 화의 근본을 불러 수만의 군사를 밖으로 보내 날마다 수 많은 재화를 소비하고, 정벌의 전쟁이 오래 끌 때는 그 비용 또한 막대하기에 이 른다. 그래서 중세를 가하게 되거나, 혹은 상각(償却)의 눈 계산이 없는 외채를 빌려 오거나, 혹은 보상할 수 없는 지폐를 증가하여 발행할 수밖에 없다."28)

라고 주장한 것을 보면 이 당시 일본의 군사력이나 군수품이 넉넉하지 못한 상태에 있음을 알 수 있다. 그러니까 오히려 무모하게 출정(出征)하다 가는 전비(戰費)만 소모하게 되고, 급기야는 나라가 전복상태에까지도 이를지 모른다는 저희들 나름으로는 우국적 경고라고도 생각된다. 그는 이어

"…… 크게 인민의 불평을 일으키고, …… 또한 말할 수 없는 국가의 피해를 가져올지 실로 헤아릴 수 없다. 또한 당장 일본의 외채는 이미 500만 이상이며, …… 이것이 갑자기 조선과의 전쟁을 일으킴이 불가한 이유 중의 둘째이다.

지금 정부의 여러 산업을 일으키고 부강의 방법을 꾀하여 대개는 수년 후를 기다려 성공을 기할 수 있는 것으로 …… 모두 하루아침에 능히 그 효과를 보는 것이 아니며, …… 그런데도 지금 필요하지 않는 전쟁을 일으켜 …… 마침내 그 이외의 일을 돌볼 수 없을 때에는 정부가 시도한 사업이 모두 중도에서 중단되고, …… 이 일거로 인하여 거의 수포로 돌아갈 것이며, 그 성공의 지속을 논하는 것에 이르러 수십 년의 차이가 생기게 될 것이다. ……

일본의 수출입의 총계를 살펴보면, 수출액은 매년 대략 100만 냥의 결핍이 있으며, 그 결핍은 곧 금화로써 이를 상각하는 것이다. …… 그러므로 수입품에 대하기를 금화로서가 아니라 이미 제조한 산물로써 교환할 때 비로소 무역은 한 나라의 부강의 기초가 됨을 알게 된다. 그런데 지금 …… 홀연히 전쟁을 하게 될 때에는 …… 국내의 물산이 감소되어 군함, 탄약, 병기, 군복 등을 대개는 외국에 의존하지 않을 수 없다.

그런데 지금 군사를 일으켜 조선과 전쟁을 할 때는 마치 조개와 황새의 싸움과 같은 전쟁의 형세를 이룰 것이며, 이 어간에 러시아는 어부지리를 얻을 것이다. ……

아시아주 내에 있어서 영국은 특히 강성하고 …… 그런데 지금 일본의 외채가 대부분 영국에 의존하지 않을 수 없다. 만약에 지금 일본이 뜻밖의 환난을 일으켜 창고가 텅 비게 되고, 인민은 빈약에 빠져 그 부채를 상환할 수 없다면, 영국은 이것을 구실삼아 우리 일본의 내정에 관여하게 되는 화근을 불러들여 아마도 그 피해는 말로는 다 할 수 없을 만큼 극에 달할 것이다. …… 일본이

---

28) 大久保利通文書, 第5, pp. 53∼58.

구미 각국과 이미 체결된 조약은 원래 균형을 얻지 못한 바로서 그 조항 중에
는 거의 독립국의 체모를 잃은 것이 적지 않았다. …… 현재 육상에서 병영을
꾸미고 병사를 주둔시켜 거의 일본보기를 자기의 속지(屬地)나 다름이 없
다. 오호라 이는 밖으로는 외국에 대하고, 안으로는 나라에 대해 부끄럽기
심한 것이 아니겠는가. 그리고 그 조약개정의 기한이 이미 절박한 상태이
다. …… 그 속박을 풀고 독립의 체제를 완전하게 할 방책을 수립하지 않으면
안 된다. 이 또한 현재의 급선무이며, 갑자기 조선과의 전쟁을 일으키는 것이
불가한 이유 중의 일곱째이다."[29]

라고 하였다. 이른바 그의 정한론 7대 불가론은 일견 명분이 있는 것 같았
으나 실은 그의 역설이며, 마치 우국지사인양 횡설수설하고 있음을 직시할
수 있겠다. 이 같은 장황한 입론(立論)을 생각해 보면 정권확립, 병비강화,
건전재정, 수출진흥, 산업입국, 불평등조약개정 등 여기에 근대국가건설의
기초를 양성해야 한다는 것이다. 이와 같은 오쿠보의 강병책이 이 시기에 일
본을 부흥시켜야 한다는 논리체계로 깊이 뿌리를 내리고 있었던 것이다.

5. 이와쿠라 정한론의 신중성

한편, 같은 정한론의 맥을 잇고 있는 이와쿠라의 정한유보론은 10월 23일
입궐하여 말한 구연서(口演書)에 상세하게 나타나 있다. 그 내용의 일부를
자료에 의거 살펴보면

"신미년(辛未年) 겨울 특권대사의 명을 황공하옵게도 배수하며 구미 각국으로
사명을 다하고 금번에 귀국하여 복명하게 되었다. 대체로 사명을 받드는바 실
로 국가중대의 사건과 관계됨으로써 노심초사 힘써 천황의 교지를 관철할 것을
기약하고, 구미 각국을 방문하여 그곳의 왕을 배알하고 천황의 뜻을 말하였다.

---

29) 前揭資料, pp. 54~59.

그곳의 대신을 만나 일본정부의 기대하는 바를 논변(論辯)하여 조약개정의 목
적을 도모하였다. 이를 개정하는 일은 아주 어려운 문제로서 이론과 구설로써
능히 이룰 수 없다. 그 실효를 거둘 수 있는 실력을 나타내는데 헛되이 그 겉
만 배우고 그 체면의 꾸밈으로 능히 이룰 수 없는 것이다. 반드시 국정의 정비
에 애쓰고, 백성의 재력이 넉넉하도록 도모해야 한다. 문명진보의 길로 힘을 다
하지 않으면 이를 나타낼 수 없다. 지금 일본이 문명진보하려는 것은 명색뿐이
고, 부강의 실력을 아직 갖추지 못했다. 이로 하여금 충분히 갖추게 함에 있어
그 공을 하루아침에 기할 것이 아니다."[30]

라고 하여 일본의 실력양성과 그 국제화가 무엇보다도 중요하고 시급하다는
것을 그는 구미 각국을 시찰한 뒤 절실히 느끼고 이렇게 강조했던 것이다.

그는 여기에서 그치지 않고 이렇게 다시 강조하고 있다.

"실천과 경력에 있어서 구미 각국의 형세를 크게 요약하여 생각해 보면 국가의
세력, 백성의 재력, 정치와 종교, 치무(治務)의 유래된 근저가 깊으므로 가지와
잎이 저절로 무성한 이치와 같다 할 수 있다. 일본정부의 급선무는 오로지 여기
에 힘을 쓰고, 여기에 뜻을 두어 분발과 스스로 힘쓰고 종사하지 않을 수 없는
취지를 천황에게 말씀을 올리려는 것이다. 그런데 10월 14일 내각에서 조선에
대한 모만(侮慢)의 상황이 있음으로써 이를 처리할 회의를 소집하였다. ……"[31]

역시 그의 신중론이 정한론을 당장에 실현시키려 설쳤던 무단강경파 사이
고오 등의 예봉을 꺾을 수 있게 호소력과 설득력이 충분하였다고 본 이와쿠
라, 기도, 오쿠보의 신중론이 일본의 여론을 크게 좌우할 수 있었다.[32]

---

30) 岩倉關係文書, 第1, pp. 365~367.
31) 前示資料, pp. 366~369.
32) 이와쿠라, 기도, 오쿠보 등 6명은 維新大業인 근대국가건설의 중심인물이다. 明
治維新이 봉건제도의 타파이며, 版籍奉還·廢藩置縣을 거쳐 중앙집권적인 근대
국가건설에로 매진하지 않으면 안 되었다. 그리고 근대국가는 병마의 대권을 장
악하지 않으면 안 되었다. 強兵은 또한 재력의 확립 위에서 양성되어야 하였다.
財源은 산업진흥을 첫째로 삼아야 하였다. 이를 대외적으로 보면 歐美의 여러
조약국과 어깨를 나란히 하는 것이 明治維新의 목적이었다. 이 대등한 관계는

이들이 애써 교섭하였던 일본의 대외불평등한 조약의 개정은 대사일행의 해외여행동안 국력의 배양에 있음을 깨달았던 것이다. 그러나 그들로서도 정한론이 현시점에서 절망적으로 결코 불가능하다는 것은 아니었다. 국력을 충실히 한 후에 명분을 정당히 내세워 한국을 집어삼키는 국위선양에 임하는 것이 마땅하다는 음모였던 것이다. 이 점에 있어서는 비록 정한론파와 보조가 일치하지 않으나 완전한 동감을 보이고 있다. 신중론파의 강점도 자연히 여기에서 생기는 것이었다.

따라서 오쿠보나 이와쿠라 그리고 기도의 경우 각기 정한론, 즉 한국침략의 저의는 조금도 다를 수가 없다는 음흉성에서 그 공통점을 우리는 발견해낼 수 있는 것이다.

제2절 정권교체기의 정한론

1. 에토우 일당의 정한논의

정한론은 홍선 대원군이 집권할 당시에만 있었던 것은 결코 아니었다. 이점 하나만을 들어보아도 정한론의 대두가 대원군 정부에 의한 즉자적인 서계(書契)의 거척사건에 따른 반사작용이 아니었다는 것을 분명히 강조할 수 있다. 따라서 일본이 한국을 침략하고자 한 저의는 대원군이 실각한 뒤 고종과 민씨 일당이 집권하는 정권교체기 전후에도 의연 나타나고 있었다. 오히려 정권교체기의 혼란과 이완된 틈을 노리고 더욱더 정한론은 일본 내에서 창궐하였던 것이다.

불평등조약의 개정을 전제로 하였다.

전의 참의겸 문부경인 에토우(江藤新平)가 이끈 폭도(佐賀)가 공포한 격문을 분석해 보는 것이 순서일 것이다.33)

그 격문의 일부를 보면

"…… 전번에 조선은 우리 국서를 빈척(擯斥)하고 우리 국사를 봉욕시켜 그 폭거의 무례함은 실로 말로는 참을 수가 없다. 위로는 성상을 비롯하여 아래로는 억조에 이르기까지 일찍이 없었던 대욕을 받았다. 따라서 지난해 10월 (1873년 10월 22일) 묘당 모두가 정한을 결정하였다. 천하가 이를 듣고 분기치 않는 자 없다. 이미 2, 3의 대신은 유안의 설을 황장(皇張)이 펴 성명을 옹폐(雍蔽)하여 드디어 그 결의를 저식(沮息)시켜버렸다. 오! 국권을 잃기 그 극에 달하였으니 진노하지 않는 자와 같다 할 수 있겠도다. 적어도 나라로서 이렇듯 실체를 거듭하면 해외 각국의 경모를 초래하여 그로부터 그칠 줄을 모르게 된다."34)

라고 서계거척에 큰 봉욕을 당한 것 같은 울분을 표시하면서 이어

"교제, 재판, 통상 등 만사에 모두 그들의 제한하는 바가 된다. 몇 해가 아니가서 전국의 생령은 비굴, 교활, 마침내 빈곤유난의 극에 이르는 것을 거울을 들여다보는 것과 같다. 이는 뜻있는 사민으로서 절치액원하는 바이다. 그러므로 동지와 더불어 위로는 성상을 위하고 아래로는 억조를 위해 만사를 거들떠보지 않아 이 대욕을 설욕하기를 서약한다. 이는 무릇 사민(士民)의 의무로서 나라의 대의 그리고 뭇사람이 스스로 분기하는 소이이다."

라고 정한론의 명분을 찾아 궤변을 늘여 놓고 있는 것이다. 뿐만 아니라

"그런데 대신은 자기편에 불편하다 하여 우리에게 출병시켰다. 사세가 이에 이르니 우리 또한 하는 수 없이 선년 장주대의(長州大義)를 올린 예에 따라 그 처

---

33) 新聞雜誌, 1874年 3月 6日.
34) 前揭資料 參照.

치를 취하는 것이다. 옛사람 말에 정신일도하불성재(精神一倒何不成哉)란 것과 같이 우리들의 일념이 마침내 이 운무(雲霧)를 헤치고 그 금기를 받들어 조선의 무례를 문죄하려 한다. 이는 참으로 구구한 미충, 오직 한 마음, 죽음으로써 나라에 보답하려는 것일 뿐이다."

라는 정한론의 저의가 무엇이며, 국가와 민족의 영광을 위해 결연히 분기해야 한다는 사실을 강조하고 있는 것으로 분석해 볼 수 있겠다.[35]

정한론을 당연한 합리론으로 받아들이되 단지 그 시리(時利)를 얻어야 함을 강조한 산중론자와 비정한론자의 논리도 결국 비슷하였음은 이미 논급하였다. 그런데 참의 기도(木戶)는 홍선대원군이 양주로 낙향한 뒤 고종과 민씨 일당이 집권한 뒤에도 계속 정한론의 신중성을 보이고 있다. 1874년(고종 11년) 3월에 공표한 건백서에서 그 모습을 엿볼 수 있다.

온건파이며 신중론자로 자처하는 기도도[36] 한국의 대일본교섭의 무례함을 통박하고 있다.[37] 그리하여 한국을 정벌해야 하겠으나 일본의 국내사정이 아직 성숙치 않음을 여러 가지 변설로 주장하고 있다.[38]

그러므로 한국이나 타이완을 침략하였을 때의 재정적 뒷받침이 유족(裕足)치 못하므로 크게 곤핍함을 면키 어렵다는 것이다.[39] 이런 곤궁하고 미숙한

---

35) 前示資料.
36) 東京日日新聞, 1874年 3月 9日字.
37) 臺灣, 殘暴, 우리 琉球人에게 加해졌다. 그 無狀함을 問罪하려면 出兵치 않으면 안 된다. 조선의 交款을 우리 修好使에게 거절한 그 無禮함을 치기 위해서는 出兵하지 않으면 안 된다. 두 나라의 사건은 한결같이 우리의 憤辱을 불러일으키는 것으로 어찌 智者의 辯說을 기다릴쏘냐. 그렇다. 그러나 백성에게는 內外本末의 差가 있고, 일에는 先後緩急의 구분이 있다. 나라를 다스리는 의무는 백성을 撫愛하는 것보다 앞서는 것이 없고, 用兵의 方略은 힘을 培養하는 것보다 급한 것이 없다.
38) 우리나라는 古來로 東海 중에 龍蟠하여 일찍부터 독립의 기초를 굳게 하려 하였으나 國步는 아직 문명에 뒤진 것이 많고, 治效 또한 富强에 뒤떨어진 것이 적지 않다. 독립의 이름은 있으나 實이 없고, 歐亞諸洲에서 당당히 활보치 못함은 숨길 수 없는 실정이다. 온갖 治具의 大小를 막론하고 거의 외국에서 求해야만 하는 형편이라 오로지 儉節을 주도하여 재무를 정리하는 것보다 급한 것도 없다. 朝廷이 아직도 이 땅의 백성을 보호하지 못하는 所以이다.
39) 하물며 二國(臺灣, 朝鮮)의 일에 손을 뻗쳤을 때를 생각해 보라. 지금 한번 出

일본 내의 여러 가지 침략적 여건이 만족하지 못한 단계에 있으니 지금의 경우는 조금 신중을 기해야 한다고 이 건백서에서는 언급하면서 국력배양을 눈물겹게 호소하고 있는 것이다.40)

앞에서 언급한 양쪽의 주장은 분명히 한국정부의 외교문서거척을 문책하는 점에서 자기 나라를 위한 우국을 엿보게 하고 있다. 자기 나라의 발전을 염원하는 생각이나 판단 등에서 공통되나 용병의 수단과 그 시기에 대하여 서로 의견을 달리 하였다. 정한론은 급진적 강경론이었음에 대하여 신중론은 점진적 온건론에 속하였다.41)

이런 군인혁명정부의 강경일변도적인 정한론의 근저에는 일관된 침략적 취향이 꿈틀거리고 있음을 간과할 수 없는 것이다.42) 이른바 그네들이 언필칭 떠들고 있는 한국정부의 무례불손이 출병의 이유가 된다는 논리의 성립은 정한론자나 신중론자나 동일하였다. 오랜 무인관계 속에서 살아 온 일본민족은 부지불식간에 '나오면 죽인다.'는 식의 만사를 칼로 해결하려는 습성이 몸에 배어 있음을 볼 수 있기 때문이다.43) 출병을 결행하려 한 것은

兵하면 莫大한 軍事費를 어떻게 調達하며 또 速戰 승리의 선후책이라든가 持久數의 대비책도 없어 勝負 어느 쪽이건 간에 그 폐단은 會計를 망칠 뿐으로 어느 시기에 國力을 배양 할 수가 있겠는가 말이다.

40) 오! 나라를 다스리려다가 그 의무를 게을리 하고 用兵을 바라면서 그 方略을 잃고 있다. 나라의 福을 바란다면서 禍를 自招하는 그 利害得失은 손바닥의 앞뒤를 보는 것보다는 명백한 것인, 즉 臺灣에 아직 出向해서는 아니 되며, 조선 역시 아직 征討해서는 아니 된다.

41) 전자에 대한 국민적 차원의 支持가 많았음에 비해 후자에 대한 대중적 여론은 별 것 아니었다. 다만 廟堂에서 우세하였으며, 또 일부 언론기관들이 이를 지지하는 편에 속했을 따름이었다. 즉, 정한론을 지지한 언론기관은 '曙新聞'을 비롯한 '橫浜新聞'・'日新眞事誌' 등이었고, 신중론에 편을 든 것은 '東京日日新聞'을 비롯한 '郵便報知新聞'・'朝野新聞' 등이었다. 그 후 征韓論紙 중 轉向한 것과 中立을 취한 신문 등이 나타나 총체적으로 언론기관은 일본정부의 주도권을 쥔 신중론자 쪽으로 기울어졌다. 개중에는 일본의 정부가 軍人政府냐고 일부 군인들의 강경론에 맞서기도 했다. 비정한론자의 논리 속에서 두 가지 점을 지적할 수 있다. 즉, 조선정부의 無禮한 처사가 곧 出兵하여 전쟁을 일으킬 만한 것이 못된다고 하지 않았다는 점이 그 하나이고, 심각한 財政難을 들고 있는 것이 그 둘이다.

42) 東京日日新聞, 1875年 11月 29日.

43) 前揭 日本의 侵略政策史研究, pp. 52~53.

무진혁명(1868년)이 성취되어 새 정부가 발족했어도 아직 지반이 굳어지기 전이었다. 국내 각지에서는 구세력의 군사적 저항이 끊이지 않았다. 더구나 전국에 걸친 군사권을 아직 정부가 장악하지 못했던 까닭에 한국출병을 구실삼아 군인을 모집하여 그 군사력으로써 내란을 억제하려는 의도 역시 그대로 넘길 수 없는 일이었다.

그리고 일본이 어려운 재정문제에 있어서는 대장대보(大藏大輔) 이노우에(井上馨), 동 소보(少輔) 시브자와(澁澤榮一) 등이 1873년 5월 7일 국가재정을 타개하기 위한 장문의 주의서(奏議書)를 태정 대신(太政大臣) 산죠(三條實美)에게 제출하였던 것이다.44)

그것은 세입·세출 등에 관한 상당량을 의미하는 것이었다. 이것이 언론에 나가자 파문이 없지도 않았다.45)

2. 민씨의 집권과 대일외교

흥선 대원군이 실각하고 고종과 민씨 일당이 집권하자 대일외교문제가 새로운 양상을 띠기 시작하였다. 일본 메이지유신 정부는 5년간에 걸친 교섭에도 대원군통치하에서는 그 목적을 이룰 수가 없었다. 민씨세도의 정권으로 바뀌면서 조신왕조의 대외정책은 정견도 뚜렷함이 없이 변경되어 갔다. 민씨 정권은 국내정책에서도 흥선 대원군집권 시에 반대되는 시책을 반동적으로 시행하였다. 외교에 있어서도 어떤 독특하거나 세계사적인 센스도 충분치 못한 가운데 척사척양에 반대하는 정책을 취하였다. 고종의 친정은 형식뿐이었

---

44) 新聞雜誌, 1873年 5月 8日.
45) 그 내용을 보면 이렇다. 歲入槪算 4천만 원, 歲出槪算 5천만 원, 그리고 負債 1억 4천만 원이라고 밝히면서 각종 경비를 절감하여 초과하지 않도록 해야 한다는 것을 피력한 것이다. 이 사실이 신문에 보도되자 井上馨은 雜犯津 위반으로 1만 원의 罰金刑을 감수했다. 핍박한 재정문제는 군사활동을 크게 제약한 것이 사실이다. 명분이 없는 일본의 군사행동에 대한 西歐列强의 태도 여하에 크게 신경을 기울였음도 이와 관련, 판단되어야 할 것이다.

고. 흥선 대원군계열의 인물은 거의 숙청되었다. 따라서 민씨 척족의 새로운 세도통치가 펼쳐지게 되었다.[46]

민씨 정권의 대원군세력의 제거는 한편으로는 대원군계의 반격을 받아 민승호 일가의 폭사, 이최응 가택의 방화 등 암투가 계속되어 정계는 중상과 보복이 연쇄적으로 일어났다.[47] 승지 박정양(朴定陽)이 동래부안핵사에 임명되어 그간의 일본과의 외교관계를 조사하고, 동래부사에 박제관(朴齊寬)이 임명되었다.

민씨 정권이 대일외교를 모색하고 있을 때인 고종 11년(1874년) 6월에 청의 예부로부터 밀자(密咨)가 도달하였다.[48] 이에 대하여 조정은 반신반의하면서 서양인의 통상을 위한 허위조작이라고 결론을 내렸다. 그러나 이 밀자로 조정은 당황하고 각 영에 명을 내려 만일에 대비하게 하였다.[49] 이 일이 있은 후 경상도 관찰사 김세호(金世鎬)는 파직되고, 전 동래부사 정현덕은 정배되었다. 또 뒤에 전훈도 안동준은 처형·효수되었다.[50]

일본의 정한론에 대해 우리 조정은 긴장하면서도 일본과의 융화를 모색하였다.[51] 일본정부는 교섭이 일단 정돈되고 저희 국내에서 정한론이 분열된

---

46) 領議政 李裕元, 左議政 李最應, 右議政 朴珪壽가 새로 임명되었다. 李裕元은 世子冊封問題로 閔黨에게 신임을 얻었다. 지능이 낮은 興寅君 李最應은 大院君의 兄이었으나 閔氏政權의 이용물에 지나지 않았다. 그런데 左議政 朴珪壽는 平安監司 때 大洞江에서 제너럴 셔먼호를 불살라 이름을 떨친 인물이었다. 淸에 다녀와 世界情勢에 대한 식견이 있었다. 또한 開化主義者인 譯官 中人 吳慶錫과도 가까운 사이였다. 朴珪壽의 등용은 閔氏政權의 대외관계를 위한 배려로 생각된다. 따라서 앞으로는 開港에 큰 영향을 미치게 되었다.

47) 李瑄根, 韓國史(최근세편), 을유문화사 pp. 358~368.

48) 그 내용은 洋將 日意格(佛人 Prosper Giquel)의 정보에 따른 것으로 日本은 5월에 臺灣에 出兵하여 生藩을 토벌하였다. 그 일부 兵力 5,000명이 長崎에 잔류하고 있는 것으로 보아 臺灣退兵 후에는 韓國을 侵攻할 것으로 보이며, 그러면 佛·美國도 일본을 원조할 것이라는 요지의 것이었다.

49) 承政院日記, 高宗 11年 6月 24·25日.

50) 承政院日記, 高宗 11年 6月 29日.

51) 일본의 出兵說에 자극을 받아 領議政 李裕元과 右議政 朴珪壽는 日本과의 信好가 단절된 것은 대원군의 실책 때문이라 하고, 李裕元은 渡海譯官을 對馬島 또는 日本國都에 파견하여 일본과의 외교교섭을 조사할 것을 啓言하여 王의 윤허를 얻었다. 이에 朝鮮政府의 태도는 대원군의 대외정책을 반대하고, 일본과의

후 한국에 대한 외교정책은 소극화하였다. 초량왜관에는 외무소록(奧義制)이 왜관사무대리로 주재하고 있었으나 기능을 발휘하지 못하고 있었다. 그러나 그는 3월에 한국정계의 급변을 탐지하고 대원군의 실각과 동래부사가 교체된 것을 즉시 보고하였다.52)

그동안 일본의 외무성출사 모리야마(森山茂)는 교섭의 타개책으로 대마도주를 파견하여 옛 관례에 따라 교섭을 재개하여야 된다는 저자세외교책을 논하고 있었다. 그러나 이미 말한 외무소록의 보고가 있자 일본정부는 급거 5월에 모리야마(森山茂)를 파견하여 한국의 내정을 조사하였다. 모리야마는 정보를 수집하였으며, 그 내용을 보면 동래부사 등이 파직되고 암행어사가 출동하여 그 진장을 조사 중이며, 궁궐에 화변이 일어나 내분의 징조가 보인다는 것이다. 또 청국정부가 한국으로 하여금 일본과 실화(失和)하지 말라고 통보하였다고 하는 것이었다.53)

따라서 이 같은 실정은 의아심을 품을 만큼 급변한 정세변동이 있었으므로 한국 측을 자극하지 않고 대마도주 종외무대승을 파견하려는 계획을 기다릴 틈도 없이 모리야마(森山茂)가 직접 외교접촉에 임하였던 것이다.

일본의 국정에 어두웠던 한국정부는 새로 훈도 현석운(玄昔運), 별차 현제순(玄濟淳)을 초량왜관에 내려 보내 모리야마와 접촉하게 하였다. 이는 한국 관리가 정식으로 메이지유신 후 일본관리를 접견한 최초의 사례가 된다.54) 그리고 모리야마는 이 자리에서 일본의 국기·군함기·상선기의 모델을 수교하였다.55)

병권을 장악하고 있던 근위대장 겸 무위도통사 조영하는 내명을 받아 그 문제의 밀함을 모리야마에게 보내 국내정세가 일변하여 일본관원을 허접(許

융화정책으로 전환하려 하였다.
52) 日本外交文書, 卷7, pp. 349~352.
53) 日本外交文書, 券7, pp. 362~337.
54) 이 자리에서 일본 측은 타협안 3개 조건을 제시하였는데, 그중에는 朝鮮이 원하면 通信使 또는 渡海譯官의 使節을 파견한다는 조항도 포함되어 있었다.
55) 田保橋潔, 近代日鮮關係의 研究(上), pp. 344~347.

接)할 의사가 있음을 통보하였다. 주객이 전도되었다. 오히려 일본 측은 매
수된 밀정을 통하여 이 쪽의 정보를 파악하고 고자세로 임하게 되었다.56)

모리야마(森山茂)는 본래는 한국사정을 내탐하기 위하여 파견하였다. 그러
나 예기치 않은 성과를 올리고 일단 귀국하여 그 공으로 외무소승으로 승격
되고 이사관으로 다시 파견되었다. 이때 일본은 소위 타이완생번정벌에 성과
를 올리고 한국이 태도를 바꾸자 예정되었던 대마도주 소우(宗義達)의 파견
도 중단하였다.57)

그러나 파티의 절차와 복식이 문제가 되어 이럭저럭 신서계에 대해 재론
하였던 것이다.58)

동 5월에는 시원임대신 정부당상이 일본서계의 허납(許納)에 대하여 논의
하였다. 그러나 결국 서계를 대마도를 경유하지 않고 외무성이 직접 보내는
것은 3백년 내에 없었던 일이며, 서계의 문구 중에는 교린에 어긋나는 것이
있다고 거절하기로 결정짓게 되었다.59)

그 후 외교접촉이 있었으나 해결되지 못하였다. 동래부사 황정연은 체직되
고, 모리야마(森山) 등은 8월에 본국정부의 명에 따라 퇴거하여 외교교섭은
다시 중단되었다.60)

이는 두말할 필요 없이 일본이 진실하고 동양평화를 위한 마음이 앞서지

---

56) 承政院日記, 高宗 11年 8月 9日.
57) 森山茂와 副官 廣津弘信은 軍艦으로 高宗 12년(1875년) 정월에 釜山에 이르러
   절차를 밟지 않고 곧 新書契를 직접 東萊府使에게 捧納하겠다고 주장하였다. 이
   에 새로 부임한 東萊府使 黃正淵은 善後策을 중앙에 물었다. 또 일본의 新書契
   의 謄本을 얻어 狀啓를 올렸다. 이에 議政府의 의견에 따라 日本使臣은 舊例에
   따라 宴饗케 하였다. 書啓는 「大日本」·「皇上」 등의 문구가 있으므로 斥退하되
   만일 改修하면 許納하여 舊好를 복구하라고 명하였다.
58) 承政院日記, 高宗 12年 2月 5·9日, 3月 4日 各 參照.
59) 承政院日記, 高宗 12年 5月 10日.
60) 森山茂의 撤歸는 한국과의 외교교섭의 포기가 아니라 더 강경책으로 유리한 조
   약을 맺기 위한 것이었다. 이미 그들은 閔氏政權이 국내분쟁으로 약체이며, 대
   원군 시대와는 달리 확고한 정책은 없으나 외국에 대하여 우유부단한 태도를 취
   하고 있음은 知悉하고 있었다. 이 무렵에 일본 국내에서는 정한론이 다시 대두
   하고 무력으로 임하자는 주장으로 강경하게 기울어지고 있었다.

않았기 때문에 상호간의 의견이 이때에 이르러 일치되지 못하였음을 노출시
킨 것이다.

　이 문제에 관하여 새로운 정권담당자인 고종과 민씨 일당 세력은 다른 외
교적 방법을 모색하게 되었던 것이다.

3. 개국 직전의 대일교섭과 침략의 시각

　1873년 11월에 대원위대감인 홍선 대원군이 실각하였다. 일본은 이런 호
기(好機)를 한국침략의 계기로 연결하고자 재교섭을 시작하였으나 정돈상태
에 빠졌다.

　일본이 동래부와의 교섭 결과 정돈되자 외무출사 히로쓰(廣津弘信)는
1875년(고종 12년, 메이지 8년) 3월에 자기네 외무경 데라지마(寺島宗直)
에게 이렇게 상신하였다.61)

　　　"조선국내는 상홍(相訌)하여 재상이 횡사하고(関升鎬의 橫死) 대원군이 입성
　　　하여 양당의 호상찰낙이 심해 가니 이때가 호기회로 측량을 가장하여 군함 1∼
　　　2척을 조선근해에 파견하여 위협할 것."

　이에 따라 데라지마 일본외무경은 태정 대신 산죠(三條)와 우대신 이와쿠
라(岩倉)의 승인을 얻고 해군대보 가와무라(川村純養)와 협의하여 군함 춘
일·운양·제2정유 등 3척을 한국연해에 파견할 것을 확정하였다. 그 뒤 극
비리에 발령하였으므로 각료라 하여도 아는 자가 적었다. 그러므로 출병을
주장하였던 참의 이다가키(板坦退助) 같은 자도 군함이 출동한 후에야 알고
앞서 자기의 출병설에 반대하던 자들이 집권한 후에 이를 번복한다고 힐난
하였다. 이에 대하여 산죠는 군함의 은근한 우리나라 연해에의 출동은 정기

---

61) 日本外交文書, 卷8, pp. 71∼73.

연습항해라 하고 끝까지 기만하였다.[62]

일단 이런 경로로 저희 군함이 부산에 입항한 뒤에는

"이는 실로 놀랄 일이며 오보(誤報)일 것이나 다시 정사(精査)하겠다."

라고 하였다고 한다.[63] 이와 같이 저자가 누누이 전거를 들어 설명·입증하였듯이 당시 일본의 정한론자와 신중론자는 본질에 있어서 똑같은 것으로서 군함의 출동은 극비리에 취하여졌다.

이리하여 계획된 각본에 따라 일본의 성능이 우수하고 강용한 운양호는[64] 함장 일본해군소좌 이노우에(井上馨)의 진두지휘하에 1875년 4월 22호(양력 5월 25일) 부산에 침투하였다. 다음날 훈도 현석운이 이에 항의하자 자기네 사신호위와 사사(使事)독촉을 위한 것이라 하고, 물론 한국의 항의를 받아들이지 않았다. 그 후 5월 9일(6월 12일)에는 또 군함 제2정유가 함장 해군소좌 이토(伊東祐亨)의 지휘로 부산에 침입하였다.

그리고 관람차 훈도 및 수원일행 18명이 승선하자 두 함선은 불시에 연습이라 하고 시위포격을 가하였다. 이때 부산 동래민을 전율케 함으로써 첫 무력위협에 성공한 셈이었다.

5월 17일 새벽에 운양호는 부산을 출항하여 동해안연해를 북상, 19일에는 함경도 영흥만에 이르렀다. 마구 돌아다닌 것이다. 그 뒤 다시 남하하여 영일만연해를 거쳐 26일 부산에 기항하였다가 일본 나가사키(長崎)로 돌아갔다. 첫 번째 시위를 마친 것이다.

그 후 운양호 함장 이노우에는 해군성의 한국 서해연해로를 측량하라는

---

62) 前揭 한국사, 16, p. 115.
63) 田保橋潔, 前揭書, pp. 395~397.
64) 영국으로부터 高價로 구입해 온 최신함선 雲揚號는 1867年에 사온 英國製로서 브리그型 砲艦, 砲數 8門, 定員 65名, 長 119呎, 幅 24呎 2寸, 吃水 8呎, 1876年 10月에 航海中 暴風을 맞나 坐礁沈沒하였다고 한다(田保橋潔, 明治外交事談, 岩波講座, 日本歷史, p. 37; 申國柱, 近代朝鮮外交史研究, p. 41).

명령을 받고 나가사키를 출항하여 서해안 연해를 측량하는 체 하며 탐색하면서 북상하였다. 이리하여 운양호는 앞서 프랑스함과 미국함이 침공한 후 어떤 외국 함선도 접근할 수 없었던 한강하류 강화근해의 요새지로 접근할 수 있었다. 8월 21일(음) 이른 아침에 운양호는 강화도 남쪽의 난지도 부근을 지나 북상하여 정상도(頂上島)에 이르고, 담수를 찾는다 하며 이노우에 함장이 탄 단정은 제멋대로 연안을 탐색하면서 강화부 초지진포대에 접근하였다.65) 이는 한국의 요새에 대한 의식적인 도발이 아닐 수 없었다.

양요를 겪은 우리 측 포대의 수비병은 이에 정당방위로 포격을 가하였다. 이에 운양호는 초지진에 접근하여 단정을 수용하고 그제야 군함 여러 곳에 일본 군기를 꽂고 포격을 개시하였다. 초지진포대의 포는 구식이어서 단 한 발만이 맞았을 뿐 모두 일본군함의 사정거리 밖에 떨어 졌다. 그러나 운양호의 함포는 명중하였다. 그들은 상륙전을 감행하려 하였다. 그러나 중지하고 정상도를 우회하여 후퇴하였다. 그 날 오후에는 제물포의 해안인 영종진에 맹포격을 가하며 육전대를 상륙시켜 침공하였다. 영종진은 불의에 110파운드 및 40파운드의 함재포의 맹포격을 받고 육전대의 상륙에 당황하지 않을 수 없었다.66)

이때 인천 앞 영종도에 상륙한 일본군은 40여 명의 한국수병을 참살하였고, 650명의 양민을 겁탈하거나 도륙하고 초토화시킨 뒤 식량 등을 탈취하여 유유히 돌아갔다.67) 이 침공에 첨사 이민덕(李敏德)이하 영종진수병 400~500명의 대부분이 패주하였다. 유기시체 35구, 포로 16명을 냈으며, 대포 36문, 화승총 130여정, 기타 무수한 군기와 총탄 등을 약탈당하였다. 이에 반하여 운양호는 부상자 2명을 냈을 뿐 약탈품을 싣고 나가사키로 급히 갔다.68)

---

65) 草芝鎭에는 600여 명의 韓國軍이 매복해 있었다.

66) 田保橋潔, 前揭書, p. 397.

67) 李炫熙, "日 교과서 歷史歪曲을 告發한다", 自由公論, 1986年 10月號 .

68) 日本 海軍省의 命令은 「朝鮮東南西海岸에서 淸國牛莊邊까지의 航路硏究」로 되어 있다. 雲揚號의 砲擊事件은 給水를 위한 우발사건이라고 변명하고 있다(前揭 近代日鮮關係의 硏究(上), pp. 398~399 ; 日本外交文書, pp. 130~132). 그런데 日木은 出動 때부터 極秘裡에 出動을 命하였다. 이로 미루어 보아 한국이 挑發하도록 어떤 유도를 위한 極秘指示를 하였을 것이다. 書類報告 등은 形式的 文書

이 운양호사건으로 민씨 정권하의 조선왕조는 메이지유신 후 근대화과정
을 밟고 제국주의화한 일본의 무력 앞에는 비참하리만큼 무력하다는 것이
더욱 노출되었다.

당시의 한국정부는 운양호의 침략행위에 대하여 어떠한 태도로 임하였는
가. 이양선이 난지도근해에 출현하였다는 급보가 8월 22일에 중앙에 이르렀
다. 정부는 곧 23일 해사역관을 강화부에 보냈고, 경기관찰사 민태호(閔台
鎬), 강화유수 조병식(趙秉式)에게 명하여 연해의 방수를 엄히 하게 하였다.
그러나 이때는 이미 영종도가 침공된 뒤였다.[69] 24일에는 경기감영 등으로
부터 이양선이 정상도와 초지진을 공격하였다.

영종도에 방화하였다는 정보가 있었으나 해당 영으로부터는 하등 보고가
없었다. 따라서 경기감영으로 하여금 해당 영과 읍에 파발을 띄워 알아보게
하고, 재차 방수를 엄히 할 것을 하달하였다. 마침내 다음날인 25일에야 영
종진첨사 이민덕의 보고가 도착하였다.[70]

그럼에도 불구하고 위정자들은 거시적인 대책을 세우지 못하였다.[71]

4. 재연된 정한론의 의미

이와 같은 처사는 의식적으로 사건을 도리어 은폐하려는 기색이 농후할

로 보인다. 특히 그들은 丙寅·辛未洋擾 때 佛艦과 美艦이 江華島近海에서 砲擊
당한 경위를 치밀하게 調査하고 있었다.

69) 承政院日記, 高宗 12年 8月 22·23·24·25·26·29日.

70) 이리하여 同 26일에는 몇 가지 조치가 취해졌다. 李敏德은 棄城逃走한 罪로 파
출하였다. 한편 仁川을 防禦營으로 승격시켜 永宗鎭을 이에 移屬시켰다. 이어
府使 李敏을 防禦使에 임명하여 연안요충지의 방어를 엄히 하게 하였다. 그리
고 永宗鎭의 피해자를 慰恤하였다.

71) 그러나 한국의 위정자들은 사태에 당황하였을 뿐으로 巨視的인 대책을 세울 수 없
었다. 左議政 李最應은 丙寅洋擾가 지난 후 10년 동안 兵備를 강화하였음에도 불
구하고 이런 일을 당함은 훌륭한 장수가 없어서이니 適格者를 뽑아야 한다는 정도
였다. 또 雲揚號에 대하여 정체를 밝히지 않고 異樣船이라고 할 뿐, 심지어는 어
느 나라의 어느 사람이 무슨 緣由로 침공하였는지 알 수 없다고 할 정도였다.

정도로 비굴하였다고 볼 수도 있겠다.[72]

운양호사건이 전해지자 일본조야에서는 정한론이 재연되었다. 이는 정한론을 주장한 살주벌(薩州閥)을 중심으로 한 호전적인 군벌의 음모가 적중된 것이다.

9월부터 어전회의를 열고 왜관의 모리야마(森山茂)의 의견과 기도(木戶孝允)의 주장에 따라 거물급대사를 파견하여 운양호사건을 핑계 삼아 무력위협으로 개항케 할 것을 결정하였다. 사이고오(西鄕)의 정한론을 반대하던 기도(木戶孝允)는

"조선의 폭거(暴擧)를 묵인할 수 없는 단계"

라고 하였다. 따라서 자신이 강경담판의 대표가 될 것을 자원하기도 하였다. 귀국 중이던 모리야마는 귀환하고, 이어 일본군함 춘일과 맹춘이 부산에 침투하여 포격하면서 부산민중을 경악케 하였다. 이에 관리들이 대책을 세우려 했으나 감당치 못하였다.[73]

일본은 묘의(廟議)의 결정에 따라 운양호사건을 계기로 하여 한국을 무력으로 위협하기에 앞서 청국의 태도를 타진하기 위하여 모리아리(森有禮)를 특명전권대사로 파견하였다.

당시 청국의 외교는 이홍장(李鴻章)이 전담하였다. 그의 의견은 평화를 유지해야만 긴 안목에서 한·중·일 3국이 유리할 것이라는 견해를 보였던 것으로 집약된다.[74] 이러한 고식적인 정책을 쓰게 된 것은 당시 청국은 국내

---

72) 李瑄根, 前揭書, p. 378.
73) 同 10월 이후는 汽船이 함부로 드나들며 倭館의 武裝軍隊가 의도적으로 우리 국민과 충돌하여 死傷者를 내는 불법행위를 자행하였다. 東萊府使 洪祐昌과 釜山僉使 林百鉉은 雲揚號事件의 정보에 접하고 日本의 행동을 경계하여 釜山·草梁·多大浦一帶의 경비를 엄하게 하였다. 그러나 속수무책이었다고 한다.
74) 雲揚號事件으로 야기된 한국과 日本의 관계는 淸國으로서도 난처한 입장에 놓인 것이다. 만일 양국 간에 전쟁이 터지면 조선은 淸國에 원병을 청할 것이고, 이에 응하지 않으면 淸國의 조선에 대한 宗主的 입장은 상실하게 될 것이다. 또 만약 日本이 조선을 무력으로 점령하면 장차 淸國 자신이 위협을 받게 될 것이

문제와 국제분쟁이 확장되어 한국문제를 깊이 간여할 수 없는 시기였기 때문이었다.75) 결국 이홍장은 한국에 일본과의 조약 이해관계를 말하고 개항할 것을 권유하였다.

일본의 경우에서는 운양호사건의 처리문제에 관하여 영·불·노·이·독 제국의 일본주재공사에게 의견을 타진하였다. 그들은 모두 일본의 주장을 찬성하거나 호의를 보였다.76) 따라서 일본정부는 용의주도한 외교교섭을 전개하는 한편 선보사(先報使)를 파견하고, 특파전권대사를 정하였다. 이 당시 한국정부에서도 대일본에의 교섭론이 긍정성을 띠게 되었다. 가령 11월 15일 좌의정 이최응이 장계(狀啓)를 올려 서계수납을 권유하였던 것이 그 한 예일 수 있겠다.77)

이에 고종도 수긍하였다.78) 그러나 이 타협안은 이미 때가 늦었다. 일본의 선보사 히로쓰(廣津弘信)는 11월 20일에 부산에 도착하였다. 그는 일본의 전권대사가 강화부로 진입할 것이라 통보하자 훈도 현석운은 서계 중 황칙(皇勅) 등 자귀를 수정하면 서계를 봉납할 것이라는 조건으로 일본특사의 파견의 중지를 교섭하였으나 무위로 끝나고 말았다.

그런데 이런 여세를 몰아 12월 19일 일본전권변리대사 구로다(黑田淸隆)는 무엄한 작태를 보였다.79) 그리고 그들은 개전에 대비하여 본국에 2개 대

다. 그러므로 李鴻章은 어떤 형태이건 兩國 간에 條約을 체결하여 평화를 유지하려 하였다.

75) 彭澤周, 前揭書, pp. 67~70.
76) 前揭書, pp. 54~57.
77) 日本國의 新書契가 舊例에 어긋나 논의가 많았으나 처음부터 그 正本은 보지 않고 謄本만으로 가부를 논해 거리낌이 있는 일이며, 그들의 書契 중의 몇 개 字句는 自國의 臣子가 自國君主를 自尊한 것에 불과하다. 우리에게 損되는 바가 없으며, 이러한 이유로 수년간 相持하는 것은 오히려 自侮가 되는 것이니 東萊府使에 명하여 곧 原書契를 朝廷에 奉納케 한 다음에 應答할 것과 拒斥할 것을 밝혀 처리하여야 한다고 주장하였다.
78) 承政院日記, 高宗 12年 11月15日.
79) 이 해 12월 19일 日本의 全權辦理大使 黑田淸隆은 汽船 玄武號에 탑승하고 軍艦 3척과 輸送船 2척 등 6隻을 몰고 釜山港에 도착하여 정박 중이던 軍艦 鳳翔과 汽船 滿珠丸와 합세하여 發砲로 위압하였다. 이어 7, 8일 후에는 江華府로 進往할 것인데 만약 大臣이 나와서 接待하지 않으면 京城으로 直進할 것이라 위협하였다.

대 병력의 증파를 요구하는 한편, 12월 23일 부산을 출항하여 서서히 북상
하고, 집결예정지인 경기도 남양만에서 남양부사 강윤(姜潤)의 문정을 받고
강화로 향하였다.80)

이듬해인 고종 13년(1876년) 1월 3일에는 강화부판관 박제근(朴齊近)이
정상도에 정박 중인 군함 맹춘에 문정하고 일본항선의 행동을 감시하였다.
그간 강화부사와 남양부사 및 강화유수 조병식의 일본함선의 동정에 대한
치계(馳啓)로 매일 의정부에서 시원임대신회의가 속개되어 대책을 논의하고,
한강하류와 강화의 방어를 엄하게 강화하였다.81)

개화파인사며 문정관인 역관 오경석(吳慶錫)의 보고에 따라 한·일 간의
최초의 근대적인 의미로서 개항조약, 즉 강화도조약이 체결케 되었던 것이
다.82) 그리하여 강화도 연무당에서 2월 11일(양력)부터 시작되었다. 한·일
간의 대표는 각기 6명인데, 워낙 우리나라 대표는 국제법에 지식이 없어 피동
적으로 따라갈 뿐이어서 큰 손해를 본 것이다.83)

회담은 3차에 걸쳐 열렸다. 2차는 1월 18일, 3차는 1월 19일이며, 회의
장소는 강화부의 진무영집사청에서 개최되었다. 1차 회담에서는 운양호사건
의 책임문제가 주로 논란되었다. 2차 회담 때 일본 측은 13개조로 된 조약
문을 제시하고, 10일 이내 회답을 강요하여 양측은 언쟁을 벌였다. 3차 회

---

80) 日本艦船이 仁川前洋에 이르렀을 때 開化主義者인 堂上譯官 吳慶錫과 訓導 玄昔
運이 問情官으로 派遣되어 그들의 江華進往을 問責하고 논쟁을 벌였다.

81) 承政院日記, 高宗 13年 1月 17, 19日.

82) 결국 問情官 吳慶錫 등의 "日本 全權大臣이 조선의 大官과 회담하고자 한다."는
보고에 따라 5일 御營大將 申櫶를 判中樞府使로 假任命하여 接見大臣으로 삼고,
都摠府副摠官 尹滋承을 副官으로 하여 日本使臣을 접견 대처하게 하였다. 그 후
회담장소와 절차 등 문제로 절충이 있었으나 江華府가 회담장소로 결정되었다.

83) 1월 17일(陽曆 2월 11일) 오후 1시부터 江華府 鍊武堂에서 會談이 시작되었다.
이미 이 會談은 主客이 顚倒되고 賊反荷杖格이 되었다. 조선왕조의 대표는 定見
없이 피동적이었다. 양국의 대표는 아래와 같다.
朝鮮側: 接見大官 申櫶, 副官 尹慈承, 從事官 洪大重, 伴倘 姜瑋, 軍官 徐贊輔
訓導 玄昔運(6名)
日本側: 全權大使 黑田淸隆, 副使 井上馨, 隨員 宮本小一·森山茂·小牧昌業,
通譯 浦瀬裕(6名)

담에서는 조약이 성립되지 않는다면 일병이 침공하리라는 무력위협을 해왔다. 이에 신헌(申櫶)은

　　"구호(舊好)를 다시 수호하자는 자리에서, 더욱이 남의 나라에 들어와 그 나라의 금법을 범할 수 없다."

하고 칭병을 논함을 공박하였다. 만일의 경우에는 일본이 책임을 져야 한다고 하였다. 이에 일본은 그의 요구를 거부하였다.[84]

5. 문호개방과 조야의 반응

　일본에 의한 위협적이고 일방적이며 불평등한 조건하에 이룩된 문호개방의 회담은 난항을 거듭하여 일본의 전권대사는 귀환한다고까지 위협하였다. 이 무렵 국내에서는 민씨 정권의 무능에 일반국민들도 격분하여 유언비어가 나돌고 대원군파의 세력이 대두하였다. 최익현 등이 척화의 소를 올리자 이를 따르는 유림들이 많았다. 김병국·홍순목(洪淳穆) 등도 척화론을 주장하였다. 당시 조정에서는 시원임대신이 의정부에서 연일 회의를 거듭했으나 결정을 못 내리고 있었다.[85] 1월 20일 고종은 시원임대사 영돈녕부사 김병학, 영중추부사 이유원, 판중추부사 홍순목·박규수, 영의정 이최응, 우의정 김병국 등을 소견하였다. 이 자리에서 일본에 대한 정책을 자문하였는바 이유원·김병학·홍순목은 일본의 태도를 의심하였다. 그러나 박규수는 개항을 주장하였다.[86] 이최응·김병국은 사태를 보아 정책을 강구하자고 주장하였다.[87]

---

84) 承政院日記. 高宗 13年 1月 17·19日.
85) 田保橋潔, 前揭書, pp. 454∼466.
86) 李光麟, 韓國開化史研究, 一潮閣, 1970, pp. 15∼17, p. 27.
87) 承政院日記, 高宗 13年 1月 20·21日.

1월 22일 왕세자책봉 축하에 참석했던 청나라 사신은 한국이 일본의 개항 요구를 듣는 것이 유리하다는 이홍장의 뜻을 전하여 크게 영향을 미쳤다.

한편, 당시의 국내인으로서는 가장 국제정세를 신속 정확히 이해하고 있던 박규수와 역관 오경석의 개국주장은 쇄국책을 버리고 개국으로 전환하는 데 막후에서 지대한 영향을 미쳤다.[88]

따라서 조정의 의견은 개항으로 결정되어 1월 24일 의정부의 계언에 따라 접견대신 신헌에게

> "아국은 일본과 3백 년간 신사수목(信使修睦) 하고 설관호시(設館互市)하다가 무진(戊辰) 이래로 서계서로서 상지하였으나 계속 수호하려는 마당에 있어 통상을 뇌거(牢拒)할 필요가 없으니 통상조약은 난가상확(爛加商確)하여 양국이 사의케 하라."

는 명을 내렸다.[89]

이런 인신(印信)·비준 등의 사소한 문제로 인해 약간의 분란이 없지도 않았으나 정한론의 연장선상에서 밀어붙이기 작전을 저돌적으로 전개한 제국주의 일본에 의하여 소위 수호조약이라는 강화도조약은 1876년 2월 27일 강화도에서 최종적으로 마무리되었다.[90]

돌아 보건대, 1876년의 일본적인 스타일에 의하여 개항조약, 즉 병자조약을 체결하기까지에는 1860년대 후반 이후 근 10년에 걸친 집요한 정한논쟁이 이 시기에 적중했던 것으로 풀이되는 것이다. 그러므로 1876년 2월 27

---

88) 李光麟, 前揭書, pp. 27~29.
89) 承政院日記, 高宗 13年 1月 24日.
90) 丙子年(1876년) 2月 3日(陽曆 1876년 2월 27日) 江華府 鍊武堂에서 한·일 兩國 代表는 12款의 修好條規에 調印하고 批准書를 교환하였다.
　　이로써 日本은 23년 전에 美國(1853년) 페리提督이 인솔하는 海軍力에 굴복하던 제국주의적 침략수법을 그대로 모방하여 한국에서 재연하는 데 성공하였다. 國際情勢에 어두웠던 조선왕조는 아무런 준비없이 치욕적이고 不平等한 開港을 日本에 강요당하여 이후 日本과 歐美列强의 침투를 받게 되었다. 이는 당연한 귀결이었는지도 모른다. 우리나라가 철저히 대비하지 못하였기 때문이다.

일의 강화도조약, 즉 병자조약은 일본의 정한론의 최종적인 승리이며 그 결실이라고 보아도 무방할 것 같다.

왜냐하면 이 일방적인 개항조약이 체결된 지 30여 년 만에—최익현이 병자적화상소에서 지적하였듯이—한국은 열강의 침략적 도전에 응전하다가 결국은 일본에 침식당하였기에 그렇게 판단되는 것이다.

그러므로 정한론파나 신중론파의 침략의도에는 조금도 변함이 없다는 것을 거듭 강조하고 싶다. 이미 1873년 사이고오(西鄕隆盛)와 이다가키(板垣退助)에 의하여 막말에 이어 다시 본격적으로 제기된 한국침략정벌 논쟁은 새로 수립된 메이지정부에 위기를 안겨 주었다.

그러나 한국침략을 주장했던 이들이나 유보적으로 반대하였던 이와쿠라(岩倉具視), 오쿠보(大久保利通), 기도(木戶孝允) 등의 대외관은 본질적으로 동일하였기 때문에 어떤 면에서 이 논쟁의 본질은 권력내부의 파벌상쟁에 지나지 않는 것이었다.91) 무단적인 한국정벌론자는 즉시 침략을 주장하고, 신중론자는 내정개혁 등을 무엇보다 먼저 주장하였다. 그러나 신중론파도 팽창 그 자체를 반대한 것이 아니었다. 논쟁의 초점은 팽창계획의 구체적 내용과 시기·규모 등에 있었기 때문이다. 한국지배의 논쟁 때문에 생긴 메이지정부의 심각한 분열이 있은 직후 신중론파에 의하여 지배되고 있던 일본정부에 의하여 1874년에 타이완정벌이 실행되었던 것은 이를 잘 증명해 주고 있는 것이다.92)

일본의 정한론은 메이지정부 자체의 국한된 정책이라고 집행과정으로 판단하는 것은 전체 일본의 침략적 맥락을 잘못 짚는 결과인 것이다. 따라서 한국정벌론은 하나의 논리로서 막말에 이미 성숙되어 있었음을 파악해야 한다. 그 침략의 대상은 한국뿐 아니라 아시아대륙 전체—정확히 말하자면 침략이 가

---

91) 遠山茂樹, 明治維新, 東京: 岩波, 1951, 1972, pp. 309~310.
　　藤村道生, 征韓論爭における外因と內因, 日本國際政治學會編, 日本外交史の諸問題Ⅲ, 1967, pp. 1~22 참조.
92) 前揭 日本의 侵略政策史硏究, pp. 96~97.

능하다고 보이는 모든 곳—에 미치고 있었다는 점을 심층적으로 파고 들어가야 진정한 일본의 침략근성을 만나 볼 수 있는 것이다. 메이지유신 이전에 형성된 자기인식과 세계인식의 바탕 위에 이 메이지 초기의 침략논쟁이 입각하고 있다는 것이다. 문제가 되는 것은 왜 그러한 가능한 모든 곳으로의 침략대상이 한국으로 좁혀졌는가 하는 관점인 것이다. 이는 상호—조선과 일본과의—인식의 괴리 때문이었던 것이라는 논리에 동감한다.[93]

정한론은 결국 사다(佐田白茅)의 귀국보고에[94] 이어 메이지정부의 핵심분자 기도(木戸孝允)는 병력과 함대를 출동하여 당장 정벌해야 함을 강조해서 메이지정부 최초의 정한론자가 된 셈이다.[95] 그러나 그는 이미 한국정벌을 일찍이 강조한 바 있었다.[96] 뿐만 아니라 그 스승의 철저한 가르침도 받았던 자라고 하니 더욱 놀라울 수밖에 없겠다.[97] 사다나 기도는 결국 한국침략론의 근거가 저희 황국(皇國)의 위엄이 여지없이 손상됨에 따른 국민된 도리에서 나왔다는 억지 논리체계인 것을 분명히 주목해 보아야 할 것이다.[98]

그들의 1873년의 정한론은 동아시아 세계질서관과의 갈등에서 일어날 수밖에 없었던 것으로 생각되는 것이다.[99]

---

93) 前揭書, p. 96.
94) 朝鮮이 皇國을 멸시하기를 문자에 不遜함이 있다 하여 皇國에게 치욕을 주었습니다. 실로 불구대천의 도적이옵니다. 반드시 정벌하지 않으면 안 되는 것은 정벌해 두지 않으면 天皇의 위엄이 서지 않을 것이기 때문입니다(日本外交文書, 3, pp. 138~140).
95) 彭澤周, 明治初期日韓淸關係의 硏究, 東京: 塙書房, 1969, pp. 18~23.
96) 기도는 이미 1868년(明治 元年) 12월 14일의 일기에 "使節을 朝鮮에 파견하여 그들의 무례함을 문책하고, 그들이 만약 不服할 때는 죄를 따지기 위해서 그 나라를 공격하여 크게 神州의 위엄을 伸張시킬 것을 바란다."고 쓰고 있다.
    旗田巍, 日本人의 韓國觀, 李基東譯, 서울: 一潮閣, 1983, p. 17
97) 기도는 일찍이 吉田松陰의 門下에서 學問을 깨친 바 있다. 그가 인식하고 있던 조선 문제는 "皇國의 國體와 관련"되어 있었기 때문에 "宇內의 條理를 헤아려서 동해에 빛을 발하게 하는 것은 이 朝鮮侵略에서 비롯되는 것"으로 파악하고 있었던 점에도 예의 심층 분석해야 할 것이다(旗田巍, 前揭書, p. 17).
98) 煙山專太郎, 征韓論實相, 1908, pp. 149~150.
99) 1873년의 征韓論이란 조선이 그때까지 지니고 있던 동아시아 세계질서관과 일본

6. 개항의 침략적 의미

19세기 중엽 청나라 북경(北京)에 출입하였던 사람 가운데 중인 역관 오경석과 같은 이는 여러 나라와 통상조약을 맺음이 국가적으로 유익하다고 주장하였다. 그의 영향을 받아 백의정승 유홍기(유대치) 같은 이도 1870년대의 실학 인식적 개화사상의 영향을 받아 세계정세를 당국자에게 알려 주었다. 양반계층 가운데 박규수 같이 이들 중인들의 의견에 긍정적 태도를 취한 사람도 있었다.

일본은 1868년에 메이지유신을 단행하여 근대제국주의적인 국가로 발전한 뒤 먼저 타이완을 상품시장화하는 데 성공하였다. 이어 한국에 대해서는 왕정복고를 알리고, 국교의 재개형식으로 미국에게 당한 바와 같이 개항을 요구해 왔다. 그러나 대원군의 대외강경책으로 뜻을 이루지 못하자 일본은 민승호 등 민씨 정권 실력자들과 교섭을 전개하였다. 그러나 실패하였다. 이에 1875년(고종 12년) 운양호를 파견하여 무력시위를 감행함으로써 일부러 사건을 일으켰다.[100]

이는 일본의 정치적 연극에 지나지 않았던 것으로 다음해(1876년) 구로다(黑田淸隆)를 특명전권대신으로 파견하여 강화도 갑곶에 상륙케 하고 그 책임을 추궁하였다. 그들은 통상을 통해 문호를 개방함으로써만이 그 책임을 면할 수 있다고 강압적으로 수호조약을 체결케 하였다. 정부는 앞에서 논급한 박규수·오경석 등 일련의 개화파들의 건의, 그리고 대원군정책에 반대함

이 토쿠가와 시대를 통하여 다듬고 정립시킨 자기인식과 세계인식에 바탕한 새로운 동아시아 세계질서관과의 상호충돌에서 생겨난 일본의 도전적 논의였다. 때문에 明治新政府의 첫 對外衝突은 한국과 일어날 수밖에 없었던 것이다. 征韓論은 이미 면밀히 계획된 정책이었기에 실행될 수 있었다. 따라서 "現實的인 면에서 극히 空想的"일 수밖에 없었던 이유도 여기에 있는 것이다. 이러한 맥락에서 雲揚號事件으로 불리는 江華島 도발·침략에 의하여 맺어진 江華島條約(1876년)은 바로 일본의 새로운 자기인식에 입각한 동아시아 세계질서를 조선에게 인정시킨 사건이었다고 볼 수 있다(岡義武, "國民的 獨立과 國家理性," 近代日本思想史講座 8, 1961).

100) 遠山茂樹, 征韓論·自由民權論·封建論, 歷史學研究 143, 145, 1950.

에 반동적으로 문호를 개방하였다. 정부에서는 그 해 2월 신헌·윤자승을 강화도로 보내 일본대표가 제시한 12조의 불평등한 조·일수호조규(丙子修好條約:강화도조약)를 체결하였다(2월 27일자).101)

이는 한국이 외국과 문호를 개방한 최초의 변칙적이며 근대적인 내용의 조약이었다. 조선이 자주국이며 일본과 평등한 권리를 보유하고 평화유지와 영구안전을 유지할 수 있다(제2조)는 것은 한·청 종속관계를 명확히 천명하고자 한 불평등조약이다.102) 주류구전은 시의에 따른다고 하였으니(제2조), 대일개국통상으로 시설교환을 의미하는 것이다. 20개월을 기하여 주요 항구를 개방한다는 것은 부산·원산·인천을 둘레로 하여 한국을 침식·포위하자는 계략에서 나온 것이다(제4·5조 2항). 한국연안의 측량을 제의한 것은 거리를 파악하기 위함에서였다(제7조).

양국 주재민의 범법사실을 소속국이 재판하고 공평하게 한다는 것은 영사재판권(치외법권)의 인정인 것이다(제10조). 3개항의 개항은 장차 만주·중국과 러시아까지도 병합할 수 있는 거점 확보가 될 수 있다는 야욕을 내다본 것이었다.

정치적·군사적·경제적 침략을 전제로 한 본 조약은 불평등이라는 입장

---

101) 金敬泰, 丙子開港과 不平等條約關係의 構造, 梨大史苑, 11, 1973.

102) 이것은 舊秩序의 부정, 淸·韓宗屬關係의 뿌리로부터의 부정을 강력히 시사한 것이다. 維新 이래 일본의 對韓交涉에서 최대의 成果로 평가되는 소이이기도 하다. 이 朝鮮國의 自主之邦의 규정이 雙務規定이 아닌 조선에만 국한되는 일방적인 규정이었던 것은 淸·日侵略戰爭의 결산인 시모노세키條約(1895년)의 제1조와 동일한 것임을 직시해야 할 것이다. 이 두 조약의 제1조가 똑같은 조선의 自主·獨立을 일방적으로 규정·강조하고 있는 것은 바로 일본이 토쿠가와 이래 설정해 온 침략을 전제로 한 자기인식과 세계질서관을 조선에 끊임없이 강요했던 과정을 드러내 주는 실증적인 자기의 심중노출인 것이다. 따라서 江華島條約으로부터 시모노세키조약에 이르는 20년간은 중국과의 끈질긴 투쟁의 과정이기도 하였다. 시모노세키조약의 제1조는 傳統的·中國的 世界秩序가 淸·日侵略戰爭에 의하여 사실상 붕괴되는 것을 보여 주는 상징적 틀이기도 한 것이다. 조선의 門戸開放이 砲艦과 宣宜敎師를 동원하여 착실히 도전하여 왔던 미국이나 프랑스보다도 오히려 일본에 의하여 이루어졌던 것도 西歐諸國과는 달리 이러한 舊秩序 속에서 胎動하고 있었던 자기인식에서 출발한 일본의 舊秩序에의 도전이란 점을 파악해야 할 것이다.

에서 중요한 의의를 갖게 된다. 그것은 구질서하에 있던 봉건적 조선이 타율적이나마 국제무대로 노출될 수 있는 시초가 될 수 있었다. 정치면에서는 타율적 발전을 기약 받을 수 있었으나 그것은 도전뿐이었다. 문화사적인 면에서는 외국의 신문명을 수용하게 된 의미를 부여할 수 있다. 따라서 문호의 개방은 한민족에게 시련을 주었을 뿐만 아니라, 강한 도전의 한 시기를 획할 수 있는 계기를 내포하게 하였던 것이다. 일본의 팽창대국주의는 우리나라에만 머물러 있는 것은 결코 아니었다.[103]

　　1882년 조선 측과 청나라 사이에 8개조로 조인된 「한・청 상민수륙장정」의 골자는 장정 벽두에 금번 체결하는 수륙무역장정은 중국이 속방(屬邦)을 우대하는 후의에서 나온 것인 만큼 다른 각국과 균점(均霑)하는 예와는 같지 않다고 하였다. 이것은 속방이라는 것을 내세워 제3국에 균점을 불허하는 특혜를 받자는 내용이었다. 북양대신은 상무위원을 조선에 파견하여 주재케 하고, 조선 측도 대원을 파견하여 천진에 주재케 하되, 이 양국의 상무위원이 고집과 편성(偏性)으로 시무(視務)에 불비하면 북양대신과 국왕은 피차간 조회하여 즉시 철수시킬 수 있었다(제1조), 또한 일방적 치외법권을 인정한 것이고(제2조), 한국의 빈해(濱海)지방에 있어서 양국 어선이 왕래

---

103) 일본의 팽창주의는 한국에 국한된 것이 아니었다. '가능한 모든 곳'에의 팽창・침략론은 幕末 知識人들만의 專有物도 아니었다. 王政復古가 이루어진지 불과 수삼 개월에 明治天皇은 "朕은 …… 列祖의 偉業을 繼述하여, 一身의 艱難辛苦를 묻지 않고 친히 四方을 경영하여 …… 끝내는 萬里의 파도를 개척하여 國威를 四方에 선포키를 바라노라"고 다짐하였다. 이를 받아 이와쿠라는 "필경 海外萬國은 우리 皇國의 公敵"임을 선언하였다. 어떤 論者는 이러한 明治日本의 인식을 選擇된 나라라는 자기인식으로 적절히 설명하고 있다. 그러나 日皇을 비롯한 明治의 지도자들의 인식체계는 정녕 토쿠가와 시기에 이룩된 자기인식에 그 맹아가 있었다는 사실을 덧붙여야 할 것이다. 물론 明治 初年에 寓國을 公敵으로 삼고 國威를 四方에 宣布하기에는 현실적으로 역부족이었음을 明治 지도자들 스스로가 깨우치고 있었던 현실이었다. 그러나 1876년 雲揚號를 동원한 포함외교가 조선과의 교섭사상 최대의 성과를 이루고 난 뒤에는 불과 8년 전에는 空想的이었던 꿈이 어느 정도 현실성이 있는 것으로 그들에게 보이기 시작했을 것이다. 또 제2차 阿片戰爭, 淸・佛戰爭 등으로 亡國의 길을 걷고 있던 중국과는 스스로가 대조되어 중국・中華, 또 동아시아에서의 '예의'로서의 일본이 점점 현실성 있게 느껴지기도 했을 것이다.

포어(捕漁)할 때 허가 없이 화물무역을 못한다. 이를 위반하면 징계·처단하고(제3조), 각기 상대국에 들어가 무역하되, 반입·진열·판매는 불허한다는 것(제4조) 등이었다. 이렇게 청은 한국과의 관계를 더욱 밀착시키려 했다. 그것은 전통적 관계를 대외적으로 재천명하려는 의도로 해석되는 것이다. 그 뒤 1883년 중강(中江)통상장정을 의정하였고, 이에 회령(會寧)장정도 성립되었다.104)

한국은 한·일 수호조약에 의하여 예조참의 김기수(金綺秀)를 수신사로 일본에 파견하였다(1876년 4월). 그는 동 6월에 돌아와 『일동기유』를 써서 고종에게 복명서로 바쳤다. 일본은 하나부사(花房義質)를 대리공사로 파견하여 1879년(고종 16년) 청수관(西大門 天然亭)에 가공사관을 설치하였다. 다음해(1880년) 김홍집이 조·미 통상조약의 관계로 일본에 다녀온 뒤, 그의 복명서(수신사일기)를 통해 일본의 사정이 소상히 알려짐으로써 국내정세는 일본적인 분위기로 돌아갔다. 일본은 일본대로 정한론이 실제로 성공한 이후 정치적 분위기가 발전적으로 나가고 있었다.105)

한편, 조선책략이 알려지고 신사유람단·영선사가 각기 일·청에 파견된 것은 신문화수입의 일환이었다. 그렇지 않아도 신흥일본의 비상수단이 한국의 문호를 개방하고 위세를 떨치는 한편, 독점의욕을 강하게 나타내자 소위 종주권을 주장해 온 청은 일본의 침투를 견제하였다. 따라서 러시아의 남침을 방어하기 위하여 제3국과 제휴할 것을 모색하였고, 구미열강과 통상조약을

---

104) 국회도서관편, 舊韓末條約彙纂 참조.
105) 1874년에는 일본의 해외침략의 제1착수인 臺灣遠征이 성공적으로 끝이 났다. 한 국문제는 물론 1876년에 해결되었다. 이듬해에는 사쓰마의 반란(西南의 전쟁)도 진압되었다. 立憲政體에 대하여는 1875년에 장차의 실행을 약속하는 조칙이 내 려졌다. 그리고 1877년에는 이미 타구치 우키치(田口卯吉)라는 젊은 경제학자에 의해 그동안의 西洋化의 성과를 뒤돌아보는 『日本開化小史』가 발간되었다. 教育制度와 軍의 編制 및 租税制度 또한 근대적으로 개혁되었다. 征韓論 때에 下野했던 反政府人士들은 自由民權運動이란 반정부활동을 산발적으로 전개하고 있었다. 그러나 1881년에는 농촌에 기반을 둔 自由黨이, 이듬해에는 都市의 지 식인과 지방의 상공업자에게 기반을 둔 立憲改進黨이 각각 결성됨으로써 정치의 세계도 정부와 2大政黨이라는 테두리 속에서 행동의 틀을 잡아 나가게 되었다.

체결케 하였다. 이 시기에 일본은 이제 아시아를 떠나 세계화로의 야욕을 꿈
꾸고 있었다.106)

따라서 19세기 말의 국제적 세력균형을 유지하면서 일본의 한국침입과 대
륙권위에의 도전을 강화시켜 나갈 것을 구상하였다.107) 이에 한국은 1882년
(고종 19년) 구미제국 가운데 처음으로 미국과 조·미 수호통상조약을 체결
하여 국교를 개시하였다. 다음해(1883년)에는 영국·독일과 통상조약을 체결
한 이후 다음 도표에 나타나 있는 바와 같이 이탈리아·러시아·프랑스·덴
마크 등 여러 나라와도 개국조약을 맺게 되었던 것이다.

일본은 정한론에 그치지 않고 아시아 내지는 세계화로의 야욕이 펼쳐지게
되었다.

---

106) 일본은 아시아에서 '예외적인 존재"이며, 그 목적이 어디 있든 아시아의 다른
　　나라·민족들을 지도하여야 할 사명이 부여되어 있다는 인식과 행동이 활발해
　　지는 것은 이 시기였다. 이는 바로 일본의 西洋化의 진척과 더불어 高揚된 또
　　하나의 새로운 자기 인식이기도 하였다. 1869년에 大阪에서 발행된 政府刊行雜
　　誌인 『明治月刊』은 세계의 나라들을 文明化의 정도에 따라 다섯으로 나누어
　　'文明의 나라'로 영국·프랑스·미국 등을, '開化의 나라'로 러시아·이탈리
　　아·스페인 등을, '半開化의 나라'로 중국·印度·터키 등을, '夷俗'으로 中央아
　　시아아·리비아·아프리카의 유목민을, '野蠻'으로는 아메리칸 인디언 등을 들
　　고, 일본은 '半開化의 나라'로 중국과 同列에 놓았었다.
　　　그러나 1875년이 되면 스스로 '西에는 영국', '東에는 일본'이 되자는 강력한
　　희망이 고취되었다. 뿐만 아니라, 1877년에는 일본의 '開化의 歷史'를 뒤돌아보
　　는 여유를 가지기까지 하였다.
　　　일본에 自由黨이 결성되자 지금까지의 征韓論과는 다른 아시아와의 연대의식
　　이 싹터 "東洋의 連衡을 도모해야 한다."거나 "東洋의 기운을 만회하는 것은 실
　　로 일본·중국·조선 세 나라의 교제 여하에 달려 있다."고 하는 이른바 '連帶
　　論'이 주창되었다.
107) 1882년에 『朝日新聞』은 '國防私論'이라는 題下의 論說에서 현재의 歐美侵略主義
　　를 막기 위한 中·日 兩國의 合從同盟의 필요성을 역설하였다. "古來의 兩國의
　　관계는 친밀한 관계와 원수의 관계가 交錯하고 있었다. 그러나 세계의 대세를
　　고려하여 東洋이 처한 이 난국의 시기에 각자 영원한 독립을 도모하려 한다면
　　'恩讎를 서로 잊고', '同盟條約'을 맺어 대처해야 한다."고 주장하고 있다. 1880
　　년대에는 '連帶論'뿐 아니라 '興亞論'·'아시아주의'·'提携論' 등으로 불리는 논
　　의가 줄을 지어 나타났다. 침략의 근성은 이렇게 줄기차게 용솟음치고 있었던
　　것이다.

세계 여러 나라와의 통상조약 체결상황

체결국	한국대표	각국대표	체결일	비준일	장 소	주요내용	조문
일 본	申櫶·尹滋承	黑田淸隆	1876. 2. 27	1876. 3. 22	강화도	통 상	12
미 국	申櫶·金弘集	R.W. Shufeldt	1882. 5. 22	1883. 5. 19	인 천	통 상	14
영 국	閔 泳 穆	Harry S.Parkes	1883. 11. 26	1884. 4. 28	인 천	통 상	13
독 일	閔 泳 穆	Ed. Zappe	1883. 11. 26	1884. 11. 18	인 천	통 상	13
이탈리아	金 炳 始	Ferd de luca	1884. 6. 26	1886. 7. 24	인 천	통 상	13
러 시 아	金 允 植	Carl Waeber	1884. 7. 7	1885. 10. 14	서 울	통 상	13
프 랑 스	金 晚 植	F.G. Cogordan	1886. 6. 4	1887. 5. 30	서 울	통 상	13
오스트리아	權 在 衡	R.D. Bieheleben	1892. 6. 23	1893. 1. 5	서 울	통 상	13
러 시 아	趙 秉 式	Carl Waeber	1898. 8. 20	1899. 9. 11	서 울	육로통상 무역장정	9
청	朴 齊 純	徐壽朋	1899. 9. 11	1899. 12. 24	서 울	폐 기	15
벨 기 에	朴 齊 純	l. Vincart	1901. 3. 23	1901. 10. 29	서 울	통 상	12
덴 마 크	兪 箕 煥	A. Pavlow	1902. 7. 15	1902. 7. 15	서 울	통 상	14

제9장
정한논쟁의 결과와 일본의 정계

제1절 일본정계의 개편과 반정(反政)운동

1. 중앙집권화의 기도

한국을 영원히 침략·지배하겠다는 정한론은 일본 내의 무단강경파와 문치온건파 사이의 격론으로 전개되었다. 그러나 해외견문파이기도 한 문치온건파(신중론파)의 승리로 끝났다. 그렇다고 신중론파의 승리로 인해 한국을 침략하지 않은 것은 결코 아니라는 것은 이미 앞에서 누누이 논증한 바와 같다.

따라서 정한파의 참의가 사직 후 메이지정부의 정계는 대개편을 단행하였다. 그 내각구성인원을 보면 태정 대신에 산죠(三條實美), 우대신에 이와쿠라(岩倉具視) 등은 그대로 유임되었다. 오쿠보(大久保利通)를 중심으로 하는 살벌(薩閥)은 참의 외무경에 데라우치(寺內宗則), 참의 개척장관에 구로다(黑田淸隆), 참의 좌원의장에 이치도모(伊地知正治)가 각기 임명되었다. 장주(長州)는 참의 문무경에 기도(木戶孝允), 참의 공부경에 이토오(伊藤博文), 참의 육군경에 야마가타(山縣有朋)가 각기 임명되었다. 사가(佐賀)는 참의 대장경에 오오쿠마(大隈重信), 참의 사법경에 오오기(大木喬任)가 각기 임명되었다. 구막계(舊幕系)는 참의 해군경에 가쓰(勝安房)가 임명되었다. 그러나 토사는 제외되었다.[1]

---

1) 그러나 土佐는 한 명의 참의도 나오지 않았다. 이는 公卿, 藩主, 舊幕 등의 新舊勢力을 총동원해서라도 士族的 반동분자의 책동을 막으려고 하는 일본정부의 신념과 결의를 나타내는 것이었다. 그 겨냥의 대상은 물론 薩摩의 사이고오(西鄕)였다.

그것은 일본정계의 하나의 특징을 나타내는 것으로 풀이된다. 신설된 내무성은 지방장관이 사실상의 총 영수이므로 이 내각세력이 오쿠보로 집중되었다. 마침내 메이지정부는 살벌(薩閥) 중심의 중앙집권의 실력을 거양하였다고 말할 수 있을 것이다.[2]

서남지방에 할거하는 무력적 반정부운동의 촉진은 장차 사가(佐賀)의 난에서 서남전쟁의 종결까지 진행하는 기운을 초래하였다. 또한 살·장(薩·長)의 번벌(藩閥)정부는 토사(土佐)의 이다가키(板垣退助)를 에워싼 민선의원설립운동으로 말미암은 반번벌적(反藩閥的) 운동으로까지도 유발하고 말았다.

이것을 보면 정한론의 영향이 얼마나 컸었는가 하는 것을 짐작하고도 남음이 있겠다.

2. 근위병의 무력적 동요

한국을 즉각 정벌해야 한다는 시퍼런 칼날 같은 무단강경파의 주장인 육군 대장 사이고오(西鄕隆盛)가 패배하자 그와 그 일행은 실각되고 말았다. 이다가키를 비롯하여 소에지마(副島種信), 고또우(後藤象二郞), 에토우(江藤新平)의 여러 참의들이 1873년 10월 24일 조정을 떠났다. 그러나 그 영향은 직접 근위병에 미쳤다. 군비훈련의 불충분을 이유로 하여 정한론이 시기상조임을 제창했던 장주(長州)의 군부 상층은 근위병의 동요를 예견해서인지 이미 기회 있는 대로 그 대책을 상의하여 두었다.[3]

따라서 눈물을 흘린 사이고오의 사표는 즉각 수리되었다. 그 다음날인 10월 25일 궁내경 토쿠다이지(德大寺實則)는 칙명을 받들어 근위장교 육군 소

---

2) 이것을 다른 한 면에서 본다면 薩·長의 藩閥官僚政府의 확립은 武斷派와의 대립관계를 깊게 하고, 근위병을 비롯한 지방의 鎭臺의 동요마저도 초래하게 되는 것이었다.

3) 木戶孝允日記, 第2, 1873年 7月 24日, pp. 436∼439.

장 시노하라(篠原國幹), 중좌 시라도(白戸隆盛), 야마지(山地元治), 기타무라(北村重賴), 소좌 만넨(萬年千秋), 오카자와(岡澤精), 야마구치(山口素臣), 구로키(黒木爲楨), 요시마쓰(吉松秀枝), 도모쿠라(與倉知實), 이와자키(岩崎長明), 대위 에다(江田國通)를 불러들였다. 그러나 시노하라는 끝내 나타나지 않았다.

일황은 이런 유시를 내렸다.

"사이고오가 병으로 인해 사표의 뜻이 있어 참의 근위도독 등은 사표를 받아들인다. 다만 육군 대장은 옛날과 같이 유임하도록 하였다. 원래 국가의 주석으로서 의뢰하는 것은 변함이 없으며, 결코 의심하는 마음을 품지 말고 힘을 다하도록 힘쓰라."[4]

고 권유하였다.

그러나 문제는 그것으로 끝나지 않았다. 그의 추종자가 100여 명이나 사표제출의 소동을 일으켰다.[5]

"사이고오가 돌아가므로 나도 즉시 돌아가겠다."

는 것이 그것이었다.[6]

이에 10월 29일 140명을 불러 사관(佐官)에게 친히 친유를 이렇게 내리고 있다.

"그대들을 호출한 취지는 서면 그대로이다. 이는 국가의 중대사에 관하여 용이하게 시유(示諭)할 바는 아니라 할지라도 근래에 들은 것도 있어서 짐은 우려한 나머지 그대들에게까지도 이를 나타내지 않을 수 없었다. 그대들이 이 뜻

4) 岩倉具視公實記, 下卷, pp. 90~95.
5) 桐野利秋 등이 그의 추종자였다.
6) 다니유고, 征韓論破裂記, 上卷, p. 423.

을 대하(隊下) 일동에게 간곡히 알리어서 짐의 뜻을 받아들여 한층 더 힘을 쓴
다면 이 이상 더 만족할 것이 없다. 듣건대, 그대들 중에 병을 가진 자가 있다
고 하지만, 짐의 뜻을 살펴 스스로 힘을 써주기 바란다."[7]

라고 간곡히 당부하였다. 일종의 회유책임이 분명했던 것이다.

국내경 토쿠다이지(德大寺)는 소위 칙서를 받고 배견을 허락하였다. 그 글
을 보면

"일신의 업(業)이 있은 지 얼마 되지 않아 흡족하지 못하여 그 반에도 따르지
못하였다. 이제 한층 더 노력하지 않는다면 성공을 기약할 수가 없다. 하물며
북지(北地)의 사정 및 기타 국가의 일에 많은 어려움이 있고, 내외가 용이하지
않은 형세에 즈음하여 짐이 깊이 이를 근심하고 있다. 그대들은 마땅히 짐의 뜻
을 받아들여 한층 더 스스로 힘을 써 각자의 직분을 완수하도록 하기 바란다."[8]

라고 근엄히 언급하였다. 이와 함께 다른 의미의 유시는 이런 내용이었다.

"지난번 문제에 대해 육군관원 중에서 일부가 먼 곳으로 파견되었다. 추후 전
달될 것이므로 명심하여 내시(內示)하겠다."[9]

이런 유시는 일황을 괴롭게 하였다는 측면을 엿볼 수 있다.[10] 결국 조정의
명령을 따른 자는 소수에 지나지 않았고, 그것도 제멋대로 그 직책을 포기하
였다.[11]

일황의 친병됨의 여하를 알지 못하고, 정부, 전 국토, 모든 백성을 보호

---

7) 前揭書, p. 91.
8) 註 7)과 同一.
9) 前揭書 參照.
10) 武力을 사용하는 요구가 당시에 성행히였음을 살필 수가 있다. 이처럼 천황의
   심기를 괴롭게 했음에도 불구하고 조정의 명령에 응한 자는 소수이었다.
11) 木戸孝允日記, 第2, 1873年 10月 31日, p. 442.

함의 여하를 알지 못하며 귀향을 하는 살・토(薩・土)의 병사들이 많았다는 것이다. 이로 인해 근위는 공허하게 될 정도였다. 원래 이 근위병은 가장 봉건적인 분자의 집합군중이었기 때문에 통솔도 힘들었다.

> "일정한 규칙도 없고, 수위(守衛) 중 손에 총을 쥐고 게다와 짚신 등을 신거나 혹은 선 채로 책을 읽거나, 동년배와 잡담하거나, 칼을 찬 자 또는 칼을 차지 않은 자도 있었다. 그중 심한 자는 나체로 상의만 걸치고 있는 등 인도지방에서도 볼 수 없는 모습으로 각자 자신의 뜻에 맡겨 게으름의 양상을 나타내고 있다."12)

육군경 야마가타(山縣有朋)의 안(案)에 따라서 재편성된 근위상층부는 정한론의 결과로서 후일에 기인한 타이완원정까지도 시기상조로 볼 만큼의 신시대적 자중파가 차지하는 것으로 되었다.13)

결국 정한론의 파열의 영향은 근위에 관한 것이 아니었다.

> "자연히 진대(鎭臺)에 파급되어 제현(諸縣)이 부화뇌동하기에 이를 때에는 여러 해외 결과가 오늘날에 이른 일로 인하여 수포로 돌아 갈 것이다."14)

이처럼 근심이 컸던 것이다. 사실 구마모토(熊本)진대에는 사관과 병대가 흉흉하여 조용하지 못하였고, 진대의 사령관 다니(谷干城)는

> "마침내 간부사관을 집합시켜 의논하여 말하기를 현재 도쿄(東京)가 헛되이 진무하라고 명령한다 할지라도 조금도 조정이 동요하는 이유를 알지 못하겠다. 우선 상경하여 그 연유를 밝히고 나서 만약 이유가 있는 것이라면 그때에 여러 사람과 방향을 결정하겠다. 만약 이유 없는 일이라면 단연코 그들에게 반대할

---

12) 新聞雜誌, 12, 1871年 9月.
   日新聞集成明治編年史, 第1卷, p. 400.
13) 公爵山縣有朋傳, 中卷, pp. 348~349.
14) 木戶孝允日記, 第2, 1873年 10月 28日, p. 439.

것이다. 여러 사람들은 내가 돌아올 때까지 여하한 일이 있어도 동요함이 없도
록 하라."15)

고 엄명을 하달하였다.

사이고오와 행동을 함께 한 사쓰(薩摩)의 장병들은 이미 무력적 반정부운
동을 일으키도록 의식적·무의식적으로 서남전쟁의 방향으로 일로 매진해
갔다. 다른 한편에서는 이다가키의 설득을 물리치고 근위를 떠난 토사병의
일부는 무력적 반정부운동의 대상을 이와쿠라로 정하고, 다른 일부는 1879
년 사이고오의 궐기와 서로 호응할 것을 도모하였다.16)

무력적인 저항운동이 이와 같은 배경과 동기에 따라 계속 일어나게 되었다.

3. 사가(佐賀)의 반란

정한론 이후의 일본 국내정세는 반정부운동으로 혼란의 와중에 묻히게 되
었다. 이와쿠라의 저격(1871년) 이후 에토우에 의한 사가의 난이 그것이었
다(1874년).

일본의 관료적 중앙집권정부의 기초가 확립되어감에 따라 번주적(藩主
的) 내지 번사적(藩士的) 반동분자가 낙오되어감은 불가피한 일이었다. 그
러나 정권에서의 전락을 회피하기 위한 반동이 최후까지 항쟁을 계속 해
나갔다. 그것이 살·장·토·좌·비(薩·長·土·佐·肥)의 소위 유신의
대업에 참가하였던 제번(諸藩)이었던 것이다. 이것은 첫째로 신정부를 수립
했다는 번(藩)이라는 우월감과 조정에 있던 자의 불만이 반정부적 기운을 조
성한 것으로 보인다.

---

15) 다니유고, 前揭書, p. 422.
16) 일본정부도 가고시마(鹿兒島,) 士族의 반정부분자의 鎭撫德柔策으로서 1874년
   佐賀의 亂이 종료된 후에 타이완을 정복하였던 것이다.

이 시기에 사이고오파인 에토우도 실각하였다. 그는 이다가키 등과 민선의 원설립의 건의서를 올렸다. 그러나 뜻대로 되지 않아 불평불만이 가득 찼다. 그 무렵에 사가(佐賀)에는 이미 사족파의 정한의 무리, 번주파(藩主派)의 봉건의 무리와 중립의 무리가 서로 상극하고 있었다. 때마침 정한의 무리는 사람을 도쿄(東京)로 파견하여 에토우를 무리의 우두머리로 맞이하였다.17)

이리하여 마침내 2월 1일 오노(小野)상회의 재물을 약탈해서 전쟁준비를 갖추었는데, 그 무리는 3천여 명에 이르렀다.

정부는 이 보고에 접하여 전쟁이 규슈(九州) 일원에 파급될 것을 두려워하였다. 이에 4일 육군성에게 출병을 명령하고, 그리고 1월 하순 임명한 사가(佐賀) 현 권령 이와무라(岩村高俊)를 속히 부임시켰다.18)

정한론자 오쿠보는 19일 후쿠오카(福岡)에 본영을 두고 오오사카·구마모토의 진대병, 사가(佐賀)의 중립당, 후쿠오카·오쿠라(小倉)·오오이따(大分)의 사족대, 히로시마(廣島) 진대병 등으로 완전히 적군을 포위하였다. 도저히 대적할 수 없음을 알게 된 에토우는 동지에게 다시 거사를 하기로 하고 사쓰(薩摩)에 이르러 사이고오에게 의탁하려고 하였다. 이 무렵 정토총독 고마쓰(小松) 친왕은 참군 야마가타(山縣有朋), 이토를 거느리고 정토군을 인솔하여 도착하였다. 이때 에토우는 사이고오 등에게 지원을 요청하였으나 체포되고 말았다.19)

---

17) 그는 武人이 아님을 이유로 일단 주저하였으나 佐賀兵이 反起하면 사이고오는 가고시마에서, 이다가키는 土佐에서 서로 호응함으로써 西甫諸縣의 불평 있는 사람들이 일대 합동 궐기하여 소기의 목적은 달성될 것으로 생각하였다. 여기에 또한 夏國의 무리는 전에 아기타(秋田) 縣의 知事이며 반정부의 시마(島義男)를 맞아 그의 무리의 우두머리로 삼았다. 원래 이 征韓·夏國의 양무리들은 대립적인 관계에 있었으나 政府打倒의 공동목적을 위해 서로 제휴하기에 이르렀다.

18) 나아가 정부의 위엄을 보이도록 참의 내무경 오쿠보에게 兵刑의 전권을 위임하여 남하시켰다. 이윽고 구마모토(熊本)·오오사카(大阪)의 2鎭臺에 출병하도록 명령하였다. 2월 15일 叛徒가 縣權令 이와무라의 사가縣廳을 습격했다. 이와무라는 구마모토 鎭臺의 병력을 지휘하여 싸웠으나 패배하여 찌쿠고(筑後)로 도망하였다.

19) 에토우는 사이고오를 방문하였으나 사이고오는 에토우의 요구에 응하지 않았다. 후에 그는 土佐로 건너갔고, 가다오카(片岡健吉), 하야시(林有造) 등에게 도모

한편, 시마와 소에지마 등은 3월 10일 가고시마에서 체포되었다. 4월 13일 에토우와 시마는 효수형에 처형되었다. 참수 11명, 징역 140명, 제적 240명, 금고 7명, 면죄 10,713명외 다수에 이르렀다. 용병은 관군과 정규병 4,300명, 함선 13척, 그중에 2척의 영국과 미국의 용선도 있었다. 이에 소요된 군비는 1,016,697원(圓)에 이르렀다.20)

정부는 에토우 등의 사가(佐賀)의 반란에 총독친황의 출동이 있을 정도로 왜 대규모로 대처할 필요가 있었을까. 당시 이와쿠라가 오쿠보에게 보낸 글 중에

"히가시후시미노(東伏見宮) 친왕이 정토총독에 임명되었고, 야마가타(山縣)·이토(伊東) 등이 참군으로 임명되었다. 근위병과 그 밖의 3대대를 도쿄로부터 인솔하게 되었다. 이번 일은 사가현(佐賀縣)에 한한 일이기는 하나 대거 당당하게 위령을 사방에 떨친 것은 간사이(關西)를 진압하는 일조(一助)로도 될 것으로 여겨 아울러 하명되어 졌다. 또한 친왕이 하향할 때까지는 진정될 것으로 생각된다."21)

고 하여 사가(佐賀)에 국한되지 않았다. 규슈(九州) 일원의 무력적인 반정부운동의 봉기를 충분히 경계한 처사였던 것이다. 이에 관하여

"도도한 천하의 사민(士民)이 빠짐없이 기회가 오면 뜻한 바대로 거사하기 위해 남몰래 정세를 살피는 실정"22)

이라고 언급하였다.

이 같은 반정부적인 분위기가 성숙되어 갔으므로 어느 곳에서든지 이런 반동의 모습을 볼 수 있었던 것이다.

했으나 다시금 거절되었다. 그 뒤 3월 29일 체포되고 말았다.
20) 指原安三, 明治政史, 第7篇, 明治文化全集, 第2卷, p. 216.
21) 岩倉見視關係文書, 第5, 1874年 2月 28日, p. 511.
22) 島尾小彌太, 時事談, 國勢果論, 下, p. 63.

4. 구마모토 · 아키쓰키 · 하기의 반란

일본 서남지방에서는 1876년에 구마모토(熊本神風連)의 반란 외에도 아키쓰키(秋月)와 하기(萩)의 반란이 계속적으로 일어났다.23) 정부가 처음에 사족의 가록봉환(家祿奉還)을 허용하게 된 것은 정부 자신의 부담을 감소함으로써 그 경제적 기초를 강화하는 목적에 따른 것이었다.24)

여기에서 정부는 녹제(祿制)를 전부 폐기하려고 하여 1876년 8월 5일 금록(金祿)공채증서 발행조례를 공포하였다.25)

이것을 기준으로 하여 종신록(終身祿)은 영세록(永世祿)의 반액, 또는 연한록(年限祿)의 해당자는 녹(祿)의 연한의 장단에 따라서 이를 6급으로 나누어서 각기 영세록의 10분의 1.5~4를 지급하기로 되어 있었다.26)

그리고 사족의 폐도령(廢刀令)이 공포되었던 것도 1876년에 있었다. 따라서 사족인 자는 봉건제도하의 특권계급에서 서민계급으로 하락되었던 것이다. 이에 대한 봉건적 무력반동이 구마모토 · 아키쓰기 · 하기의 반란이었다.

(1) 구마모토의 반란

구마모토는 수구사상(守舊思想)이 왕성한 지방이었다. 따라서 유신 정부의

---

23) 그 이유는 이렇다. 1876년 말에 3개의 亂이 西南地方에 속출한 것은 그 근저에 士族의 경제적 내지 사회적 특권에 대한 최후의 상실이 있었기 때문이었다.

24) 維新政府는 家祿에 대하여 秩祿公債를 하부함으로써 明治 8년 7월까지의 인원에 있어서는 3분의 1, 債祿額에 있어서는 약 4분의 1을 정리할 수 있었다. 그러나 이 봉환제도는 원래 士族의 任意에 기인한 것이어서 반드시 정부는 소기의 목적을 달성한 것만은 아니었다.

25) 이것은 士族의 奉祿에 응해서 상당액의 金祿公債證書를 일시에 교부하는 것이었다. 永世祿, 終身祿, 年限祿의 3種으로 구별하였다. 永世祿은 元額 1,000圓 이상을 11급으로 나누어서 元額의 7.5년 내지 5년분에 상당하는 액수의 5부 이자의 공채증서를 교부하였고, 元額 1,000圓 미만 100圓 이상을 13급으로 나누어서 元額의 7년분의 4분의 3내지 11년분에 상당한 액수의 6부 이자를 붙인 공채증서를 교부하였고, 100圓 미만의 것을 이를 6급으로 나누어서 11.5년분 내지 14년분에 상당한 액수의 7부 이자가 붙은 공채증서를 교부하였다.

26) 吉川秀造, 士族授産의 研究, pp. 62~65.

248 征韓論의 背景과 影響

여러 정책에 불복하였다. 중앙정부의 진로는 봉건제도의 타파에 매진하였기 때문에 사상적·사회적·경제적으로 봉건제도를 탈피할 수 없는 사족들은 여기에 반정부적 직접행동을 취하기에 이르렀던 것이다.[27]

다음날 진대병이 도착하자 적병은 패배하였다. 오오노(大野鐵平), 가야(加屋霽堅), 우에노(上野謙吾) 등의 주모자는 죽음을 당하였다. 이를 구마모토(熊本神風連)의 반란이라고 한다.

(2) 아키쓰키의 반란

후쿠오카현 사족 미야자키(宮崎車之助) 등 구번사(舊藩士) 400명을 모집하여 아키쓰키에서 모반하여 구마모토와 가미가세(神風連)에게 호응하였다. 그들이 주장하는 것은 정한문제에 대한 정부조치의 비난에 있었다. 후에 구(舊) 오쿠라(小倉) 사족을 강제로 유인하여 장주(長州)로 들어가 하기(萩)의 마에하라(前原—誠)에게 투합하려고 하였다. 그러나 오쿠라의 사족은 이에 호응하지 않았다. 이러는 동안에 후쿠오카(福岡)와 오쿠라 분영병이 습격을 하여 평정하였다.

(3) 하기의 반란

1869년 야마구치 번청(藩廳)이 종래의 병사들을 해체시키고 새로이 발탁하여 상비군을 조직했던 무렵에 불만이 있던 번사(藩士)는 소위 기병대의 소동을 일으켰다. 1876년 12월 마에하라(前原—誠)를 수령으로 하는 하기의 반란은 이 기병대사건의 계속이라고 볼 수 있다. 마에하라는 1870년 9월 관직을 사퇴하고 귀향하였지만, 불평을 많이 갖고 있었다.

그 후에 비밀리 구마모토, 아키쓰키와 뜻이 같아 기맥을 통하고 있었는데, 구마모토의 반란이 일어났다는 말을 듣고 동지를 규합하여 하기의 명륜관에

---

27) 1876年 10月 폭발하게 된 구마모토의 亂은 24일의 밤에 구마모토鎭臺, 구마모토縣廳, 鎭臺의 사령장관 및 현령의 저택을 습격하여 사망자 60여 명, 부상자 200여 명의 희생자를 냈다.

모여 지방의 취지서를 발표하였다. 호오후(防)와 장주(長州)의 인민에게 보내는 글에 이런 구절이 있었다.

"일신(一新)이래 여러 고관들은 도당을 지어 조정을 기만하고, 위로 천자로부터 아래로는 모든 백성에 이르기까지 곤궁·절박함이 미치지 않은 바가 없다. 우리들은 천자의 녹을 먹고 만민의 위에 서서 천자와 국민이 지극히 급박함을 보고만 있을 수 없었기 때문에 동지들의 사(士)가 서로 합심해서 산인도우(山陰道)를 올라가 궁궐 아래에 엎드려 성실한 마음으로써 간언을 올리고, 간언을 채택하여 주시지 않을 때에는 죽음으로써 이에 이을 결심이다. 오호라. 우리들의 마음가짐은 이와 같도다."[28]

라고 하였다. 이어서

"이로써 부모와 처자를 버린 지가 수일이 되었어도 마음에 걸린 바가 없으나 천자와 모든 백성을 위해 연기할 수 없어 마음이 절박합니다. 말이 우둔하여 그 뜻을 다할 수 없으니 그 심사를 성찰하여 주기 바랍니다."[29]

라고 되어 있다.

그러나 그들 궐기의 진실 된 원인은 오히려 마에하라가 시마네(島根)에서 체포되었을 때에 현리(縣吏)에게 말했던 6개조의 주장에 의해서 명백하게 나타나 있다. 그런데 그 제4조에 사족선후처분(士族善後處分)에 관한 건이 있다. 그곳에

"사족의 상직(常職)을 해고하고 녹권(祿券)을 제정하게 되자 조정의 여러 사람들이 생각하건대 사족이 곤혹과 불평을 호소하는 자가 있으면 이를 쳐서 멸망시키는 데 병력을 쓰면 될 것이다. 우리 40만의 사족이 과연 무슨 죄가 있다는 말인가. 정부가 이런 마음씨로서 사족을 통제하고자 한다면 반드시 천하의

28) 靑山蕉, 肥長電信錄, 2篇, 上, p. 25
29) 岩倉具視公實記, 下卷, p. 331.

커다란 난리를 유발시키게 될 것이다. 이는 마에하라가 죽음으로써 간(諫)하는
이유이다."[30)

라고 하였다. 사족의 실업문제에 관하여 솔직하고 담백하게 언급하였던 것이다.[31)

　마에하라 등은 관군에 항거하지 못하고 체포되었다. 정부는 하기에 임시재
판소를 열고 12월 3일에 죄상을 밝혔다. 마에하라, 오구히라(奧平), 요코야
마(橫山) 등 8명은 처형당하였다.[32)

　일본정부에 있어서 가고시마사족의 향배는 가장 중대한 결과를 야기하게
될 것으로써 끊임없이 일면 타협과 일면 감시의 태도를 견지해 왔던 것이다.
정한론이 파멸된 직후 근위병이 동요할 무렵에 가고시마장병의 장래를 고려
하였던 중앙정부는 사이고오 및 반정부적 사족회유의 기회를 엿보고 있었던
것이다. 정한론에 정면으로 반대했던 오쿠보 등이 1874년 타이완원정을 획
책했던 것도 사쓰마 출신의 정치가로서는 부득이 한 경우였다.

제2절 타이완정벌과 서남전쟁

1. 침략의 서막과 타이완정벌의 저의

　이미 논급하였듯이 무단강경파 사이고오 등 일련의 정한파는 즉각적인 한

---

30) 西南記傳, 上卷 2, p. 601.
31) 白抑柳秀湖, 親分子分・浪人編, pp. 372~375.
32) 1876년 말 2개월 동안에 구마모토, 아키쓰키, 하기에서 발발한 무력적 반정부운
　　동은 성취할 가능성에 있어서의 공동전선이었던 것일까. 그것은 薩摩 이남의 땅
　　에 뿌리깊이 성장하여 온 士族的 勢力에 기대를 하였던 것이다. 일단 亂이 발생
　　하면 사이고오 등이 반드시 來援할 것이라는 희망적인 전망을 가지고 약소한 병
　　력에도 불구하고 일로 정부타도에 매진하였던 것이다.

국정벌을 주장하였다. 이에 비하여 신중론파는 실력을 양성하자는 내치개혁을 우선적으로 강조하였다. 이는 실력을 구비한 뒤에 한국을 정벌해야 영구히 그것을 누릴 수 있다고 판단하였던 것이기 때문이다. 따라서 전자나 후자나 다같이 팽창이나 대국(大國)주의를 반대한 것이 아니고 오히려 그것을 최대의 목표로 삼았다는 표현이 가장 적절하리라고 믿는다.

한국침략의 논쟁 때문에 일본정부 자체의 균열이 있었다. 그 직후 일반 신중론파에 의하여 지배되었던 온건정권담당자가 타이완을 정벌하였던 것은 바로 일본의 대외정책이 침략일변도적이었다는 것을 잘 시사하는 것이었다.33)

그 표면적인 이유는 번족(藩族)을 응징하자는 데 있었던 것 같다. 그러나 일본의 반정부적 사족, 특히 가고시마 사족의 치유와 류큐(琉球)의 일본·청나라의 양속문제(兩屬問題)의 해결에 있었다고 기구다는 앞의 책에서34) 지적하였다.35) 타이완정벌과 침략은 해외발전이라는 팽창주의적 시책에 의하여 이루어진 것이다.36)

정한보류파 중의 하나인 이와쿠라(岩倉具視)는 1874년 1월 14일 밤 아까사가(赤坂)에 있는 일황의 임시거처에서 나오는 도중에 구이치가이(喰違)의 문에서 다게이치(武市態吉) 등에게 요격을 당하였다.37)

이에 호응하여 일본남부의 꾸슈(九州) 일원에는 불안정한 형세가 보였다. 그들 불평 있는 사족(士族)이 의지할 곳은 사쓰마(薩)의 사이고 오일파의 세력이었다. 따라서 사쓰마 출신의 오쿠보가 그들의 불만의 정도를 외부로

---

33) 前揭 朴英宰의 論文, p.96.
34) 菊田貞雄, 前揭書, 第3章 第3節 1項 參照.
35) *The Life of Sir Harry Parkes*, Vol. II, p.187.
   Black Young Japan, Vol. II, p.426.
   征韓論·西南戰爭, p.114.
36) 이 타이완원정은 征韓만큼의 비용과 국제적 마찰을 수반하지 않고 수행되었다. 적절한 攘夷的 試導와 해외발전적인 침략책으로서 선택되어진 것이었다.
37) 문제된 다게이치는 육군소좌로 사이고오, 이다가키의 명령을 받아서 1872년 대륙을 시찰했던 征韓論者인 만큼 征韓論을 저지하였던 이와쿠라를 매장해 버리려고 하였던 것이다. 이 사건 후에 에토우, 시마 등은 佐賀에서 反政 무력운동을 전개한 바 있었다.

쏟을 출구를 찾고 있었다.

　이때 사가의 난이 일어 난지 5일째가 되던 1874년 2월 6일 오쿠보는 오오쿠마와 같이 오랜 고심 끝에 타이완번지처분요략(臺灣藩地處分要略)을 창안해서 내놓았다.[38] 그것은 살해당함을 복수하라는 것이라 했다.[39] 이를 단순한 정벌이라고 해석한다면 기도(木戶孝允)와 같이

　　"나라를 다스리는 데 의무가 있는데, 백성을 무마하는 것보다 급한 것이 없다. 용병에 있어서의 방책은 힘을 기르는 것보다 앞서는 것이 없다."[40]

라는 내치를 제1주의로 생각하였다. 그러나 오쿠보 등은 가고시마 사족의 방향을 외국으로 돌림으로 해서 일시적이나마 그들의 감정을 쏟아 낼 출구를 정부로부터 돌이키는 데 있었다. 이는 다음의 오쿠보에게 보낸 이와쿠라의 서한에 의해서 명백하게 나타나 있다.

　　"타이완에 대한 처분의 결정을 하셨음에 우선 안심한다. 이제는 죄를 문책할 사명을 띤 사람을 결정하는 일이 급선무로 생각된다. 이는 가고시마현의 사람으로서 누군가가 없을 것인지 후히 배려하시기를 바란다."[41]

　이와 같은 경로에 따라 4월 6일 연료관회의(延遼館會議)에서 타이완을 정복하기로 결의하였다. 따라서 사이고오를 타이완의 번지사무총독(藩地事務總督), 다니(谷干城)와 아카마쓰(亦松別良)를 참군으로 임명하였다. 그리고 미국인 루젠도루와 캇셀 등을 고문으로 하여 타이완으로 동행시키기로 하였다. 이제 정원(正院)에는 타이완번지사무국(臺灣藩地事務局)을 설

---

38) 大久保利通文書, 第5, pp. 303~307.
39) 오쿠보가 고안해낸 이 음모의 문서에 의하면 타이완정복의 이유는 1871년 11월 류큐(琉球)사람 66명이 타이완에 표류하다 도착하여 54명이나 살해당한 원한을 풀자는 계략에 있었다는 것이다.
40) 木戶孝允文書, 征韓征臺灣速行의 反對意見, 第8, p. 129.
41) 大久保利通文書, 第5, 1874年 2月 6日, p. 347.

치하고, 즉시 대장경 오오쿠마를 그 장관으로 임명하였다.42)

그동안 조용하게 정세를 관망하고 있던 사이고오는 타이완정벌이 결정되었음을 들었다. 아우 수구미치(從道)에게서 가고시마사족의 모병을 의뢰받고 사학교(私學校) 당원의 참가를 허용하였다. 이로써 오쿠보의 회유책은 일부 성공했다. 마침내 4월 9일 사이고오는 도쿄를 출발하여 나가시마에 이르렀다. 일진(日進)과 맹춘(孟春) 등의 군함 4척과 수척의 외국기선을 용선(傭船)하여 3,600명의 병력을 탑승시켜 출발하려고 했다. 이때에 각국공사는 국외중립을 제창하였기 때문에 각료회의는 일시적으로 출정을 중지하지 않을 수 없게 되었다. 즉, 미국공사 빈 감은 국외중립의 성명을 발표하고, 일본정부가 미국시민을 고용하거나 또는 미국선박의 용선(傭船)을 거부하였다.43)

영국공사 파크스와 중국주재영국공사 워드의 보고로서 타이완이 청나라 영토임을 선포하여 국외중립을 성명하였다. 이것은 일면 일본의 국위신장을 저지한 것이지만, 영국의 입장으로 한다면 일본이 영국의 뜻에 통하기 시작한 것은 이즈음의 상황이었다.44)

파크스공사의 일본을 견제하겠다는 국외중립성명은 당시 일본이 타이완에 대하여 영토적 야심이 있다는 풍설에 기초를 둔 것이었다.45) 이 일에 대해서 2월 6일 이와쿠라가 오쿠보에게 보낸 글 가운데 그것을 은폐하려는 음모가 들어 있다.

"토착민들을 어루만져 기른 후에 일본의 속지가 되느냐 안 되느냐는 다시금 서로 의견을 교환할 문제이다. 그때의 일이지만 깊이 숙고할 수 있는 것은 모쪼록 우리에게 이득이 될 수 있는 목적이 되기를 원하는 생각이다. 일찍이 후쿠시마에게서 들은 바로는 기필코 성취하기 쉬울 것이지만, 비용이 들어간 만

---

42) 前揭資料.
43) 大日本外交文書, Young Japan, Vol. Ⅱ, p. 429.
　　大日本外交文書, 제7권.
　　臺灣生藩討撫一件, 美國公使文書.
44) *Young Japan*, Vol. Ⅱ, p. 426.
45) *The Life of Sir Harry Parkes*, Vol. Ⅱ, p. 186.

큰 장차 보충될 것인지 득실(得失) 여부를 충분히 배려하시기 바랍니다."[46]

라고 하였다.

일본주재공사들의 중립선언이 기우가 아니었는지도 모를 일이라고 강조하는 것을 볼 수 있겠다.

2. 타이완침략과 일본의 국익우선

이처럼 계속된 공사들의 중립성명은 일본정부를 당황하게 하였다. 청나라 조정과의 교섭을 먼저 해야 된다는 것으로 나가사키에 대기 중인 사이고오 총독에게 일시 출정의 거동을 중지할 것을 전달하였다. 그런데 그때에 이미 사이고오는 다니와 아카마쓰 참군을 일진(日進), 맹춘(孟春) 이하 4척을 인솔하여 타이완의 사료항(社寮港)으로 향하게 하였다. 그리고 영사 후쿠시마(福島九成)를 아모이(廈門)로 파견하였다. 이는 빈 세쓰(閩淛)총독에게의 조회서를 가져가게 한 뒤였다. 오쿠보, 사이고오, 오오쿠마 3명이 모여 협의한 결과 공사 야기하라(柳原前光)를 청나라로 보내기로 하였다. 이번 정벌의 목적은 단순한 생번응징(生藩膺懲)에 불과하며, 청나라에게는 아무런 영토의 침략적 저의가 없다는 뜻을 고하게 하였다.[47]

마침내 사이고오는 5월 17일 나가사키를 출발하여 22일에 사료항(社寮港)에 도착하였다. 원래 번인(藩人)의 일이어서 이번 정거(征擧)는 달성할 수 있었다.

청나라가 이에 강력히 대처하였으나 여러 가지 조건을 수락하고 받아들였다.[48]

---

46) 大久保利通文書, 第5, p. 347.
47) 사이고오총독은 예정대로 출방하였고, 오쿠보도 귀경의 길에 올랐다. 야기하라 공사의 교섭담판은 지지부진할 뿐 용이하게 결착에 이르지 못했던 것이다. 마침내 오쿠보가 자신이 전권변리대신으로서 청나라로 건너가 직접 청나라의 조정과 교섭담판하기에 이르렀다.

최근에 나온 이 방면의 우수한 논문에서 타이완생번문제에 관한 청나라 측의 견해도 표명되었고, 이 당시 양무(洋務)관료들의 대일관이 명료히 판명되었다.[49]

여하간 이 타이완원정은 사족(士族)의 회유책으로 볼 때 다소 공은 인정할 수 있다. 그러나 처음에 오쿠보 등이 간단한 양이(攘夷) 정도로 생각하였던 이 원정도 중도에 용이하지 않은 결과를 초래하였다. 응징에 사용된 비용이 누적된 것은 메이지정부의 큰 부담이었다. 이런 기록 속에서 그 사정이 들어나고 있다.[50]

"오늘날 국내에서의 급선무는 크게 교육에 마음을 다하여 서서히 일반인민의 품위를 향상시킴을 첫째로 한다. …… 그런데 이 일이 행하여지지 못하고 되려 타이완원정에 이르렀다. …… 오오쿠마가 말하기를 여기에 50만 원(圓)의 준비가 되어 있다고 하였으나 내가 대답하여 말하기를 이 일의 결말은 가히 추측할 수 있겠다. 오직 50만 원으로써 족하다 하는 것은 마치 수만의 도박을 하는 자가 50만 원으로써 만족하는 것과 다를 바가 없다고 하였다. 오오쿠마가 다시 말하기를 50만 원을 초월할 때에는 사이고오가 목숨을 내놓기로 서약한다고 하였다. 나는 이것에 장탄식을 이기지 못하였다. 곧 대답하여 말하기를 이러한 전국적인 대사건을 사이고오 한 사람이 죽음을 맹세한다고 하는데 그 말이 이미 야만이요, 듣는 것도 또한 야만이다. 당당한 정부의 일이 아니고서는 고인(孝允)과 사이고오의 목숨을 가지고서 천하의 억조창생에게 사과할 수 있는 것이 아니며, 설령 사이고오가 목숨이 수십 개 있을지라도 고인(孝允)에 있어서는 아무런 쓸모가 없는 것이다. 그런데 오늘날 아직, 50만 원에 이르지 못함은 물

---

48) 중도에서 청나라는 강경한 태도로 표변하여 타이완이 자기의 영토이라는 것과, 일본원정군을 즉시 철병시킬 것을 신청하여 왔으나 영국공사 워드의 알선으로 말미암아 청나라는 일본의 원정을 의거로 인정할 것, 일본군이 타이완의 藩地에 시설한 제반설비를 유상으로 인수할 것, 청나라는 장차 生藩을 단속할 것, 일본군이 타이완을 철수할 것을 조건으로 하여 50만 량을 일본정부에 제공할 것 등을 약속하여 日・淸 간의 교섭은 종결하게 되었던 것이다.

49) 權錫奉, "淸 同治年代 洋務官僚의 對日觀," 前揭 日本의 侵略政策史硏究, pp. 179 ～224.

50) 木戸孝允日記, 1874年 9月 3日字.

가가 갑자기 10배로 하락되었음인가, 사이고오의 목숨이 10배로 상승한 것인
가. 오오쿠마는 또한 개가죽이라도 썼다는 것인가."[51]

라고 기술하였으니 성질이 급한 기도의 정치적 견해를 익히 알 수 있는 것
이다.

한때는 일・청 침략전쟁까지 일으킬 뻔했던 타이완침략도 12월 27일 마침
내 철병하여 귀환하였다. 병사 3,600명, 군함 5척, 운송선 13척, 사망자 500
여 명(戰死는 겨우 12명, 기타는 病死), 정토비(征討費) 361만여 원(여기에
선박구입비를 합치면 771만여 圓)이었다. 여기에서 청나라로부터 받은 보상
금 50만 양(76만여 원)을 공제하면 284만여 원이 남게 된다. 이것이 원정의
총 경비였던 것이다.

타이완을 침략한 경비로는 큰 수확이었다고 보겠다.[52]

이로 인하여 일본의 침략적 위력을 알게 된 영국과 프랑스 양국은 1861년
이래의 요코하마(橫浜) 주둔의 경비병을 철거하였다. 1875년 1월 27일 영
국공사 바쿠스, 프랑스공사 삐루데미는 외무경 데라지마에게 그 취지의 서류
를 수교하였다. 이렇게 해서 일본은 군사적인 번식민지(藩植民地)의 지위를
탈피할 수가 있었다. 또한 청나라가 일본의 타이완 원정을 의거(義擧)라고
인정했던 것은 간접적으로 류큐(琉球)가 일본에 귀속되어야 한다는 것을 본
심이 아니지만 인정하지 않을 수 없게 된 증거로서 이것이 장차 류큐가 일
본의 영토로 되는 실마리가 되었던 것이다.

이것을 요약하면 타이완침략이 서남(西南)의 반정부적 사족의 회유책인
한, 방책은 어디까지나 방책이기 때문에 이용당한 사족과 이용했던 정부와의
사이는 화해가 성립될 까닭이 없었던 것이다. 1876년 말의 구마모토, 아키
쓰키, 하기의 여러 반란이 계속하여 일어난 연유가 여기에 있었다. 정한론
(征韓論)이 분열된 후의 중앙정부가 집권화의 정도를 강화할 때마다 정부와

---

51) 木戸孝允日記, 第3, pp. 75~80.
52) 明治政史, 第7篇, 明治文化全集, 第2卷, p. 251.

무력적 반정부자와의 대립과 대항은 더욱더 심각하게 되었다. 그것이 종국에
는 세이난(西南)전쟁의 종말까지 나아가지 않을 수 없었다.

여하간 타이완의 침략은 일본으로서는 메이지유신 이후 새로운 제국주의적
침략수법을 익힌 '실험'으로서 성공을 거둔 셈이었다. 이로 인해 원료시장을
확보하는 등 타이완지배에 따른 국익을 거둘 수 있었다.

3. 서남전쟁 발발의 배경

토쿠가와막부세력의 중심인 살번(薩藩)은 봉건제도를 고수하였다. 1877년
반정운동으로서의 서남전쟁의 발발 원인이 되었다.

토오후쿠(東北)·하코다테(函館)의 전쟁이 끝난 후 사이고오는 유신 정부
의 희망임에도 불구하고 자기의 번(藩)으로 돌아가 번제개혁(藩制改革)의
이름 아래 하사(下士) 중심의 조직으로 변경하였다.

당시 살번(薩藩)은 성하(城下)와 남해의 섬들을 제외하고 크고 작은 120
여 개의 향읍(鄕邑)으로 구성되었다. 그중에는 번주(藩主) 시마쓰(島津) 가
(家)의 일문과 공신들의 많은 사영지(私領地)가 있었다. 번주직할(藩主直轄)
의 땅에는 많은 향사(鄕士)를 두고 관에서 선발한 지두(地頭)로 통치를 맡
게 하였다.[53] 이때 살번은 대부대를 거느리고 있었다.[54] 이들 번병(藩兵)
의 대부분은 향사이며, 그들은 판적봉환(版籍奉還)과 폐번치현(廢藩置縣)에

---

53) 그런데 사이고오의 藩制改革은 각 私領地의 통치권을 빼앗아 종전의 直轄地와
   私領地의 구별 없이 새로 선발된 地頭를 두었다. 이 地頭는 이제까지의 上士 대
   신에 戊辰戰爭에 참가한 비교적 낮은 신분으로써 충당하였다. 나아가 이 地頭
   밑에 城下의 무사까지를 포함하여 크고 작은 상비군을 조직하여 사법·행정 및
   그 밖의 諸般의 政務는 여기에서 집행하게 하였다. 한 마디로 요약한다면 薩藩
   의 藩制改革은 사이고오 밑의 軍政化가 되었던 것이다. 그러나 실질적으로는 별
   다른 변화 없이 다만 上士 대신에 下士가 地頭로서 薩摩의 세력을 장악하기에
   이르렀던 것은 현저한 것이었다.
54) 城下에 보병 4대대, 포병 2대대, 지방에는 상비군 17대대, 예비병 20대대, 포병
   대 9座 1분대라고 하는 대부대를 거느리고 있었다.

도 무사할 만큼 직접적으로 강하게 느껴지지 않는 지주적 존재였다. 게다가 살번에 있어서는 개간으로 얻은 토지를 매첨지(買添地)라고 일컬었다. 이는 매매가 쉽지 않았다.55)

사이고오는 사학교의 중심인물을 제향의 구장, 부구장으로 임명하여 일사 분란한 통제를 취하였다. 유신 정부가 중앙집권화로 전진하고, 가고시마를 다른 현과 마찬가지로 중앙정부의 한낱 지방으로 간주해야 될 때에는 조만 간 이 중앙과 지방간의 대립과 항쟁도 표면화를 면하기 어렵게 되는 것이었 다.56)

전국을 일률적으로 취급해야 마땅하다는 기도는 이런 견해를 표명하였다.

  "오늘날 사족의 녹권은 똑같은 조건이므로 가고시마현의 불평에 대해 각별한 조처를 한 것이다. 이는 자연히 다른 현일 때에는 반드시 정부에서도 이 의론 이 일어나지 않을 것을 앞서의 경험으로서 확신한다. 나는 이따금 사족 일반을 위해서 의논을 하여 오로지 공평한 실시가 있기를 희망한다 할지라도 정부의 형편으로써 압박과 억제에 의해 평의에 빠져 그에게 동조하는 사람이 많아져서 마침내 나의 견해가 관철되지 못한 것이 한두 차례가 아니다. …… 그리고 가 고시마의 세력으로 하여 홀로 행복을 얻기에 이르러서는 실로 정부를 위해 개 탄을 금할 수 없는 바이다. …… 가고시마현 사족의 녹에 대한 조처가 홀로 이 와 같이 특별히 정중한 평의로 된 것은 천하와 일반을 위해 진심으로 불안한 것이다. 따라서 다른 현에 대한 일도 공평한 평이 있기를 진정하였다."57)

라고 하여 오쿠보의 사쓰(薩摩)의 편견을 고치려 하였다.58)

---

55) 藩의 士族은 他藩의 경우와 같이 版籍奉還으로 비롯된 奉祿의 격감 때문에 생활 의 근거를 잃게 되는 일이 비교적 많지 않았다. 이를 요약하면 사이고오의 藩制 改革의 경제적 기초는 鄕士(地主)의 토지와 藩士의 특수소유지에 두었고, 이 둘 을 연결하는 기관이 1873년 征韓論이 분열된 후 사이고오가 귀향하고 세운 사학 교였다.

56) 가고시마士族의 회유와 예봉의 전환책을 위해서 오쿠보는 타이완침략을 계획하 였다. 또한 1876년의 金祿公債證書發行에 즈음해서도 가고시마士族의 買添地에 대해서 특별 취급하기로 하였던 것이다.

57) 木戶孝允日記, 第3, 1876年 12月 5日, pp. 457~462.

현령 오야마(大山綱良)는 사이고오 무리의 대표적 인물이며 사학교무리의 일원으로서 가고시마 현정을 독단하고 있었다. 가고시마는 사학교를 중핵으로 하고, 현령 오야마를 외핵(外核)으로 하여 봉건적 사이고오 왕국을 건설하여 가고 있었던 것이다.

"본인은 가고시마현의 상황을 전해들을 때마다 가슴속에 한층 더 의심덩어리가 뭉쳐지게 되는 것 같다. 무릇 폐번치현(廢藩置縣) 이래로 5년 동안 가고시마현은 여전히 옛 모습을 변경시키지 않았다. 한 가지 예를 들면 사족의 녹제는 전혀 변혁되지 않았다. 현민은 옛과 다름없이 태음력을 쓰고 있고, 현리는 장관으로부터 등외에 이르기까지 다른 현의 사람을 전혀 용납하지 않고 있다. 이전에 가고시마현의 무사들은 사이고오가 직을 사임하자 명령을 기다리지 않고 떠나 버렸다. 근위병은 재차의 칙유에도 불구하고 해산하였던 것이다. 근래 가고시마현에 설치하게 된 상전학교(賞典學校)란 것은 육군의 규칙을 기다릴 것 없이 순전한 군대와 다름이 없다. 사학교란 것은 문부의 규칙에 따르지 않고, 완연한 국사회의소인 것이었다. 또한 가고시마현의 사족은 각기 총기와 탄약을 사장하고 있었으며, 이를 관으로 납부하지 않았다고 한다. 대체로 이 몇 가지는 결코 다른 현에는 없는 것이며, 가고시마현은 오만불손하게 돌아본 척도 하지 않는다. 일본정부의 관할을 받고 있는 똑같은 지방으로서 가고시마현만 홀로 이와 같이 된 것은 어떻게 된 것인가. 무릇 사민의 완강한 병권도 이에 미칠 수 없다는 것인가. 어찌하여 그 특권을 향유함이 이처럼 심한 것인가. 이는 세상 사람들이 크게 의심하고 또한 괴이하게 생각하는 바이며, …… 혹은 말하기도 한다. 가고시마현은 사민이 강폭하다."[59]

<hr>

58) 가고시마는 옛 봉건 시대로부터 일종의 독립국과 같은 인상을 주어 幕末에 이르렀던 것이다. 이는 明治政府가 수립되어서도 별로 다른 변화는 없었던 것이다. 明治 4년의 廢藩 이래 다른 縣의 현령을 비롯한 기타의 행정관은 중앙정부가 임명하였지만, 홀로 가고시마縣은 縣吏를 同縣人에서 뽑았다. 그들은 중앙정부의 관리이기보다는 가고시마藩의 관원이라는 인상을 갖게 하였던 것이다. 이 경향은 1873년 사이고오가 征韓倫이 패배하여 귀향한 이후 私學校를 설립한 결과로서 매우 강화되게 되었다.
59) 評論新聞, 第44號.

라고 일단 그 경위와 내막을 설명하고 나서,

> "하루아침에 갑자기 이를 개정하려고 하면 두렵건 대 격렬한 노여움을 초래하게 되어 예측할 수 없는 환해(患害)를 발생하게 될 것이다. 오호라 얼마나 비열한 말이며, 얼마나 비겁한 말인가. 이제 공명정대한 정부의 권위로써 이것을 처리할 적에 만일 그들 인민이 항거한다면 이는 곧 조헌(朝憲)을 두려워하지 않는 무뢰한들이다. 위로는 당당한 현명한 뜻이 있는 사람이 있고 조정의 도모가 심원하다. 아래로는 보무도 당당한 혈기왕성한 진대(鎭臺)의 군병들이 있다. 용기 무쌍하게 명분과 대의로써 이를 굴복시켜야 한다. …… 무엇을 의혹하며 무슨 머뭇거림이 있겠는가."60)

라고 강조하였다.

이는 당시의 가고시마현의 내막을 엿볼 수 있게 한다.61)

동년 10월 구마모토의 난에 이어 규슈 일대의 형세가 불온하다는 통보에 접한 오쿠보는 내무소보 하야시(林友幸)를 가고시마에 파견하여 현정(縣政) 개혁에 임하게 하였으나 그는 손가락 하나 대지 못하고 1879년 1월 귀경하였다.

4. 서남전쟁의 경과와 그 의미

기도는 오쿠보를 찾아 가고시마현과 사학교문제에 관하여 그의 의견을 개진하였다.

---

60) 註 59)와 同一.
61) 明治政府의 집권화는 조만간 가고시마의 봉건제를 타파하지 않으면 안 되었다. 1876년 7월 오쿠보 내무경은 縣令 오야마에게 상경하도록 명령하였다. 縣吏의 경질과 縣政刷新을 단행시키려고 하였으나 오야마는 縣의 情勢가 용이하게 그 단행을 하기 어려운 바 있음을 진정하여 연기하기를 원하였다.

"오쿠보는 현재 조정에 있어서 주석의 한 사람이다. 그 몸은 가고시마현의 관속이다. 모든 관리가 오쿠보의 앞에서는 가고시마현의 폐해를 말하는 자가 없다. 관리들의 박정함과 오쿠보의 그 인간됨을 알지 못함은 오늘날 한낱 탄식뿐이다. 나는 오쿠보를 조정의 대신으로 인정하였다. 오늘날 제현 중 조정을 방해하는 것 중 첫째는 가고시마현에 있다는 것과 조정이 자주 목적을 변천하여 뿌리가 확고하지 못해 실로 인민의 불행이 크다는 까닭을 상세하게 의논하였다. 또한 오쿠보도 충분한 의견을 토로하였다."[62]

라고 하였다. 오쿠보 자신도 그 나름대로의 생각이 있었다.[63]

사학교 생도에게 반정거병을 권유한 자는 경리(警吏) 나카하라(中原尙雄)였다.[64] 사학교 무리들이 탄약을 약탈했다는 정보를 알게 되자 정부는 긴급대응책으로서 해군대보 가와무라(川村純義)를 군함에 태워 가지고 가고시마에 가서 탐색케 하였다.[65] 그러나 실패하였다. 이에 아리스가와(有栖川) 친왕을 파견하려 했던 것도 중지하였다.[66]

마침내 2월 19일 가고시마의 적도정토(賊徒征討)의 조칙이 발동되기에 이르렀던 것이다. 2월 25일 사이고오, 기리노(桐野), 시노하라(篠原) 등에 대한 관직박탈의 하명이 있었다. 유신의 공훈도 이제 관적(官賊)으로 되었던 것이다. 기도일기에 보면

---

62) 木戸孝允日記, 第3, 1877年 1월 18일, p. 487.
63) 가고시마에 대한 불만의 정세를 살펴 警視廳 警部 십수 명을 파견하여 私學校 무리의 동정을 탐색시키고, 또한 그들의 폭동에 대비하여 가고시마의 병기와 탄약을 오오사카로 이전시키려 하였다.
64) 私學校 무리는 擧兵에 입하여 나카하라가 정부, 특히 내무경 오쿠보와 大警視 가와지(川路利貞)로부터 私學校 무리들의 撲滅과 사이고오 등을 刺殺하라는 重命을 받아 가고시마로 왔음을 공표하게 되었기 때문에 여기에 정부문죄의 필요상 사이고오 등이 동원되었다.
65) 가와무라는 가고시마에 도착한 후 즉시 사이고오와 면담하려 하였으나 그 목적을 달성하지 못했고, 헛되이 귀경길에 올랐다.
66) 그 후에 아리스가와(有栖川)親王을 칙사로 파견하여 시마쓰(島津久光)와 사이고오와를 私學校 무리에서 격리하려는 방책을 취하려 하였으나 사이고오總帥의 薩軍이 이미 진격하기에 이르러서 칙사파견의 일을 중지하게 되었다.

"다른 사람은 어떻든 간에 사이고오는 12년 전에 알게 된 사람으로 이후 사이고오는 국가에 진력한 바 적지 않았다. 충실하고 욕심이 적어 일에 임하여 과단이 있으나, 오직 단점이라면 당시의 형세에 어둡고 대세를 보지 못하여 의혹이 그동안에 생겨 하루아침의 분노로 말미암아 그 몸을 망치고 그 이름을 손상하였다. 실로 한탄하여 마지않으며 아깝도다. 인간세상의 일대 유감이로다. …… 장주와 살주가 전력동맹하게 되었음은 나와 사이고오가 병인년에 쿄토(京都)에서 서약함에서 시작하였다. 그로부터 마침내 장과 살이 힘을 합쳐 무진(1868년) 일신의 대업을 성취하였던 것이다. 그런데 사이고오가 오늘에 이르다니 실로 말이 막히는 바이다."67)

라고 하여 사이고오의 내란을 개탄하고 있다. 이와쿠라 실기에 보면,

"사이고오는 결코 다가우지(尊氏)와 같이 간악하지 않다. 애석하도다. 오직 식견이 모자라 시세의 흐름을 몰랐고, 하루아침의 노여움을 누설하기에 스스로의 장점으로써 몸을 망치고 또한 나라에 해를 끼친 것이다. 출중함으로써 몸을 그르침은 고금이 모두 그러하였고, 모자람으로써 몸을 망치는 바 적은 것이다. 사이고오를 증오하지만 또한 한편으로는 동정도 간다. …… 조정도 반성을 하지 않으면 안 된다."68)

라고 기록하면서 관리전제화를 신랄하게 비판하였다.

살군의 총병력 약 3만 명 중 그중 군인 13,000명은 사학교 무리들이었다. 전군의 지도적 지위에 있었다. 그중에서도 향사가 다수를 점하였고, 구성하(舊城下)의 무사들은 겨우 1,600명에 불과하였다. 여기에 서남전쟁의 성격이 숨어 있다.

한편, 관군은 58,000여 명이어서 대략 살군의 2배인데 대군을 거느리고 있었다. 그러나 점차 전선이 확대됨에 따라 병력의 부족을 느끼게 되어 내무

---

67) 木戸孝允日記, 第3, p. 519.
68) 岩倉具視公實記, 下卷, 1877年 3月 1日 岩倉이 三條와 木戸에게 보낸 서신에 대한 木戸의 朱書, pp. 398~400.

성 모집의 신선여단을 편성하여 마침내는 사족을 이용하는 데까지 진행하였다. 이와쿠라는 3월 1일에 산죠와 기도 앞으로의 서한에서

"금후의 양상으로 보아 만일 병력의 증가 없이는 견딜 수 없을 경우에 이르더라도 갑자기 이를 사족에게 징모한다면 하나는 병제에 위반되고, 또 하나는 정부의 위령(威令)에도 관계되며 또한 중대한 일이다. 그렇지만 병력부족을 말할 때에는 부득이한 일이므로 도쿄에서 뼈대가 강하고 혈기가 왕성한 자를 뽑아 3,000~4,000명을 순사로 모집하여 이를 조련시켜 출발시키는 것이 어떻겠습니까."69)

라고 하였다. 그러나 이에 관하여 기도는

"오늘날 사족과 그 외의 쓸모없는 병력을 모집하는 것은 가장 불가하다. 마땅히 이와 같은 때에 후환을 염려하지 않으면 안 될 것이다. 사쓰(薩摩)를 토벌하고 또한 작은 사쓰를 만들게 된다."70)

고 양보치 않았다.

서남전쟁에서 가고시마군의 병력으로서 패배한 것은 대외명분이 관군에게 있었던 것이어서 당연한 것이었다. 그 밖에 징병군이 살병에 비해서 단체적 훈련에 우수했던 것, 교통·운수·통신기관이 관군의 손 안에 있었던 것, 관군은 우수한 무기를 사용했던 것, 관군의 군비가 비교적 윤택했다는 것 등에 기인하는 것이었다.71)

---

69) 岩倉具視公實記, 下卷, p. 963.
70) 前揭書, p. 397.
71) 최후의 士族的인 아성 薩摩가 그들이 갖고 있는 모든 것을 들어서라도 정부를 움직이게 할 수 없다면 무력항쟁에 의한 반정부운동도 이후에 발생하지 않는다고 예상할 수 없다. 사실 明治政府의 중앙집권화는 사이고오의 西南戰爭 이후에 비로소 확립된 것이라고 볼 수 있다. 明治 초년 이래 허다한 무력적 반정부운동이 속출하였다. 그러나 이번 西南戰爭만큼 조직적이며 대규모의 것은 空前絶後이다.

오쿠보가 말한 것처럼 서남의 사족이 정한론 파열 직후의 호기를 붙잡지 못하고 메이지정부의 기초가 공고하게 되어 가고 있었던 1877년에 궐기한 것은

"진실로 조정으로서는 불행 중 다행이라고 남 몰래 마음속으로 웃음을 머금게 할 정도였다."[72]

라고 하였다. 중앙정부로서는 호기(好機) 도래라 아니할 수 없겠다.

1877년의 이 서남전쟁으로 인해 일본의 무장반정운동은 일단 종식되었다. 그러나 다음해(1878) 오쿠보가 저격당해 사망하였다.

제3절 민선의원의 설립과 민권운동

1. 사이고오의 낙향과 민선론 태동

막부가 와해된 이후 토막 집결세력은 분해되고 말았다.

메이지유신의 대업은 관철되어야 했다. 그러나 관리전제화를 제거해야만 되었다.[73]

물론 이 이원(二院)제도는 오직 토사(土佐)의 살·장의 견제책이라고만 볼 것이 아니다. 당시 유신정부는 제반의 협력을 얻기 위해서는 그 공평한 태도를 세상에 나타내지 않으면 안 되었다. 그 무렵의 국정에 있어서 정부는 공의

---

72) 大久保利通文書, 第7卷, 1877年 2月 7日 伊藤博文에 보내는 書論.
73) 여기에 있어서 土佐藩의 운동이 주효하여 公議興論政治가 구체화된 것은 列藩上局會議와 藩主가 선임하는 貢士의 公議所라고 하는 소위 二院制度이었다.

여론의 존중, 인재의 등용과 살·장·사가·비의 번력 균형 위에 건설되어질 필요가 있었던 것이다.

상국회의는 국시의 결정이라고 하는 중대문제의 자문기관으로서 1868년 여러 차례 소집되었으나 1869년 7월의 관제개혁의 결과 이 상국회의는 폐지되게 되었다. 판적봉환의 경우는 공론을 채택하는 의미로서 특별하게 번주회의는 개최되었으나 폐번치현의 시기에는 정부의 독자적인 의향으로 결정되었으므로 제후회의는 소집되지 않았다.[74]

단지 상국에 속하는 번주 등은 막부말기에 이미 실력이 실추되어 있었으므로 번사적 대의원인 공의소보다는 한층 더 빨리 권한이 축소되어 지게 되었던 것이다.[75]

이 좌원(左院)은 토사의 고또우(後藤象二郎), 이다가키(板垣退助), 그리고 사가(佐賀)의 에토우(江藤新平)와의 협력에 의하여 설립된 것이다. 관리가 의원 또는 의장에 해당되고, 여기에서는 종래의 번선의원(藩選議員)이 관선의원으로 대체된 것에 불과하였다. 좌원설립의 진정한 목적은 폐번 직후의 살·장의 번벌전제화의 제거에 있었다. 일찍이 정한론 보류 후의 민선의원 설립운동의 한 모습이 인정될 수 있게 되는 것이다.

1873년 10월의 정한론은 조정을 양분하여 사이고오, 소에지마, 고또우, 에토우의 정한론을 주장한 다섯 명의 참의는 조정을 물러났다. 메이지정부는 참의겸 내무경 오쿠보를 사실상의 수상으로 하여 소위 살·장 의 번벌관리전제의 형식과 내용을 취하여 더욱더 중앙집권화의 경향을 강화하게 되었다. 이 정한론의 타격을 가장 심하게 입었던 것은 토사였다. 오쿠보의 개조내각에는 한 사람의 참의도 참여하지 못하였던 것이다.

---

74) 下局에 있는 公議所는 처음에 藩의 대변자인 貫士를 公議人으로 했지만 견해에 따라서는 藩의 감시인이기도 했던 것이다. 따라서 維新政府의 기초가 점차 확립되기에 이르러서 이 公議所도 上局과 마찬가지로 권한을 축소하지 않으면 안 되게 되었던 것이다.

75) 版籍奉還을 계기로 해서 公議所의 권한은 축소되어져서 集議院으로 되고, 廢藩置縣 이후는 藩士的 배경을 갖고 있는 集議院은 당연히 존재의 의의를 잃게 되고, 이에 대신하여 설립된 것이 左院이었다.

사이고오는 사직 후 즉시 귀향했으며, 기리노, 시노하라, 기타 많은 사쓰 출신의 근위병도 육군 대장 사이고오를 따라 귀향하였다.[76]

일찍이 대정봉환에 가장 중요시되었던 인물인 고또우는 국면타개책으로서 민선의원 개설의 주장을 이다가키와 함께 도모하였다. 이다가키는 고또우를 통하여 때마침 영국에서 귀국하게 된 오무로(小室信夫), 후루자와(古澤迁郎) 의 의회론을 경청하였다. 나아가 소에지마, 에토우의 찬성을 얻어 전의 도쿄 부지사 유리(由利公正) 및 전의 대장대승 오가모토(岡本建二郎)도 또한 민 선의원 주장자이었다. 이런 관계로 모두 함께 만나서 논의·검토한 결과 민 산의원의 건백을 제기하도록 의견의 일치를 보았던 것이다.

2. 고토우 등의 민선의원 설립 주장

민선의원 설립을 위한 초안은 처음에 후루자와가 영문으로 쓴 것을 일 본어로 번역하였다. 그리고 소에지마의 주필을 가한 것이었다. 이리하여 앞의 8명이 연서한 후에 1874년 1월 17일 좌원에 제출하였다. 다음날 18 일에 좌원에서 정원으로 올렸다. '건백서'는 다음과 같다.

"신(臣)들이 엎드려 현재의 정권이 돌아가는 바를 살피건대 위로는 帝室에 있지 않고, 아래로 인민에게 있지 않으며, 오로지 官吏의 손아귀에 있습니다. 대략 관리가 위로 제실을 존중한다고 말하지 않는 것이 아닙니다. …… 아래 로 인민을 보전한다 말하지 않는 것이 아닙니다. …… 그러면서 …… 인순고식 (因循姑息)하며 반성함이 없습니다. 아마도 국가를 누란의 위기에 처하게 할 것 입니다. 신들은 나라를 사랑하는 마음에서 그대로 방치할 수 없으며, 이를 구출

---

76) 그런데 사이고오 이외의 4명의 참의는 사이고오가 각기 지방의 봉건주의적 여러 세력과 결합하여 반정부적 무력운동을 일으킬 것을 두려워해서 중앙정부가 禁足 슈을 내려 도쿄(東京)에 체류 중에 있었다. 조정을 떠난 그들 언론파의 土·肥 의 사람들은 잃게 된 정권을 여하히 만회해야 하느냐에 고민 중이었다.

하는 길을 강구함에 오직 천하에 공의를 펴는 천하의 공의를 주장함은 민선의원을 수립함에 있을 뿐이며, 곧 관리의 월권을 제한하게 되어 상하가 안전하게 행복을 누리게 될 것입니다. 청컨대, 다지고 쌓아 그 이치를 진술하겠습니다. …… 무릇 인민이 정부에 대해서 조세를 바칠 의무가 있음은 곧 정부에 대해 여러 가지 일을 알고 그 가부에 참여할 권리를 갖게 됨은 천하의 통론이며, 신들이 더 이상 재언할 필요가 없습니다. 이제 민선의원설립을 거부하는 자는 말하기를 우리 백성이 불학무식하여 오직 눈을 뜨지 못하였으므로 오늘날 민선의원을 세우는 것이 시기상조라고 하였습니다. 신들이 생각하건대 만약 참으로 그것이 말한 바대로라면, 즉 이로 말미암아 배우고 또 알아 급히 개명의 영역으로 나아가는 길이 곧 민선의원을 세우는 데 있습니다. 왜냐하면 오늘날 일본인민으로 하여금 배우고 또 앞에의 개명의 영역에 나아가게 함은 우선 그 일반적인 권리를 보유하게 하고 이로써 자존 자중하여 천하와 우락(愚樂)을 함께 하는 의로운 현상을 일으키게 하여 이것으로 천하의 일에 참여하게 함에 있습니다. …… 그리고 또한 정부의 직분이 마땅하게 받들어지게 되는 목적은 인민으로 하여금 진보할 수 있게 함에 있으며, 무릇 정부의 강자가 무엇으로써 이를 이루겠습니까. 천하인민이 모두 합심함에 있습니다. …… "[77]

라고 하여 민선의원개설의 필요성과 그 당위성을 강조 역설한 뒤

"신들은 이미 오늘날 우리가 민선의원을 설립하지 않으면 안 되는 까닭과 오늘날 일본국민의 진보의 정도가 능히 이 의원을 수립함이 합당하다는 변론은 관리들이 이를 거부하는 자로 하여금 평계할 수 없게 하려 함이 아닙니다. 이 의원을 설립하는 바는 천하의 진론(眞論)을 신장하여 인민의 일반적인 공론을 세워 천하의 원기를 고무함으로써 상하가 친근하고 군신이 서로 사랑하고 일본제국을 유지·진작하며, 행복과 안전을 보호할 것을 소원하기 때문입니다. 청하건대 다행히 이를 선택하시기를 바라옵니다."[78]

라고 장황하게 건백하고 있다. 그러나 조정을 완전 장악하기는 힘들었다.[79]

---

77) 菊田貞雄, 前揭書, 제4장 제3절 제1항 參照.
78) 日眞新事誌, 1874年 2月 3日.

조정에 있는 자들로서 본다면 민선의원설립론은 불평이 많은 사족의 선동책에 불과한 것으로 여겨졌다. 무력을 기초로 하지 않는 이 반정부운동에 대해서는 마음속으로 은밀한 안도의 생각을 하였다. 사실상 후년에 '헌정의 신'이라고 숭앙되었던 이다가키도 1868년, 즉 메이지 초에는

"극단적인 계급론자이다. 조정의 명에 의해 화사졸(華士卒)의 3등급으로 정해질 때 이다가키는 실로 고지번의 집정직에 있었고 권리는 같은 계층을 압도하였다. 당시 이다가키는 크게 불평을 토로하였고, 마침내 고지번에 있어서는 사족을 9등급으로 나누었다. …… 이때에는 이다가키의 뇌리에는 조금의 자유와 평등도 없었다. 메이지 6년(1873년) 사이고오의 사직 후에 이다가키 등 또한 연이어 사직을 하였고, 민선의원창립의 건백(필자는 지금의 후루자와(古澤滋))으로 하여 완전히 방향을 전환하였다. 루소의 민약론으로 그리고 스펜서의 사회평권으로 나아가 그 형세가 요원의 불길과 같았다."[80]

는 것이다. 반드시 민권론자만은 아니었던 것 같다. 차라리 이다가키 등은

"살·장 양번의 세력에 대하여 균형을 획득하려고 원하느니보다는 그 필요에 응하여"[81]

라고 언급하였다. 살·장의 번벌관리전제정부타도의 운동을 종래의 무력 대신에 민의여론의 수단으로 나왔던 것이다. 즉, 민선의원론도 일종의 번벌타도를 위한 번벌사상 이외의 아무 것도 아니라는 견해도 성립되는 것이다. 따라서 이다가키의 민권론이

---

79) 아직 봉건제도를 벗어나지 못했던 당시의 일이어서 대체적으로 의의를 갖는 것은 무력이었으므로 무력적 배경을 수반하지 않은 土·肥의 民選議院 設立의 建白이라고 하는 언론적 反薩·長의 藩閥專制政府의 一失는 마침내 조정을, 움직이기는 부족하였던 것이다.
80) 尾佐竹編, 日本憲政史, p. 153. 원문은 다니유고, 하권, pp. 695~699.
81) 植村正久, 植村正久全集, 第7卷, p. 557.
前揭書, p. 105.

"오무로(小室古澤)의 영어를 겉만 핥아 웃기는 말을 하는구나 하고 나는 웃었다."[82]

라고 하여 이 사족적 민선의원론이 토사번벌을 탈피, 서민계급으로 침투해 갈 수 있었다.

이는 귀향 중의 사이고오에게도 알려졌다. 그는 이다가키의 사자 하야시(林有造)에게

"건백의 취지는 지극히 당연한 것이라 생각한다. 그렇지만 천하의 일은 홀로 의논한 것만으로는 이루어질 수 없는 것으로 생각되므로 우리들은 우선 완력을 사용하고 그런 연후에 이루어질 것으로 생각한다."[83]

라고 하였다. 이로써 정한론의 본질과 정한파 참의의 퇴진의 진상이 잘 엿보였다. 사이고오 등의 무장반정운동의 의도가 역력하였음을 알 수 있겠다.

3. 민선의원 설립의 반응

이 같은 건백에 반대의사를 표명한 것은 가토우(加藤弘之)였다. 그는 궁내성 4등출사의 명육사원(明六社員)이었다.

"천하의 공론을 펴냄은 적어도 뜻이 있는 사람의 간절한 소원이다. 무릇 국가 치안의 기초를 공고히 하는 공의를 펴내는 것보다 좋은 것은 없다. 그런데 그 사이에 한 가지의 어려움도 없을 수 없는 것이다. 어떠한 어려움이 있겠는가. 즉, 공의가 반드시 지당한 논의이며 명석한 논설이지 못함을 말함이다."[84]

---

82) 前揭 日本憲政史, p. 153.
　　木戸孝允文書, 第6, pp. 53～54.
83) 征韓論・西南戰爭, p. 89.
84) 菊田貞雄, 前揭書, 제4장 제3절 1항.

라고 하여 일본문화의 저열성을 지적한 뒤

　　"일본사람이 이제 겨우 문화에 향하고 있다 할지라도 농상(農商)에 이르러서
는 대개 아직 구태의연한 옛날의 농상으로서 무지 불학한 스스로 현실에 만족
하고 감히 진기함을 구하기에 이르지 못하였다. 오직 사족에 이르러서는 크게
이를 걱정하는 듯하나 그렇지만 약간 사리를 이해할 자는 아마도 얼마 되지 않
는다."85)

라고 하였다. 민선의원의 설립은 시기상조라는 것이었다. 이의 논박은

　　"지금 무릇 이 의원을 설립한다 하더라도 갑자기 인민이 그 명대인(名代人)을
택하는 권리를 일반화하려고 말한 것이 아니다. 사족 및 호가(豪家)의 농상 등
으로 하여금 홀로 잠시 이 권리를 보유하게 할 수 있게 할 따름이다. 이 사족
과 농상 등은 곧 과거에 선각자적인 의사, 유신의 공신을 거친 자들이다."86)

라는 것으로 사족적 민권론의 예정이었던 것이다. 1875년 애국사(愛國社)가
설립되었을 때,

　　"당시 회합에 지사의 총원이 겨우 수십 명을 넘지 않았다. 봉건의 여습으로
일반의 민심을 부식(腐蝕)하거나, 정부의 권위를 정하거나, 마치 귀신처럼 자유
를 논하거나, 민권을 제창하는 것이 난적의 행위라고 믿었다. 일반의 폐풍 또한
이를 기피하기를 면하지 못하고 있는 것이다. 그러므로 회합에 모인 사람은 전
혀 부호와 벼슬아치의 무리는 없으며, 일검단신 오직 참된 마음에서 우러나오
는 정성을 나라에 바친 자만 있을 뿐이었다."87)

라고 하면서 1878년 9월 애국사의 재설의 뜻을 결의한 오오사카의 모임에서도

---

85) 明治文化全集, 第4卷, pp. 368～369.
86) 前揭資料, p. 378.
87) 自由黨史, 上, p. 181.

"회합에 모인 자는 토주(土州)를 비롯한 오직 사족사회뿐이다. 평민들의 단 하나의 그림자도 볼 수 없었다."[88]

라고 그 실상을 설명하고 있다.

사족 민권론이 살·장의 번벌전제정부에 대해

"근래에 항간의 풍설을 들어 보면 실의에 빠진 구관리, 불평이 있는 사족 등 …… 무리들이 결합하여 이름을 민권에 거짓 핑계하여 선민대중(善民大衆)을 선동하고, 정부를 비방하여 함부로 정체의 변혁을 도모하는 자가 있다."

라고 경계하고 있다.[89]

이다가키 등이 민선의원설립의 건백을 상신했을 무렵 애국공당을 설립하여 동지를 모아 정치운동을 개시하게 되었다. 애국공당의 본서(本誓)에서는 다음과 같이 말하고 있다.[90]

---

88) 明治政史, 明治文化全集, 第2卷, 第11篇, p. 305.
89) 平塚篇, 伊藤博文秘錄, p. 18.
90) "一. 하늘이 이 백성을 만드실 때 이에 부여하기를, 一定不動의 通義權利라 하였다. 이 通義權利로서 하늘이 고르게 쓰고자 인민에게 내리시는 것으로써 인력을 가지고서는 이탈할 수 없는 것이다.
일본은 수백 년 동안 封建武斷의 제도로 그 백성을 노예화한 폐해가 아직 전적으로 제거되지 않았음을 어찌하겠는가. 적어도 이로 말미암아 개정하지 않으면 우리 국위의 선양과 국민의 부유를 원한다 할지라도 어떻게 얻을 수 있겠는가. …… 이에 동지의 士와 서로 서약함으로써 우리 인민의 通義權利를 주장하여 하늘이 내리신 것을 보전하기를 원하는 것이며, 이는 곧 천황을 사랑하고 나라를 사랑하는 길이다.
一. 우리가 이미 愛君愛國의 一片至誠에서 분발하기에 이르러 이 인민의 通義權利를 주장·보전하고자 한다. 그런데 이를 실천하는 길, 즉 내가 천황폐하의 御誓文의 취지를 철두철미하게 알아 오직 이 公論公議를 가지고서 항상 맹약의 뜻을 준수함에 있을 뿐이다.
一. 우리가 이 정부를 보는 바로는 이 인민을 위해 설립된 바의 정부로 간주할 밖에 없다. 그리고 우리들의 목적은 오직 이 인민의 通義權利를 보전·주장함으로써 이 인민으로 하여금 자주·자유·독립에 구속을 받지 않는 인민이 될 수 있게 하려는 데 있을 따름이다. 이는 곧 그 군주와 인민의 사이가 融然一體되게 하고, 그 禍福緩急을 함께 함으로써 우리 일본제국을 維持 창성하게 하는 길이다.

이다가키 등이 정사(政事)결사를 애국공당이라 이름붙인 이유는

"구막 시대의 '사당' 또는 '도당'이라고 하면 모반의 의미로 해석되었기 때문에 메이지정부에 의한 도당과 혼동되지 않게 하기 위함이었다."[91]

라는 것이다. 이다가키는 1874년 귀향하여 민권운동을 공고히 도모하였다.[92]

애국사의 본부는 도쿄에 두었다.[93] 동당원은

"절대로 부호와 벼슬아치들은 없다. 칼 한 자루로써 참된 마음에서 우러나오는 정성을 나라에 바칠 사족의 계급뿐"이었던 것이다. …… 유지할 자금이 결핍되어 얼마 되지 않아 이를 해산하지 않을 수 없게 되었다."[94]

는 것을 강조하였다.

이밖에 1875년 오오사카회의의 결과 이다가키 자신이 입각한 것도 당 자체의 성장을 일시 저지시켰다.

민선의원설립운동은 헌정에의 여론 환기의 실마리가 되었지만 그것이 직접적으로는 구체적인 결과를 초래하지 못하였다. 오오사카회의에서 입각의 조건으로서 기도, 이다가키가 헌정적 시설을 하기에 이르렀다. 비로소 헌정

明治政史, 明治文化全集, 第7卷, 第8篇, pp. 214~216.

91) 板垣退助(이다가키), "明治憲政經濟史論", 우리나라(日本)의 憲政의 由來, pp. 186 ~187.

92) 이 政事結社는 반드시 기대했던 결과를 초래한 것만은 아니기 때문에 이다가키는 明治 7년 3월 귀향하여 다음달 立志社를 창립하여 土佐를 근거로 한 民權運動의 기초를 공고히 하려고 하였다.

93) 그 후 1875년 2월 愛國社는 土佐의 立志社와 아와(阿波)의 自助社와의 협력에 의하여 전국의 뜻이 같은 자들을 소집하여 조직되었다. 이 조직으로 인해서 전국에 산재되어 있는 民權家를 일단 전국적으로 통일시키려는 기도이었으나 회합에 참석하는 자는 주로 간사이(關西) 이남의 士族에 제한되는 감이 있었다. 이 愛國社의 본부는 도쿄에 두었다.

94) 板垣退助(이다가키), 前揭書, p. 190.

론은 민권론의 방향으로 전환되었다.95)

따라서, 이제 일본의 정국은 헌정론으로부터 민권론으로 크게 전환점을 모색하게 다른 정치적 양상을 띠고 특징 있게 나갈 수 있었다. 이것도 따지고 보면 정한론으로 인한 일본정계의 큰 변천이었다고 평가된다.

4. 오오사카회의의 의미

타이완과 한국을 침략지배하려던 야욕으로 가득 차 있었던 신흥일본의 메이지정부는 정한론으로 인해 사이고오, 이다가키 등의 다섯 명의 참의를 잃었다. 특히 사이고오를 기용하려고 하여 시도하였던 타이완침략이 그를 움직이기에 부족하였고 오히려 기도(木戶)도 잃었다. 이제 유신의 공신 사이고오, 기도, 이다가키 등이 모두 낙향하였다.

타이완침략의 전쟁을 원만히 해결하고 귀국한 오쿠보는 메이지유신의 대업은 살·장의 합력에 의해서 시작되었다. 살·장의 협력에 의해서 완성되어지지 않으면 안 된다는 신념이 있었으므로 어떻게 하면 기도를 기용할 수 있을까에 고심하였다. 처음에 오쿠보는 스스로 야마구찌(山口)로 가서 기도와 면담하여 그를 조정으로 오게 하려는 작정으로 이 일을 이토오에게 자문하였다. 그런데 이토오는

"각하가 몸소 야마구치로 가는 것은 정부의 위엄을 나타내는 바가 아니다."96)

라고 하였다.

기도를 오오사카로 오게 하여 거기서 오쿠보와 회견할 것을 권하였다. 오

---

95) 日本憲政史, p. 103.
96) 伊藤博文秘錄, pp. 21~22.
　　德富緒一郎, 大久保利通先生, pp. 365~366.

쿠보가 휴가를 얻어 온천에서 목욕을 하여 병을 고친다는 명목으로 오오사카의 고다이(五代友厚)댁에 도착한 것은 1874년 12월 26일의 일이었다. 기도는 1875년 정월 4일 고베(神戸)에 도착하였다. 여기에 소위 오오사카회의가 시작되는 것이다. 수차에 걸쳐 오쿠보는 의중을 기도에게 토론하였으나

　　"아무튼 취지를 통찰할 수 없다."[97]

라고 하면서 기도는 응하지 않았다. 오쿠보는

　　"성의가 관철되지 않음에 있어서는 귀하를 괴롭게 하지 않을 수 없다."[98]

라고 하여 승낙하였다. 따라서 이토오를 고베로 와 주도록 요구하기에 이르렀다.

　이토오가 고베로 가기에 임하여 기도는 원래 주장을 가진 정치가이기 때문에 그를 궐기시키려면 그의 주장과 합치되는 정강을 미리 초안하는 것이 좋다고 생각하였던 것이다. 즉, 원로원을 설치하여 이를 입법부로 하고, 장차 국회개설의 준비로 할 것. 대심원을 설치해서 사법권의 독립을 기할 것, 지방관회의를 개설할 것, 내각과 각 성을 분리해서 행정상의 책임을 명백하게 할 것의 4개조였다. 이토오는 23일 오쿠보를 방문하여 이 정강에 찬성을 얻었고, 그리고 기도를 면담하여 이를 보였다. 기도는 그 정강에 찬성하여 마침내 궐기하게 되었던 것이다.[99]

　한편, 기도와 오쿠보의 회합교섭이 진척 중이었다. 기도와 이다가키의 회

---

97) 大久保利通文書, 第6, p. 247.
98) 前揭資料, p. 366.
99) 이 무렵 오오사카에 先收社를 경영하고 있던 이노우에는 기도와 이다가키의 兩人을 일으켜 세우도록 노력하였다. 그는 이다가키의 文下인 오무로(小室), 오가모토(岡本) 등과도 친교가 있었고, 이 경우에 이다가키까지도 기용하여 明治政府의 기초를 공고히 하려고 하였던 것이다. 때마침 이다가키는 오오사카에 뜻이 같은 자들이 모인 大會를 개최하여 愛國社의 결성을 의도하고 있었다.

합도 병행되고 있었다. 이 기도와 이다가키의 교섭에 대해 오쿠보는 모르고 있었다. 기도와 이다가키는 함께 입헌정치의 주장자이었지만 전자는 점진주의자, 후자는 급진주의자였다. 처음에 이다가키는 민선의원의 급설(急設)을 간절하게 논하였으나 기도는

"다소 생각하는 바가 틀리거나 같은 것이 있다 할지라도 대체로 나의 의견과 상부하다."100)

라고 하여 국회개설에 이르는 순서의 차이를 시인하는 것뿐이었다. 기도는 원로원과 지방관회의를 가지고 민선의원개설을 인정하였다.

2월 11일 기도는 오쿠보와 이다가키를 초빙하여 두 사람을 만나게 하였다. 기도일기에

"재작년 10월 정부가 양쪽으로 갈라진 이래 오쿠보와 이다가키는 처음으로 만났다. 의논이 양단되었다 할지라도 교제의 길은 끊어질 수가 없다. 따라서 내가 앞날을 위해 이처럼 소개한 것이다."101)

라고 기록하였다.

정한론 이래의 정적 오쿠보와 이다가키는 기도의 점진적 민권주의에 있어서 타협점을 발견한 것이다. 이리하여 기도와 이다가키는 각기 상경하여 전자는 3월 8일에, 후자는 12일에 참의에 임하게 되었다. 기도, 이다가키에다 오쿠보, 이토오를 합한 4명의 참의는 정체취조위원으로서 오오사카회의 협정안에 기인한 제도개혁에 착수하였다. 28일 성안을 상진하였다. 그것은 오오사카회의에 있어서의 기도의 의견 그대로였다. 4월 14일 조서를 내렸다.

---

100) 木戸孝允日記, 第3, 1875年 1月 30日, p. 146.
101) 前揭資料, 第3, 1875年 2月 11日 p. 152.

"짐이 바야흐로 서문(誓文)의 뜻을 확충하여 원로원을 설치함으로써 입법의 근원을 넓히고, 대심원을 설치하여 심판의 권한을 공고히 한다. 지방관을 소집하여 민정을 통한 공익을 도모하고, 국가입헌의 정체(政體)를 세우고자 한다."102)

이상이 천하에 공포한 내용이었다.

5. 민권운동의 전개

조칙에 기인한 종래의 좌원, 우원을 없애고 원로원을 상원으로, 지방관회의를 하원으로 삼았다. 그리고 대심원을 개설해서 사법권을 행정권에서 독립시키게 되었다. 여기에 비로소 표면상 삼권독립의 형식을 취하기에 이르렀다. 당시의 신문에는

"우리가 이를 실제로 선정하려고 했던 것이다."103)

라고 하였듯이 민선의원론은 지식계급이 환영하는 것이었다. 그리고 오오사카회의는 이다가키 등의 민권운동의 하나로서 구체화된 것이었다.

1875년 5월 앞의 조칙을 받들어서 전국의 부·현 지사, 현령을 도쿄로 소집하여 아사쿠사 혼간지(淺草本願寺)를 의장으로 하여 일황이 참석한 가운데 제1회 지방장관회의가 개최되었다. 심의사항은 도로·제방·교량의 건, 지방민회의 건, 빈민구조방법의 건, 소학교설립 및 보호의 건이었다. 그중에서도 특히 가장 중요한 것은 민회의 건이었다. 이즈음 13현의 방청인은 7월 6일 긴자(銀座)의 행복안전사에 모여서

---

102) 日本憲政史, p. 109.
103) 東京日日新聞, 1875年 4月 15日.

"저희들이 가장 갈망하는 것은 하문하신 다섯 가지 중 오직 민회를 연다고 하는 그 한 가지 일이며, 이는 일반인민도 한 가지로 저희들이 귀촌하기를 기다리고 있는 형편이다. 왜냐하면 국가의 헌법도 이것으로써 확립될 것이며, 인민의 권리도 이것으로써 진작될 것이기 때문이다."104)

라는 건백서가 일본 원로원에 제출되었다. 지방의 민회는 공선(公選)의 원으로 하느냐, 잠시 구장과 호장으로써 의원으로 할 것인가에 대해 논의하였다. 채택한 결과 구·호장회의에 가라고 한 자 41명, 공선민회에 가라고 한 자가 21명이었다. 따라서 다수결로써 구·호장으로 되어진 부·현회 구회를 열기로 되었다.105)

이다가키의 민권론이 공명자를 얻게 되었다.106) 이처럼 민권론은 지도정신으로서의 지위를 점하고 있었던 것을 충분히 관찰할 수가 있는 것이다.

그런데 반년 만에 이다가키는 정견의 차이 및 기타의 사정으로 조정을 떠나갔고, 기도 또한 뜻대로 되지 않아 1876년 내각고문이라는 한직에 취임했으므로 일시 조정의 추진력이었던 국회개설론도 다시 재야의 소리로 변해버리게 되었던 것이다. 당시 무력적 반정부운동이 각지에서 맹위를 떨치었고, 구마모토, 아키쓰키, 하기의 제란(諸亂)이 계속 발생하였다. 1877년에는 사이고오 등의 반란이 있었다. 지방에서의 농작물의 흉작, 지조개정(地租改正)에 대한 불만에 의한 백성들의 농민폭동 등이 봉기하여 중앙정부는 더욱더 집권화를 강화하기에 이르렀다. 이리하여 서남전쟁이 끝날 무렵까지 민권론도 사족 사이에만 한하였다. 대체적으로 1879년, 1880년에 이르러 비로소 '평민민권'의 영역에 도달하였다.107)

---

104) 明治政史, 第8篇, 明治文化全集, 第2卷, p. 267.
105) 明治政史, 第8篇, 明治文化全集, 第2卷, p. 267.
106) 이 제1회 지방장관회의에 있어서 地方民會의 문제가 중요시되었고, 또한 때마침 방청의 자리에 있었던 地方民權論者를 획책한 바가 되어서 일단 區·戶長으로 하여금 民意를 대표하게 되었던 것을 보면 이다가키 등의 民權論이 局部的이었다고는 하지만 지방의 뜻이 같은 사람들 사이에 共鳴者를 가지고 있었던 것을 간접적으로 말해 주는 것이다.
107) 鈴木安藏, 自由民權·憲法發布, p. 93.

사족적 민선의원론의 직접적인 동기는 정한론의 보류에 따른 사·비의
퇴세만회책으로서 고안된 것이다. 살·장의 번벌정부의 전제화를 제거하기
위한 번벌사상이었다. 그러나 관점을 달리하면 이 민선의원론도 또한 막부말
기 당시의 존황론(尊皇論)의 흐름을 이어받은 것이다. 즉, 막부가 장악한 정
권은 친정을 박탈한 결과이기 때문에 정권은 마땅히 조정으로 봉환되어야 한
다고 하는 존황론이었다. 정한론 직후의 관리전제화는 유신의 이상인 친정을
저지하고, 국내의 비정(秕政)과 재정의 궁핍은 모두 번벌정치의 소치였다. 따
라서 관리전제화는 타도되어져야 마땅하다고 하는 존황론으로 화하게 된 것
이다. 이다가키 등의 민권론은 민주주의처럼 보였지만 그 목적은 오히려

    "우리 제국으로 하여금 구미제국과 대치하게 하려고 소원하는 데 있다."[108]

라는 부국강병책이었다. 막부타도운동이 존황양이(尊皇攘夷)로 구현된 것
처럼 유신 직후의 정한론도 존황양이의 표면화였다. 이다가키 등의 민권
론도 마찬가지로 존황양이론이었던 것이다.[109] 이처럼 부국강병은 일본의
대외침략정책의 상징이며 그 원천이기도 하였다.[110]

---

108) 明治政史, 明治文化全集, 第2卷, p. 305.
109) 三宅雄二郎, 明治思想史, 岩村講座教育科學, 第11號, pp. 8~9.
110) 실로 부국강병은 尊皇攘夷의 외모이며, 봉건적 무력주의자이거나, 藩閥的 중앙
    집권론자이거나, 士族的 民權論者이거나를 불문하고, 明治 前期에 있어서의 전
    국적인 시대정신이며, 또한 그것은 日·淸과 日·露의 양 전역을 거쳐 마침내
    1905년 한국의 외교권을 불법적으로 탈취하였다. 이 같은 여세를 몰아 일본은
    1910년 8월 역시 不法·脫法的으로 韓國의 國權을 탈취하였다.

제10장
결 론

.

정한론에 관한 그동안의 연구를 마무리 지으면서 간략하게 결론에 대하고 자 한다.

첫째: 정한론은 흥선 대원군 때 일본이 메이지유신을 단행한 뒤 왕정복고 를 우리 정부에 알리는 외교문서가 오만불손하다 해서 거절한 원한에 의거 발생한 즉자적인 한국침략논쟁이 아니었다고 그 관련자료를 통하여 학술적 으로 밝혔다.

둘째: 그것은 일본이 이미 삼한 시대 이래 소위 임나부설치 등으로 한 반도를 부분적이지만 식민지로 지배하였다는 편견과 허망된 인식체계에 의하여 한국침략이 침략이 아니고 실지회복이라는 억지주장을 펴고 있음 에 근거하고 있음을 직시해야 할 것이다. 따라서 우리는 이 당시의 정한론 이 일본이 개국한 이래 소위 해양국가로서의 팽창주의·대국주의·황도주 의·우월주의를 내걸고 한국·중국 등 동양평화를 위협하였었다는 침략의 맥락성을 지적하지 않을 수 없다는 점을 강조하였다.

셋째: 일본문화의 원류인 한국문화가 4, 5세기경 일본의 국가형성을 다각 적으로 지원하고 계몽하였던 것은 이미 학술적으로 밝혀진 사실임에도 불구 하고 정한론자들은 오히려 한국문화가 일본으로부터 전래·계몽되었다고 억 지 논리를 펴고 있는 것이다. 따라서 일본의 한국멸시론이 침략론으로 발 전·확대되어 여말선초의 잦은 왜구의 침입과 임진왜란을 야기했다. 이런 맥 락에서 호시탐탐 한국을 침략하려던 일본은 1868년의 메이지유신을 통해 그 들 자신이 미국과 영국 등 구미 각국으로부터 당한 불평등한 조약으로 불이익 을 취하자 이를 서둘러 타이완과 한국에 그대로 적용·이식시켰던 것이다.

넷째: 정한론은 무단강경파와 서구인식적 온건론파와의 방법과 시기상 이 견(異見)으로 인해 일단 그 당시에 보류되었다. 신중론, 즉 민족실력양성절 규파인 온건파가 승리하였으므로 정한론은 그 당시에 당장 이루어지지 않았 다. 그러나 한국의 집권자 흥선 대원군과 그 상대적 위치에 있던 민씨 사이 의 정권이 교체됨을 호재(好材)로 삼아 계획된 운양호사건을 유발하더니 마 침내 그 발포대상을 윽박지르면서 문호개방의 무력적 압력을 가해 왔다. 결

국 이것은 1876년 2월 27일 강화도조약, 즉 병자수호조약으로 낙찰, 성사되었다. 물론 일방적이고 불평등한 조약으로 인해 우리는 그로부터 30여 년만에 위정척사파의 예언적 주장과 같이 불법적으로 강점당하게 되는 국치를 감수해야 했던 것이다. 본서에서는 이 시기에까지 이르는 일본의 한국침략의 뿌리, 즉 명분으로 내세운 것이 무엇인가를 규명하였다.

다섯째: 이제 정한론은 19세기 후반기에 제기되어 20세기 초에 실현되었다. 이때 우리 민족은 이에 맞서 35년 동안의 질곡과 신음 속에나마 정통정부인 대한민국 임시정부(1919~1945)를 세우고 국내외 각지와의 유기적이고 제도적인 관련을 통해 국가·정부적 기능을 행사하여 마침내 1945년의 광복을 쟁취하기에 이르렀다.

그 이후 오늘날까지 일본의 지도자와 그에 준하는 인사들이 화려한 망언을 터뜨리고 있어 다시금 정한론의 망상이 되살아나는 것이 아닌가 싶어 매우 경계심을 갖게 한다.

한마디로 산군국주의, 즉 신국가주의적인 복고풍이 일본조야에서 출렁이고 있을 때 우리는 어떻게 대응해야 할까. 이것은 현대사적인 의미로서의 정한론에 대비한 방어적 자세인 것이다. 100여 년 전의 우리 선조가 지혜롭게 방어하지 못하였던 정한론을 이제 우리는 현명하게 대처해야 한다. 일본역사 교과서에서의 한국사 왜곡문제, 재일한국인의 법적 지위문제, 외국인 지문날인 문제, 일본의 북한과의 등거리외교를 통한 실익추구문제, 독도영유권주장 등 현안의 문제는 그 맥이 모두 정한론과 결코 무관하지 않다고 생각된다.

여섯째: 그러나 이제 우리는 한·일 국교정상화 40년을 넘기고 있다. 진정한 양국 간의 우호와 선린이 공존적 맥락에서 영구히 제도적으로 보장되는 날 진정한 동양과 세계의 평화는 도래할 것으로 믿는다. 그런 날의 영광을 위하여 우리는 정한론의 앞뒤를 분명하게 알고 여기에 지혜롭고 슬기롭게 대처해서 미래를 설계해야 할 것이다.

부　록

일본인의 의식구조와 한국침략의 시각

1. 일본의 무사계급과 낭인(浪人)

우리는 사실상 일본을 잘 알고 있는 것 같으면서도 그렇지 못한 경우가 더 많은 것 같다. 역사적으로 보아 일본인의 의식구조는 어떠하였는가. 그것을 먼저 살펴보는 것이 오늘에 얽힌 한국에 관한 일본의 내부를 푸는 첩경이 될 것이다.

일본은 토쿠가와 시대 이래 특히 사무라이(侍), 칼의 소태로서 즉 무사정신으로 똘똘 뭉쳐 있었다. 사무라이라는 말은 원래 일본의 무사계급의 한 가지로 특정한 범위를 지적해 왔으나 점차로 모든 무사계급을 언급하게 되었다.

2세기동안이나 변함이 없이 계속되었던 토쿠가와 시대의 정치·경제·사회적 제도는 히데요시와 이에야스 시대의 골격이 짜여지고, 히데타다(1605~1623)와 이에미스(1623~1651) 시대에 공고한 기반을 구축하였다. 따라서 17세기 초기만 해도 그 제도는 보수적이었고 반동적이었다. 토쿠가와 정권의 주요목표는 정치적 변화를 정지시키는 일이었다. 그들은 봉건적 지배구조를 그대로 유지하였는데, 16세기에 있었던 봉건제도의 쇠퇴에도 불구하고 남아 있었다.

히데요시나 이에야스는 자기 부하들의 대부분과 같이 자수성가하였지만 그들이 성공한 사회적 분위기의 향상을 억제하였다. 이론적으로는 고대유교가 사회를 4계급으로 나눈 것에 근거하고 있다. 4계급 중 우두머리가 사무라이, 즉 무사행정가들인데, 위로는 다이묘(大名)로부터 아래로는 보졸까지 해당되고 있다. 다음이 농민이고, 셋째가 공인(工人), 넷째가 상인(商人)이었다. 토쿠가와 정권은 사무라이계급과 그 밖에 3계급의 차이를 명백히 구분 짓고, 다른 3자보다 월등히 대우하여 사무라이를 군림시켜 왔다. 그들 사이에는 상호결혼도 금지되었고, 계급차별의 현저한 표시는 대소(大小) 두개의 칼이었다.

그 칼은 첫 번째 계급인 사무라이만 찰 수 있었다. 다른 3자는 어림도 없었다. 근간에 급작스럽게 일본 내의 TV나 라디오에서 사무라이를 주제로 한 복고풍의 향수 재음미가 풍성하게 일어나고 있다. 군가가 귀를 따갑게 울리는 것도 교과서 왜곡과 같은 맥을 달린다는 면에서 주목해 볼 수 있겠다.

여하간 정치적 권위는 이들 무산계층의 머리와 손에 꽉 박혀 있다 해도 과언이 아니다. 아무리 미천한 자일지라도 사무라이면 하층 3계급보다 훨씬 우월한 예우를 받았던 것이다. 따라서 그들 사무라이로서의 특권 중에는 키리스데(切捨)라는 것이 들어 있다. 이는 사무라이에게 불경(不敬)한 평민을 당장에 목을 칠 수 있는 특권을 지칭하는 것이다. 그 이유는 히데요시와 이에야스가 취한 다이묘(大名)의 전봉(轉封)때문이었다. 부하 무사들은 아무 접촉이 없었던 백성을 지배하게 되어 있었다.

지배와 침략의 수법이 이런 역사적 배경 속에서 익숙하게 나타나곤 하였다. 나타나는 정도에서 그것을 실천하려는 욕구로 충만되자 이웃을 슬쩍 침범하는 잔악상을 보이게 된 것이다. 이런 전봉은 부하 무사계급과 농촌사회 간의 오랜 유대를 단절시켜 버렸다. 그와 같은 유대는 공통된 지방적 유대관계와 오랫동안의 상호제휴로 이룩된 것이다.

전봉이 행하여지면 부하 무사의 이해관계가 그들의 주군(主君)의 이해관계와 손잡는 데 있어서 배타적으로 나올 것은 뻔한 이치인 것이다. 그들의 배타적인 의식구조는 이런 배경 속에서 싹터 왔다고 보겠다. 그러므로 능률적인 계급차별이 가능하였다고 봄이 타당하다. 사무라이와 기타 계급 사이의 하나의 무리를 로오닌(浪人)이라 불렀다.

소위 무뢰한이라는 깡패이기도 하다. 우리의 명성황후를 시해하고(을미사변), 석유로 불태워 두 번 죽음을 강요한 무리가 바로 이들이었다고 하면 도식적인 일본인의 의식구조로서는 당연한 위치에 든다고 볼 수 있겠다. 이들을 주군(主君)이 없는 사무라이라고 하는데, 주군이 영지를 몰수당하였기 때문에 자기 아버지의 주군을 모실 수 없는 자들이다. 그래서 부유군(浮遊群)을 이루어 정치적으로 이용당하거나 당하기를 유혹하기도 하는 귀찮은 존재였다. 그들은 출생으로 따지면 사무라이계급에 속하나 실제로는 이 계급에 들어갈 수 없었다. 그러므로 일본인은 면종복배(面從腹背)의 관습과 기질도 생겨나게 된 것이다. 이익을 위하는 일이면 면전에서는 복종·종사·아첨하는 것처럼 위장하다가도 일단 돌아서면 배신을 잘하는 속성을 지닌 것이다.

토쿠가와 정권은 농업적 기반 위에서 성장하여 오랫동안 농업수입에 의지하였다. 토쿠가와 씨 개개의 다이묘들은 토지조사를 면밀히 하여 모든 농지에 통일된 세목을 부과하였다. 이들은 처음 농업, 즉 농토를 배경으로 성장한 것이다.

2. 일본인의 윤리의식

장기적인 평화가 계속되는 동안 토쿠가와 정권은 군사적 계급제도와 본래 각 지방에 있었던 군대에 의지하여 통치해야 하는 특수 과제를 안고 있었다. 사기(士氣)와 군사적 덕의(德義)가 계속 유지되지 않으면 지배계급은 몰락하게 되어 있다. 난폭한 로오닌들을 다루는 것은 한두 세대 동안은 어려운 일이 아니었다.

그러나 토쿠가와 정권은 이를 무난히 해결하였다. 그러나 그것이 무사계급에게 엄격한 윤리의식을 심어 준 것이었다. 따라서 행동의 도덕적 규준과 철학은 토쿠가와식 체제를 계승하는 데 있어서 기본이 되었다. 나아가 그들 자신도 뚜렷한 목적의식을 갖게 되었던 것이다.

이에야스가 반포한 무가(武家)의 여러 법도는 우선 학문과 무예를 진흥시키는 일이다. 특히 무술의 연마는 중요시되었다. 전쟁이 점차 이론적인 문제

로 다루어지고 실전경험이 있는 세대가 사라져 가는 시기에 임하여 필요하
게 느껴졌다. 여러 번(藩)에 무술교습소가 개설·운영되었고, 심신단련으로
일본정신을 키워 갔다. 그 가운데 궁술·검술 같은 중세적 전술에 사용된 무
술이 젊은 사무라이에게 강조되었다. 전적으로 강조되는 것은 전투능력보다
는 무사적 기질의 창조였다. 다시 말하면 무예가 스포츠처럼 정신적인 것의
증진을 위한 유일의 무기로 손꼽혔다고 지적할 수 있겠다.

무예의 연마는 일본인의 강인한 정신단련·인내·극기·내한·내서운동과
같은 내면세계의 호전성 양성과도 연결된다고 보는 견해가 지배적이다. 그들
은 사생활에 있어서의 충실·복종·근엄·질박·끈기·인내·계급차별의 준
행 같은 점이 이에야스의 '무가제법도'에 나타나고 있는 것이다.

이 행동지침이 무사도로 알려지게 되었다. 무사도는 전쟁시기에 사회윤리
로 통용되었고, 상업구조에도 적용되었다. 즉, 강인한 기질을 단련하기 위한
요체였다.

토쿠가와 시대의 도덕론자들은 주군과 봉신(封臣) 간의 관계를 언급치 않
고 군(君)과 신(臣)과의 관계에서부터 시작되는 5륜(五倫)을 강조하였다.
특히 두드러진 것은 주군에 대한 충성, 즉 정치적 단위에 대한 충성이 있는
데, 일본에서는 그것이 한 가족에 대한 성실보다 훨씬 우위에 있어 개인이나
가족보다는 국가에 충성한다는 기질로 굳어져 버렸다고 생각되는 것이다.

이런 사무라이정신은 요시무네 때의 중흥을 거쳐 더욱 보강되었다. 타누마
오키스쿠(田沼意次) 때에 '악의 전형'이라는 악명 시대를 거쳐 마쓰다이라 사
다노부(松平定信) 때 요시무네 시대로의 복귀를 표방하였다. 그 뒤 미즈노
타파구니(水野忠邦, 1834~1845)의 영도하에 새로운 사무라이정신의 재정
비와 함께 창조적인 계승을 외치고 개개인의 절검(節儉)과 정부의 절검을
주장하였다. 천보(天保)개혁이라고 불리우는 미즈노의 개혁노력은 비현실적
인 것이었으나 정신개혁을 강조하였다는 면에서 전대에 볼 수 없었던 '신일
본정신'의 제창이라고 지적할 수 있겠다.

한편으로는 정부의 전매사업을 잘 조직·운영하고 새로운 세원(稅源)을

포착하였다. 이에 경제활동 중 비농업부문으로부터의 수입을 증가하여 정부가 상인단과 긴밀히 협조하였다.

이럴 즈음 서양인이 포함의 힘을 가지고 일본해협에 재차 출현하게 되자 전례 없는 새 압력을 토쿠가와 체제에 가하기 시작하였다. 1860년대에 와서 일본은 완전한 왕조적인 붕괴로 인하여 그 막을 내리게 되는 것이다.

그러나 개항 이후의 일본은 이와 같은 사무라이정신을 해외식민지건설이라는 침략적 야욕으로 연결,확대하게 되는 것이다.

3. 신도(神道)와 애국주의

일본인이 신도에 관한 관심의 재흥을 도모한 것은 그만큼 그들이 신도와 민족주의를 연결하자는 전통적인 관념에서인 것 같다. 불교를 외면하는 유자(儒者)들은 신도를 관대하게 느끼거나 찬동하였다. 그들은 유학의 필수부분인 역사연구를 강조하였다. 여기서 주목되는 것은 거짓투성이의 일본사이지만, 역대왕조의 지도자・사상가・교육가・종교인 등이 모두 공통적으로 역사를 깊이 연구하였다는 점을 주목해 볼 필요가 있다. 정치가만이 관심을 가지고 있는 역사를 그 분야가 아닌 다른 분야에 종사하는 사람들도 연구에 연구를 거듭하였다는 점이다. 역사왜곡의 명수들을 배출한 일본의 경우 그것이 결코 우연의 일치가 아니라는 점을 알 수 있을 것 같다. 막부정책의 주요 결정자・입안자였던 아라이 하쿠세키(1657~1725)나 미우라 바이엔(三浦梅園, 1723~1789)도 법률・사회제도와 함께 역사연구에 심혈을 경주하였다.

유교와 신도를 연구한 이시다 바이간(石田梅岩, 1685~1744)도 역사를 연구하였는가 하면, 농성(農聖)으로 존중된 니노미야 손토쿠(二宮尊德, 1787~1856)도 노동을 존중하면서 "역사연구만이 우리의 살 길이고, 눈을 크게 뜨는 지름길이라"고 역설한 바 있다. 이것을 보면 일본의 진취적 기상을 가지고 있는 많은 지도자는 역사의식이 투철하였음을 알 수 있다. 그들이 곧 신도주의자였고 민족주의자임을 그들이 스스로 자랑스럽게 절규하였던 것이다. 그들이 동남아에 침략적 의도를 강력히 나타냈던 것은 이와 같은 민족주의적인 사고방식의 소산물이며, 섬나라 특유의 해외식민지건설 의욕을 구조적으로 갖게 하였던 것이다.

역사연구는 고대로부터 번성하였던 신도에 관한 관심을 강력히 불러 일으켰다. 이어 일황이 고대에는 통치자로서의 임무와 천손인 신도의 도장(道長)으로서의 구실이라는 두 가지 일을 사역하였다는 것에 관해 주목을 끌게 되었다. 일황제의 특질은 이시다(石田雄)의 논문 『이데올로기로서의 일황제』에서도 언급한 것과 같이 아시아적 전제와 절대군주제의 한 면을 지니고 있으며, 흥망성쇄의 여러 측면을 모두 담을 수 있어 파시즘 아래서도 그대로 지배기구로서 유효하게 기능을 발휘하고 있는 것이다.

따라서 일황제는 그 스스로 존속·강화되면서 기능면에서는 역사적 단계에 대응한 변화를 발산하고 있으며, 거꾸로 변화를 거침으로써 부단히 자기 자신을 온존하고 보강하며 타의 군림형으로서의 존재가치를 유지하는 것에 그 큰 뜻이 있다. 베를린대학교 교수였던 슈탐러(Rudolf Stammler, 1856~1938)가 말한 '내용이 바뀌는 자연법'이라는 존재형태가 아닐까 한다.

이러한 내용의 가변성과 일관된 일본의 전통과의 불가사의한 결속이 제일의 특징으로서 다른 나라의 군주제와 전혀 상이한 내용을 담고 있는 것이다.

근래에 일본 내에서 '일황의 직접 통치권 부여' 운운한 발상은 그것이 우연한 생각이 아니고 일황제의 특질이 안고 있는 전통적인 성격이 그 시대적 상황에 따라 재흥·재기하려는 비상한 움직임과도 연관하여 유추해 볼 수 있는 것이다.

여하간 신도의 관심이 일어나 일본은 중국과는 다르다는 점을 애써 나타냄으로써 민족주의적 합일점의 귀착을 호소하고 있었다. 민족주의적 감정은 신도의 상징주의를 통하여 표명되었다.

이미 13·14세기에도 민족주의의 징후가 나타나고 있었다. 이것은 몽고침략의 반동과 오고다이 천황의 제계(帝系)를 옹호하는 키타바타케 찌카후사의 저서 속에 보이고 있다.

토쿠가와 시대의 민족주의의 흥기를 유교의 우연한 부산물일 뿐이라고 속단할 수는 없다. 유럽 각국과의 접촉에서 생긴 쇄국정책은 일본의 문화와 정치적 독자성을 강조하였는데, 그것이 보조적 원인이 되었을 것 같다.

17세기 이후 일본에서 민족주의적 감정이 급속하게 일어난 것은 그 당시에 일고 있던 경제·사회적 변화와 깊은 관련을 갖고 있다. 유럽의 봉건사회와 유사한 봉건사회를 겪은 유일한 일본이 19세기 말 이전에 강한 민족의식을 발전시킨 유일한 비서구국가라는 사실은 우연만은 아닌 것이다. 민족주의 그 자체는 토쿠가와 정권에 대해 파괴적이 아니다. 민족주의의 상징으로서 일황을 이용하게 되면 그렇게 될 수도 있다.

정통유교까지도 역사론 전개를 통하여 민족주의의 이 파괴적인 면이 직접적 도움을 주었으니 유교중국의 황제의 전통과 일본천황의 종전의 힘에 대하여 주의를 불러일으킴으로써 그렇게 인정할 수 있겠다.

이 역사적 관심이 인민으로 하여금 유교의 덕의이며 충성이 형식적으로는 일황의 대리인 장군에게가 아니라 궁극적으로 일황에게 바쳐져야 한다는 것을 알게 하였다. 정통유학자로 손꼽는 하야시 라잔조차도 신도에 대한 관심을 가져 신사(神社)에 관한 책을 내고 있다. 『대일본사』, 『토쿠가와 미쓰쿠니의 대역사편찬사』에서 명나라의 충신인 주순수(朱舜水)의 황실에 대한 충성관념을 제일 먼저 강조하였다. 일본의 역사가들도 일본의 위대성은 일황이 만세일계라는 점에 있다고 선배들의 주장을 긍정적으로 뒷받침하고 있다.

정통유학자인 야마자키 안사이(山崎闇齋, 1618~1682)는 만약 공자와 맹자가 일본공격군을 영도해 쳐들어오면 그들과 싸워 사로잡아야 그들의 가르침을 가장 잘 이행하는 길이 된다고 강조한 바도 있었다. 결국 일황이 모든 충성의 초점이 되어야 한다는 생각으로 귀착되는 것을 전후사정으로 미루어 보아 알 수 있는 것이다. '장군'의 지위가 사실상 지위자이지만, 원수는 아니라고 생각하였다.

4. 일본의 강제개항

일본은 구미(歐美)의 압력으로부터 개항하게 되었다. 그 가운데 미국은 지난날의 실패를 무릅쓰고 일본의 굳게 닫힌 문을 열게 하였다. 그 임무를 띤 사람이 해군사관인 페리(H. C. Preey)제독이었다. 맥아더장군에 비견할 페리제독은 1852년에 이 임무를 띠고 일본에 와서 잘 협상할 수 있었다. 다음 해 7월 그는 에도만에 들어가 우라가(浦賀)에 당도하여 미국 대통령의 일본 텐노오(일황)에게 보내는 친서를 전달하였다. 1854년 3월 31일 페리는 일본과 카나가와 조약을 맺었고, 동년 10월 14일에는 일본이 다시 영국과 개국통상조약을 각기 체결함으로써 실제로 국제무대로의 출연을 기약받게 되었다. 그로부터 14년 뒤인 1868년 일본은 소위 메이지유신을 단행하고 왕정복고를 내외에 알렸다. 이 유신에 참여한 지도자는 강경한 무사정신을 가진 젊은이들이었다.

무사출신으로 가장 중요한 공로자는 3인인데, 규슈의 기도(木戸孝允)와 사쓰마의 오쿠보(大久保利通) 및 영웅으로 추앙되는 사이고오 다카모리였다. 이들은 30대 후반에서 40대 초반의 청장년급이었다. 이미 오랫동안 자기 번을 영도해 오고 있었다. 이노우에(井上)와 이토오(伊藤)는 33세와 27세였고, 궁정공경인 이와쿠라(岩倉)와 산죠(三條)는 43세와 31세였다. 이들은 대체로 지체가 낮은 것이 특색이기도 하였다. 그러나 그들은 희귀한 재능에다가 과격한 성격을 구비하고 있었다. 막부가 타도되기 전에 이들 무사계급은 젊은 황제로 하여금 5개조의 서문(誓文)을 발표하게 하였으니 이때가 1868년 4월 6일이었다. 그 가운데 5번째의 항목이 가장 중요하였다. "지식을 세계에서 구하여 황기(皇基)를 크게 진흥할 것"이 그것이다. 이 표현이 유신운동 전체의 기본 원리였다. 일본의 부강이나 근대화는 서양지식을 통하여서 이루어진다는 것이다. 이는 양이(攘夷) 감정을 부인하는 것이었다.

서양에 대한 일본의 대응은 여러 가지 요소와 분야에서 일어나고 있었다. 무엇보다도 중요한 것은 그들이 일본보다 정치·경제·사회적으로 월등히 우수하다는 사실을 인정한 점이다. 이에 일본은 19세기 중반에 서양 여러 나라 앞에 문호를 개방한 이래 급속히 미국이나 영국 등 자본주의 및 제국주의적 수법을 모방하여 농업국형태로부터 공업국가체제로의 형질변경에 날쌘 동작을 보였다. 일본인의 의식구조 등의 한 가지 특징은 바로 모방주의였다는 사실을 감안한다면 오히려 일본이 제국주의 국가의 오리지널보다 더 앞선다고도 볼 수 있다.

일본이 미국과 영국으로부터 맺은 조약은 분명히 똑똑하다는 무사계급들이 앞장서서 받아들였지만, 그 내용은 심히 균형을 잃은 불평등조약이었던 것이다.

5. 한국침략의 시각

일본은 19세기 동양에서 근대적인 의미로 준비된 내용에 따라 서구 여러 나라와 체결한 최초의 국가였으나 국제법에 어둡고 실제정세에 익숙하지 못하여 일방적인 내용에 끌려들어 가고 말았다. 이런 사실을 파악한 것은 이미 해당조약을 체결한 뒤의 일이었다.

이렇게 구미제국과 불평등조약을 맺어 손해를 입은 일본은 모방주의적 근성에다가 잔인성이 발동되어 먼저 타이완을 정렴하여 상품원료시장으로서의 거점을 확보하였다. 이어 우리나라에 대해서는 왕정복고를 알림과 동시에 새로운 형태로 통상개국하자는 외교문서를 보내왔다. 본래 우리나라와 일본은 이미 임진왜란 이후 단절되었던 국교가 그들의 간절한 요구로 재개되어 대마도주를 통해 외교관계가 지속되고 있었다. 따라서 당시집권자 홍선 대원군은 이를 거절하고 강경외교정책을 시행하였다. 더욱이 외교문서 가운데 '짐'이니 '대일본'이니 하는 상하관계인식의 서구제국주의식 오만한 문투가 있어 이를 완곡히 거절하였다. 이에 사이고오, 오쿠보, 기도 같은 침략론파의 군국주의자들은 즉각 반발하고, "조선이 감히 대국에 반기를 들고 우리 사신을 잡아가둘 수 있느냐"하면서 정한론(征韓論)을 제기하였다.

일본의 근대적 의미로서의 한국침략은 바로 여기서부터 연유하였다. 3년이나 계속되었던 정한론은 자기네 나라 무사들 가운데 강경·온건 양론으로 엎치락뒤치락 하다가 1873년 온건파의 득세로 일단 중단하자는 논의로 보류되었다. 그러나 이토오 히로부미 같은 지략과 잔혹성 및 침략근성이 체질화된 자들에 의하여 1875년 9월 계획적인 운양호사건을 일으키고, 다음해 2월 27일 이를 트집 잡아 강화도조약(전12조)을 체결하고 위협하였다.

이 조약에 따라 우리나라는 문호가 개방되기는 하였다. 그러나 치외법권의 인정, 개항장의 허가, 경제이권의 허용 등 일본이 구미제국으로부터 일방적으로 당한 것을 그대로 우리가 받은 셈이었다. 불평등조약을 당한 한국은 그로부터 불과 30여 년 뒤(1905년)에 강제로 외교권을 박탈당하는 등 국권·민권이 상실되는 최대의 국난을 감수치 않을 수 없었다.

분명히 이 같은 사실이 침범이지 진출이 될 수 없는 것이며, 탈취이지 양보가 성립될 수 없는 것은 극히 초보적인 상식인 것이다. 5년 뒤에는 국치를 강요했었다(1910년). 일본은 전통적인 사무라이정신을 정치·경제·사회정책에 반영시키다가 19세기에 개항한 뒤에는 그들이 배운 제국주의수법을 우리에게 적용 성공시켜, 군국주의·대국주의·팽창주의에다가 황도주의·우월주의·잔혹주의를 앞세우고 국체(國體)사상 하에 한국과 중국 등 동남아 일대를—세계까지도—침략하여 직접 식민통치를 1945년 그들의 패망기까지 자행하면서 갖은 잔혹한 탄압, 착취 정책을 펴 나갔다.

따라서 지금 우리에게는 먼저 승일, 극일할 수 있는 공고한 국력과 민력을 길러 '1억총침략'의 소위 대화(大和)정신 앞에 의연한 자세로 위엄이 있게 제압, 승리하는 것만이 우리가 해야 할 남아 있는 최후의 과제인 것이다.

두모진해관설치(豆毛鎭海關設置)와
폐관정세사건(廢關停稅事件)의 실상

1. 무관세무역(無關稅貿易)의 기만성

개화, 즉 근대화를 자율적으로 추진한 바 있는 19세기 후반기의 한국이 근대적인 의미로서 처음으로 외국과 통상조약이라는 명칭의 대외조약을 맺은 것은 1876년 2월 27일자로 강화도에서 일본과 체결한 병자수호조약(강화도조약)이었다.

이 조약이 일방적이고 계획적으로 체결된 배경은 일본이 이미 1854년 미국과 영국에 불평등한 조약을 체결함으로써 큰 손실을 입었기 때문에 이를 타이완과 조선에 그대로 시험하기 위함에서 출발한 다분히 침략성이 농후한 절차와 과정에서 심층적으로 찾아보아야 할 것이다. 일제는 1868년 메이지유신을 단행한 이후 전통적인 한국인식의 편견에서(멸시론, 식민론) 정한론을 내세웠다. 이는 언급하였듯이 그네들의 내부문제로 일단 보류되었다. 1875년 흥선 대원군과 민비(명성황후)가 정권을 교체한 뒤 혼란한 틈을 타 운양호사건을 일으켰다.

물론 이 사건은 각본에 의한 철저히 침략을 앞세운 자해공갈단과 같은 몰염치한 사건이었다. 되지도 않는 이유를 들어 강화 초지진에 몰래 침입한 이 운양호사건을 계기로 다음에 문호를 개방하는 소위 수호조약을 강제로 체결하게 한 것이다. 따라서 운양호사건의 배상금을 과다하게 요구한 일제는 문호를 개방함으로써 그들의 요청을 상쇄(相殺)시킬 수 있다고 위협과 회유의 양면적 강요를 해 왔던 것이다. 당시 민씨 정권(閔氏政權) 담당자들은 10여 년 이상이나 끌었던 대원군의 대외통상거부 정책에 휘말려 대외인식이 그만큼

좁았고 빈곤하였다. 따라서 정부는 배상금을 변출할 만큼 재정적으로도 풍족하지 못하였을 뿐 아니라 위협을 능동적으로 대처하지 못하고 있던 차에 상쇄조건을 내건 그들에게 기만을 당한 셈이었다. 그 다음해(1876년) 강화도 도민이 피신한 가운데 2월 한·일 간의 대표가 강화도 연무당에 모여 일제가 제시한 수호조약 전 12개조를 그대로 받아 들였던 것이다. 이것이 곧 국제적으로 효력을 발생한 병자수호조약이었다. 이로 인해 우리나라는 이때부터 기만성에 의거 사실상 침략을 당한 셈이 되었다. 그러므로 그 당시 선비들인 면암 최익현과 같은 위정척사파의 유생은 병자척화(지부)상소를 올렸던 것이다.

일본과 화친하면 머지않아 그들에게 정치·경제적으로 예속당한다고 경고하였다. 그 상소는 적중하여 30년 만에 우리는 일제에게 침략당했던 것이다.

일방적으로 체결된 한·일 수호조약 제4조에는 부산 초량에 일본공사관을 세워 거기에 양국 국민의 통상기구를 만든다는 것이고, 무역사무를 구별 처리한다는 것이었다. 그곳에 왜관까지 지어 일본인을 상주케 한다는 조목도 들어 있었다.

제5조에서는 경기·충청·전라·경상·함경 5도의 연해에서 편리한 통상 항구 두 곳을 골라 지정하고, 항구의 개항은 1876년 2월부터 20개월 이내로 한다는 것이다.

제8조에서는 일본은 조선이 지정한 각 항구에 수시로 일본국 상인의 관계관을 파견·관리케 하고, 양국 간의 교섭안건이 생기면 지방장관과의 회담을 통해 처리한다는 것이다. 제9·10조는 일본상인의 자유무역과 왕래거주를 보장함과 동시에 개항장에서의 범법사실은 일본영사재판에 따른다는 것이다. 이야말로 치외법권을 획득한 매우 곤혹스러운 침략수행상에 있어서 그에게 준 문서적 보장이었던 것이다.

제11조에서는 양국이 통상함에 있어서는 통상장정을 만들어 편리를 도모케 한다는 것이다. 끝으로 제12조는 이상의 조목은 다시 고치지 않고 영원히 믿고 준수하여 이를 가지고 화친·수호하도록 한다는 것이니 몰염치하고도 일방적인 불평등의 기만성이 이에서 더 웃돌 수가 있겠는가. 동시에 그해 7월 6일 한·일 수호조약 부록 11조와 일본인 무역 규칙 10개를 조인하였

다. 이 내용을 종합적으로 고찰해 보건대, 본 조약과 다름없이 조선 내의 각
항구에 있어 일본 측의 권익만을 위하는 것으로 조문화되어 있음이 벌써 일
제의 한국경제침략을 시사하는 것이었다. 화포사용에 있어서도 일본화포의
통용을 허락한 것은 큰 이익을 그들에게 무력 사용을 보장해 준 셈이었다.

  통상장정의 무역규칙 10칙을 주요한 것만 보면

  1. 일본상선의 출입과 화물운반에 관한 세칙
  2. 양곡의 수출입에 관한 것
  3. 항세규정에 관한 것
  4. 아편을 금수한 것

등이었다. 제7칙 항세(港稅)에 "일본국 정부에 속한 모든 선박은 항세를 면
세한다."고 규정하고 있는 점이 매우 눈길을 끌고 있다. 조인하던 7월 6일
강수관(講修官) 조인희가 일본국 이사관 미야모토(宮本小一)의 조회에 대한
회담 공한 속에는 "화물출입에도 특히 수년 동안을 면세해 준다."라고 하여
선박의 항세는 물론 화물수출입의 관세까지 면세한다는 사실을 공약해 준
엄청난 기만적 무관세무역을 일방적으로 당하였음을 알 수 있는 것이다. 따
라서 그들이 노리고 있는 무관세 시기를 1876년으로부터 1883년까지 7개년
으로 잡았다. 이때가 소위 '자유무역 시대'라고 말할 수 있겠다. 따라서 이
기간에 우리의 대외무역이 일본상인들 손에 장악 되었던 것이다. 바로 정한
론의 경제적 침투의 한 모습이었던 것이다.

2. 두모포해관의 설치

  일본의 미야모토(宮木小一)란 자가 대한교섭의 책임을 지고 한국에 와서
충분히 이미 저희 나라 수뇌진과 숙의한 뒤 기만적인 무관세를 고집하여 실
현시켰음은 우리나라 경제발전에 치명적인 손실이었다. 태정 대신이 미야모

토에게 준 훈령은 이런 놀랄 만한 내용이었다. 통상장정안에 대해 무역을 촉진시키기 위하여 조선이 세관징수를 주장하리라는 것을 예측하고 그들의 상품으로 조선이 수입품세를 제의할 것이라는 것이다. 그렇게 되면 가격의 5푼 세를 허락하는 것이다. 동시에 수세법의 1관을 통상장정 가운데 규정하도록 숙의한 뒤 지시한 일이 있었던 것이다.

그럼에도 불구하고 10회씩이나 상호간에 협상하면서 조선 측 대표는 이 문제는 아예 언급조차 하지 않았다는 것은 그만큼 한국인이 무역이나 통상 내지는 관세에 관한 지식이 매우 부족하였음을 나타낸 한심한 사례인 것이다.

미야모토란 교섭대표자는 제9조의 "상호 국민은 각각 스스로 임의 무역하되 양국관리는 조금도 간여하지 않음은 물론 제한하거나 금지하지 아니한다."고 하여 이를 근거삼아 대조선무관세횡포를 자행하였던 것이다.

따라서 그들은 이런 궤변을 전개하고 있었다. "우리나라 국민이 각종 물건을 귀국(貴國)에 수송할 때 우리나라 세관이 수출세를 부과하지 아니하며, 귀국의 각종 물산을 우리나라 국민이 우리 내지(內地)로 수송할 경우에도 이후 수년 간은 수입세를 부과하지 않기로 정부방침을 내정하였으니 귀국도 수출입세를 면제함이 어떠한가." 하고 아주 근엄하게 위협과 억압을 동시에 폈던 것이다. 별도의 공문을 통해 무관세무역의 폭리를 취하려는 일본 측의 심증을 우리나라 정부고위당국자는 감지하지 못하였던 것이다.

이에 따라 한국 측 대표 조인희는 그들의 요구가 가장 합리적이고 양국 간의 우의를 다짐하는 친선의 충고인 정도로 받아들인 것이다. 왜 이처럼 한국 측 고위관리는 어리석을 뿐 아니라 국제무역의 기본적인 상식, 즉 지식도 없었다는 말인가.

조인희는 농간이 섞인 수출입세의 면세를 허락하였다. 그로부터 1년 뒤인 1877년(고종 14년) 9월 일본의 대리공사 하나부사 요시모토는 사신 주재문제 등을 해결하기 위하여 서울에 도착하였다. 서울 청수관(서울 서대문 밖의 천연정)에 유숙한 하나부사란 자는 외무경 데라지마(寺島宗則)의 서계를 예조판서 조영하에게 바치고 유경(留 京)하였다.

그러나 공사의 서울주재와 개항장의 선정문제가 타협되지 않자 그는 11월 17일 일본으로 떠났다. 1878년부터 일본인들은 무력시위로 서울에 공사가 주재하는 문제와 경제적인 침투를 모의하였던, 것이다.

1878년(고종 15년) 4월 일본은 무력적인 위협으로 효과를 얻기 위해 군함 천성호를 타고 왔다. 이 군함은 전라·충청·함경도 등 여러 도의 연안을 함부로 측량하면서 그네들의 경제침투에 유리한 개항장을 물색하고 있었다. 특히 한국정부가 꺼리는 덕원·문천 등지를 엿보면서 굳이 측량에 열을 올려 한국정부의 빈축과 항의를 받았다. 그러다가 1878년 11월에 가서는 9월 이후 한국 측이 자국상인에게 실시했던 부산항의 수출입세를 문제 삼아 정면으로 무력시위를 전개하고 극렬히 항의하였다.

문제의 발단은 무역규칙을 협정할 당시에 이미 속으로 곪았던 것이다. 그것은 한국 정부 관료들이 관세문제에 너무도 몰랐고 졸렬하였던 결과로 일어난 사변이었다. 한국정부는 일본의 유도전술에 말려 부산항의 수출입세를 징수하지 않기로 협정을 맺었으나 사정은 완연히 달랐던 것이다.

우리 정부관리는 이런 규정을 체결한 뒤에야 청·일 양국의 실무자도 대외무역에 있어서 무관세무역이란 근대무역규정에 어긋난다는 사실을 알아차리게 되었다. 만시지탄이었던 것이다. 늦게라도 국제무역관계를 견문하였다는 것은 불행 중에서도 다행스러운 일이었다.

무관세무역의 부당성과 함께 관세권이 그 나라의 부강에 미치는 영향이 실로 지대하다는 것을 절실하게 깨달은 것이다. 따라서 한국의 정부 당국자는 관세권의 회복을 위하여 부산에 해관을 설치하기로 하였다. 동시에 대일무역에 종사하고 있는 본국상인에게도 일정률의 세금을 징수하게 결정하였다. 이것은 혁명적인 사실이었다. 이리하여 부산 두모진에 1878년 9월 28일(음 9월 3일) 해관을 설치하고 수출입세를 뒤늦게나마 철저히 합리적으로 부과하기로 결정하기에 이른 것이다.

그러나 일본상인과의 분쟁을 줄이기 위하여 우리나라 상인에게만 징수한다는 사실을 크게 선전하였던 것이다. 이것도 관세에 대한 지식이 그만

큰 부족하였고, 일본을 두려워하였다는 증거도 되는 것이다.

3. 징세와 그 문제점

우리나라의 근대사 자료에 나타난 이와 직접 관련된 사실을 보면 이런 대목이 있다. 즉, 『승정원일기』, 『고종실록』 고종 15년(1878년) 8월 10일자에 보면

> "부산개항(1876년)은 이미 수년이 지났다. 대체로 화물의 출입처에는 원래 통행세를 부과하는 것이 규칙으로 제정되어 있다. 더욱이 만부(義州)는 불과 1년에 3차례 열고 있으나 부산의 경우에는 오랜 기간 동안 일본과 무역을 거래하고 있는 실정이다. 그러므로 그 제반출입화물의 양을 참작하여 각각 세목을 정하고, 별도로 책자를 만들어 동래부(東萊府)로 보낸다. 각별히 준수·거행케 하고, 잠무(潛貿) 등의 여러 가지 폐단을 영구히 방지하기 위하여 무뢰배와 장난치는 자는 일체 금지시키며, 안율 징치게 한다."

라는 내용을 접해 볼 수 있는 것이다.

따라서 동래부는 이 지시에 따라 그 해 9월 28일부터 두모진 해관에서 징수업무를 개시하였던 것이다. 동래부사 윤치화는 9월 첩보에서 부산항의 수출입물화에 대하여 세목을 정한 뒤 책자(관세율표)를 작성하라고 하송한 양건에 관하여 일건은 부상(府上)에 두었고, 다른 일건은 찰소(察所)에 환부하여 빙검소로 삼았다. 아울러 그동안 근대무역관계를 잘 몰랐던 것을 탐문한 뒤에는 정부당국자가

> "우리도 그냥 일본의 감언이설에 넘어가 무관세의 국가적 큰 손실을 감내하였으니 이제는 반드시 보충하고 다른 나라와 같이 보조를 맞추어야 한다."

라고 강조하였다.

이와 같은 수세개시(收稅開始)의 취지는 즉시 부산주재 일본관리관 외무오등속 야마노시로(山之城祐長)에게 통고·인지되었다. 오늘날 관세율표에 해당하는 것이 정세책자라고 생각되는데, 이것을 완전히 찾아 볼 수 없는 경우이고 보면 그것을 추정하기란 그리 쉬운 일이 못된다. 개방직후 관세권회복문제에 관한 논문을 참고할 수밖에 없겠다.

그에 의거하건대 수출품목인 우피에는 15%, 수입품인 천축목면에는 24%라는 고율관세가 부과된 것임을 미루어 알 수 있는 것이다.

사실상 이상의 품목이 15% 내지 24%라는 고율은 일본인에게는 커다란 충격인 동시에 청천벽력과도 같은 궤변이라고 받아들였던 것이다. 이 관세징수는 엄격히 따져 보면 내국통과세라는 무역거래세의 성격이라는 『한국관세사』의 집필자는 주장하고 있는데, 경청할 만한 이론인 것이다.

일본이 우리나라에 대하여 무관세무역을 고집하고 정부고위당국자로 하여금 외국의 무역장정이나 실세 거래사실 등을 접하게 하지 않게 주의를 기울인 것은 그들이 우리나라와의 이 같은 조건에 따라 무역을 거래함으로써 국부를 증진하자는 국익우선주의사상이 농후하였기 때문인 것이다.

4. 일본의 항의와 한국의 대응태도

부산 두모진에 해관을 설치하여 관세를 징수하게 되자 일본상인에게는 큰 타격이 아닐 수 없었다. 일본정부의 무관세무역의 비호하에 국가적으로나 개인적으로 상당한 이득을 얻고 있는 일본으로서는 크게 반발하고 무력적으로 항의해 온 것이다.

두모진에 세관이 설치된 9월 28일 이래 계속적으로 정세(停稅)를 요구해 왔다.

동래부사 윤치화(尹致和)는 첩보를 통하여 이렇게 보고해 왔다.

"부산해관설치 이래 일본의 상인왕래가 희소하여 매매가 매우 저조하였으며, 일본의 상거래가 거의 실업할 지경이라고 말하여 일본국 관리관 야마노시로는 해관설치가 조약에 위반된다고 주장하였다. 따라서 철세를 요청하고 유관상가 등이 살기 힘드니 속히 조치를 취해 달라고 요청하였다."

는 것이다. 이에 대하여 동래부사 윤치화는

"한국정부가 일본인이 아닌 한국상인에 한정하여 세금을 징수하는 것이므로 귀국은 이에 관여할 바가 못 된다."

라고 일본 측의 요구조건을 일축해 버렸던 것이다.

그러나 처음부터 의도적으로 한국에 건너와 무관세로 큰 이득을 채우려던 일본인들로서는 그냥 물러날 수 없었던 것이다. 그리하여 부산지방의 일본관민은 수차례의 회의를 갖고 한·일 수호조약부록 제4조의 규정에 의거하여 개항장의 일본인 유보(遊步)구역 내에서 그들의 상품을 팔기로 결정하였다. 뿐만 아니라 두모진 해관 일대에 있는 한국인에게 삐라를 뿌리면서 폐관정세운동에 동참할 것을 선동하였다. 그들은 이렇게 한국인을 선동, 권유하고 데모에 참여할 것을 종용하였다.

"이 같은 중세징수는 세계에서 유례를 찾아 볼 수 없다. 이는 분명히 몇몇 몰지각한 지방관이 독단적으로 자행하여 돈독한 한·일 간의 우의를 깨뜨리려는 악랄한 작난(作亂)인 것이다. 한국인은 이에 속지 말고 우리와 같이 들고 일어나 세관을 폐지케 하고 중세부과를 무효로 돌려 형제와 같은 우의를 다시금 돈독하게 합시다."

이렇게 선동하면서 10월 8일에는 데모에 동참할 것을 강요함과 동시에 일본상인 135명이 두모진 해관을 거쳐 동래부에 와서 위협적으로 진정하였다. 다음날에는 200여명의 일본관민이 다시 동래부에 몰려와 부사 윤치화에게

집단적으로

　　"즉각 폐관하고 정세하라! 그렇지 않으면 일대 불상사가 터질 것이니 그리 알
　　라!"

라고 위협과 공갈을 서슴지 않았다. 예의범절을 생명으로 알고 있는 우리나
라에서 이 같은 무례하고 탈법적인 살인적 대중 집회에 관하여 아연실색할
수밖에 없었다. 이때 한국상인들은 보다 못해 수십 명이 모여 그들에게

　　"이럴 수가 있는가. 무관세무역이란 어느 나라에도 없는 법. 어찌 그런 무엄
　　한 짓을 백주에 함부로 자행할 수 있겠소"

라고 대결할 차비를 차렸다. 일촉즉발의 유혈사태가 터질 형국이었다. 이때
변찰관 현석운과 부사 윤치화는 오히려 불상사가 일어날까 격분한 한국상인
을 만류하면서 정부에 건의하여 적절한 조치를 취하겠다고 비굴하리 만큼의
무마와 설득으로 흥분을 진정시켰다. 그래도 가라앉지 않자 이들 한국관리는
수세 이전의 매매물품에 관해서는 어떠한 경우라도 부세의 특혜를 줄 것이
라고 설유를 거듭하였다.
　　그러나 일본상인은 흉기까지 소지하고 왔기에 좀처럼 물러설 생각을 하지
않고 폭력시위를 계속하였다. 이들은 동래부의 민가에까지 파고들어 행패를
부림으로써 한국 민중과 일대 유혈충돌사건을 일으켰다. 이로 인해 피차간 7
~8명이 중경상을 입은 불상사가 일어났던 것이다. 이런 폭력사건에 관해
일본 내의 신문들도 작당하여 행패한 일본관민을 매도한 바도 있었다.
　　일본은 야마노시로(山之城祐長) 부산관리관으로부터 한국정부의 세관을
설치하고 수세하였다. 이렇게 야기된 사실을 보고받고 하나부사(花房義質)
대리공사와 외무권소서기관 곤도오(近藤眞鋤) 등을 부산에 급파하여 사태를
원점으로 돌리게 조치하였다.

그것은 곧 외무경 데라지마(寺島宗則)가 하나부사(花房) 대리공사에게 몰염치한 교섭방침을 내림으로써 그 정한론적인 침략적 본색이 들어나고 말았다.

그것은 어떠한 수단을 써서라도 과중한 세금을 정세하도록 압력을 넣으려는 불법적인 수작인 것이다. 군함의 위세를 배경으로 폐관하게 해야 한다는 것을 내용으로 담고 있었다. 이에 더하여 일본거류민의 보호를 위해 군사력을 행사할 수 있다는 다분히 독립자주국에 대해 너무나 무례하고도 방자한 위협적 정책이 아닐 수 없었던 것이다.

이의 후속조치로 무위를 자랑하는 신예 비예함을 파견하기로 결정하였던 것이다. 일본해군에서도 함장이 직접 나서 엄호 출동할 것임을 엄숙히 선언하였다.

폐관정세를 위하여서는 정부와 민간상인이 혼연일체가 되어 비록 독립국이지만 한국을 유린하겠다는 심산이었다. 어떠한 수단과 방법을 동원해서라도 계속 재미 보던 무관세무역으로 일관하겠다는 음흉한 경제동물의 간교함이 모두 발동하였던 것이다. 소위 국익을 위하는 경우에서는 단결이 잘 되는 민족이 일본이었던 것이다.

5. 억울하게 당한 폐관정세조치

결국 한국은 일본의 총칼 앞에 1878년 9월 28일 두모진에 설치하였던 해관은 3개월만인 1878년 12월 26일 많은 희생을 치루고 폐관정세할 수밖에 없는 억울함을 당하고 관민 모두가 통곡하였다. 한국근대민족사에 씻을 수 없는 또 하나의 치욕적인 한 장면을 연출하게 되었던 것이다. 폐관정세조치된 경위는 이렇다.

중임을 띤 하나부사(花房) 대리공사는 동년 11월 20일 도쿄를 떠나 비예호로 동 29일 부산에 도착하였다. 그 날로 야마노시로(山之城祐長) 관리관에게 외무성에서 작성한 항의서를 동래부사에게 전달하게 하였다. 그 내용의

개요는

> "한국이 두모진에 해관을 설치하고 수세하는 것은 1876년 8월 24일 일본국 이사관 미야모토(宮本小一)와 한국 강수관 조인희 사이의 왕복문서에 위배되는 처사이므로 즉시 정세해야 한다. 만약에 그렇게 하지 못하면 조약의 권리를 보호하기 위하여 부득이 무력으로 정세를 실행할 수밖에 없겠다."

라는 매우 방자·불손·무례를 극한 협박단의 소행이라 아니할 수 없는 것이다. 중간에 끼어 있는 동래부사 윤치화는 이는 동래부사 개인의 재량으로 처리할 수 없으니 정부에 청원함이 가하다고 회피적인 주장을 고집하였다.

윤치화 부사는 먼저 번의 태도와는 달리 이번에는 뚝심 좋게 이를 계속 모르는 일이라고 하면서 불응하였다. 야마노시로(山之城祐長)는 계속하여 같은 청원을 밀며 강박하였으나 역시 뱃장이 좋은 윤치화 동래부사도 같은 응답만 되풀이 하였다. 먼저 정세조치하고 한국정부에 보고함이 바람직한 순서라고 주장하는 일본관리관의 항변을 윤부사는 역시 정부 측에 전가하고 불응하였던 것이다.

이에 사와노(澤野) 비예호함장과 모의한 뒤 12월 4일 무력시위를 감행하였다. 비예함으로부터 2개 소대의 중무장한 해병대가 부산에 상륙하여 두모진 일대를 시위하면서 공포를 쏘며 전쟁 분위기를 조성하였다.

이에 세관종사자들은 혼비백산하여 산과 들로 피신하였다. 이번에는 함포에서 두모진 해관을 향하여 일제히 사격을 개시하였다. 그 일대는 일시에 아수라장이 되었다. 마치 전쟁이 터진 것과 조금도 다름이 없었다. 그 당시 어떤 기록에서는 이렇게 당시 급박했던 상황을 설명하고 있었다.

> "아침나절에 갑자기 꽝꽝하는 소리가 나더니 포탄이 떨어지고 애 우는 소리에 다리 부러진 사람과 피흘리고 도망하는 아낙네들 …… 소, 닭, 돼지, 개새끼까

지 이리저리 날뛰고 죽고 하는데, 바로 이게 전쟁이구나 하였다."

　부산 일대는 개항 이후 2년이 지난 뒤 전쟁공포분위기로 휩싸였던 것이다. 소위 메이지유신 이후 문명국을 자처하던 일본이 이런 야만인이나 할 수 있는 분탕질을 자행하였다니 믿어지지 않는다. 그러나 3년 전인 1875년 운양호사건 때 영종도민을 살육·약탈·방화·겁탈한 잔인무도한 사건이 결코 우연이 아니었음을 다시 한번 확인할 수 있었다. 이 같은 전쟁의 분위기가 정부에 통지됨으로써 그 뒤로는 더 이상 큰 불행을 막기 위하여 폐관정세조치가 정식으로 정부에서 내려진 것이었다.

　그러나 이 문제는 그대로 진정되지 않고 후속적인 무력시위가 계속 있었다. 당연히 해관설치에 따른 배상문제가 제기되었으며, 일본화폐의 사용이 강제되었던 것이다. 이는 애석하고 눈물나는 우리 근대민족사의 비애의 한 토막이기도 하였다.

다시 고개 드는 제2의 정한론

1. 일본 국가주의의 해부

4년을 집권하고 있는 나카소네는 '전후정치의 총결산'을 재검토·비판하고 있다. 이런 맥락에서 미국의 대일점령정책과 그를 매개로 해서 형성된 대외적 구조인 샌프란시스코체제와 전후개혁체제를 청산할 것을 강조하고 있는 실정에 놓여 있다. 이는 경제대국으로 성장한 일본의 진정한 독립을 성취하겠다는 저의가 분명한 제스처로 생각이 든다. 결국 평화헌법의 개정을 통해 '제2의 국가개조운동'을 표방하고 있다는 논리적 체계로 인식된다.

습관적인 교과서 역사왜곡문제의 재연, 지난 총선거에서의 보수자민당 정권의 압승, 그리고 신군국주의단체의 등장 등이 시사하는 것처럼 일본의 보수주의화 경향이 일본국가주의의 재등장으로 귀결되는 것이라고 보아도 무리가 아닐 것이다.

따라서 군국주의, 국가주의·일본주의 등으로 표현되는 전후 일본의 제국주의의 가장 혹독한 피해당사자인 한국이 앞으로 전개될 일본 국가주의의 발전방향과 그 형태에 관심을 갖게 되는 것은 지극히 당연한 일일 것이다. 그러므로 전쟁 전 일본의 민족주의의 발전과정과 특징 등을 해부해 볼 단계에 도달한 것이 아닌가 싶다.

(1) 팽창을 전제로 한 국가주의

근대 일본의 국가주의는 막부말기에 서세동점이라는 유럽세력의 압력에 대한 반작용의 형태로 태어났기 때문에 더욱 그 내용을 심층적으로 파헤처야 할 것이라는 여론이 거세게 일고 있다.

아편전쟁(1840~1842) 이후 일본의 대외적 위기의식은 1853년 페리(Perry)의 침략선박이 가져다 준 충격과 더불어 적자생존과 약육강식의 대외관의 영향으로 자국의 안전과 독립에 대한 국가적 위기의식으로 증폭되었다. 이러한 위기의식은 옛 국가의 특권적 지배층으로 하여금 국가의 독립과 안전을 지키기 위한 부국강병과 국민적 통합의 필요성을 절감하도록 만들었다. 농업국가로부터 상공업국가로의 갑작스러운 비약을 다짐한 1868년의 메이지유신의 야심가들은 이러한 배경에서 나왔다.

그들은 대외적 위기를 극복하는 데 있어 봉건적인 막부체제가 그 한계에 도달했다고 판단하여 부국강병과 국민적 통합을 성취할 수 있는 새로운 국가질서를 탐색하였다. 이들의 새로운 국가질서모색은 존왕운동으로 표출되었다. 전통적으로 부국강병을 지상과제로 하는 일황중심의 중앙집권적 정치질서를 확립하였다.

그러나 메이지체제는 '위로부터의 혁명'에 의해 탄생한 과두체제였다. 따라서 대중적 지지기반이 결여되었을 뿐 아니라, 반정부세력의 도전을 면하기 어려웠다. 메이지지도자들은 새로 탄생한 정치질서를 강화시키는 데 도움이 될 새로운 가치체계의 확립을 요구받았다.

이에 메이지지도자들은 히라다로 대표되는 국가신도사상을 통치이데올로기로 연결하였다.

국가신도사상은 일황을 '현인신'(現人神)으로 하는 종교체제였다. 이 사상은 메이지지도자들에 의해 국가권력체제로 승화되어 그 체제에 대한 국민의 충성심을 유도하는 데 앞장섰다. 이로서 국가신도사상은 일본 국가주의 구성요인을 이루었다.

따라서 이 사상이 국가주의사상의 기저가 되었다. 일본 국수주의는 이미 국가주의적 성격을 띠고 있었다. 이런 맥락에서 볼 때 일본의 신국가주의적 색채와 그 실현성은 농후한 것이다.

그런데 메이지시대에 반해 다이쇼시대는 입헌정치의 황금기로 새로이 평가되었다. 그러나 동시에 다이쇼시대는 초국가주의를 잉태한 시대라고 해도 과언이 아니었다. 다이쇼시대에 국내의 정치적 부패, 경제적 불균형, 사회적 불안은 개혁의 욕구를 팽배시켰다.

장래성을 위한 국가개조운동은 일본파시즘의 교조로 불리는 초국가주의자(北一輝)에 의해 창안·실천되었다는 사실을 주목해야 한다. 그의 '일본개조법안대강'은 일황제를 강화시키는 국내개조를 바탕으로 하여 일본을 중심으로 하는 세계통일국가를 형성하는 데 있다. 또한 그는 개혁의 주체를 청년장교와 민간지사로 보았다. 그 방법으로 폭력을 수반한 군사쿠데타를 제시하고 있는 것이다.

여기서 주목할 사실은 그가 국가개조를 위한 쿠데타의 주역, 국내개조의 주체, 대외정책에 있어 아시아의 해방군, 그리고 대일본 건설의 주역으로서 군의 임무를 강조하고 있다는 점이다. 따라서 그의 국가개조운동은 농촌출신의 청년장교들에게 커다란 영향을 미쳤다. 이에 영향을 받은 청년장교들이 잇단 쿠데타를 일으켜 일본의 정치적 권력이 완전히 군부의 손으로 넘어가게 만들었다. 그의 국가개조운동은 일본의 군국주의화를 촉진시켰다. 고도국방국가체제인 익찬체제(翼贊體制)의 성립으로 그 완성을 보았다.

근대일본의 국수주의적 국가주의는 막부말기의 대외적 위기의식에 의해서 탄생하여 메이지시대의 국가주의적 흥성기를 성립시켰다. 이어 다이쇼시대의 잠복기를 지나, 쇼와시대에 들어와 초국가주의로 그 황금기를 형성하였다. 그러나 패전과 동시에 몰락의 과정을 겪게 하였다.

(2) 정한논쟁의 이해체계

일본 국가주의의 발전과정과 그 궤도를 같이 하는 정한론→아시아주의→'대동아공영권사상'으로 이어지는 국가주의의 대외적 표출형태를 엿볼 수 있다. 이미 임나일본부 설치와 같은 일본의 한국침략을 정당화하려는 일련의 맥락, 즉 임진왜란 등과 같은 침략논쟁의 구체화인 정한론은 근대일본 국가주의의 대외적 상징으로서 메이지유신 직후부터 구체적으로 거론되었다. 일본조야의 강·온론으로 논쟁이 일던 정한론은 이미 메이지유신 전부터 한국멸시를 주장한 하야시(林春齊)의 "한반도는 일본의 신화에 나오는 시인이란 자 (素戔鳴尊)가 경영한 곳이다. 이 신이 삼한의 할아버지라는 엉터리투성이의 주장들에 의해 그 논리적 구도가 형성되었다. 그 후 히라노(平野國臣)의 우선 삼한을 토벌하여 다시 부(府)를 임나에 세웠다. 이로써 다시 선조를 복(復)해 야 한다는 주장을 통해 구체적인 한국정벌의 허구적 논리로 확대되어 갔다.

이런 정한의 논리와 주장은 메이지유신의 사이고오(西鄕隆盛)의 정한론으로 집약되어 표출되었다.

무단파 한국정벌의 기수인 사이고오(西鄕隆盛) 등의 정한파는 이와쿠라 (岩倉具視) 등의 내치파와의 권력투쟁에서 패배함으로써 그들의 정한계획은 일단 보류되었다. 그러나 그것은 결국 양파의 한국정벌야욕에서는 조금도 침략적인 견해가 달라질 수 없었다. 따라서 그들의 정한론은 현양사(玄洋社)와 그 후신인 흑룡회(黑龍會)와 같은 국수주의단체와 대륙 낭인에 의해 의연히 무사정신으로 계승되었다.

동양에서 가장 우월하고 대국적인 저력이 이제 세계를 장악하리라는 이론 체계인 아시아주의는 정한론을 확대 발전시킨 것이다. 이는 일본의 안보와 대륙침략이라는 유신 이래의 국가적 과제를 해결하기 위한 일본 국가주의의 한 가지이고 대외정책이었다고 생각된다.

흥아론의 저자 타루이(樽井藤吉)의 주장은 아시아주의란 "백인종인 구미열강의 아시아침략에 대항하기 위해 황인종의 아시아 여러 나라는 단결하여 일어서야 한다. 그러기 위해서는 일본과 한국이 대등한 형으로 합방하여 대동(大東)이라는 새로운 합병국을 만들고, 이 대동국과 청국이 긴밀하게 손을 잡지 않으면 안 된다"는 형식논리를 취하고 있다. 그는 『대동합방론』을 저술하여 일본을 위하고 일본의 주도에 의한 1880년의 국내 위기를 해소하려 기도하였다.

그러나 아시아주의의 본질은 "일본이 한반도와 중국대륙을 완전히 침략 지배할 때 비로소 일본을 지도자로 하는 진정한 아시아연대가 완성될 것"이라는 극우파 흑룡회의 우치다(內田良平) 주장에서 노출되고 있다.

여기서 주목해야 할 것은 한·일·청국이 제휴하여 구미동점의 침략을 방어하여야 한다는 김옥균의 삼화주의나 중국 쑨원의 대아시아주의는 그 표현이 일본의 아시아주의나 그것을 발전시킨 대동아공영권사상과 비슷하면서도 그것과는 본질적인 차이가 있다고 본다.

한국과 중국에서의 아시아주의는 동양에 대한 서양나라들의 침략에 대항하기 위한 아시아 각 나라들의 수평적인 연대사상이었다. 일본의 아시아주의는 일본맹주론을 기초로 한 수직적인 연대로서 아시아지배의 침략사상이라는 관점이 지배적이었다. 일본의 아시아주의는 일본의 대륙팽창정책의 추진력이다. 따라서 일본의 대침략, 특히 한국과 만주로의 침략을 정당화시키는 이데올로기적 장치에 지나지 않는 것이다.

일본의 아시아주의는 일본의 대륙팽창의 첨병이었던 대륙낭인의 사상적 무기였다. 따라서 일본의 대륙팽창정책을 구체적으로 실현하기 위해 현지대리인(親日協力者)을 동원하는 회유의 도구라고도 생각되는 것이다. 이는 국권탈취를 전후로 한 우치다(內田良平)와 일진회의 송병준·이용구 등과의 관계가 잘 설명해 주었다.

아시아주의와 구별되는 후쿠자와의 탈아론도 아시아주의의 근본목적과 비슷하였다. 독립과 번영을 위해 일본은 아시아와 단절하고(脫亞) 이에 따라 서양의 대열에 참여하여(入歐) 대륙분할의 일역을 담당해야 한다는 것이 후쿠자와(福澤諭吉)의 '탈아론'의 핵심적 내용이었다. 즉, 아시아는 미개한 악우로서 일본의 지도(침략)를 받아야 할 대상에 불과한 것이라는 것이다.

대동아공영권사상은 아시아주의·탈아주의·초국가주의 등 정한론 이래 일본의 대외사조의 총정리로서 대동아전쟁을 수행하는 전쟁의 이데올로기가 되었다.

2. 경계해야 할 신국가주의

(1) 대국주의 망상 속에 싹튼 국수이론
도쿄 근처 다카사키(高崎) 출신의 나카소네(中曾根康弘) 일본수상은 양면

성을 지닌 매우 야심만만한 무사도정신의 구현자로 복고성을 띤 정치성향자
이기도 하다. 물론 표면적으로는 온화하고 공존과 양보의 미덕을 지니고 있는
것인 양 보이려고 노력하는 현대정치가로 부각되기를 원하는 것 같다. 도쿄제
대 법학부를 졸업하고 고시에 합격한 뒤 내무성 관리를 거쳐 해군장교로 패전
을 겪은 나카소네는 다시 내무성으로 가서 1946년 말까지 관리로 복직된 인
물이었다. 그러나 청운의 꿈을 이루기 위해 공산당에게 나라를 맡길 수 없다
며 사표를 던지고 나왔다. 당시 28세의 그는 검은 넥타이를 매고 일본은 상
중(喪中)이라 외치면서 자전거를 탄 채 전국을 누비면서 '배격 공산당'을 외쳤
다. 그의 청운의 뜻은 청운숙(靑雲塾)을 만들면서 그것이 구심점이 되었다.

　이를 기반으로 그는 국회에 진출하였다. 그는 하버드 대학에 가서 전쟁포
기를 서약한 일본의 헌법을 개정해야 함을 역설하였다. 그는 일본의 자주방
위능력 양성, 군사동맹 개선, 미군철수 등을 위한 명목으로 개헌론을 폈던
것이다. 그의 거대한 '일본함선'의 향진방향은 이런 맥락에서 살펴보면 틀림
없을 것 같다. 지난(1986) 5월 내각의 자문기구인 국방회의를 '안정보장회
의'로 개편하여 권한을 강화하였다. 내각 전체로 종합조정기능을 발휘하자는
것이 나카소네의 개편이유였으나 그 저의는 신군국주의로의 변환적 청신호
이기도 한 것이다. 총리의 권한을 그만큼 강화하여 정치력을 발휘하라는 것
이 온건·강경 양론을 조정할 수 있는 최고의 통수권적인 우위확보가 아니
겠는가 싶다.

　1976년 제4차 방위계획이 끝났을 때의 군사력은 놀랍게도 세계 제8위로
부각되었다. 일본 군국주의의 부활이 표면화되자 자체적으로 경계론이 떠돌
정도였다. 그러나 이번 총선에서 자민당이 압승하자 그의 평소 군국주의적인
방향이 잡혔다고 평가하는 사람이 많이 늘어났다.

　현재 이것을 뒷받침이나 하듯 겉은 기업체인 듯하나 속은 무기공장이 주
요 일본공업 지대에 즐비하게 총립되어 있다. 레이저·미사일·전투기 등을
자급하고 있는 일본은 이제 미국에서도 보기 드문 첨단기술이 판을 치고 있
다. 줄잡아 일본 내에 방위산업체만도 2천여 개가 활발히 가동하고 있다는

놀라운 사실 앞에 우리는 과연 태연할 수 있겠는가. 일황(日皇)이 1984년 우리 대통령 앞에 머리를 조아린 '유감스러운 사실'이라고 40년에 걸친 침략을 간단하게 결산하고자 할 때 우리는 큰 비판 없이 기쁘게 받아들인 것 같다. 그게 바로 일본의 침략적인 역사적이고 상투적인 수법인 것이다. 우리의 대응자세가 보기 나쁜 모양을 하고 있기 때문에 그럴수록 일본은 우릴 얕잡아 보고 밀어붙이기의 등거리외교가 묘수로 등장하고 있는 것이다.

일본의 저명한 경제평론가이며 한국고위인사들과도 지면이 넓은 브레인 하세가와(長谷川慶太郎)라는 자가 최근에 『아시아여 안녕』이란 책을 펴냈다. 그 자는 일본고위층이 모이는 면강회(벵쿄오카이)에서 스승으로 대접받는 엄한 존재라고 한다. 이 책은 일본의 개화론자이며 정신적 침략의 대부인 후쿠자와(福澤諭吉)가 금세기 초에 쓴 유명한 탈아론(脱亞論)과도 맥락을 같이 한다는 논리에서 우리를 경악케 하고 있다.

과거 일본이 한국을 35년 동안이나 강점했던 덕분에 그들이 세계의 강대국이 되었음에도 불구하고 오히려 터무니없이 손해만 보았다는 무책임한 최고지식인의 배신어린 수작을 우리는 묵과할 수 없는 것이다. 저개발국인 한국에 철도·항만·도로·전신·전화·고층건물·시가지확장 등 근대화시설을 지나치게 배려해 주었다는 화려한 망언이 조리 있게 그 책 속에서 담겨져 있다.

적반하장에 배은망덕하다는 논리는 하세가와의 경우 적중되는 것이다. 아시아는 쓰레기장이라면서 그들과 공존하다가는 함께 죽어 버릴 수도 있다는 것이다. 구보다(久保田)·후지오(藤尾正行)·아소다로 망언, 그리고 가메이(龜井靜香) 폭언과 맥을 같이 하는 이런 보수적이고 후안무치한 브레인들이 지금 그 곳에 득실거리는 한 일본의 우호적이고 평화적인 공존의식과 화해 무드는 결코 기대할 수 없겠다. 한국을 비롯한 과거 여러 피해국들이 원조를 위해 손을 내밀고 있어 재정적 부담이 크다는 것을 자랑삼아 뇌까리고 있음을 볼 때 우리의 역겨움은 한도를 훨씬 지나치고 있는 것이다.

그러므로 일본은 아시아로부터 과감히 탈피하여야 한다는 논리인 것이다.

그것은 세계화로의 비약을 다짐할 수밖에 없다는 것으로 인식되는 것이니 과거의 제국주의적 수법으로 세계침략을 꿈꾸었던 복고적 의식을 다시 찾아야 한다는 것으로 판단되는 것이다.

이처럼 일본의 정신사와 맥을 잇는 무사정신, 즉 침략근성이 어엿하게 역사적으로도 증명되는 이 마당에 그들이 일본을 가장 착한 민족이라고 자화자찬에 여념이 없음은 이해하기 힘들다. 일본인이 착하고 우수한 민족임을 내세우려니 자연 일본을 제외한 아시아민족은 나태하고 미·소는 전쟁귀신이며, 유럽은 오만불손하다고 질책하고 있는 것이다. 일본인의 근성이 민족성이 속 다르고 겉 다른 이중구조적이라는 사실을 깨닫게 되면 별 것 아니게 대할 수 있는 것이다. 그러나 우리 고위 정책 당국자들은 그것을 알고 있는지 모르고 있는지조차 판단하기 어렵다.

일본은 이제 신흥종교가 보수화로서의 주역으로 등장하였다. 신불유민(神佛儒民)의 일체화로 몰고 가는 것이다. 따라서 일본의 인구보다 신도 수가 많다는 언론보도는 경청할 사실인 것이다. 그들은 지금도 사상체계인 일본정신의 회복을 외쳐대고 있는 것이다.

규범은 율법이라고 절규하면서 국민일체감을 고취시키고 있다. 축제도 조직도 자기통제에 충실하고 있는 것이 그들이다. 일본적인 습속을 고수하고 이를 어기면 따돌림을 받게 되어 있다. 더욱이 복구되어 가는 천황신의 존재는 우리를 전율케 한다. 연호(昭和)의 사용을 합의하였고 찬가를 국가로 추진하면서 황실은 세계 최고(最古)의 가계(家系)라고 미화에 열을 올리고 있다.

그들의 신도(神道)는 국가주의가 잠복한 국교(國敎)로서의 의미가 강하다는 것이다. 무술을 생활화하여 집단정신을 기르고 있다. 우리의 대응자세는 너무나 허술하고 약점을 보이고 있다. 이를 속히 보완해야 '1억총침략'의 태풍을 미연에 방지할 수 있는 것이다.

⑵ 경제적 팽창주의

한국의 이웃 우호국가 중의 하나인 야심만만한 일본이 배우 빠른 보조로 그 모습을 달리하고 있다. 패전 후 60년간 세계최대무역흑자국, 세계최대해외자산보유국, 세계최고의 첨단기술축적국으로 경제강대국이 된 나라가 일본이다. 구미의 경제압력과 요즈음 음흉하게 고개를 넌지시 들고 남침하려는 소련의 군사위협 사이에서 신국가주의의 망상을 서서히 치켜들고 있다. 그들은 지금 외국에 의해 주어진 전후체제를 청산하고 21세기의 맹주를 지향하며 문무의 재무장을 강력히 추진하고 있다.

일본의 이러한 우경화국가주의는 바로 그들의 경제적 성장을 지렛대로 해서 변신을 꾀하고 있는 것이다.

일본은 전 세계생산액의 10%를 차지하는 경제대국이다. 세계최대의 채권국으로서 산업구조와 국제경쟁력 및 국제수지에 있어서도 세계최상위그룹에도 선두를 달린다. 1인당 GNP(1인당 국민소득)도 엔화 강세의 바람을 타고 40,000달러에 육박하고 있어 미국을 위협하고 있다. 무역수지도 40년째 흑자를 기록하고 있다. 10년 안에는 뉴욕·런던의 금융시장에 버금가는 도쿄시장을 개장하여 영향력을 행사하리라는 전문가의 전망도 계산되고 있다.

이러한 일본의 성장력은 어디에 그 원동력이 있을까를 생각해 보면 저축에 따른 국내자본형성 및 기술개량 등을 우선 손꼽을 수가 있다. 국내저축률이 32%인데, 2000년까지 30%는 유지하리라는 전망이다. 1인당 국민소득이 10,000달러를 넘어설 때 나타나는 저축률 감소도 피할 수 있을 정도로 국민들 마음속에 저축심이 강하게 흐르고 있다. 또한 일본은 남의 기술을 받아들인 뒤 이를 개량하는 데도 뛰어난 능력을 갖고 있다. 그것이 모방에서 창조성을 이룬다는 일본인의 국민성이 아니겠는가 싶다. 일본의 동화능력이 빼어나 구미의 이론적인 틀로도 분석하기가 어렵다.

그러나 우리나라는 대일무역관계에 있어서 300억 달러에 달하는 무역적자를 보고 있고, 대일무역수입편중이라는 경제적 현실에 봉착되어 한·일간의 커다란 쟁점이 되어 왔다. 따라서 일본의 표리부동과 오만함은 한국경제의 일본에 지나친 의존이라는 경제현실과 무관하지 않다고 생각된다. 즉, 한국경제의 발목을 잡고 있다는 느긋한 과거의 식민지적 근성에서 나온 즐기면서 일본의 소아적인 대한 자세일 것이다.

현실적으로 우리는 미·일 간의 무역마찰이 야기시킨 엔화의 급상승의 호재를 수출증대로 잘 이용하고 있다. 그러면서도 우리의 피할 수 없는 구조적인 대일경제의존 때문에 엔화 강세도 불구하고 자본재와 기술의 수입선을 일본 이외의 타선진국으로 다변화시키지 못하고 있다. 일본에 발목을 잡힌 지경에 있다.

한국경제의 심각한 대일의존과 엔화의 강세는 한국으로 하여금 다른 나라(美國)에 대해 일본의 대리수출을 맡아서 하게끔 하는 구조적 요인이 되고 있음을 직시해야 할 것이다. 대미흑자로 인한 비아냥은 한국이 받고, 실리는 일본이 취하는 변형이 생겨난 것이라고 보아도 좋을 것이다. 환언하면 우리 상품의 수출급증으로 인한 성장의 효과가 국내에 확산되지 못한 채 일본경제에 끌려 다니는 꼴이 된 것이 아닌가 하는 생각을 갖게 한다.

단기적인 경제성장의 둔화라는 희생을 치루는 한이 있더라도 더 이상 한국경제의 일본경제에 대한 수직적 하청계열 3군에의 편입을 막아야 함은 급선무 중의 하나인 것이다. 이를 통해서만이 우리 경제의 자립을 이룰 수 있다. 정치·사회·문화 각 방면에서의 극일과 승일을 실천해야 한다.

(3) 문화적 팽창주의

일본인들은 역사적으로 가장 가까운 우리나라와 대륙의 문화를 받아들여 자기 식의 문화로 저력 있게 소화해 냈다. 더 나아가 우리나라에는 사라져 버린 자료나 문헌들을 그대로 보존하고 있는 경우도 실제로 일본의 대학이나 도서관·연구소·사료관 등을 찾아다니면 많다는 것을 실감한다.

일본인들은 동화시킨 문화를 자신들의 것인 양 하면서 동양 전체의 문화를 대변하듯 세계 도처에서 행세하고 있다. 판화·회화·서예·꽃꽂이·도자기 예술·다도 등이 이에 속한다. 또 하나 주의해야 할 것은 그들은 경제 진출에 반드시 문화를 앞세우고 있다는 점이다. 일본을 아는 식자들은 일본이 엄청나게 커진 경제력을 바탕으로 문화침략을 서두르고 있을 뿐만 아니라,

이제는 문화적 식민주의를 뿌리내리려 기도하고 있을 것이다. 그들의 문화 속에는 이미 일본이 최고라는 국수주의가 굳건하게 자리 잡고 있다.

(4) 군사적 팽창주의

일본의 방위청은 1986년도 방위백서에서 군사력 증강의사를 분명히 천명하였다. 이는 그들의 군사력 증강을 공식문서로 확인한 의미를 갖는다.

지금까지 일본에서는 군사력 증강을 둘러싸고 3개의 모델이 거론되어 왔다.

하나는 비무장 중립이다. 이것을 요약해 보면, 평화헌법에 있는 대로 일체의 군사력을 폐기하고 중립을 지킨다는 좌익노선의 주장이다. 그러나 이 모델은 극우보수화된 일본의 정세로 실현가능성이 거의 없다.

다음은 군사대국으로의 전환이다. 평화헌법을 폐기하고 핵군비를 갖추어 미국·소련·중공에 대항하자는 극우파의 주장이다. 그러나 이것은 국제정세로 미루어 볼 때 실현이 불가능하다.

셋째가 비핵중립군사국가의 모델이다. 비핵원칙을 준수하되 재래식 무기로 일본본토의 침략을 격퇴할 만한 무장을 갖추고 핵무기에 의한 침공은 미국의 핵지원을 받는다는 것이다. 이것도 일본인식의 불합리한 근성인 것이다. 안보무임승차라는 안이한 생각인 것으로 보인다. 현재 국제정세에 비추어 가장 실현가능성이 높은 것이며, 이것은 현 자민당의 군사노선이기도 하다.

그러나 이번 백서에서는 지난 10년간 소련이 꾸준히 군사력을 대폭 증강해 왔다는 사실을 제시하고 일본군사력을 증강할 필요가 있다고 밝히고 있는 점이다. 일본의 경우만 보더라도 군사비의 GNP 1%선 돌파와 주변국가에 대한 정치력의 확보 등은 곧 실현시킬 것이다.

평화헌법의 개정론이 고개를 들고 있다. 현재 GNP의 1%를 쓰고 있는 군사비를 2%선으로 올리면 미국과 소련에 이은 제3의 군사강국이 되는 일은 상상하기 쉬운 일인 동시에 우리를 위협하는 사실이기도 하다.

이렇게 일본을 분야별로 살펴 볼 때 아무래도 뭔가 심상치 않다는 의구심이 솟구치며, 뭔가 해낼 것 같은 예감이 든다고 생각된다. 일본에 침략을 당

했던 우리로서는 스스로의 자세를 더욱 가다듬는 계기를 마련해 주고 있는
것이다.

일본의 신국가주의적 움직임은 남의 일이 아닌 것이다. 왜냐하면 일본이
눈을 밖으로 돌릴 때 그 1차 목표가 되는 것이 한반도이기 때문이다. 한반
도를 둘로 갈라놓고 등거리외교를 하자는 것이 일본의 기본적인 대한정책이
다. 한반도 분단의 1차적인 책임이 바로 일본에 있음을 직시해야 한다.

3. 일본의 국가주의 재등장에 따른 우리의 자세

우리가 경계해야 할 일본 국가주의 발전방향과 그 성격은 전쟁 전 일본의
국가주의를 구성했던 여러 가지 요인의 변화 여부에 따라 결정될 것이다. 전
쟁 전 일본의 국가주의의 구성요소였던 대내외적 위기의식, 국가신도사상,
일본만이 러시아를 견제할 수 있는 유일한 대항세력이라고 보는 영국과 미
국 세력의 극동관 등의 변화 여부를 잘 관찰해야 한다.

따라서 일본 국가주의의 재등장이 미칠 우리나라로서의 영향을 정확히 이
해하기 위해서는 그 대외적 표출형식의 허구성에 현혹되지 말아야 함은 재
언을 필요치 않는 인식체계인 것이다. 따라서 그의 본질을 냉철히 간파할 수
있는 주체적인 대외관의 정립이 요구되고 있다. 그것은 한국의 많은 지일(知
日)인사들이 일본의 아시아연대주의와 같은 일본 국가주의의 대외적 표출형
식의 허구성에 현혹되어 민족배반의 길을 걸었다는 적지 않은 사례가 있기
때문이다. 이와 더불어 우리나라의 정치·경제·사회구조 속에 심지어 생활
방식과 사고내용에까지 남아 있는 일본의 잔영을 청산하려는 노력이 부족했
던 점과 일본의 군국주의 대외논리에 젖어버린 일부 지식층의 모습은 반성
해야 할 것이다.

또한 일본의 신국가의 흐름에 대한 경계도 중요하다. 그러나 신군국주의
대두를 반공과 정권안위를 위해 환호해야 할 것이다. 하지만 일본에서의 신

국가주의 흐름에 고무되어 강력한 국가주의 정치질서의 수립을 꿈꾸는 국가주의자들의 준동을 더욱 경계해야 할 것이다.

근래 경제대국으로 성장한 일본이 최근 정치적 우경화, 경제적 세계화, 군사적 자주화를 주장하고 있음에 대해 우리는 범상하게 넘길 수 없다는 사실을 먼저 강조하고 싶다. 한국과의 관계 속에 쟁점으로 부각되는 '역사교과서 왜곡문제'는 '지문날인 강요'와 더불어 내외로부터 심각한 반응을 일으키고 있다.

근래 쟁점이 되어온 것은 '외국인에 대한 지문날인 강요'이다. 재일 외국인의 80%를 차지하고 있는 재일동포에게 '외국인등록법'이란 자의적인 명목으로 지문날인을 강요하는 것은 한국인을 합법적으로 관리하겠다는 수단의 표현이다. 이에 대한 재일한국인과 일본재야단체의 대응책은 정당한 권리회복의 주장이다. 지문날인 거부운동은 민족적 자존심의 회복을 위한 정당한 행위이다. 그러나 일본정부의 무성의한 태도는 한국에 대한 일종의 우월감 표현으로 양국 간의 정치·외교적인 측면에서 심각한 마찰과 갈등을 초래하고 있다.

아무튼 금번의 전쟁격인 교과서왜곡 충격과 지문날인 강요문제 그리고 일본의원들의 모임인 국가기본문제동지회의 가메이 시즈카(龜井靜香) 회장의 폭언 등은 일본의 젊은이들에게 한국침략을 미화시키는 수단으로 작용케 하였다. 또한 군국주의의 부활을 은연중에 충동하고 있다. 이는 교육과 선전의 크나큰 차이점을 망각한 처사로 볼 수 있겠다.

일제강점하에서 끊임없이 일어났던 한국민의 항일투쟁은 과거사로만 끝날 수 없는 것이다. 일본의 그릇된 대외관에 대한 시정요구를 '전 민족적 의사'로 결집시켜야 한다. 정확한 인식 속에 대처방안이 강구되어야 한다. 또한 정치·경제·사회 전반에 걸쳐 일본을 이끌려는 보수적 복고주의의 태도변화에 대해서도 예의주시해야 할 것이다.

일본이 다시금 고개를 들고 한국을 비롯한 동남아 일대를 호시탐탐 엿보는 것은 그것이 무사정신의 맥락이라는 면에서 경악할 사실이라 아니 할 수 없다.

바로 이런 일련의 신군국주의적 복고 등의 재무장의 제스처가 제2의 정한론이라 아니할 수 없다. 이제 우리가 일본을 경계하고 그 침략적 저의를 범상하게 넘겨서는 큰 낭패를 당할지 모른다는 우려의 소리는 이래서 더 높이 크게 외치게 되는 것이다.

임나일본부(任那日本府) 그 허위의 진상

1. 임나는 가야의 뜻

원래 문제가 된 임나(任那)는 상고시대에 경남 김해나 경북 고령지방에 있었던 가야라는 부족국가임을 밝혀야 될 것이다. 따라서 그 의미도 좁은 해석과 넓은 해석이 있을 수 있는 것이다. 좁은 의미로서는 지방을 가리키는 것이고, 넓은 의미로서는 가야전역을 지칭하는 것이다. 임나가야의 줄인 말인 임나는 신라에서는 금관가야 다음에 6가야의 맹주국이라고 말하고 있어 대가야라고 별명 하였던 것이다. 그 본명은 미마나(彌摩那 또는 任那)였다. 그런데 분명히 한반도에는 왜족(倭族)이 존재하지 않았다. 그럼에도 불구하고 오랫동안 이것을 일본사람(학자)들이 주장하는 학문적 근거는 어디에 있는가. 두말할 필요 없이 『일본서기』(日本書紀)라는 엉터리 투성이의 신빙성 없는 자료를 금과옥조인 양 내세우고 있다. 그 이외에 변조설이 굳어진 광개토왕(호태왕)의 비문과 칠지도(七枝刀)의 명문(銘文) 등의 자료가 흔히 거짓말의 증거로 채택·제시되곤 하였다. 일말의 양심이 있는 학자라면, 그리고 과학적인 연구태도나 진지성을 띠고 있는 학자라면 벌써 이와 같은 전근대적이고 혐오감을 갖는 케케묵은 논리는 한·일 신시대에 당하여 꺼내기조차 부끄럽게 생각할 것이다.

따라서 임나는 곧 가야, 즉 가라(加耶, 加羅, 伽耶, 伽倻, 狗邪 등이 다 같은 단어의 해석이다)의 뜻임이 삼국사기 등 여러 자료에 보이고 있다. 그렇다면 가야가 좁게는 금관·고령 등의 가야지방의 명칭이고, 넓게는 변한 지역인(삼국유사에 근거) 경상도의 낙동강 이서의 넓은 지역을 지칭한다고 고대학계의 전문가는 내다보고 있다. 일본이 철석같이 믿고 있는 『일본서기』
에 미마나 일본부(任那日本府)가 보이고 있다. 이것이 곧 임나일본부라고 고
집하여 그것이 김해 일대에 존재하고 있었을 뿐 아니라 그 곳에 있던 원주
민이 한국 고대의 주민들—신라—을 정복하였다는 억지인 것이다. 즉, 이 자
료에 가야(加耶)를 '임나'로 표시하고 있으며, 한국 측 기록을 보아도 '임나'
로 나오는 약간의 기록이 있는 것이다. 이 '임나' 역시 『일본서기』에서 광협
(廣狹) 두 가지로 해석되고 있다. '임나'를 '미마나'로 『일본서기』에서는 음
독하고 있음에서 큰 견해의 오류를 범하게 되는 것이다. 천손족의 지도자였
던 숭신왕의 본명이 '미마키'였는데, '미마나'와의 관련에서 이름 지어진 것인
만큼 '키'와 '나'의 뜻을 잘 음미해야 할 것이다. '키'는 '지'(支), '기'(己) 등
성(城)의 뜻이고, '나'는 '내'(內), '나'(那) 등 양(壤)의 의미로 역사학자 천
관우는 해석하고 있다. 신빙성이 있게 보인다. 따라서 구사국—가야(라)—
임나의 뜻과 변한—가야—임나가 소위 기마민족의 고향이라고 지적하였다.

　　여하간 『일본서기』의 사실을 믿을 때 '왜·한 연합왕국'(倭·韓聯合王國)이
라는 말이 형성될지도 모른다. 이런 표현은 한반도 남부 일대의 세력의 비중
을 존중한다는 주장을 경청할 필요가 있다. 따라서 백제는 '왜'에 억눌려 있
었고, 임나(가야)에는 '왜'의 일본부가 설치되어 있었다는 것이다. 또 신라는
'왜'의 토벌을 받은 나라로 규정해 놓고 있다. '임나일본부'설은 '남조선경영설'
하고도 일맥상통한다. 4~5세기 야마토(大和) 조정이 한반도에 진출하였다는
주장이다. 그러니까 『일본서기』를 어떻게 해석할 것이냐에 따라 근본적인
현격한 오해, 아니면 무식의 소치가 나타날 수밖에 없다. 이번에 문제된
『신편 일본사』라는 일본 고교역사 교과서에서는 이렇게 써놓고 있다.

　　　"대화(야마도) 조정은 반도의 철자원이나 선진기술 등을 확보하기 위하여 4
　　세기 후반경 조선의 낙동강 하류 지역의 가라(임나)지방에 진출하여 거점을 마
　　련하였다고 생각된다. …… 대화조정은 …… 조선 남부의 백위·신라에 대해
　　군사지휘권을 가지고 있었음을 나타내는 높은 작호를 얻으려 하였다. 이것은

중국황제의 권위에 의해 일본의 조선반도에 있어서의 정치적 입장을 유지하려
고 했던 것으로 생각된다.”

물론 이번 수정본에서 수정하지 않은 것은 두말할 필요도 없다. 이런 허황
된 주장은 이미 진부한 사실이지만, 작은 문제가 아니고 크게 문제가 되고 있
다. 왜냐하면 그 ‘임나일본부’설을 주장하고, 계속 신봉해야만 근대·현대의
한국을 침략한 것이 침략이 아니라 실지(失地) 회복을 한다는 그들 ‘역사의
복원’을 뜻하기 때문이다. 예전의 조선을 다시 찾겠다는 고집이다. 일본의 대
화정권이 한반도 남쪽에 진출하여 변한지방을 식민지로 지배하고, 거기에 소
위 ‘임나일본부’라는 식민정권을 두어 일본의 관인(官人)으로 하여 상주케 하
여 다스리게 하였다는 역겨운 이론이며 주장이기도 한 것이다. 이 학설을
근거로 하여 그들은 여말 왜구의 한반도 3면 침입을 감행하였다. 동시에
16~17세기에 임진왜란이나 19~20세기의 한국을 침략한 것이 침략이 아니
고 고토회복과 같은 긍정논리로 발전시켰던 것이다.

이를 테면, 일본은 한국침략의 역사적 명분과 불가피성으로 이 엉터리 자
료들을 습관성 있게 들고 나오곤 하였다. 그들의 국가형성기는 4세기가 아
니라 5세기 후반으로 봐야 한다는 당대의 큰 고고학자 김정학의 학설은 매
우 설득력이 있다. 따라서 그에 따르면 4세기의 일본은 철광도 없었을 뿐
아니라 제철기술이 전혀 백지상태였으니 이는 무식의 소치로 접어두고, 앞으
로는 절대로 이런 쓸데없는 이론을 제기하여 바쁜 사람을 더욱 분주하게 만
들지 않아야 될 것이다.

2. 허위의 『일본서기』

일본서기가 제기한 고대 한반도의 분위기가 잘못되었음을 양심 있는 일본
인 자신의 주장에서도 피력되고 있다. 모리(森法)는 어떤 좌담회석상에서

"…… 왜가 5세기 경에 조선에 군사출병을 했다고 말할 수 있을까 어떨까 …… 유물·유적상으로는 그렇게 말할 수 없을 것입니다 ……"라는 간단한 언급이지만 이는 『일본서기』의 사료적 가치 의심론이라는 면에서 매우 주목할 대목인 것이다.

대륙문화의 동류현상이 순리라고 『일본서기』가 고백적 기록을 비치고 있음은 다 아는 사실이다. 열세하고 계몽을 받고 있는 일본의 문화수준으로 보아 선진적인 당시의 고대한국을 경영하거나 정복할 수 있었을까가 더 큰 의문점으로 떠오르는 것이다.

왜(倭)가 2년간의 남조선경영설을 내세우고 있는데, 이때 일본 기내(畿內)의 왜가 북규슈(北九州)의 왜(倭)의 부족도 아우르지 못했는데, 어찌 그들을 일괄 인솔하고 바다를 건너 와서 경영·지배할 수 있었을까. 억지가 아닐까. 이것이 일본의 국가주의일까.

『고사기』(古事記)는 『일본서기』와 10년의 편찬연대의 차이를 갖고 있는 이 자료에서는 묘하게도 이런 엉터리 주장이 없으니 이거야말로 둘 중의 하나는(일본서기, 고사기) 완전 거짓자료인 것이다. 이것 하나만 보아도 얼마나 앞뒤가 맞지 않는 것인가를 짐작할 수 있다. 이 고사기에는 오오스(日本武)와 신공황후(神功皇后)의 대외정복설화, 백제의 아치키(아직기) 와니(왕인)인 한문전파 사실은 기술되어 있으니 참고할 만하다고 본다. 『일본서기』가 문제점이 많은 것은 일본의 학자(津田左右土, 쓰다) 등이 강조한 바 있다. 그에 따르면 이 자료의 성립(720년) 전후 대화조정의 벼슬아치가 그들의 정치사회적 목적하에서 원사료에다가 편의대로 개작·윤색·왜곡하였을 것으로 본다는 것이다. 이건 믿어야 한다.

한반도관계기사 중에서 왜의 임나지배를 시사하는 부분일수록 문맥이 잘 통하지 않거나 불분명한 것은 우연한 일이 아니다. 그러나 왜관계를 백제로 생각하여 문장을 풀어 나가면 매우 순리적으로 나가 사실과 맞아 떨어진다는 것을 생각해 보면 이런 종류의 사료는 필시 뒷날 최고정치 지도자의 장난에 의해 변조·날조된 것이 아닐까. 『일본서기』의 편찬과정 중에서 백제계통의 왜인이 의도적인 왜곡을 자행하지 않았을까 싶은 생각도 든다.

한반도의 강한 세력이 도해(渡海)하였기에 그중의 가야, 즉 임나계가 일본 열도에 분국을 세워 왜와의 관계를 맺었을 것으로 연구자들은 결론을 내리고 있다. 『일본서기』에 나오는 왜의 임나지배란 백제의 가야 지배의 변조라고 천관우는 일련의 연구에서 주장하고 있는데 매우 수긍이 가는 정연한 이론인 것이다.

왜가 최초로 한반도에 군사를 파견하였다는 기록의 것은 『일본서기』 중애기 9년의 신공 황후의 신라정벌이었다. 그러나 이는 백제 쇠멸시 왜의 원군이 백강구(白江口)에 온 것을 지칭하는 것이다. 니효쇼키신 공기(진코오기) 49년(396년)조에는 왜가 낙동강과 모든 남해안(7국)을 정복했다는 기록이 눈에 띤다.

그러나 이 기사는 이병도의 주장에 따르면 정복군이 백제군사였음이 들어나고 있는 것이다. 다각도로 논증한 내용을 간추려 보면 신공기 49년조의 사실은(믿을 수 있는 기록에 따라)이 당시의 백제의 정복사실과 부합되는 것이다. 그러니까 왜의 남조선경영설은 곧 백제의 그것과 혼동하고 있음을 능히 미루어 알 수 있겠다. 따라서 왜의 임나지배라는 일본의 아집은 백제의 가야지배였음이 판명되는 것이다. 그러니까 왜의 항목을 백제의 경우로 바꾸어 생각하고 그것을 넣어 문장을 풀어보면 의문이 쉽게 풀려 가는 것을 느낄 수 있겠다. 또 임나지배의 인물이 백제인물로 추정되고 있으니 임나일본부설은 실제로 양심적인 경우 도저히 신빙할 수 없음을 분명히 밝혀두고자 한다.

여하간 임나일본부는 진주 함안으로 나온 백제군의 사령부가 아닌가 싶다.

3. 억지 해석의 광개토대왕비문

임나일본부설을 뒷받침하는 두 번째 자료로는 광개토왕비문이 손꼽힌다. 왜와 한(韓)의 연합왕국의 한반도 체류설은 그 근거지를 상실하고 마는 것이다. 능비에 나오는 倭(왜)자 문제가 매우 까다롭다. 이진희·이형구 등은 이 자(字)가 변조되었다고 주장하는데 경청해 보겠다. 김정학·김종무 등은 이에 반대의견을 가지고 있다. 능비는 왜의 공적이 아니고 고구려 광개토왕의 그것이다. 또 고구려와 왜(倭)가 충돌한 곳이 낙동강의 임나가라 지역과 황해도의 대방계 작전 지역이라는 두 가지 점을 강조하는 학자도 있다(천관우). 고구려에 대항한 상대는 왜가 아니라 백제를 우선으로 지적하고, 세력권 내의 가야, 바다 건너의 친백제 세력인 왜의 원병을 종으로 한 연합군이 아닐까 한다. 이는 우리 『삼국사기』도 잘 풀이해 두고 있다. 왜가 단독으로 공멸하였다면 황해도까지 올라가는 것은 역부족이었기에 불가능하다는 이론이 성립되는 것이다.

왜가 한반도에 어떻게 출현하였다는 것인지도 의문이다. 왜의 신라해안의 침습이 30여 회 달하고 있다는 것(삼국사기)은 격퇴 당한 소규모의 침구였다고 보기에 진출설은 신빙성이 희박한 것이다. 여하간 3번에 걸친 왜의 출병은 백제의 원병(援兵)이었다. 따라서 이것이 왜의 남조선경영을 의미하는 것이 아닐까 한다. 이 3번에 걸친 왜의 한반도출병도 다 궤멸되었기에 어떤 곳을 점령하고 일본부라는 간판을 달며 떵떵거릴 게재가 못되었다고 생각된다.

따라서 임나일본부설이나 왜의 남조선경영설 같은 극히 일부의 일본 측 자료에 근거하여 비치고 있는 오만스러운 주장은 전혀 터무니없는 억설·비어에 지나지 않는다는 점을 재차 강조해 두고 싶다.

4. 잘못 해석된 칠지도의 명문

끝으로 임나일본부설의 마지막 근거자료인 칠지도의 명문(銘文)을 들 수 있다. 이는 금석문으로서 일본 나라(奈良) 신궁에 잘 소장되어 있다. 백제의 세자가 왜왕에게 보낸 이 명문(369년경)에 "宜供供侯王", "百濟世○奇生 聖晉故爲倭王旨造"라는 글씨를 가지고 왜가 백제를 정복·"신속(臣屬)하였다"고

우겨대는 것이다. 공후왕이란 "속국의 왕에게 보낸다"는 정도의 내용풀이는 될 수 있을지언정 "왕에게 바친다"는 신속의 의미는 눈을 크게 뜨고 보아도 이해가 가지 않는다. 백제왕이 후왕을 거느렸다는 것이 『남제서』, 『백제국전』에 보이고 "예물을 보냈다"는 것도 백(百)과 왜(倭)가 대등치 않았음의 표시이기도 한 것이다. 위의 "왜왕의 뜻을 받들어 만들었다"도 "왜왕을 위해 백제왕의 상의(上意)를 받들어 만들었다"로 해석해야 하는 정밀한 기술적인 문제가 잘 풀려야 오해의 소지가 없는 것이다.

따라서 일본이 증거로 내세우고 있는 금석문(명문)은 왜가 백제보다 몇 등급 아래 쳐져 있었음을 나타내는 것으로 하등 임나일본부설을 뒷받침할 아무런 효력도 없음이 명백한 것이다.

왜의 임나지배란 백제의 가야가 했던 것을 『일본서기』에서 변조하여 백제(百濟)를 왜(倭)로 오인케 작란을 친 것이 아닐까 싶다. 이형구의 노작에서 지적하였듯이(僞作"倭"字考) 문제된 신묘년기사(辛卯年記事) 중에 보이는 왜자(倭字)의 실체는 없었던 것으로 볼 수도 있는 것이다.

일본교과서 역사왜곡의 진상
-『신편 일본사』의 경우-

1. 일본교과서 왜곡 · 날조의 배경

일본은 한국 고대로부터 근대에 이르기까지 정치 · 경제 · 사회 · 문화 등 각 방면에 걸쳐 폐택(沛澤)을 입었음에도 불구하고 이를 정직하게 인정하거나 표현하지 않고 있다. 눈에 뜨이는 것이 겨우 6세기경 백제가 오경박사를 보내 의학 · 역학 · 역법 등의 학술을 전했다는 정도인 것이다(20쪽). 사실상 한국의 제도 · 학문 · 종교 · 예술 · 언어 · 과학 · 기술 등이 일본에 건너가 무지몽매함을 깨우쳐 주었음을 일부 양식이 있는 일본의 학자는 인정하고 있다. 우리나라 역사상 국난이 9백여 회 있었는데, 그 반수 이상은 일본의 침략위협과 분탕질에 의한 것이었음을 감안하면 이제 일본은 공손하고 정중하게 한국민 앞에 고마움을 표시해야 마땅할 것이다. 더욱이 일제강점하 35년 동안 수백만 명의 한국인을 희생시키고 물적 손실을 입힌 것을 곰곰이 생각하면 세계자유평화민족 앞에 고개를 바로 들 수 없을 것이다.

습관적으로 나타나는 일본의 한국역사에 대한 날조 · 미화 · 과장 · 과소 · 은폐 등의 왜곡 사실은 이미 지난 1945년 이후 고개를 들어 버젓이 각종 교과서와 서적 등에 삽입되어 왔다. 특히 1982년에는 그 정도가 지나쳐 한국을 비롯한 과거 일본으로부터 큰 해를 입었던 아시아 여러 나라가 이를 규탄 · 성토하기까지에 이르렀다. 그 후 일본정부가 책임지고 왜곡 사실을 시정한다고 약속함에 따라 일단 격랑은 가라앉히게 되었고, 우리나라의 경우에는 이를 계기로 독립기념관설립이 추진되었음은 이미 주지의 사실이다.

그러나 1984년에는 한국관계기술은 크게 개선된 것이 없이 그대로 지나갔고 2005년 것도 마찬가지였다. 올해 들어와 일본 고교 역사교과서 가운데 '일본을 지키는 국민회의'(의장, 加瀨俊一)편 『신편 일본사』(原書房 발행)가 지난 7월 7일(1986년) 일본 문부성 교과용도서검정조사심의회에서 최종적으로 합격하여 1987년 4월부터 일본의 각 고교에서 제2세 국민들이 이를 사용케 됨으로써 교과서 왜곡 문제가 또 다시 논란의 대상이 되고 있다. 이 책은 소위 '일본을 지키는 국민회의'(의장은 가세도 시까쯔)가 뒤에서 후원세력으로 조종하였기 때문에 한국멸시와 재침략의 의도가 분명히 나타나 있었던 것이다.

주로 이들이 주장하는 내용들은 현행헌법의 개정, 국민에게 국방의식의 제고, 일본중심의 역사교육실시 등이 바로 그것이다. 황국사관의 소생기도가 사회·문화·교육측면 뿐만 아니라 일본 최고법인 헌법에까지 미치고 있다는 사실에 주목해야 할 것이다.

한국사 5천년의 흐름을 소개할 때 70여 항목에 관하여 왜곡·날조하는 의도적 저의는 무엇일까. 『신편 일본사』를 펴낸 '일본을 지키는 국민회의'는 일본 전국 47개 지방자치체에 현민회의(縣民會議)를 두고 있으면서 1천여 개에 달하는 기업과 단체들로 협원하여 구성하게 된 보수계 최대의 조직체라고 동회의 사무국장 가바시마는 떠버리고 있다. 동회의 의장 가세는 전직 외교관이지만 제2차 세계대전 말기에 패전을 예상하고 그 대책을 세우는 데 앞장섰던 군국주의계의 골수분자였다.

그 의장 밑에 메이지신궁의 신관이 사무총장으로 있다는 것도 우리는 주의 깊게 살펴보아야 할 것이다. 이들은 천황을 극구 칭송·존경하고, 과거의 한국 등 동남아침략을 미화·명분화하기에 앞장섰던 첨병임을 알아차린다면, 왜 그들이 뒤에서 역사교과서를 왜곡·날조하였는가 하는 침략적인 의도의 관점을 이해할 수 있을 것이다. 따라서 왜곡의 장본인이 '일·한문화협회의' 일본 측 회장으로 있는 무라오(村尾次郎)였다. 그는 전직 일본 문부성의 고위 정책직에 종사하던 군국주의자였으니 놀랄 수밖에

330 征韓論의 背景과 影響

없다. 그러니까 친한 인사가 왜곡의 원흉이었다 할 것이다. 한국을 잘 안다는 자가 한국을 왜곡하고 증오하는 방향으로 일본여론을 몰아간다고 하는데도 한국 내에서는 조금도 동요하거나 그에 적절한 대응책을 펴지 못하고 엄중항의, 아니면 적절한 대책을 펼 것이라고만 우물우물 얼버무리고 있으니 한심스럽다 아니할 수 없다.

필자가 읽어 본 4×6배판 258쪽의 이 교과서는 발행일이 소화 62년(1987) 2월 20일, 저작자는 전경화상고(前京華商高) 교장(朝比塊正幸) 등 9명으로 되어 있다. 체재와 장정·인쇄·통계·사진 등은 상당히 짜임새가 있어 외견 상으로는 저술에 큰 노력을 기울인 흔적이 역력하다. 그러나 모두 4편 17장으로 분류·저술된 이 교과서는 한국 관계 등 내용의 왜곡·은폐 등으로 인해 그 가치를 스스로 떨어뜨리고 있다.

『신편 일본사』 이외에도 일본교과서로서 왜곡·날조부분을 수정하지 않은 교과서가 많아 지난 1982년도의 굳은 약속을 지키지 않은 신용없는 거대한 경제동물의 적나라한 모습을 드러내 놓고 말았다. 삼성당 『일본사』 이외에도 도쿄서적 『개정일본사』, 자유서방 『신일본사』, 학교도서 『고교일본사』, 실교출판 『일본사』 등 10여 종이 모두 역사적 사실을 왜곡·날조·은폐한 채 내년부터 수백만 명의 일본학생들에게 군국일본의 무사정신을 힘차게 환기시킬 준비에 열을 올리고 있는 것이다. 정한론을 비롯하여 강화도조약, 동학농민혁명, 한·일협약(1~3차), 한·일합병(국권피탈), 3·1혁명, 신사참배, 창씨개명, 궁성요배, 토지식량의 약탈, 여자정신대, 징발, 징용, 징병, 공출헌납, 일본어강요, 한국어와 한국역사교육금지 등 30여 개의 크고 작은 항목에 걸쳐 거의 원안 원고대로 출판·보급케 되었다.

특히 『신편 일본사』는 다른 교과서와는 달리 일황중심적이고, 복고조의, 한국무시·경멸을 곁들인 무례한 논조로 일관되어 있다. 철저한 황국사관에서서 무사도정신과 할복하는 자세로 마구 난도질을 자행하면서 한국·중국 등 과거 피해국의 상처를 또 다시 건드려 깊은 우려를 금치 못하게 하고 있다. 이 같은 침략칭송 일변도적인 가공할 교과서로 역사를 배우는 일본의 청

소년이 전전(戰前)의 향수를 느끼고 엉뚱한 작란을 충동할 가능성이 차차 높아지고 있는 것이다.

한국민의 독립운동은 반드시 과거사로 끝날 수 없다. 일본인의 한국에 대한 인식의 편견과 멸시관이 상존하고 있기 때문에 아무리 우리가 절규하고 성토·위협한다 해도 면전에서만 "예! 예!"일 뿐 돌아서면 웃고 넘길 것이 뻔한 것이다. 따라서 문자의 수정이 얼마나 실효를 거두느냐 하는 의심이 그대로 남아 있을 수밖에 없다. 우리의 국력도 길러야 하지만, 정당과 관변의 습관적인 미온대응책을 가지고는 백년하청 격이다. 떳떳하고 당당하게 전 국민적 의사를 전달하여 결과를 중시해야 한다.

그러면 우리의 역사는 우리나라 사람에 의하여 왜곡되거나 날조·과대·은포·탈루되지 않았다고 볼 수 있겠는가. 이번 기회를 계기로 다시 한번 깊이 자성할 필요가 있다고 생각한다. 또한 중국(자유중국·중공)의 각급학교 교과서 중에서도 한국부분이 지도를 포함하여 상당히 왜곡·날조·과소표현되고 있음도 아울러 밝혀두면서 그에 대한 대책도 촉구하고 싶다.

2. 『신편 일본사』에 서술된 한국사 왜곡·날조 부분의 내용

(1) 한국문화의 일본 전래의 과소평가

기원전의 우리 문화가 일본에 건너가 승문(繩文, 죠몬) 토기와 연결되어 발전되었음을 언급하지 않은 것은 학설상 이해가 가나(9쪽) 미생(彌生, 야요이) 문화의 일본 전래 내지 본질적인 영향은 학문적으로 틀림없이 증명되는 것인데도 자생적인 양 탈락·과소 기술하였다(11쪽). 어안이 벙벙할 지경이다.

(2) 임나일본부 설치의 터무니없는 주장

대화(야마토)조정의 대외관계 기술에 있어서 『신편 일본사』의 원고본에는 이렇게 저술되어 있다. 대화조정은 반도의 철자원이나 선진기술 등을 확보하기 위하여 4세기 후 반경 조선의 낙동강 하류 지역의 가라 임나(任那)지방에 진출하여 거점을 마련하였다고 생각된다. 대화조정은 조선남부의 제국(百濟・新羅)에 대해 군사지휘권을 가지고 있었음을 나타내는 높은 작호를 얻으려고 하였다. 이것은 중국황제의 권위에 의해 일본의 조선반도에 있어서의 정치적 입장을 유지하려고 했던 것으로 생각된다(16쪽).

수정본에서도 전혀 수정되지 않은 이 부분은 이미 진부한 지적인 것 같다. 그러나 이런 것이 크게 문제가 된다. 바로 한국침략의 근거가 되는 것이기 때문이다. 결국 이 허황된 주장이 근대・현대의 한국을 침략하는 구실이 되었다는 면에서 매우 심각한 문제제기인 것이다. 일본의 대화정권이 한반도 남쪽에 진출하여 변한지방을 식민지로 지배하고, 거기에 소위 임나일본부라는 식민정권을 두어 일본의 관인을 상주시켜 다스리게 하였다는 역겨운 주장이다. 이는 두말할 필요 없이 단순히 고대사의 기술이라고 해서 논의로 덮어둘 수 없음은 두말할 필요가 없다.

왜냐하면 이 학설을 근거로 그들은 왜구의 창궐 이래 임진왜란(16세기)이나 19~20세기의 한국을 그들이 침략한 것이 침략이 아니라 과거의 자기네들이 차지했던 땅을 다시 찾는 것에 불과하다는 소위 '반도진출'이라는 억지를 합리화시켰던 것이다. 이 같은 주장은 장차 강대한 일본을 이끌 주역인 학생들에게 '1억 불개미'의 총침략정책, 즉 황도주의, 대국주의, 팽창심리를 지속적으로 자극하자는 못된 국가주의적인 근성배양에 목표를 두고 있는 것으로 풀이할 수 있다. 뿐만 아니라 외국인에게도 그 희귀정신을 나타내어 일본이 결코 침략민족이 아님을 의식적으로 발산하고자 꾀하였던 것이다. 이를테면, 일본은 한국침략의 역사적 명분과 불가피성으로 이 사실을 금과옥조인 양 내세우고 있는 것이다.

그들은 일본의 국가형성을 4세기로 보고 있으나 그것은 사실과 다르다. 즉, 5세기경인 것이다. 따라서 4세기에 일본은 철광도 없었을 뿐 아니라 제철기술도 전혀 없는 상태였으니 이 주장은 무지몽매한자의 잠꼬대가 아니면 무식의 소치이며, 억지춘향인 것이다. 침략을 명분화·정당화하기 위하여 거짓으로 근거를 설정한 것이다. 아직도 일본의 양심적인 학자는 임나부설을 믿지 않고 있다. 역사를 과학적으로 연구하는 학자일수록 『고사기』나 『일본서기』를 불신하고 있는데, 그에(일본기록) 의지하고 있음은 속히 탈피해야 할 학자적인 학문태도인 것이다.

(3) 광개토대왕비 비문의 날조와 기만 해석

광개토대왕비문의 해석문제에 있어서 "고구려의 호태왕(광개토대왕)의 비문을 보면 왜인은 백제·신라에 대하여 우월한 지위를 얻고 있었다"고 기술하였다(16쪽). 이 책에서는 서기 391년으로부터 404년까지 고구려와 교전하였다고 하면서 그 근거로 엉터리투성이인 『일본서기』를 주(註)로 달고 있고, 앞에 것은 『위지왜인전』을 거론하고 있다.

광개토대왕 비문에 관해서는 아직도 한·중·일 등 여러 전문학자가 열띤 연구와 토론을 전개하고 있는 중인데, 변조설을 비롯한 그 비문의 해석상에도 의견의 일치감을 얻지 못하는 것 같다. 신묘년의 기사와 함께 경자년의 기사도 크게 문제가 된다. 여하간 왜가 고구려에게 참패당한 것은 틀림없는데, 교전하였다고만 기술하고 있는 것은 무식의 소치 아니면 기만술책의 표현인 것이다. 이런 일련의 문제가 4세기 후반 신공황후의 신라정벌설(三韓정벌)로까지 연결·비화되고 있는 것이다.

(4) 한국문화의 아스카문화에 대한 영향의 과소평가

아스카(飛鳥) 문화의 영향부분에 있어서 이 문화는 전적으로 한국에서 건너가서 크게 영향을 미친것인데, 두 줄 정도로 얼버무렸다(25쪽). 한국문화가 일본에 전해져 5세기경 국가형태를 취하게 되었다고 1984년에 우리나라 대통령이 방일했을 때 일황이 공식화하였음에도 불구하고 교과서에는 거의 반영이 안 되고 있다. 일본인의 근성, 즉 민족성인 다테미에(建前)와 혼네(本音)의 양 측면을 가지고 있기 때문인지 의아할 뿐이다. 그들은 전통(보수) 지향적인 속성을 가지고 있으며, 자기 민족중심적인 성향이 농후한 것이다.

또한 응집력과 조직력이 강하다. 교과서 편찬에도 그런 민족성이 작용하여 반영된 것으로 볼 수밖에 없다. 그러고도 가장 잘 된 교과서라고 이의 집필자들이 기자회견을 통해 자랑하였다던가. 일본의 우익단체가 한국대사관 앞에서 우리의 교과서 성토를 내정간섭이라며 데모를 벌였다는 것도 이와 무관한 일이 아니다. 여당편역을 드는 산케이신문도 그런 논조를 보였다.

(5) 임진왜란의 날조

삼포왜란과 임진왜란의 서술에 있어서(85, 108쪽) 두 난리가 모두 일본침략의 구체화인데, 그것을 교묘히 호도하였다. 삼포의 난이라고 '왜'자를 삭제하였을 뿐 아니라 간단히 일본거류민간의 분쟁이라고만 표현하였다. 이 침략의 연장선상이 곧 7년간의 임진왜란이었다. 그 표현은 물론 '문록경장의 역'이었다. 임진왜란의 원인을 조선 측에 뒤집어씌운 듯한 서술은 역시 침략전쟁을 은폐, 호도하려는 오랫동안의 전통으로서 날조의식의 구체화인 것이다.

(6) 정한론으로 한국침략을 정당화

이 교과서의 제4편은 제11장(152쪽 이하)으로부터 시작된다. 제4편이 시작되는 151쪽에는 연표와 사진이 수록되어 있다. 그 가운데 '세계의 왕국의 형세비교'(1909)에는 한국의 인구가 1천만 명으로 기록되어 있는데, 이 사실도 정확하지가 않다. 1909년 말 현재 한국인구는 12,363,404명이 정확한 숫자로 관보(1910년 7월 6일 발행)에 의거 확인되고 있으니 이것도 과소집계로 한국의 인구력을 당시 일본의 49,000,000명에 비하여 그만큼 깎아내린 것이다. 그러나 이는 작은 문제로 접어둔다고 해도 근대사분야 중에서 가장 문제가 되고 있는 것이 '정한논쟁'(167쪽)이다. 그들이 여러 나라로부터 성토와 항의를 받자 이를 수정하겠다는 내용을 『신편 일본사』 「수정별쇄」(文部省 檢定敎科書 204原 日史 036)라는 29쪽짜리 소책자로 급조해 공개했으나 이

것이 내년에 실제로 얼마만큼 반영될지는 아무도 장담할 수 없다. 그들은 이 교과서에서 '정한논쟁'에 관하여 "우리나라(일본)는 조건에 대해 …… 다시 국교를 열려고 하였다. 이에 대해 청국을 종주국으로 한 조선은 종래의 관례와 다르다고 하여 국서(國書)의 수리를 거부했다. 일본 측은 군대파견을 주장하였다. 그러나 참의 사이고오(西鄕隆盛)는 조선에 건너가 개국을 설명하여 사태의 타개를 시도하자고 주장했다"고 기술하고 있다. 「수정별쇄」는 이와 관련 겨우 '정한논쟁'이란 소제목을 삭제하고 '개국을 설명하여'를 '우선 개국을 요망하여'로만 극히 형식적으로 고치겠다는 것이다. '소위 일본을 지킨다'는 그들은 조선이 청국에 예속되었음을 강조하여 학생들에게 그릇된 한국관을 인식시켜 식민지화를 정당화시키려 하고 있는 것이다. 정한론이 본격화된 것은 막말 메이지초기 이지만, 이는 그 이전부터 있어 온 일본인의 한국에 대한 편견에서 비롯된 의도적 정책의 소산이다. 무책임한 『일본서기』 등에 나오는 '임나일본부설' 등을 철석같이 믿어 온 일본인들은 여말 왜구 이후 임진왜란 등 일련의 '침략'을 정당한 것으로 보았다. 즉, '침략'이 아니라 그들의 예전에 점령하였던 땅 조선을 되찾는 '회복'이라고 생각하였던 것이다. 정한론은 무사정신에 입각한 일본인의 의식구조에 따라 임진왜란 이후의 일인학자들에 의하여 형성된 조선열등론과 멸시론에 그 뿌리를 두고 있다. 양명학자 쿠마자와(熊澤蕃山: 1619~1691년)와 안토(安藤昌益: 1701~1763)가 그 대표적인 학자였다. 그 후 경세가 하야시(林子平: 1738~1793)와 체제개혁행동주의자 요시다(吉田松陰: 1830~1859)는 멸시론에서 한 걸음 더 나아가 '침략론'의 정당성을 강조하였다. 기억할 것은 요시다가 평소 "삼한을 정벌하고 …… 도요토미 히데요시가 조선을 벌함을 되풀이 하여 …… 북방은 만주의 땅을 끊고 남방은 타이완과 필리핀을 거두고, 나아가서 진취의 형세를 보여야 한다"고 절규하였던 점이다. 이것이 곧 그 후 정한론의 바이블이 될 정도였다. 요시다는 요절하였으나 그 정신은 이와쿠라(岩倉具視), 기도(木戸孝允), 오쿠보(大久保利通), 사이고오와 이다가키(板垣退助) 등 강・온건침략론자들을 양산하게 되었다. 따라서 한때 주춤했던 정한론은 그 뒤 1910년

한・일합방으로 실현된 셈이며, 연대론・탈아론으로까지 발전해 갔던 것이다. 정한론은 메이지유신의 한 가닥 돌출구로 대두된 한국침략론의 움직일 수 없는 본질론인 것이다. 어찌 단순히 대원군 시대에 서계(외교문서)의 접수를 거부했다는 이유로 정한론이 즉자적으로 일어날 수 있단 말인가. 이는 순전히 정한론의 원인이나 배경을 우리 측에 넘겨씌우려는 제국주의적 침략의 발상인 것이다.

(7) 운양호사건의날조

운양호사건의 정당성 문제에 있어서(168쪽)이 교과서에서는 "정부(일본)는 조선과의 수호를 꾀하였으나 교섭은 진전되지 않았다. 강화도 앞바다에서 측량 등의 시위행동을 한 일본의 군함(운양호)이 조선의 포대로부터 공격을 받아 일본 측도 공격을 가했다"고 기술해 조선병사가 운양호에 대해 먼저 포격을 가했기 때문에 정당방위로 응사했다는 식으로 표현하고 있다. 일본은 평화적으로 조선과 수호통상조약을 체결코자 했노라고 우겨대고 있는 것이다. 그렇다면 일본은 먼저 조선과의 평화교섭을 추진했어야 순리일 것인데, 왜 무장한 운양호를 앞세우고 1875년 9월 강화도의 관문인 초지진을 위협하였는가. 물론 겉으로는 해안측량과 담수(식수)를 공급받기 위해서라고 주장하고 있다. 운양호는 6백여 명의 조선군대가 매복해 있는 초지진포대에 접근하였다. 격침할 의사가 없었기에 조선병사는 경고사격으로 퇴진을 시사하였을 뿐이었다. 그러나 운양호가 계속 접근해 왔으므로 1차 위협사격을 통해 물러나도록 노력을 기울였던 것이다. 우리가 먼저 공격했다는 정황을 인정할 아무런 근거가 없는데도 일본은 억지를 쓸 뿐 아니라 공격을 받았다고 엄살을 부리면서 퇴각할 때에는 인천 앞바다의 영종도를 공격하였다. 이들은 40여 명의 수병과 650명의 양민을 겁탈하거나 도륙하고 분량질을 친 뒤 식량 등을 탈취하여 유유히 돌아갔다. 적반하장이라더니 일본은 다음해 8척의 군함을 끌고 인천에 와서 운양호가 입은 손해를 배상해 주지 않으면 강화도조약을 체결해야 한다고 군사적으로 협박하였다. 조약체결과 손해배상을 상쇄하자는 고등술수였던 것이다. 이때 체결한 강화도조약은 이미 주지하다시피 12개조 중에서 그 절반 이상이 일본의 조선에 대한 침략을 보장한 불평등한 조약이었다.

⑻ 임오군변과 갑신정변의 날조

임오군변과 갑신정변에 관한 부분에 있어서는(187쪽) 한국의 개화정책이 마치 일본의 적극적인 협력에 의해 실시된 것처럼 기술되어 있으며, 갑신정변에서의 국정개혁 14개조도 일본의 지원으로 이룩된 것처럼 기술되어 있다. 그러나 당시의 개화정책은 실학사상에 근거한 급진개혁파 김옥균 등에 의한 독자적인 한국형 개화정책이었음을 알아야 할 것이다.

⑼ 동학농민혁명을 민중의 반란으로 날조

동학농민혁명에 있어서 동학농민혁명을 동학란(東學黨의 亂)이라고 표현하여 고귀한 인내천의 보국안민과 민족통일사상에 입각한 전근대적인 요소척결을 위해 힘쓴 근대화 민중운동을 민중의 반란이라고 규정하고 있다는 점이다(188쪽). '일·청 전쟁과 삼국간섭'이라는 소항목에서는 "1894년 5월 조선의 배외적인 민간신앙단체인 동학도도(東學道徒)를 중심으로 한 농민이 지방관의 폭정에 대하여 반란을 일으켜 전라도 일대를 점령하였다"고 기술하였다가 '배외적'이라는 표현만 삭제하고 '반란'이란 것 등은 버젓이 그대로 두고 있다. 동학농민혁명은 반봉건운동과 민중구국항일투쟁이 큰 흐름으로 작용한 우리 근대사에서 최초로 경험한 민중혁명(시민의식의 성장)의 승리였던 것이다. 그 이후에 전개된 3·1혁명 등 민중구국운동의 기원을 가깝게는 여기서 찾고 있는 것은 동학농민혁명이 반봉건사상과 함께 세계혁명과 이념 및 방법 면에서 그 맥을 같이하고 있기 때문인 것이다. 당시 개화인사 김병시도 동학농민혁명을 지지하였으며, 독립협회의 회원 중에서도 이미 이의 정당성과 전통성을 인정한 바 있었다. 민(民)은 국가의 '근본'이라고 한 동학농민혁명군은 외세를 배격하고 민족주체의식을 강조하면서 정치·경제·사회적 여러 가지 모순을 척결하자는 주장을 내세움으로써 선명성을 보였다.

따라서 동학농민혁명을 반란·혼란·무질서 등으로 간주한다는 것은 대한민국의 정통성을 부인하는 중대위협이 아닐 수 없다. 이는 프랑스 시민혁명과 중국의 태평천국혁명과도 비견되는 우리나라 고유의 혁명운동임을 강조하고 싶다.

(10) 제1차 한·일협약의 사실 은폐

제1차 한·일협약 부분에 있어서 제1차 한·일협약(고문초빙)을 체결하여 한국정부의 내정과 외교고문이 일본정부의 추천으로 부임해 왔다고 기술한 점이다. 그러나 그 후 군사·경무·궁내부 고문·학부참여관 등 협약에도 없는 자들이 공공연히 부임하여 식민정책의 기반을 조성하기 시작하였다. 이런 침략의 사실은 완전히 은폐하고 말았으니 역사왜곡의 영향이 얼마나 심대한가를 알 수 있다 하겠다(195쪽).

(11) 을사조약의 날조

외교권 피탈의 시초인 을사조약의 체결로 인해 일본이 한국의 외교권을 접수하였다고 했다가 실효성도 없는 「수정별쇄」라는 곳(9쪽)에서는 '일본의 손에 넣고'로 고쳤으니 눈 가리고 아웅하는 식이다. 이는 분명히 원천무효로서 한국외교권의 탈취·약탈·강탈인 것이다. 이로 인하여 우리는 사실상의 국권을 탈취당한 것이었다. 그러나 우리 한국근대사에서는 1910년의 『한·일합병』이라는 경술국치와 함께 이것도 탈법적이고 강압적이기 때문에 국제법상 무효임이 이미 선언되고 인정되는 단계에 있음을 참고삼아 밝혀 두고자 한다. 하여간 한국은 외교권의 피탈로 인해 1907년 헤이그 만국평화회의에 파견된 고종의 특사(밀사가 아니다. 우리도 이제는 당당히 특사로 호칭해야 한다)가 본회의장에 참여하지도 못했다.

특사 3명 중 이준 열사가 분통이 터져 7월 14일 그 곳에서 분사한 것은 매우 처절·숙연한 사실이었다. 이를 트집 잡아 일본 군국주의자는 고종을 강제로 퇴위시켰다. 그런데도 그런 사실은 어느 교과서에서도 일언반구도 비

치지 않고 있다. 일본은 고종을 내쫓고 순종 잘 하는 그의 아들 순종을 대한
제국의 말황으로 황제자리만 채우게 하였다.

(12) 안중근 의사를 '장사'(깡패 · 건달 · 돌팔이)로 표현

안중근 의사 부분에 있어서 의병장이며 사상가 · 교육가인 안중근 의사를
'장사'(깡패 · 건달 · 돌팔이)라고 표현하였다가 '독립운동의 지도자'로 슬쩍 고
친 사실이다. 비등하는 국내외의 여론으로 급히 고쳤다는 사실에 우리는 매
우 주목해야 한다. 이의 시정을 위해서는 일과성이나 흥분성어린 규탄일변도
에서 벗어나야 한다는 것이다. 계속적인 여론형성과 제도적인 장치로서의 수
정촉구전담기구의 설치운영, 그리고 미온적인 정당관변 측의 의례적이고 체
면적인 외교적 차원을 넘는 실질적인 우남식(雩南式)의 면전질타 · 성토 · 각
서교환 등이 실천적으로 행해져야 그 실효를 거둘 수 있다고 본다. 사상가이
기도 한 안중근 의사가 이토오(伊藤博文)을 사살하였기 때문에(1909년) 이
를 계기로 다음해 8월 일본은 한국을 급속히 합병하였다고 표현한 것은(195
쪽) 언어도단인 것이다. 오히려 안의사의 이토오 총살은 국권탈취를 1년간
연기시킨 것이다.

(13) 국권피탈의 사실을 왜곡 · 날조

문제된 일본교과서의 한국관계의 기술 가운데 본격적으로 사실을 왜곡 · 날
조 · 은폐한 부분은 1904년 2월 한 · 일의정서를 강제로 체결한 이후부터
1945년까지 약 40년에 걸친 일제강점시기에 관한 기술이라고 생각된다. 말
썽난 『신편 일본사』의 195쪽에는 첫째 '일 · 한병합'이라는 소항목에서 「일 ·
러개전」 직후의 1904년 2월 일본은 "한국과 일 · 한의정서를 맺어 한국영토
내에서의 일본군의 자유행동을 인정받았다"고 기술하고 있다. 그들이 그 당시
한 · 일의정서를 체결하려는 의도는 대러시아전에서 승리하기 위해서였다.

그 내용은 일본의 사정개선을 받아들여야 되고, 군사상 필요한 지점을 수
시로 사용할 수 있게 하여 정치적 · 군사적 간섭을 합리화하도록 허용한

것이었다. 그러므로 한국으로서는 치명적인 충격의 협정인데, 어찌 강제적이고 위협적인 체결이 아니라고 할 수 있겠는가. 따라서 한국은 임업·광업·어업 등 6대강령에 의한 침략을 감당치 못하고 속수무책의 피탈형세였던 것이다. 같은 해 5월에는 한·러조약과 러시아에 특허를 준 삼림벌채계약도 파기하는 등 한국과 러시아 간에 맺어진 모든 협약은 무효화 되었다. 한국에서의 일본 외적인 세력은 전부 제거 축출된 셈이니 일본이 러시아를 이길 수 있었던 것은 한국의 타율적 지원에 크게 힘입었기 때문인 것이다. 더욱이 일본은 경부·경의선 두 철도를 군용화하여 탈취하고, 철도부설을 완성함으로써 각종 수송의 이점을 대러시아전에서의 승리를 위해 최대한 활용했다.

한국은 충남·황해·평남 등 연안의 어업권·항해권, 직산과 수원의 금광권도 탈취당하여 빈사상태에 빠져 들어가고 말았다. 거기에 더하여 일본은 한국의 황무지를 개간한다는 명목으로 허가권을 얻으려 기도하였으나 이상설 등의 보안회가 주축이 되어 범국민철회운동을 일으켜 성공하였다. 말이 황무지이지 실은 황금지라 해도 과언이 아닌 기름진 땅을 개간이라는 명분으로 탈취하려 했던 것이다. 이처럼 한·일의정서는 외견상 간단한 것 같으나 침략의 서막이라는 면에서 그 중요성이 자못 큰 것이었다.

(14) 3·1 혁명을 야만적 난동으로 날조

3·1혁명부분에 있어서 3·1혁명의 왜곡·과소평가문제이다(202쪽). 『신편 일본사』에서는 제목도 분메이지 않은 항목 아래 3·1혁명을 왜곡한 채 불과 3줄 정도로 간략히 처리하였다. 이 운동은 평화적인 시위로서 "독립이 선포되었으니 일본군은 물러가라"는 의도에서 시작된 것이다. 그런데 3·1혁명 자체가 무력진압을 불러일으켜 유혈참사를 빚었다고 왜곡·날조하였다. 수정부분도 거의 그대로 방치해 두었다. 가장 격분할 대목은 우선 3줄 속에 표현된 내용 중에도 왜곡이 끼어 있다. 그것은 3·1혁명이 마치 윌슨 미국대통령의 민족자결주의에 의하여 전폭적으로 일어난 것처럼 기술한 것과 '운동'의 표현도 미약한데 '3·1사건', '만세사건'이라는 등 '사건'이라고 표현하고

있으니 이 무슨 민족적 모욕이며, 대한민국의 정통성을 부인하는 처사인가.

3·1혁명은 윌슨의 영향이 아닌 동학농민혁명의 구국정신(輔國安民)과 인간성 회복(人乃天), 그리고 자주자립의 의식이 내재적으로 성숙 발전된 데서 찾아야 하는 것이다.

몽매한 농부·목동이 대한독립만세를 제창할 때 그들이 윌슨이 대통령 이름인지 감기약 이름인지 어떻게 알고 만세를 외치면서 뛰어 나왔단 말인가. 3·1혁명을 그들은 '3·1소요사건'이라고 하여 전 민족적 일체감(민족화합민주통일정신)의 함성·절규·독립운동을 과소평가하고, 이를 경미하고도 야만적인 소요·혼돈·무질서의 일시적 난동 정도로 애써 가볍게 평가하였던 것이다. 이로 인한 최대의 성과는 중국 상해에 우리의 정통민주공화정부인 대한민국임시정부(그들은 이를 가정부라 했다)가 수립되어 1945년까지 국내외를 통할·통치하는 국가적 기능을 수행했다는 사실이다. 임정의 역사는 이 교과서에서 일언반구도 비치지 않고 있다. 이 3권분립의 민주공화정부가 채택한 헌법이 곧 오늘날 대한민국의 헌법으로 이어졌으니 한국의 법통성이 3·1혁명정신에서 연유하고 있음은 자명한 사실이다. 앞으로 헌법이 어떻게 고쳐지든 간에 이 3·1혁명정신, 즉 헌법제정의 의도는 영구히 살아 정통성으로 맥맥히 이어지게 될 것이다. 따라서 저자는 흔히 말하는 3·1혁명은 단순한 운동적인 차원에서 '민주혁명'으로 승화시켜야 되며, 동학농민혁명 이래 성공한 민중역사의 승리의 한 면이라고 판단하여 한 시대를 획할 수 있는 중요한 역사적 사실임을 분명히 해두고 싶다. 임정의 존재가 곧 북한과의 정통성 논쟁에서 경쟁력을 갖게 되는 것이다.

(15) 관동대진재의 한국인 학살사실의 은폐

관동대진재 부분에 있어서도 같다. 이는 관동대진재 때의 일본인의 한국인학살사건이었다(209쪽). 수정본을 보면 "혼란 중에 조선인에 불온한 움직임이 있다는 유언이 번져 여기에 속은 자경단 등이 다수의 조선인을 학살하는 참혹한 사건이 생겼다"(11쪽)고 표현하여 한국인의 학살에 대한 원인과 책임소재를 모호하게 얼버무리고 있다. 일본은 '불상사'라는 가당치도 않은 용어를 사용함으로써 천인공노할 만행을 회개는 못할망정 은폐하거나 불가피성으로 호도하고 있는 몰염치성과 잔혹성을 보이고 있다.

(16) 한국인의 강제징병을 날조

강제징병부분에 있어서도 경악할 만하다. 강제징병 등에 관한 인력수탈문제의 왜곡이다. "조선·타이완출신의 청년도 군에 편입되어 전선에 나갔다"(209쪽)고 하여 징병이란 용어를 사용하지 않았으나 한국이나 타이완의 청년들이 자진해서 일본군대에 나가 소모전에 희생이 되었다는 말인지 …. 그 이외에도 창씨개명, 신사참배, 토지·식량 약탈, 여자정신대, 일본어 강제교육, 한국어 사용금지, 역사의 말살 등 문화침탈에 관해서는 그전과 달리 전혀 언급조차 없었다. 그런 악랄한 행동이나 정책을 편 일이 없다는 뜻에서 언급을 회피하였는지, 아니면 분란의 소지가 있을 것이므로 처음부터 삭제하였는지는 모르겠다. 단순히 수정본에는 "징병되어 전투에 참가했다"로 고치고, 소위 창씨개명('왜식성명강요'의 용어로 고쳐 써야 할 것이다)만 추가로 삽입한 채 '침략'이라는 단어는 일체 쓰지 않았다.

물론 일제는 그 강점기 전후에 한국을 각 방면에 걸쳐 간교하게 침략해 왔음에도 불구하고, 그 용어를 쓰지 않았다. 그 대신 경영·경략·지배·보호·감독, 후원 등으로 간접적인 표현방식을 썼다. 어떤 문서자료에서도 그들은 우리나라를 침략하였음에도 불구하고 암호로만 표현하였으니 민비 명성황후를 시해하고도 증거를 인멸하여 완전범죄를 노린 것과 같이 모든 방면에서 증거인멸작전을 시종 써왔던 것으로 판단해야 할 것이다.

3. 일본의 교과서 왜곡에 따른 한국인의 대응자세

일본인은 5천년의 우리 역사를 서술할 때 일본과 관련된 부분 중 70여 항목을 왜곡해 놓았다. 그것은 거의가 한국의 영향으로 국가가 형성된 문제를 정면으로 거부하고 마치 일본의 문명은 자력에 의하여 독자적으로 이룩된 양 무책임한 서술로 인간의 양심마저 사장시키고 있으나 아스카문화를 비롯한 유수한 문명의 발생은 전적으로 한국의 고대문화가 전파되었기에 찬란한 꽃을 피울 수 있었음을 일부 양심 있는 일본학자도 인정·수긍하고 있는 사실이다.

그 이외에 고려 시대의 질 높은 문화가 일본의 중세문화를 자극하고, 우리 문명의 큰 영향을 받아 강한 사무라이정신을 배양할 수 있었음에도 불구하고, 일본의 국력을 신장케 한 근본문제에 관해서는 전혀 언급조차 기피하고 있는 것이다. 더욱이 왜곡된 70여 항목 중 고대·중세부분은 20여 항목에 지나지 않으나 나머지 50여 항목이 근대·현대에 치중하고 있어 사건의 심각성과 의도성을 여실히 드러내고 있다.

고대나 중세부분은 무책임한 전설이나 신화 같은 『일본서기』에 나타나는 신빙성 없는 자료를 금과옥조인 양 제멋대로 제시하여 해석을 자의적으로 붙이고 있어 더 이상 입씨름 할 흥미조차 없는 것이다.

근대와 현대사부분은 바로 일본의 한국 및 동남아를 침략·지배·탄압하였던 사실을 은폐·미화·정당화하는 데 가장 적절한 시기이며 항목이기 때문에 중점적으로 왜곡·날조·제시함으로써 그 못된 기질을 감추려는 것이다.

문제 중 가장 핵심을 이루는 것은 19세기 말의 정한론쟁으로 한국을 정벌하는 책임이 일본에 있는 것이 아니라 우리 측에 있다는 몰염치한 억지 주장인 것이다. 이런 논쟁의 맥락은 정한론쟁 이후 1945년 저들의 패망 때까지 줄기차게 이어지고 있다.

정한론은 메이지유신 이후 대원군에 의하여 저들의 수교를 전제로 한 단순히 외교문서의 거절사건 때문이었을까? 이미 일본의 한국침략근성은 삼국시대 이래 왜구적 본능에 따라 정책적인 면으로까지 확대된 섬나라 사람들의 해외식민지 개척의 열성 때문에 빚어진 자구책이기도 하였다. 그것이 임진왜란 때 더욱 구체적으로 명확해지고 있음에도 불구하고 그들은 침략이

아니라 오히려 과거 임나일본부가 남한 지역에 자리 잡고 있었기 때문에 일
종의 식민지와 같다고 억지를 부리는 것이다. 실지(失地)를 회복한다는 엉뚱
한 논리에 근거하고 침략의 정당성을 획책하고 있는 것이다.

이를 근거로 거짓투성이의 『일본서기』, 『고사기』나 변조설이 굳어진 광개
토왕 비문을 그 예로 들 수 있다. 신화나 거짓 자료가 얼마나 근거가 희박한
가 하는 것은 비전문인도 능히 판단할 수 있는 것이다.

따라서 왜곡된 것 가운데 중요한 문제 중의 하나인 정한론은 두말할 필요
없이 무사정신에 입각한 일본인의 의식구조에 따라 임진왜란 이후 일본인학
자들에 의하여 형성된 조선열등론과 멸시론에 근거하고 있는 것이다.

결국 일본 역사교과서의 한국관계기술의 왜곡은 단순한 사실의 날조·은
폐로 시종되었던 것이 아니고, 일본의 한국침략과 지배를 합리화·객관화하
자는데 그 저의가 버젓이 숨어 있음을 지적·분석해야 할 것이다. 바로 이
점이 우리가 중시해야 할 부분이다.

일본 교과서의 한국관계기술의 왜곡은 1945년 이후 서서히 고개를 들기
시작하였으나 본격화된 것은 1982년부터였다.

3·1혁명을 '폭동'이나 '소요사건' 정도로 격하시키고 있는 것 등 모두 30
여 항목에 걸쳐 의도적인 왜곡을 보이고 있다. 이에 한국학자와 국민이 들고
일어나 그 근본적인 시정을 요구하여 외교 분쟁으로까지 확대된 심각한 사
태를 지금도 생생이 기억하고 있다.

특히 우리나라의 정통성의 계기와 맥이 되는 3·1민중역사의 승리를 폭
동·소요사건 따위로 격하하여 혐오감을 조장하고 있음에는 신경전을 유발
하겠다는 일본의 대한(對韓)정책이 도사리고 있음을 직시해야 할 것이다. 그
렇게 함으로써 한반도에 있어서의 등거리외교의 균형을 노려 국익을 거두어
들이자는 얕은 속셈이 얄팍한 일본인답게 노출되고 있음을 정책당국은 파악
이나 하고 있었는지 의구심이 앞설 뿐이다. 그 후 1984년과 1986년에 또
문제가 일어났으니 2년마다 습관적으로 왜곡사건은 재발성을 갖고 있는 것
같다.

얼마 전 8·15광복기념학습발표회 때 일본교과서에서 3·1혁명을 '폭동'으로 기술하였다고 고백한 아이찌(愛知)대학 에구지 게이지(江口圭一)교수로부터 그 경위를 들었다. 원래는 그렇게 학자가 기술하지 않았는데 일본 문부성의 군국주의적 기백의 잔재관리가 심의하다가 '폭동'이라고 우겨 썼다는 것이다. 그래야만 검인정에서 합격될 수 있다는 것이다. 그러므로 그렇게 정부의 지시에 따랐다는 것이다. 그러면서 '폭동'이 한국민 전체를 자극하고 심한 모멸감에 빠지게 할 줄은 전혀 예측하지 못했노라고 정중히 사과하는 태도를 보였다. 에구지 교수의 말을 얼마만큼 믿고 대응해야 할런지는 모르겠으나 이와 같은 단적인 사례를 통하여 알 수 있는 것은 역사왜곡은 일본인학자의 손에 의해 이루어진 사태라기보다는 정한론에 향수를 품고 있는 군국주의적 잔재인 정부관리의 애국적인 극우적 국수주의에서 우러나온 것이라고 할 수 있다. 즉, 일본의 대한정책적 차원에서 일어나고 있음을 우리는 직시해야 할 것이다.

따라서 한국사의 왜곡사실 70여 항목 가운데 근대·현대사부분에 50여 곳이 집중·기술되어 있다는 것은 그냥 범상하게 넘길 「외교적 관용」과는 전혀 거리가 먼 것이다. 우리나라의 역사왜곡과 관련된 고위 공직자는 이에 국운을 걸고 철저히 규명해야 한다. 한일역사공동위원회는 세금만 축내고 왜 존재하는가?

한국인의 결점 가운데 하나는 격분되었던 사실까지도 어느 기간이 지나면 망각해 버리고 마는 습성을 갖고 있다는 점이다. 그리고 예외와 명분을 중요시하기 때문에 면전에 대고 심한 질타나 매도하는 직격탄을 퍼붓지 못하는 아쉬움을 갖고 있다. 바로 일본의 한국사관계의 현저한 왜곡이 민족의 자존심을 여지없이 유린해 버리는 데도 인내와 예의범절을 꼬박꼬박 찾고 있음은 그리 현명한 관례가 되지 못하는 것이다.

한국인의 이와 같은 속성(국민성)에 비하여 일본인의 국민성 가운데 하나가 다데마에(建前)와 혼네(本音)라는 양 측면을 가지고 있다는 사실이다. 겉다르고 속 다른 표리부동이라고 해석될 수 있는 묘한 자기합리화와 입바른 변명의 또 다른 자만과 복종형의 속성을 지니고 있음을 알아야 할 것이다.

일본이 한국을 침략하기 시작한 것은 1876년 2월 27일 강화도 연무당에서 근대적인 의미로써 최초의 소위 수호조약이라는 강화도 조약, 즉 병자조약을 체결한 때부터였다. 전문 12개조에 담겨진 내용은 3분의 2가 장차일본의 한국침략을 문서적으로 보장해 준 결과를 가져오고 말았던 것이다. 그 제1조에 "조선은 자주국이고 독립국이다"라고 한국민을 안심시키는 거짓 호의로 음흉한 선린우호를 내세웠던 것이다.

이런 거짓 사실을 당시 당국자는 전혀 비판·분석하지 못하고 사탕발림에 여지없이 넘어가 전국토를 짓밟히게 되었다. 역사왜곡사건은 그것이 단순한 한국관계 기술의 허위·가식·기만으로만 끝나는 것이 아니다.

역사왜곡은 빙산의 일각일 뿐 그 속에 도사리고 있는 일본의 신군국주의적인 일방적 민족주의의 못된 망령이 또 다시 향수에 젖어 한반도를 군침삼키고 있다는 믿지 못할 진실된 내면을 들여다본다면 경악을 금치 못하고 곧 자위수단을 강구해야 하겠다는 생각을 정비하게 될 것이다. 따라서 몇몇 용어의 왜곡은 이제 전체의 진맥을 살필진대, 그리 대수롭지 못하다는 사실을 가슴에 새겨야만이 제2의 정한론을 방어할 수 있는 것이다.

작금을 통하여 일본이 신국가주의적 경향을 띠고 그 준비작업에 착실한 출발을 보이고 있는 것은 교과서를 비롯하여 각 방면에 걸쳐 팽창일변도의 과거일본을 재창조하자는 심증이 굳게 자리하고 있다는 것을 의미한다. 이런 음흉성이 가까운 일본에서 일어나고 있는 이때에 고위관리는 극히 외교적인 언사로 안일하게 앉아서 대응하여 과연 한국의 번영이 올 것이며, 한·일 국교정상화 40년의 참뜻이 살아날 수 있다고 보는지 모르겠다. 따라서 이의 효과적 대처를 위해 보다 근본적인 일본 연구가 철저히 뒷받침되어야 한다.

너무나 당연한 사필귀정의 일본교과서 넋두리는 더 이상 하고 싶지 않다. 이제 문제는 그런 사소한 사건에서 속히 탈피하여 거시적이고 근원적인 문제해결에 접근해야 할 것이다.

2005년은 어떻게 맺어졌든지 간에 한·일 국교정상화 40주년이 되는 해로 기억된다. 1984년에 우리나라의 대통령이 일본을 공식방문 하였을 때 일황이 정중히 영접하고 한국문화가 일본에 건너와 국가를 건설하는 데 크게 영향을 미쳤다고 공식적으로 세계에 알린지도 2년이 되어 오고 있다. 선린 우호를 다짐하면서 일본은 이상하리만큼 가깝게 대하고 있음을 본다. 이것은 어떻게 보면 잘못을 저지를 것 같은 묘한 예감을 떠올리게 하고 있다. 과연 선린우호가 액면 그대로 작용하여 세계평화에 기여하려는 진실된 의도를 가지고 있는지 한번 묻고, 또한 알아보고 싶은 심정이다. 우리는 역사상 그와 같은 신뢰할 듯한 경우를 많이 경험하였기 때문이다. 1876년 강제개항으로부터 1910년 국권피탈까지 60여 차에 걸쳐 한·일 간의 각종 조약을 체결하였는데, 그때마다 조약내용 중에는 반드시 선린과 우호를 상징하는 조목의 단어가 진실인 체 삽입되어 있었다. 이 같은 사실을 파악하지 못하고 그냥 지나쳐 버리는 정책담당자가 의외로 많다는 사실에 경악을 금치 못하고 있다.

그러면 지금의 일본당국자가 그때 그 사람들인가 하고 기우라고 지나쳐 버리려 할 사람도 있을 것이다. 일본인의 속성 가운데 하나가 바로 복고주의적이고 향수와 미련에 몸을 떤다는 사실이다.

왜곡사실을 뻔히 알고 있으면서도 그들이 '못 고치는 것'이 아닌 '안 고치는 것'은 그 이면의 심성을 바로 직시·파악해야 하는 것이다. 그들은 1910년부터 1945년까지 35년 동안 한국을 짓밟고 세계에 유례가 드문 강대국으로의 단계로 이룩하였다. 유명한 제국주의국가―미국·영국·프랑스·독일·이탈리아―들이 이류단계를 거칠 때 50년이란 긴 세월이 뒷받침해 주었던 반면에, 일본은 지하자원이나 지식의 빈곤 등 악조건 속에서도 30년 만에 이룩하였다는 놀라운 성과를 어떻게 객관적으로 평가해야 할까? 두말할 필요 없이 한국 등에서 그 모든 것을 송두리째 빼앗아 갔기 때문이다. 즉, 한국과 한국인의 희생이 밑바탕이 되어 주었기 때문에 일본은 부국강병, 즉 세계경제대국으로 주목을 받는 강대국이 되었다.

이런 침략의 맥락을 잇는 자의 경륜을 갖고 오늘날도 일본의 고위당국자는 꿈틀거리는 것을 우리 한국인은 잘 파악하지 못하는 것으로 본다. 일제

때 친일파와 매국노들을 볼 때 물론 그들 자신이 간흉함은 물론이지만, 일본의 유도작전이 더욱 음흉스럽고 저주할 일인 것이다. 지금 바로 그 후손이 그대로 대를 물려가면서 한국의 통일을 오히려 은근히 시기하고 있을지도 모르는 것이다.

남·북한을 왕래하는 일본은 정치와 경제의 분리정책이라는 세계에서 유례가 드문 간흉책을 구사하면서 국익을 위하여서는 우호·신의·선린이고 다 헌신짝 버리듯 쉽게 떨쳐버리는 속성을 가지고 있음을 절대로 간과해서는 안 될 것이다.

한반도의 분단책임이 미·소 등 강대국의 전후 처리의 미숙에도 있으나 무엇보다도 1차적이고 근원적인 것은 일제의 침략 때문이었다. 그로 인하여 19세기 후반기에 들어서서 한국인에 의한 자율적인 개화, 즉 근대화(광무개혁)가 1905년의 일제침략으로 말미암아 완전교란 내지 단절당하고 말았기 때문에 그 후속적인 근대화가 모두 일본식으로 시행착오만 되풀이 된 것이었다.

8·15 이후 일본의 구보다(久保田)의 망언으로부터 문부상을 지낸 후지오 마사유키의 망언 가메이 시즈카 아소다로의 폭언에 이르기까지 화려한 망언 60년사가 시사해 주듯이 뻔뻔함과 침략근성이 조금도 사라지지 않고 있음을 볼 때 진정한 선린·우호를 바란다면 어찌 등거리외교에 각종 무기와 간첩 장비를 북쪽에다가 눈치를 보면서 공급하고 추파를 던진다는 말인가. 우리의 의식구조로는 도저히 생각할 수 없다. 따라서 그들이 진정으로 한반도 분단의 책임을 느낀다면 오늘부터라도 통일의 외적인 협력을 아끼지 않아야 할 것이다.

따라서 우리 내부의 해결적 노력과 일치하여 민족의 최대숙원인 통일을 달성시켜 갈 수 있을 것으로 전망해 본다.

한·일 신(新)시대의 자세는 과거의 오욕의 역사를 대오 회개하고, 영광과 공존 및 평화정착의 분위기 조성으로 일본의 젊은층이 솔선해서 이끌어 나가야만 어느 정도 기대할 수 있고, 감정도 순화시킬 수 있는 것이다.

그러면 과연 우리의 역사에는 왜곡·미화·과장·은폐된 구석은 없는가. 집안 문단속을 잘 하면서 과거의 상처를 기반으로 해서 경거망동이나 쉽게 일본인과 악수하고 동화하려는 반민족적 자세를 속히 고칠 때 비로소 이웃으로서의 일본이 한국에 동화되어질 것이다. 우리의 자세와 각오 여하가 한·일 관계의 진정한 주체가 될 것이다.

마지막의 분석과 논평으로 일본 고대사로부터 1860년대 전후까지의 『신편 일본사』에 관한 왜곡 내지는 일본학자의 무지를 지적하고 총 결론을 내릴까 한다.

이 시기에 있어서 크게 문제되는 분야는 왜곡·날조·탈락이고 간에 전혀 수정의 손을 대지 않았다는 사실이다. 매우 염려할 만한 일이다. 이는 학문적인 순수성을 떠나 정치 내지는 독립운동적 차원에서 과감한 수정을 가하도록 촉구해야 할 것이다. 미온적인 방법이나 재래식 요청 따위의 신사적이고도 예외적인 의사표시로 실효를 거둘 시기나 수준은 이미 지났음을 알아야 할 것이다. 대한민국의 정통성과 국기마저 뒤흔들어 놓는 반만년 역사의 일대 오욕이며 국치인 것이다.

일본은 국위의 '선전'과 사실의 '교육'은 전혀 별개의 차원임을 신중히 인식하고 겸허한 자세로 우리의 정당하고 객관성이 있는 주장을 받아들이는 지혜를 보여야 할 때가 바로 오늘날이 아닌가 한다.

1984년 8월 나카소네 야스히로(中曾根康弘) 일본수상은 우리나라 대통령의 방일에 즈음하여 한국 기자 앞에서 일본은 과거 한일관계를 깊이 반성하고 있으며, 고쳐야 할 것은 고쳐 마땅하다고 공식 언급하였다. 그리고 "이는 우리 국민의 소리이기도 하다"고 강조한 바 있었다. 자민당은 1986년 선거에서 압승함으로써 보수정치의 굳은 기반을 마련한 셈인데, 차제에 국민적 양심을 토대로 일본역사를 역사답게 재구성해야 할 것이다. 고이즈미 총리의 야스쿠니 신사 참배도 속히 중단되어야 한다.

요컨대 일본교과서의 수정문제는 근본적으로 올바른 사관이 정립된 뒤에 기술하려는 자세가 필요한 것이다. 즉, 몇몇 자구수정으로 교과서 왜곡문제가 완결될 것으로 생각한다면 금세기 마감을 앞둔 시점에서 한·일 두 나라에 다 같이 불행한 결과가 초래될 것이다. 전체적인 흐름의 순수사관에 입각하여 시종일관되어야만 일본역사에서의 한국에 대한 식민사관이 불식될 것이고, 이때부터 새로운 동반자로서의 한·일 관계사가 의욕적으로 진행될 것이다. 정직하게 반성하고, 오류의 전철을 밟지 않는 것이 진정한 일본의 내셔널리즘의 형성일 것이다.

   결국 앞에서 언급한 왜곡사실의 공통점은 '언어의 유희'로 한국민을 기만하고 위장된 선린을 애써 보이려 하였다는 점을 지적할 수 있다. 아마도 이 왜곡사건은 쉽게 풀리지 않을 전망이다. 『신편 일본사』는 『곡편 일본사』라고 명명해야 할 것이다.

후지오 망언의 저의
―일본에 대한 자세 분석―

1. 아리송한 전후총결산의 심중

　일본과 우호관계를 맺으며 될수록 과거의 아픔을 억제하고 살아가려는 한국인의 민족적 자존심을 크게 저해·손상시켰던 후지오 마사유키의 망언으로 무기 연기되었던 한·일 외상회담이 나카소네 수상의 그에 대한 전격문책(파면)을 계기로 도쿄에서 개최되었다. 외교적인 경로를 통해 한·일 외상회담이 전개된 것은 다행스러운 일이다. 그러나 한·일 관계의 교착에 대한 근본적이고 우호적인 문제의 해결없이 외교적으로 미봉된 가운데 열린 외상회담이었다. 따라서 그것을 지켜보는 국민의 심중은 격분·허탈·개탄 등으로 착잡한 생각뿐이다. 경악스러운 것은 후지오가 그의 망언과 관련해 끝내 사임이 아닌 파면을 고집함으로써 자신의 발언에 대한 정치적 소신을 끝까지 지켰다는 점이다. 그것은 정치적 할복자살과 같은 일본인의 의식구조로 보면 수긍이 가는 일면도 있겠다.

　시류에 민감한 정치인으로서 자신의 거취선택에 관한 정치적 이해득실에 대해 손익계산을 안했을 리가 없다. 따라서 후지오의 그 같은 결심은 그가 자신에 대한 자민당 내의 지지에 대해 나름대로의 확신을 가졌을 것이다. 이러한 사실은 지난 참의원결산위원회에서 카토 농상과 타마키 총무처장관이 "후지오가 한·일 관계, 일·중공관계가 중요한 이때를 배려하지 않고 발언을 한 것은 잘못이나 자신의 신념을 끝내 굽히지 않았다"고 후지오를 감싸주고 있었다. 그러므로 많은 자민당 내의 정치엘리트들도 후지오와 같은 사관

(史觀)을 갖고 있음을 시사하고 있다. 결국 후지오 망언의 충격파가 그 내용에 있는 것이 아니라 그 시기상의 비적절성에 있었다는 점을 지적하였다고 할 수 있다.

이번에 불쾌감을 던져준 후지오 마사유키의 망언은 개인의 견해이기에 앞서 노골화되고 있는 일본 내 극우파의 신국가주의·신제국주의에 뿌리를 둔 것이었다.

나카소네 일본수상이 재집권하는 과정에서 '전후총결산'이라는 정치 구호 아래 국가주의적 발언을 해온 데도 그 원인의 일단이 있다. 이제 비록 망언의 주인공 후지오가 물러갔다 하더라도 그 망언의 뿌리가 근절되지 않고 있는 이상, 문제의 저의가 분명히 되살아날 위험이 있음을 우리는 직시해야 한다. 즉, 그 망언을 낳게 한 신국가주의의 복고적인 정치·사회분위기가 바뀌지 않는 한 제2, 제3의 후지오가 나타날 것은 명백한 사실이기 때문이다.

후지오의 망언에 관해 대부분의 일본신문들은 그 사설을 통해 과거 일본이 가해자였고, 한국·중공 등 아시아 각국이 피해자였음을 인정하고 있다. 아시아 이웃 국인들의 심정을 일본인들은 냉정하게 이해하는 노력을 해야 할 것이라고 맹성을 촉구하고 있다. 그렇지 않을 경우에는 일본은 아시아에서 혹독한 고립을 면치 못할 것이라고 경고하고 있다.

나카소네 수상의 후지오 파면조치는 타당한 것이라고 논평하고 있다. 뿐만 아니라 나카소네 수상 자신도 후지오를 임명한 것에 대해 책임을 느끼며 반성을 한다고 답변하고, 아시아 각국과의 우호증진과 관계개선은 일본에게 특히 중요하다고 강조하였다. 이는 일본언론의 정치적 비중을 알 수 있게 하는 중요 대목이기도 하다.

2. 일본수상의 방한 의도와 감정 처리

아시아경기대회에 나카소네 수상이 사과의 의미로 방한하여 우리 대통령과 양국정상회담을 통해 앞으로의 현안문제를 논의한 것 같다. 그것은 일본 수상의 방한은 그동안 고조된 반일감정 등 여러 가지 장애요소들을 제거해야 한다는 인식에서 나온 전략적인 정치판단일 것이다. 일본 정부각료의 한국민을 자극하는 망발에 대해 이처럼 속히 한국민의 아픔을 이해하고 자신의 과거를 반성할 정도의 성의있는 성숙한 일본이라면 어떻게 한·일 국교정상화 이후 반세기동안 끊임없이 제기되어 온 재일한국인 법적지위 개선문제, 지문날인문제, 북한과의 등거리외교, 통일문제의 대부(代父) 임무자담, 무역불균형 시정문제, 그리고 최근의 왜곡된 역사교과서 수정문제 등이 그토록 해결되지 않은 채 지지부진한 상태에 있을까. 이번 한국의 외무장관이 새로 교체된 뒤 겨우 열린 제1차 정례 한·일 외상회담에서 일본은 해묵은 독도문제를 거론함으로써 우리에게 심한 당혹감을 주었다. 그것은 신경전이었다.

한편으론 일본정부가 '한·일 새 시대'를 외치고, 한·일 관계개선의 중요성을 부단히 강조하면서도, 다른 한편으론 후지오 망언에 대해 사과를 해야 할 외상회담에서 독도문제를 거론하여 한국민의 감정을 자극한 것은 저주스러운 작태였다. 결국 외상회담에서 일본 측의 독도 트집은 우리로 하여금 후지오 망언에 대한 일본정부의 사과가 과연 진심이었나를 의심케 하지 않을 수 없게 한다.

3. 왜곡된 일본의 대한국관 시정문제

일본정부의 경우는 이번 외상회담에서 독도문제를 거론하는 것이 시기적으로 현명하지 못한 것을 잘 알면서도 그들 나름으로의 계산이 도사리고 있었다. 후지오 망언에 따른 외상회담의 열세를 만회하거나 상쇄하려는 외교적 언동이었고, 그것을 전략적 수단으로 삼으려 했던 것 같다. 독도문제를 새삼 거론한 저의야말로 그들의 대한외교의 오만함을 단적으로 나타내 주는 것이다.

우리는 일본의 혼네와 다데마에라는 이중적인 국민성의 표리부동하고 오만한 대한외교자세에 접하고 연중행사 같은 망언을 들을 때마다 과거에 나라를 빼앗겼던 아픔을 맛보게 된다. 다시는 경멸받지 않는 민족이 되어야 하겠다는 다짐을 하게 된다. 우리들이 한·일 외교의 획기적인 전기마련과 왜곡된 일본의 대한국관을 근절하기 위해 치러야 할 희생과 결단이 이 중요시점에서 무엇인가를 깊이 반성하고 예리하게 현실을 분석해 보아야 할 것이다.

후지오의 망언이 도사리는 이유는 바로 제2의 정한론이 일본인의 의식구조에 체질화되고 있다는 점을 짚고 넘어가야 할 것이다.

4. 웃어넘길 수 없는 화려한 망언사

이게 몸서리치는 일본인의 한국을 의식한 화려 찬란한 망언을 살펴보기로 한다.

일본 전문부상 후지오가 일본의 침략전쟁을 미화하고 군국주의의 부활을 기도하는 망언을 해 아시아, 즉 태평양국가들의 반발과 격분을 자아냈다는 기사가 중공의 『인민일보』에 났다. 이처럼 후지오의 망언은 우리나라뿐만 아니라 일본과 관계를 맺고 있는 아시아의 모든 국가에게 거센 분노를 사고 있다. 그러나 일본의 이 같은 망언은 어제오늘 있어 온 것이 아니다.

이미 메이지유신이 단행되던 시기인 1868년(고종5년) 12월 12일자 청나라 광동에서 발행하는 중외신문에 일본의 유신지도자 하찌도(八戶順叔)가 "신라왕자가 일본에 온 이래 삼한이 일본에 종속했었고, 도요토미(豊臣秀吉)의 조선원정 후부터는 조선의 왕이 5년마다 한번씩 일본 에도(江戶)에 와서 대군을 배알하고 조공을 바쳐왔는데, 근간에 이를 폐했기 때문에 지금 일본에서는 조선을 토벌해야 한다는 의논이 분분하다"라는 망언을 한 것이 보도된 것이다. 이때도 조선조정에서는 이 망언에 대해 항의해 사실을 시인하고 사죄를 통고받았다.

또 3·1혁명 직후 당시 일본수상 하라(原敬)는 "조선은 일본의 우방이 아니요, 또 식민지가 아니라 일본의 연장이다" 하여 3·1민주혁명에 찬물을 끼었었던 망언이 있었다. 그 이외에 "36년간의 일본통치는 한국인에게 베푼 은혜"라고 말한 1953년의 구보다 망언도 큰 파문을 불러 일으켰다. "한국·타이완과 더불어 일본합중국을 만들면 좋겠다"는 1958년의 오노반보쿠의 망언, "일본인은 아프리카 토인이나 조선인으로 태어나지 않은 것을 다행으로 생각해야 한다"는 1961년의 아라키 망언, "이토오(伊藤博文)처럼 일본은 한국에 파고들어야 한다"는 1962년의 이케다 망언, "일본의 조선지배는 조선을 보다 좋게 하려한 것이다. 20년만 더 조선을 가지고 있었더라면 좋았을 것이다"라는 1965년의 다카스기 망언 …. 이어 잇따른 후지오, 아소 망언에 이르기까지 1백여 년의 망언사가 일맥상통하고 있음을 우리는 알아야 한다.

그런데 수없이 많았던 일본 측의 망언파동, 역사왜곡, 독도소유권주장 등을 우리는 왜 가만히 앉아서 듣고만 있었는가. 사실을 왜곡하고 한국인의 민족감정을 자극하는 망언을 기회가 있을 때마다 스스럼없이 부르짖는데도 우리는 왜 경청만 하는가. 우리는 과연 언제까지 이런 정석적인 온순한 피동자가 되어야 한단 말인가.

일본이 독도가 자기네 땅이라고 우기면, 우리는 쓰시마도 우리 땅이라고 했던 과거 이승만 대통령의 외교적 뱃심과 카리스마적 자세를 우리는 배울 필요가 있지 않을까.

5. 망언 속에 도사린 의도

일본은 7·6총선거에서 보수주의 경향이 강하게 나타나고 있었다. 신국가주의로 치달리자는 1억 총 진군의 나팔소리와도 같았다. 불개미의 총진군 같아서 소름이 끼친다. 호전성의 망령이 되살아나는 것인가 하고 말이다. 지금 일본의 안팎에서는 일본의 신국가주의 태동을 경계하는 소리가 드높아지고 있다.

정치 분야에서 일본은 줄곧 보수일변도의 길을 걸어 왔다. 대외적으로 경제마찰과 방위논쟁의 외압을 받으면서 형성된 일본국민의 위기의식과 자존심은 보수정치가 뿌리를 내리는 데 공헌하였다. 자민당의 매파 중진위원들은 '주권수호연'(主權守護聯)이라는 극우집단을 발족시켰다. 교과서문제와 야스쿠니 신사참배 등에 대한 외국의 압력을 배제해야 한다고 저희 수상을 은근히 경계하였다.

전문부상 후지오 마사유키는 거듭되는 망언 속에서 일본에 대한 전범재판을 비난하였다. 또한 연합군의 전후 일본 통치를 잘못된 것이라고 주장하고 있다. 이와 같이 정치지도자들의 보수회귀적 언동이 자민당의 압승을 타고 더욱 활발해지고 있다. 일본의 보수회귀적 움직임은 일정한 사이클을 갖고 부침(浮沈)하는 것으로 생각된다.

지난 1980년 중·참의원 동시선거에서도 자민당이 압승하자 우익정치세력들이 들고 나온 것이 바로 교과서개편과 개헌추진 및 각료의 신사참배의 공식화문제였다. 이는 정석적인 신경전인 것도 같다.

교과서문제는 침략의 역사미화로 각국으로부터 외교적 항의와 국제적 비난이 잇달아 거세지자 일본정부는 "책임을 지고 수정하겠다"는 담화까지 발표하였었다.

그런데 이번에 자민당이 압승하자 왜곡교과서를 다시 펴내고, 자민당극우파의원들은 외국의 교과서간섭을 배제하자고 주장하고 있는 것이다. 일본인들은 과거침략의 기록들을 더 이상 교과서에 올리기를 꺼려하고 있다. 2세들에게도 알리기가 싫은 것이다.

그들은 "전쟁을 일으킨 일본은 나빴다"는 '회개사관' 대신 "그때 강국들은 모두 식민지 개척을 위해 약소국을 침범하지 않았느냐"라는 식의 '침략사관'을 정당화·합리화 하려는 그릇된 망발을 밑바닥에 깔고 있다.

후지오의 망언에서 읽혀지는 것은 일본의 역사적 과오에 대해 외면하려는 반성의 포기이다. 나아가서는 과거의 침략행위에 대한 정당화를 뻔뻔하게도 이 시점에서 꾀하고 있다.

그들은 일본 고대사에서 고대한국의 대일지배력에 대한 증거를 없애려고 꾸준히 노력해 오고 있다. 허구투성이의 『일본서기』와 같은 허망된 자료를 금과옥조인 양 그 증거로 항상 내세우고 있는 것이니 가증스럽다는 것이다. 엉뚱하게 고대일본이 한국을 지배했다는 터무니없는 임나경영론을 들고 나왔다. 광개토왕의 비문까지 변조・왜곡하면서 침략의 역사를 미화시키고 있다.

이러한 의식 속에서 일본의 새로운 국가의식이 그 정체를 서서히 드러내고 있는 것이다. 안으로는 국민적 합일점을 모색하면서 밖으로는 다시 한번 아시아에 있어서 정치적 영향력을 확대해 나가려는 일본의 국제적 발돋움은 피해국이었던 아시아 각국으로부터 경계와 의혹의 눈총을 받고 있다.

한·일 새 시대를 맞는 오늘의 시각

1. 과거사의 반성과 그 성실한 자세

2005년이면 시련과 역경 속에서 한·일 국교정상화가 우여곡절 끝에 문서적으로 성립된 지 40년을 바라본다. 실제로 그 40년이 다 되었다 해도 진정으로 그것이 이룩되었는지, 아니면 허구적이고 문서적으로만 이루어져 그냥 책상서랍 속에 묻혀 버렸는지조차 분간할 수 없을 정도로 한·일 두 나라 사이의 교류는 활발하다든지, 혹은 성실과 신뢰 속에 이루어진 일이 거의 없는 실정에 놓여 있다. 두 나라 사이가 서먹서먹해져 있는 것은 한·일 양국의 국민이 다같이 느끼는 체험적 교류와 상황 의식인 것 같다. 일본은 가해자였고, 우리는 피해자였다는 데에서 기름과 물의 형세처럼 계속 겉도는 불협화의 상호 이미지를 풍겨 주고 있었던 것이다.

백번을 양보하고 세계평화에 순응하는 현명한 민족이라 해도 쓰라린 과거사를 쉽게 잊을 수는 없는 것이다. 그것도 직접지배통치가 35년간이며, 침략을 위해 간교한 정책을 쓰길 5년간, 먼 장래의 침투를 위한 갖가지 미소정책·유화정책·기만정책을 펴기 30년간, 도합 70여 년 동안 우리는 매우 피로한 괴로움의 나날을 보냈던 것이다. 그 긴 70여 년 동안의 온갖 고통·시련·역경·압박·도륙을 우리 겨레가 1천만 명일 때로부터 3천만 명에 이르기까지 계속 간단없이 '죽임' 그것을 당해 온 것이다. 그러나 우리 민족의 호국적 의지와 국난극복의 슬기·총명·단합심 …… 이런 인식과 실천체계가 곧장 외침(外侵)을 막아낼 수 있어서 한때 세계를 주름잡던 민족이라 해도 그 자취를 찾아 볼 수 없다. 그러나 우리 한민족은 불사조처럼 오뚝하게 오히려 선진국대열과 여유 있게 제휴하고 있는 것이다.

그것이 한민족의 저력이며 정신사의 주요맥락이 된다고 믿는다. 그들이 지배하였을 때 전후 약 50만 명의 인적 손실을 어찌 잊을 수 있으며, 막대한 재산상의 손실, 근대화에의 지각사태, 급성장의 포로 …… 이런 것들도 그 숫자에 못지않은 큰 민족적 손해임에 틀림없을 것이다. 더욱이 그로 인해 남·북 분단이라는 민족의 분열과 동족상쟁의 큰 역사적 상처는 쾌유되지 못한 채 8·15광복 이후 60여 년을 고난 속에서 그대로 맞게 되지 않았는가.

그럼에도 불구하고 또 다시 역사왜곡이라는 역사침략을 단행했던 그 뻔뻔한 일본인의 얼굴, 검은 침략의 마음이 가득히 도사리고 있는 몸뚱이, 가증스러운 미소 속에 담겨져 있는 선린우호와 사죄정신을 우리는 이제 무어라고 꽉 묶어 음흉의 보따리를 저 바다 속에 처박아 두어야 할지 모르겠다.

그 당시 그들은 분명히 검인정교과서에서의 "역사전쟁"을 인정하고 '항복' 한다는 의사를 분명히 보였었다. 즉각 시정하여 한국인이 납득 가게 하겠다는 발언이 있었으나 얼마만큼의 잘못이 고쳐졌는지는 이번에 그 반증이 잘 나타나고 있었던 것이 아닌가.

문제는 가해자로서 일본이 우리의 무궁한 발전을 가로막은 진로방해자로서의 파울을 솔직히 인정하고 자숙하는 국민적 성실한 자세가 분명하고도 지속적이며 제도적으로 보장되는—마음의 결단이 노출되는 계기가 22년 국교정상화의 시기에 어김없이 일어나야 할 것이다.

2. 시급한 문제분석의 초점

한국국민은 일본국민을, 일본국민은 한국국민을 매우 경계하고 있는 것 같다. 이해할 수 없는 것이 바로 이웃나라인 일본이다. 우리가 그들을 필요로 하고 있는 것과 같이 그들도 우리를 필요한 존재로 생각하는 것은 사실이다.

단지 그 견해의 차이가 있을 뿐이다.

과거사라는 문제의식을 남겨 두되 그 근저에 깔려 있는 민족의식·국가관 같은 민족의 의지는 분명하게 노출시키면서 21세기를 향한 한·일 관계를 유지하고 지혜롭게 풀어 나가야 한다.

따라서 진정한 한·일 관계는 지금부터라는 조심스럽고도 사명감에 따른 전개를 구상하고 그에 대처해야 할 것으로 생각해 본다.

면암 최익현은 1876년 병자척화상소를 올릴 때 일본을 이렇게 보았다.

"신이 가만히 듣자오니 화(和)를 하자는 것이 저들이 선린을 원함에서 나온 것이라면, 그것은 바로 강한 쪽이 바로 우리여서 우리가 족히 저네들을 제어할 수 있기 때문에 그 같은 화호(和好)는 가히 믿을 수 있겠습니다. 그러나 화(和)를 하자고 하는 것이 우리가 가진 약한 입장 때문에서 나온 것이라면, 그때 권(權)은 이미 저들에게 있는 것이고, 그래서 저들이 오히려 우리를 제압할 것이기 때문에 그 같은 화호는 결코 믿을 만한 것이 못됩니다."

이 말은 우리가 강한 입장에 있을 때는 그들은 고분고분하게 복종하지만 우리가 약한 기세를 보여 준다면 그들은 가차 없이 약삭빠르게 우리를 경멸하고 압도할 것이라는 이론인 것이다. 100여 년 전에 일본을 본 면암 최익현 선생의 시각이 얼마나 예리한 것인가를 느낄 수 있고, 오늘에도 그 원리가 그대로 통용된다고 믿는다. 즉, 그들은 약탈의 기질, 침략적 근성에다가 모방주의로 점철되어 있는 인면수심적(人面獸心的)속성이 있는 민족이라는 점을 인식해야 한다. 개개인의 경우는 상냥하고, 복종 잘 하며, 심지어는 간까지도 빼줄 듯하지만, 한 단체로 집단화하였을 때는 결연히 똘똘 뭉쳐 전혀 다른 양상을 띠는 본능을 갖고 있는 것이 일본인인 것 같다. 이것은 면종복배(面從腹背) 잘 하고, 약자 앞에 강한 자인 척 군림하며, 재리(財理)와 화계(貨計)에 대한 천부적 소질로 경제약자국 위에 서서 이기심을 만족시키는 것에서도 증명되고 있다. 면암은 『표해록』(漂海錄)에서 일본을 왜인기질이 있다고 전제한 뒤

"신(神)이 호랑이를 만들었을 때는 비록 살생만 하고 표독스러우나 가죽이라
도 쓰이도록 하였고, 뱀은 간악하나 약제로서 인간에게 이득을 주도록 하였다.
그런데 도대체 저놈의 표독하고 간악하기만 한 왜인들은 무엇에 쓰자고 만들어
놨을까 ……."

"화색에 능하기 때문에 그들과 손을 잡으면 화, 즉 경제적으로 예속될 우려가
있으며, 색, 즉 남녀의 풍기를 문란시켜 미풍양속이 하루아침에 타락하여 그 심
각한 오염을 무엇으로 막겠느냐."

라고 하여 일본인의 상륙이나 거래를 극구 경계하였던 것이다. 그 이전부터
이미 우리 선조들은 일본을 대함이 이런 철저한 경계의식 속에 있었다는 것
을 알아야 한다. 그럼에도 불구하고 1876년 2월 27일 단단한 각오 및 사전
지식도 충분치 못한 가운데 문호를 개방하였으니 그때 이미 침략을 자초한
것이 아닐까. 우리 측의 못남, 바보스러움, 지나친 믿음, 그런 것도 오늘의
역사적 우(愚)를 손짓한 것이 아닐까 한다.

한·일 관계의 내일을 조심스럽고도 비관적으로 생각하는 인사들은 처음
부터 교류를 반대하는 경우를 취하고 있다. 그러나 의연하고도 자신에 찬 자
세를 갖고 있는 분들은 조금도 걱정할 게 없다는 매우 낙관론을 펴고 있다.

두 가지 계통의 경우가 다 같이 의미를 지니고 있음은 두말할 나위도 없
다. 전자의 경우는 일본의 근성 또는 속성을 잘 꿰뚫고 있는 사람들로서 한
말의 정치가와 학자들이 일본을 경계하였던 여러 가지 사례를 잘 알고 있기
때문에 그렇게 강조하고 있다.

이에 비하여 의연하고도 자신에 찬 태도를 취하는 후자의 경우는 그들대
로의 명분을 이론으로 내세우고 있다. 면종복배하는 일본인의 속성을 표면언
행 그대로 믿고 그들의 비속한 규정을 낮게 평가하기 때문인 것이다. 비록
그들이 과거에는 우리나라를 침략하여 민족까지 말살하려는 흉계를 꾸몄으
나 이제는 그럴 여건이 못 되니까 조금도 염려가 없다는 것이다. 더욱이 일
본은 경제대국이며, 세계 으뜸의 문명국인데, 어찌 남의 나라를 백주에 침범
하려는 작태를 꾸미었겠느냐는 것으로 요약되고 있다. 전자나 후자나 다 같

이 일리가 있다. 전자는 너무 지나치게 과거에 집착하던가, 과거로 돌아갈 것을 우려하여 그런 말을 하고, 거래중단을 희망하는 것 같다. 그러나 그런 생각은 분명하게 갖고 있되 그냥 움츠리고만 있는 것이 현명하며, 국가이익을 생각할 때 내 나라의 문호만 지켜야 할까 하는 의구심이 솟는다. 몇몇 지도자가 이런 일을 다 처리할 수는 없을 것이다. 국민적 단합과 여론이 뒷받침될 때 두려움보다는 적극성을 띠고 일에 임하는 해결적인 자세가 계속 일어나야 할 것이다.

후자의 경우는 매우 경계할 일이다. 과거역사에서 우리가 대일문제에 패배의 순간들을 감내치 않을 수 없었던 것은 일본에 대해 지나친 우월주의·대국주의·경멸성 때문이었다. 상대방을 정확히 연구·분석·검토하지 않은 채 일본을 낡은 '왜놈'으로만 취급하고, 설마주의 일변도로 나갔기 때문에, 임진왜란이나 일제강점 35년이라는 우리 역사 속에 '치욕의 장'을 삽입시키지 않을 수 없었던 것이다.

우리가 시급히 해야 할 문제분석의 초점은 바로 내 것을 분명히 알고, 일본 것을 근본부터 분석·비판할 줄 아는 혜안·지혜·총명을 겸비해 두어야 또 다시 낭패 속에 빠져 들어가지 않을 것이다.

3. 한·일 양국의 문화수용자세

한국 사람들은 일본과 일본인을 이해하는 데 있어서 임진왜란이나 일제강권통치 35년간의 갖은 고초·시련·압박 등 감정을 선행시키는 경우가 많다. 따라서 세계와 동양평화를 선도해야할 한·일 두 나라사이가 늘 불편했었음을 우리는 가깝게 자주 경험하고 있다. 일본의 원류로서 한국은 늘 대국의 경우에서 문화적 우월성과 인종적 선도의식 속에 대륙적 기질을 보여 왔던 것이 사실이다. 고대·중세의 경우는 그만두고라도 임진왜란 때 7년간이나 일본의 급침으로 우리가 큰 곤경을 겪어 역사상 미증유의 대전란을 감수하였는바, 그때 우리가 일대 참화를 극복할 수 있었던 정신사적 핵심은 고도의 문화적 우월성에 있었다. 도이(島夷), 즉 섬나라 오랑캐라고 하여 일본을 액면 그대로 완전히 무시해 버렸던 것이 사실이다. 그 자세와 의식은 물론 조선이 7년 동안의 국난을 극복하는 데 저력이 되었고 원동력화되었음은 두말할 필요가 없다.

　우리의 문화·예술·풍속·제도·인명·지명 등에 일본에 건너가 무지몽매하였던 일본과 일본인을 교화·선도하였던 것을 우리 선조들은 들뜬 기분으로 응시하고 황홀하게 생각하였다.

　반면 그들로부터 들여온 문화도 있었으나 우리는 그리 대수롭지 않게 여기고 말았다. 문화라는 것은 흐르는 것이고, 전파력 수용의 강한 속성을 가지는 것이다. 문화는 상보성·융화성을 지니고, 그리하여 그 유입된 지역의 인문지리적 환경에 따라 제3의 새로운 문화를 형성하게 하였던 것이다. 헬레니즘의 문화가 바로 동서문화의 접촉·융화에서 빚어진 제3의 문화인 것을 예리하게 판단할 줄 알아야 할 것이다. 일본인은 겸허하게 우리의 문화를 받아들이되 그것을 '일본 것'으로 연구하여 착실하게 자기 자세 속에 용해하고 소화하며 체계화하였다.

　따라서 한국의 문화로서 일본에 들어가 그 곳 실정에 맞게 소화하고 체계화된 것은 이제 더 이상 한국의 문화라고 고집할 수만은 없을 것이다. 이미 일본화되었기 때문이다. 예를 들면, 고려시대의 만두가 일본에 들어갔는데, 일본은 그것을 일본만두로 확 달라진 형태로 재창조·재조명하였다는 이론이 성립될 수 있으니 그 형태의 만두는 이미 한국 산의 만두가 아니고, '일본형 만두'라고 하여 오히려 다른 나라에 들어가 크게 인기를 끌 정도였다. 그런 경우는 한두 가지로 끝나는 것이 아니다. 그런데 우리는 일본문화를 얄팍한 모방성에만 생명이 있는 것처럼 낮게 평가하고 넘기는 실수를 범하고 있는 것이다. 우리가 받아들인 일본문화는 더 이상의 일본문화일 수 없고, 그대로 결실치 못한 상태 속에 방치되는 경우를 보는 것이다.

　그러나 일본에 들어간 한국의 문화는 이미 약 37만 평방킬로미터 전역에 연구하고 분석·비판함으로 조심스럽게 일본화되었던 것임을 알아야 할 것이다.

일본이 오늘날 세계정치와 국제경제상 막강한 위치로 부각될 수 있었던 것은 단순한 부정적인 측면－침략·모방주의－에서만 평가할

것은 아니라고 본다.

시대적 흐름 속에서 볼 때 일본이 우리보다 후진성을 면치 못하고 근대화를 모색했던 것은 1868년, 즉 메이지유신 이전까지였다. 그 이후로부터 일본은 급작스럽게 전통적인 농업국으로부터 공업국으로 과감히 탈바꿈하면서 근대화를 추진하여 우리의 문화적 안일성을 딛고 능가하기 시작했던 것이다.

천황중심적인 정치체제로 바뀌면서 충을 국가발전의 기본으로 삼아 응집력을 발휘하여 웅비하기 시작하였던 것이다. 근대화란 일정한 국가나 사회내부에서 일어나는 제반모순과 비리를 척결하여 합리적이고 국익적인 체제로 새로이 다지고 건설하는 수준향상의 과정인 것이다. 거기에는 정치적·경제적·정신혁명적 근대화 등이 있었는데, 일본은 이 당시 이를 서서히 추진해 나간 것이다. 일본이 발전할 수 있었던 원동력·추진력·잠재력은 무엇인가. 지리적·국제환경적 요인과 엘리트의 충원, 그리고 그 교체과정이 비교적 순조로웠음을 지적할 수 있으며, 구체제의 와해과정에서 부각되는 개혁의 의지, 상하무사계급의 국민적 통합속성, 신체제의 점진적 형성, 봉건사회의 내부적 변화, 열강의 문호개방, 유신체제의 영향 등을 손꼽아야 할 것이다.

일본인의 국익을 앞세우는 국민성의 역사적 속성이 이 같은 제반요인과 요인을 연결하고 맥을 이어준 것이다. 이제 더 이상 우리는 오늘날까지 일본을 감정적·복수적 차원에서만 볼 수는 없다.

4. 한·일 관계의 새로운 미래지향적 응집력

한·일 관계의 최대저해요소는 첫째, 일제의 한국강점으로 인한 민족 감정적 대일본관의 지속성이며 둘째, 문화적 혜택국임에도 불구하고 일본이 세계

제2의 강대국으로 급성장하면서 우월주의·팽창주의·대국주의·황도주의적 자세로 나오고 있다는 점이고 셋째, 일본이 대한민국이 한반도 내에서 유일하게 공인된 합법정부라고 스스로 인정하고 있음에도 불구하고 정·경 분리 원칙이라는 편의주의하에 남북한 등거리외교로 한국의 국익을 손상 내지는 위협하고 있다는 점이며 넷째, 경제대국임에도 불구하고 한·일 간의 무역역조가 근 3백억 달러에 달하고 있음에도 오히려 무한대한 이익추구주의로 치닫고 있다는 것 등으로 요약되고 있다.

이런 우리의 국익을 위해롭게 지속화시키려는 근본적인 의도가 성실하고도 완전히 청산·불식되지 않는 한 한·일 양국의 최고지도자의 일시적 면담이 과연 얼마만큼의 극적인 효과를 제도적으로 얻을 수 있을지 매우 우려되는 바이다. 의병대장 유인석이 주장하였듯이 일본은 우리로부터 문화를 배워갔음에도 불구하고 은혜와 호혜·평등·신의를 모르는 민족이니 이를 경계하지 않고 손잡는다면 미구에 그네들에게 정치·경제적으로 예속당하지 않는다고 누가 장담할 수 있겠느냐고 온 국민에게 경고하였고, 정부의 대일 자세에 관해 각성을 촉구한 바 있다. 여하간 일본은 집단의 이익을 개인의 이익보다 항상 앞세우고 있다. 집단의 향상과 발전을 위한 개인의 희생은 가장 미덕으로 인정되고 있는 것이 지속적인 그네들의 속성인 것이다.

따라서 집단적 수직사회구성 안에서 생활하고 있는 일본인은 언제나 집단적 결정과 책임을 통해 전체의 이익을 성취시키려는 데에 여론과 그 실천을 집중시키고 있다.

일본인은 직업의식이 투철하여 처음 시작한 직장이 곧 정년퇴직할 최후의 직장이라는 생각을 갖고 일생일업이란 '평생직업의식' 속에 살고 있다. 종신고용제도는 바로 이러한 형태의 집단생활을 설명해 주는 대표적인 예인 것이다. 융화·합의·협력을 집단 내의 통념적 규범으로 살고 있는 것이 일본인의 공통적인 집단우선지향적인 성향이라 지적할 수 있겠다. 따라서 일본인은 개체로 있을 때는 허약하지만, 집단을 형성하면 더없이 강해진다는 통설이 확인되고 있는 것이다.

일본은 바로 민족의 응집력을 확보하여 근대화-부국강병책-를 추진함으로써 성공률을 높였던 것이다. 그네들이 가지고 있는 국민성의 상대적인 특징이 무엇인지 정리해 보고자 한다.

첫째, 사물에 대한 표현양식의 양면성을 들 수 있다. 둘째, 기본적으로는 전통, 즉 보수지향적인 특성을 보이고 있다. 셋째, 일본인은 자기 민족중심적인 성향이 짙게 각 개인 간에 깔려 있다. 최근 여론조사에서 현대일본인의 60%가 세계에서 자기 민족이 가장 우수한 민족이라는 자부심을 굳게 간직하고 있다. 최근 고등학교 교과서에서 한국 등 지배국의 역사를 왜곡·미화·날조하였던 것은 그 우월성·자만성 때문이었다고 본다. 넷째, 일본인은 의리와 인정을 존중하며 다섯째, 응집력과 조직력이 강한 민족인 것으로 나타나 있는 것이다.

일본이 오늘날 정치·경제의 강대국으로 성장한 원동력은 이런 몇 가지 원인을 먼저 그 기본요소로 손꼽아야 하겠는데, 특히 우리가 취할 바는 구성원 상호간에 상식처럼 추진되어 온 강한 응집력과 일사불란한 조직력을 우선적으로 거론해서 심층적으로 연구·분석·종합해야 할 시점에 있음을 알아야 한다. 한일관계는 두려움도 과신도 아닌 일본의 과거·현재와 미래에 대한 가장 정확한 연구·검토 위에 새롭게 대처하고, 상호 신뢰·평등원칙에 따라 의연한 자세로 임해야 국익을 얻을 수 있겠다.

5. 해결해야 할 21세기의 과제와 좌표

새로운 출발점으로서의 정치·외교상 한·일 관계의 과제와 좌표는 무엇일까. 1945년 이후 40년이 일제식민잔재의 불식과 민족사관정립의 기간이었다면, 그 이후 오늘날까지 20년은 반공·승공운동과 함께 형식적인 한·일 국교의 정상화로 지낸 시기였다. 앞으로의 20년의 단위는 신뢰와 공존이 바탕이 된 기반 위에 태평양 시대를 향한 한·일 간의 정치외교적 교류가 궁극적으로 전개되어야 한다.

신중론도 과신론도 다 같이 의미는 있으나 현실적이지는 못하다. 현실은 어디까지나 냉철한 국제적 현실이다. 현실의 문제를 과거사로 인해 사로잡혔던 소극성에서는 벗어나야 한다. 앞으로의 한국과 일본은 현재처럼 큰 격차로 달릴 수는 없는 것이다. 오히려 우리가 일본을 능가할 수 있다는 과거의 거울을 다시 한번 쳐다보고 회심의 미소를 지을 때가 온 것이다. 공연히 어디 매설해 놓은지 모를 지뢰밭을 걸어가는 듯 지레 겁을 먹을 필요는 없다. 현대는 정치침략이 아니고 경제침략이라는 방향이 분명하다. 경제침투는 곧 국가의 이익과 직결되는 것이다.

국익을 논하는 경우는 국제적으로도 신의나 전통적 우호관계가 우선순위일 수 없다. 1900년대 초 미국이 한국을 지원하는 것보다 일본과 손잡는 것이 국익을 계산할 수 있어서 을사조약을 체결하는 데 일본을 격려하였다.

임시정부 27년(1919~1945년) 동안에 미국은 전통적 수교국임에도 불구하고 끝내 국제적으로 우리의 임시정부를 승인하지 않았다. 국익을 놓고 볼 때 한국을 지원하는 것보다는 일본과 가까워야 더 장래성이 있었기 때문이었다. 영국의 경우도 이에 크게 벗어나지 않았다.

앞으로의 한·일 관계에서는 우리도 국익을 먼저 손꼽아서 외교적인 유화정책을 기술적으로 전개해야 할 것이다.

일본이 우리에게 적대적인 국가가 되어서는 세계평화의 균형을 파괴할 것이다. 이에 따라 일본은 과거의 우월주의·황도주의·팽창주의·제국주의·대국주의적 망상에서 깨어나 날카로운 이성과 신의를 가지고 이웃 한국을 호혜원칙으로 대해 주어야 할 것이다. 따라서 일본은 우리나라 외교정책의 수행에 적극 협조하고 적극적인 친선우호의 자세를 실천에 옮겨야 할 것이다.

이에 따라 한국은 정치외교적인 측면에서 일본의 예속적인 굴욕의 자세에서 과감히 벗어날 줄 알아야 한다. 세심한 주의와 경계가 대일 정치적·외교적 자세 속에서 일어날 때 우리는 국익을 얻을 수 있고, 국제사회에서 우리의 경우도 뚜렷하게 부각될 것으로 판단된다.

일본도 한국에 관하여 국익이 무엇이겠느냐는 태도로 나옴은 명약관화한 이론이다. 그들은 한국에 반일적 성격을 띠는 정권이 수립되어서는 곤란하다는 의견을 제시하고 있으며, 한국이 다른 국가에 의해 지배되어서는 의미가 없다고 본다. 그리고 경제적인 이익을 고수하고 외교적인 대부의 임무를 자담하고자 할 것이다.

적어도 일본의 오늘날의 국제적 외교채널은 우리가 상상할 수 없을 정도로 다양 다지하기 때문이다. 자유민주진영은 물론 공산진영에까지 그들 특유의 미소와 반복되는 구십 도의 최경례 외교가 전 세계에 먹혀 들어가고 있기 때문인 것이다.

3백억 달러 이상의 대일무역적자의 해소는 경제협의로 이루어질 것으로 보지만 그보다 정치외교적인 측면에서의 안정감 있는 차원 높은 논의가 폭넓게 오갈 때 실마리가 풀릴 것으로 전망해 본다. 경제적인 마찰·갈등은 정치외교적인 측면에서 국익을 손실케 할 우려도 있으니 상호 대등·호혜·평등원칙에서 단수 높은 협의가 주도적으로 이루어져야 할 것이다.

우리의 과거 역사에서의 실패는 협상의 주역들이 일본의 고도한 능변·기변·달변·표변소유자에게 몇 수씩 뒤지고 있었기 때문이었다. 따라서 번번이 국익을 충족시키지 못하고 거꾸로 그들에게 충족을 빼앗기는 실수의 연속이었음이 숨길 수 없는 엄연한 사실이었다.

경제문제해결의 정치적·외교적 기반과 그 틀이 이번 기회에 바람직하게 잡혀질 때 진정한 한·일 관계는 웃음 속에 꽃피워 웃음 속에 결실을 맺게 될 것이다. 한·일 간의 여러 가지 시급한 현안문제가 정치외교적 노력으로 타결되길 간절히 빈다.

6. 일본에 대한 대응책과 국민적 단결력

일본은 예민한 개성에다 더욱이 무사정신으로 뭉친 용감한 투지가 완비되어 있다고 말하는 이가 있다. '예민한 개성' 때문에 군국주의와 팽창주의로 치닫고 있었으며, '용감한 투지'로서 황도(皇道)주의와 대국주의로 발전한 것이 아닌가 한다.

일본은 분명히 우리 아닌 강대국을 향해 미소와 추파를 던지면서 계속 자기네들의 보조를 맞추어 갈 것이며, 한국민이 어떠한 유형으로 분통을 터뜨리고 응징·성토·규탄한다 해도 별로 눈 하나 깜박이지 않을 몹쓸 동물이라는 표현이 걸맞은 것 같다.

지난번의 교과서 전쟁은 단지 문제된 자귀(字句)의 재수정으로 끝날 수 있는 성질의 것 이상의 심각성이 내재되어 있음을 명심해야 할 것이다. 지금 그들이 추구하고 있는 국수주의적 정향(定向) 그 자체에는 자귀 재수정 따위는 문제도 되지 않는다는 점을 직시할 필요가 있겠다. 그 근본은 한·일 두 나라의 민족적·국가적 존재론 자체의 문제인 자아적 갈등, 우위성의 경쟁 등을 시사한다고 해도 과언이 아닐 것이다.

그동안 우리의 각종 항의양상에 접한 일본정부나 각료들의 한결같은 대한(對韓) 태도는 한마디로 피안의 불로 구경거리인 양 느긋한 제스처만 취하고 있는 것 같다. 그러니까 조건반사적인 발끈함의 자세로부터 우리의 강한 의지나 성격을 나타내 주는 위치로 서서히 정리하여 강력히 대응하는 거국적 강용(强勇)함을 보여 주어야 할 때가 바로 이때인 것이다. 즉, 감각적이기보다는 논리적으로 대처하고, 사건적인 질서에서 역사적인 이념으로, 단편적이고 즉흥적인 흥분에서 영속적이고 제도적인 장치로 고도화하는 지혜와 슬기가 뒤따라야만 우리의 우위가 인정될 수 있는 것이다.

따라서 우리는 일본의 군국주의가 부활되고, 황도주의의 망령이 되살아나며, 대국·팽창·우월주의적 성격을 노출시킨다고 극좌적인―항의 섞인―신경질적인 반응만 보일 단계는 지나갔다고 본다. 그에 맞서 극일(克日)·승일(勝日)할 수 있는 우리의 전략, 즉 민족사의 정통성과 높은 긍지의 전통문화를 계승·발전하겠다는 국민적 의지를 표방하고, 한국적인 정신사의 핵이 무엇인가 하는 실증적 인식체계가 마련되고, 그것의 재귀립과 제시가 무엇보다도 앞서야 될 것이다.

특히 일제강점 35년 가운데 27년 동안 군주제가 아닌 통일된 민주공화국 정부였던 대한민국임시정부를 우리 손으로 이끌어 왔다는 강력한 주체적이고 대동단결된 대한민국임시정부사를 정통성의 실제로 얼마든지 내세울 수 있다고 본다.

한국적인 것, 즉 정신사의 구심점이 될 수 있는 우리 전통문화와 —화랑정신·불교의 호국정신·유교의 충군애국정신·동학의 보국안민정신·개화독립정신—을 차제에 공통적으로 추출하여 한국정신으로 정립하고, 그 기치 아래 온 국민이 대동단결할 수 있다면 우리도 강성해 질 것이니 일본이 우리를 얕볼 수 없을 것은 자명한 이치인 것이다. 한국정신이 정립되어 국민적 차원으로 확산·터득·체질화될 때 우리는 분명히 일본을 능가하여 극복할 수 있을 것으로 전망한다.

그리하여 정부지도층·일반국민이 제 입장을 지켜 한 가지로 뭉쳐 국론이 통일될 때 제3의 힘이 용솟음쳐 '번영 한국'을 제도적으로 잉태·결실케 될 것이라고 확신한다. 우리는 지금 강대국 간의 미묘한 역작용 속에서 국토분단이라는 비극적 시대에 살고 있다. 통일조국의 달성이 그 어느 때보다 화급성(火急性)을 제시하여 기약으로의 매진이 요구되는 긴박한 실정에 놓여 있음을 다시 한번 강조해 둔다.

따라서 다시 이야기하고 싶지도 않은 일본의 10여 종의 고교역사 교과서 중에서 한국사관계의 기술부분을 의도적으로 왜곡·미화·개작한 사실과 함께 주목할 것은 일본국력 대 한국국력이라는 국제정치적인 차원에서 세력균형유지의 문제를 검토하는 한 단계 높은 협상을 전개해야 한다는 사실이다.

통일도 못하는 결함투성이의 한국 민족을 존경은커녕 오히려 얕잡아 본다는 사실이 뼛속 깊이 한(恨)일 뿐이다.

따라서 우리는 일과성을 지양하고 이런 것을 계기로 일본 등이 주변국가의 허점을 노리는 나쁜 습성을 장기적으로 단호히 척결·응징할 필요가 있다.

사실상 교과서 문제는 한·일 양국관계에서 빙산의 일각에 지나지 않는다고 본다. 같은 동양권을 다룸에 있어서 중국의 경우는 국가적인 대응자세가 훨씬 유연성과 개전성을 보이고 있다는 사실을 직시해야 한다. 중공이 대국적인 저력을 과시하면서 일전도 불사할 위협적 자세를 보이니 강대국이라는 일본도 움찔하는 자세를 취하고 있다. 이에 비하여 우리는 국가적인 차원에서 일본의 경거망동에 관하여 어떠한 반응을 보였나. 외교적으로 잘 처리된다는 극히 안일하고 예의적인 자세로 일관한 듯싶으니 그들은 그 저의를 알면서도 경시하거나 고의적이고 외교적인 책임 없는 답변으로 우리를 기만하고 간단히 주무르려 하지 않는가.

따라서 옛적부터 많은 의식 있는 선비가 일본을 지적하였듯이 혼 좀 내주면 정신 차리는 민족이라는 사실을 우리는 문화를 전파시켜 준 어르신네의 입장에서 자상하게 간심(看審)하는 현명과 지혜를 가져야 한다. 우유부단하면 할수록 우리는 과거의 비참했던 그 시절로 대접받기가 일쑤인 것이다. 20세기 백주에 나라를 빼앗긴 지지리도 못남을 다시 재현시키지 않으려면 독립운동적인 차원에서 민족적 결단력을 크게 보일 때라고 거듭 촉구하고 싶다.

8 · 15 광복을 맞는 오늘의 시각

1. 8 · 15 이해의 전제조건

2005년에 맞이하는 8 · 15광복은 1945년으로부터 벌써 60년이 지나 이를 바라보게 된 벅찬 감회에 젖어 오늘의 그것을 이해하는 시각도 보다 새로워져야 한다고 강조해 본다.

8 · 15의 민족사적 의의를 세계사적인 발전과 미래지향적인 측면에서 검토 · 비판해 보는 것이 8 · 15를 오늘의 시점에서 이해하는 첩경이 될 것이고 순리일 것 같다.

첫째, 민족의 광복 60년은 곧 외세의 역작용에 의한 분단 40년사로 처참한 따돌림 속에서 자체 내의 골육상쟁을 자초한 민족적 자존심의 실추와 그 치부 폭로의 연속이었다고 생각된다.

이런 맥락에서 검토해 볼 때 제2차 세계대전의 전후처리문제가 다른 나라의 경우에서는 대개 잘 마무리되어 새로이 의욕적으로 재출발을 기약 받을 수 있었다. 그러나 우리나라의 경우는 휴전상태와 강대국의 의도적 점령사태로 오히려 제2의 불편한 시대를 감내치 않을 수 없게 되는 숙명적 간섭의 장을 마련했다고도 볼 수 있다. 따라서 그런 비자주적이고 저해적인 여러 가지 요소가 3년간 소용돌이치다가 대한민국의 정식정부를 불완전하나마 유일한 합법정부로 인정 표출시키게 되었다.

둘째, 우리는 이제 8 · 15이후 과거와 다른 새 차원에서의 한 · 일 관계를 정립시켜야 하겠다.

광복 60년 속에는 식민잔재불식과 반공문제해결로 30년, 그 이후 양국의 국교정상화와 그것을 어떻게 지혜롭게 소화하고, 새 역사도정에 아로 새길 것이냐로 30년을 보낸 셈이다. 과거 광복 60년은 이렇게 보냈으나 앞으로의 한·일 관계는 어떻게 긴밀하고도 평화적이고 상호평등과 이해·신뢰 속에서 동반자의 시대를 개척·유지해 갈 것이냐 하는 큰 과제를 남겨 놓았다고 본다. 더욱이 대한민국의 경우 이니셔티브를 잡고 동아정국을 이끌어 가야 할 민족적 사명과 과제가 남아 있음을 이 감격 시대 8·15에 즈음하여 해결해야 할 우리의 과업 중 우선순위의 과제라고 본다.

셋째, 민족통일로의 접근과 독립자존의 민족적 의지를 조직화·체계화하는 일이 선행되어야 하겠다.

단일민족의 자긍은 오늘날 세계화의 추세와 경향 속에서 더 절실히 느낄 수 있는 우리들의 강점이며, 한국적 정신사의 주맥이 된다고 믿어 그 경쟁력이 매우 높다는 데 장래성을 걸어도 좋을 것이다.

8·15가 주는 경종적 교훈은 먼저 하나였던 그 상태로 복귀·회복해야 살아 갈 수 있다는 것이다. 민족의 에너지가 반목, 질시, 악의적 경쟁, 불화, 외세의존적 경향으로 흘러 단결을 해치고 손실이 컸던 것을 우리는 이제 이런 계기를 맞아 곰곰이 성찰할 때가 된 것이다.

진정하고 바람직한 8·15의 전제조건은 달갑지 않은 다른 민족의 강점하에서 외래의 강권·압력의 공권력과 우리 한민족의 본래 있었던 평화공존지향이 서로 마찰·갈등·상극된 관계였던 불편한 상태인식체계를 끝내게 하는 데서 찾아보아야 한다. 8·15는 임시 시대에서 정식 시대로의 도약과 그 기반을 다지는 역사적 계기를 마련해 준 애국심의 원천이며, 민족발전의 새 출발선이 된 것이었다.

넷째, 우리의 8·15광복으로 패전국이 된 일본이 웅비라는 민족적 도약을 통해 세계 강대국이 되었는데, 그 방법, 그 정신, 그 신념을 우리 측의 경우에서 한번 검토해야만 진정한 8·15의 의미를 터득하게 될 것이다.

2. 8 · 15광복과 한민족의 방향감각

1910년 우리나라를 신흥제국주의 일본에 강점당한 지 35년 만에 한민족은 국내외에서의 전대미문의 전후적 독립전쟁의 결과로 1945년 8 · 15 민족의 광복을 맞았다.

그것은 곧 1945년 8월 15일 일제의 패전으로 세계의 지속적 평화와 자유 수호국 앞에 제시한 민족의 환희였다. 소위 대동아공영권의 건설이라는 미명 하에 침략전쟁을 도발하였던 일본은 1943년 6월 동맹국인 이탈리아와 1945년 5월 같은 계열의 독일이 차례로 항복하면서 급속하게 전력이 약화된 데다가 그해 8월 초 두 곳에 원자탄 세례를 받자 결정적으로 항복의사를 밝혔다. 내외여건에 따라 광복을 맞게 된 한민족은 태극기와 애국가로 전국을 수놓는 등 완전독립이 35년 만에 실현되었다고 열광적으로 환호하였다. 이미 한국의 독립보장은 임정(臨政)요인의 외교적인 성과에 의하여 카이로 회담(1943. 11)과 포츠담 선언(1945. 7)에서 미 · 영 · 중 등 강대국 수뇌들이 합의한 바 있었다. 이는 우리나라의 완전독립이 국제적으로 공인된 약속임에도 강대국의 이해관계로 인하여 전후(戰後)에 곧 실현되지 못하였다. 연합국은 얄타회담으로 한국에 38도선의 군사경계선을 긋고 남북에 미 · 소군대가 진주하여 군정을 실시한 것이다. 한국인민의 노예상태에 유의하고 적당한 시기에 한국을 해방시키며 독립시킬 것을 결의한다고 세계에 선포한 공신력 있는 강대국의 약속과 그것의 재확인이 공개적으로 이루어졌음에도 불구하고, 우리는 또다시 미 · 소의 진주와 군정이라는 청천벽력과도 같은 곤혹과 당황의 간섭 시대를 맞아 그 기구한 역사의 운명은 계속되었던 것이다.

임정직할 정규군대인 광복군의 자율적이고 단독적인 국내진입작전이 우리의 의사대로 이루어졌다면 패색 짙은 일본군대의 힘이 제아무리 막강하다 손치더라도 기어이 빼앗긴 조국을 우리 손으로 다시 직접 쟁취 할 수 있었을 것은 얼른 짐작이 되는 상황판단인 것이다.

독립투쟁의 주체세력은 일제강점하 3 · 1혁명이 일어남을 계기로 상해에

대한민국임시정부를 수립하여 27년간 헌법에 따라 민주공화정을 실시하는
한편, 이를 구심점으로 해서 국내외의 민족독립운동을 지휘하였다. 3권분립
형태의 민주정부를 가지고 있었던 한민족은 비록 강점당해 있었다 해도 민
주정부를 운영하고 있다는 황홀과 긍지 속에서 한민족은 조그만 성의라도
대폭 쏟아 지원하고 이끌면서 완전독립국가의 수립이라는 최대목표를 달성
시켜 갔던 것이다.

　임정의 당면최대목표는 절대완전독립국가 건설에 있었던 것이다. 보조국사
의 말같이 "이 땅에서 넘어진 자 이 땅을 걸고 일어난다"(因地而敗者 因地
而起)는 신념을 국내외동포는 굳게 간직하고 자유와 평화의 쟁취를 위하여
폭력과 탄압에 항거하였던 것이다.

3. 군정(軍政)과 민족환희의 당혹

　남·북한에서는 미군과 소련군에 의한 군정이 우리의 절대완전독립의지와
는 상관없이 자기네들의 이해에 따라 국제관계에 의하여 실시되었던 것이다.
따라서 절대독립을 열망하던 한국민은 충격과 실망 속에서 그 진로모색에
절치부심하였다.

　이런 상황 속에서도 한국민을 실망·격분시킨 것은 5개년 간의 한국신탁
통치안이라는 해괴망칙스러운 타율적 한국문제해결의 제시였다. 공산당을 제
외하고 온 국민의 반탁(反託)운동은 이래서 전국적인 규모로 일어났다. 그해
12월 모스크바에서 열린 미국·영국·소련의 외상회의를 통해 이 같은 요지
의 한국문제처리 방안이 제시·합의된 것이다. 그해 10월과 11월에 이승
만·김구 등 해외 독립 운동가들이 속속 환국하면서 혼란을 수습할 단계에
놓여 있을 때 이런 안(案)이 나타나게 된 것이다. 이때 국내는 사상적인 부
재현상이 노출되었다. 좌우파의 대립·갈등으로 무질서와 혼란이 가중 되어
가고 있었다. 이철승 등 사회가 좌우익 두 갈래로 쪼개졌다. 국민들은 이승

만, 김구를 모시고 '신탁통치반대 국민총동원위원회'를 결성하고, 잇달아 이런 종류의 투쟁모임이 생겨나 응징하였다.

처음에는 좌파까지도 반탁운동에 참가하여 민족적 단합의 계기가 마련되는 듯싶었으나 소련의 사주를 받은 그들은 표변하여 다음해 1월 3일 민족적 양심을 외면한 채 찬탁(贊託)을 외쳐 뜻있는 국민의 빈축과 실망을 샀다. 우파 민족진영에서는 이승만계와 김구계가 대립되었다. 이승만계는 한민당(韓民黨)과 손잡고 대한독립촉성국민회를 장악하였다. 소련 측은 찬탁을 주장하는 단체들만으로 정부를 수립하자고 고집을 내세워 3상회의 결과 미·소공동위원회는 두 번이나 열렸으나 결렬되고 말았다. 결국 외세의 작용이 통일정부수립의 정계를 혼미 속으로 몰아 국토분단의 비극과 민족적 분열을 초래케 하였다.

이런 절박한 상황 속에서 광복 이후의 여러 가지 익숙하지 못한 정치의식의 바탕은 혼란과 사상적 부재현상을 완전히 불식·극복하지 못하고 말았다. 이 같은 현대화 의식과 정신적 빈곤은 사회와 정치에도 그대로 반영됨으로써 걷잡을 수 없는 혼란과 일방적인 흑백이론으로 빠졌다. 국가의 장래를 위하여 국내외에서 독립운동에 심혈을 쏟던 여운형과 장덕수가 암살당하였고, 해방투쟁의 중심세력인 임정의 주석 김구도 백주에 총격을 받고 쓰러지는 등 민족의 비극은 절정에 달하는 듯싶었다. 특히 남북협상(대화)을 통해서 통일을 주장한 김구의 남한만의 단독정부의 수립이 영구히 분단을 자초하고 말 것이라는 경고와 예언적 주장을 펴면서 정국수습과 민족의 평화적 통일을 갈구했으나 미묘한 정치세력에 밀려나고 말았다.

군정 3년 기간 중 미국의 제안으로 한국의 독립정부수립문제가 유엔총회에 상정되었다. 결국 미국의 제안은 9개국으로 구성된 유엔한국임시위원단을 설치하여 유엔 감시하에 한반도에서 동시 선거를 실시하고 조속히 통일독립정부를 수립시키자는 긍정적인 의도였다. 그러나 소련과 김일성은 한국임시위원단의 입북을 거절하였기 때문에 북한 지역에서의 선거실시는 불가능하게 되고 말았다. 이에 대하여 유엔은 소총회를 개최하고 선거가 가능할 수 있는 지역에서만이라도 우선 총선거를 실시하여 한국민의 독립정부를 수립하도록 협조하자는 결의를 굳혔다. 이때에도 김구·조소앙 등 임정계 인사들은 한사코 반대하였다. "우리가 해외에서 죽자고 싸운 것은 반쪽 국가를 찾자는 것이 아니었다. 우리가 피를 흘린 것은 본래의 한 땅덩어리 한민족의 큰 나라를 찾고 보존하자는 데 그 최대의 목적이 있었다."고 통일된 완전한 독립국가형성에의 굳은 의지의 신념을 보였다. 김구는 "이대로 나간다면 멀지 않아 북쪽에 있는 김일성이 쳐들어와 적화통일을 할지도 모른다. 다소 시간이 걸리고 희생이 뒤따른다 해도 온갖 지혜를 모으고 성력(誠力)을 합하여 통일조국을 달성해야 합니다." 하고 절대완전독립국가의 수립을 거듭 주장하기에 이른 것이다. 그는 김일성의 속마음을 파악하지 못하는 한계를 노출하였다.

그들의 주장이 관철되지 않자 임정계는 5·10선거(1948년)를 거부하고 절대 완전통일정부의 수립을 계속 주장하였다. 본래 대한제국의 맥을 이은 대한민국임시정부는 27년 동안 중국 각지를 유랑하면서도 통일헌법하에 통일정부를 유지한 혁혁한 투쟁과 긍지의 역사를 가지고 있었다.

이승만의 단선·단정(單選·單政)은 반조각 정부구성밖에는 안 되는 근시안적인 정치구상이며, 목적인인 결과유도로 밖에는 평가할 수 없는 것이나 선택은 최상인 것이나 독립정신이 누구보다도 투철한 이승만의 이 같은 정부구성의 저의는 과연 무엇이었을까. 남한만의 단독정부를 수립해야 하는 절박한 의도는 무엇이었을까. 선진국과 후통일의 국제적인 높은 안목이 대한민국을 건국한 것으로 매우 타당한 선택이었다.

4. 제헌정신의 정통사적 의의와 민주체제의 복원

1948년 7월 17일 전문 및 본문 103조인 대한민국헌법이 제정·공포 되었다. 그러나 이것이 우리나라의 최초의 헌법은 아니었다. 최초의 헌법은 그보다 30여 년 전인 1919년 4월 10일 상해의 임시의정원에서 조소앙, 이시

영 등이 제정·공포한 10개조의 임시헌장이 기본이 되는 것이다. 홍범 14조를 제외하고 필자는 이 글을 쓰기 위하여 유진오, 한태연 등 손꼽히는 헌법학자들의 논문이나 저서를 뒤져 보았지만 임정 27년 동안의 헌법에 관하여서는 거의 취급하거나 평가되지 않았다. 임정 하에서 5차의 개헌과정을 거쳤음에도 불구하고 언급치 않은 것은 무슨 이유인지 모르겠다. 그 10개조의 임시헌장은 곧 오늘날의 130여 조 부칙에 달하는 헌법의 모체와 근간이 되었음을 대비해 보면 즉각 알 수 있다.

광복·이후의 제헌정신은 곧 임정의 제헌의도와 신념에 기초하고 출발해야 하지 않을까 한다. 적어도 신생국의 틀을 벗지 못하고 있는 현대한국의 경우에서 더욱 그러한 것이다.

헌법은 다른 무엇보다 직접적으로 국가의 정치적 성격의 총 표현이라 볼 수 있겠다. 따라서 근대헌법은 첫째, 국민의 기본권을 헌법으로 보장하고 있는 것이다. 그 기본권은 각인의 자유와 평등권을 의미하는 것으로서 프랑스혁명이나 미국독립당시의 근대민주주의사상이라고 말할 수 있다. 둘째, 국가의 권력을 몇 개로 나누어 그것을 각각 독립한 몇 개의 기관에 분속(分屬)시킴으로써 국민의 권리보장을 관철하려는 권력분립주의를 국가조직의 원리로 삼는 헌법인 것인데, 이를 시행하는 과정에서 이승만의 경우는 이론과 실제 면에서 차이를 두었다.

우리의 헌법전문에는 첫째, 우리의 독립이 외력만으로 이룩된 것이 아니라 우리 자신의 값진 피의 대가로 된 것임을 강조하여 민주혁명의 구국정신을 기저에 깔고 있다. 둘째, 우리 국가는 개인주의·세계주의에 입각하는 것이 아니라 한민족의 단결 위에 기초를 둔다는 것을 강조하였다. 셋째, 각인의 자유와 평등을 존중하고 보장한다. 넷째, 국민생활의 월등한 향상을 기약한다. 다섯째, 항구적인 국제평화를 유지하도록 노력한다는 것을 표현하여 국가의 기본성격을 나타냈다. 이 같은 광복 이후의 제헌정신은 그 바탕을 프랑스나 미국의 경우에 두고 있는 것 같으나 실은 임정의 제헌정신과 일맥상통하는 것을 볼 수 있다. 어떤 면에서는 대한민국의 제헌정신은 곧 임정의 그것을 묵시적으로 계승·유지하려 생각한 것이 아니었을까 한다.

　아무튼 임정계가 불참한 가운데 실시된 1948년 5월 10일 총선거에 의하여 구성된 국회의 첫째 임무는 정부수립을 뒷받침할 제헌의 과업이었다. 이를 위하여 선출된 198명의 의원이 모여 5월 31일 정식 제헌 국회가 소집된 것이다. 여기서 이승만과 신익희가 정·부의장으로 선출되었다. 그날 헌법기초위원(30명)과 전문위원(10명)의 선출을 결의하였으며, 6월 3일 이를 각기 선출하였다. 6월 30일부터 전문위원 유진오의 헌법초안이 기초위원회에서 토의되었다. 처음에는 의원내각제와 국회양원제의 내용이었으나 그 당시의 정치세력분포가 한민당계 의원이 지배세력을 가지고 있었다는 점에 주의할 필요가 있는 것이다. 그러나 대통령제와 국회단원제를 고집하는 이승만의 현실정치론에 압도되어 그대로 낙착되었다. 따라서 기초위원회에서는 16차에 걸친 토론 끝에 대통령제와 국회의 단원제를 채택하였다.

　이승만은 한민당계의 지지를 받고 있었기 때문에 그들과의 제휴는 불가피하였던 것이다. 단지 제도상 국회의 정부 불신임결의권과 정부의 국회해산권만을 삭제하고, 나머지는 서로 교환하는 의미로 수정하여 절충식이라는 느낌을 갖게 하였다. 이승만 자신이 1925년에 임시의정원에서 대통령직을 탄핵받아 축출되었던 경험이 있었기에 이를 절충·타협한 것이다. 이를 6월 23일 국회 16차 본회의에 상정하여 정치적 일정에 따라 부분적으로 수정하는 것 외에는 원안대로 6월 30일 제1독회를, 7월 7일에는 제2독회를, 7월 12일에는 제3독회까지 완료하였다. 이를 토대로 국회에서 완전히 통과된 것이다. 따라서 7월 17일 국회의사당에서 공포식을 거행하고, 의장 이승만의 서명으로 내외에 정식으로 공포되기에 이른 것이다.

5. 대한민국의 수립과 그 역사적 의미 부여

　이런 공식적인 과정을 거쳐 공포된 헌법은 그 날로부터 시행하게 되었다.

7월 20일에는 헌법규정에 따라 대통령과 부통령의 선거가 있었다. 이승만과 이시영이 그 직임을 맡았다. 7월 24일에는 곧 취임식을 거행하고, 8월 3일 국무총리의 임명을 국회가 승인하고, 손대 내각이 성립되었는데 거의가 독립운동가로 임명되었다. 즉, 각 국무위원(장관)과 처장, 대법원장이 차례로 임명되어 제2공화국인 대한민국이 임시정부 아닌 정식정부로 탄생하여 임정의 법통성을 연결하면서 수립된 것이다. 그리하여 8월 15일 중앙청 앞에서 대한민국 건국의 독립선포식이 엄숙하게 국내외 귀빈 다수의 참석리에 성료되었던 것이다.

임정 시대의 5차개헌은 그 근본취지와 목표가 독립전쟁수행이라는 구국적 차원에서 지도체제의 민주적 조절과 안정을 찾고자 함에서 출발하였다. 그러나 이승만과 박정희 시대의 개헌은 정권연장이나 자파(自派)세력의 공고한 구축 등 민주정치의 원리와는 거리가 있는 것이다. 그러므로 오늘날까지의 민주정치의 경험은 85년의 세월을 토대로 하고 있는 셈이었다.

결론적으로 제2공화국 대한민국의 수립은 어떤 의미가 있을까를 지적해 보면 첫째, 1948년 8월 15일의 정부수립은 임시정부의 법통성을 계승하는 것으로서 분명히 제2공화국의 성립이라는 역사적·계승적인 의의가 주어져야 한다는 것을 강조해 두고 싶다.

둘째, 제헌정신은 임정의 헌장을 계승 유지하되, 조소앙의 삼균주의(三均主義)사상과 건국강령도 함께 신생대한민국의 건국이념하에 강렬하게 저력적으로 연결·유지되고 있음을 새삼 강조해야 할 것이다.

셋째, 대한민국의 수립은 두말할 필요 없이 한반도에 있어서 유일한 합법정부로서 세계적인 공인을 받은 법통성이 연결되고 있음을 큰 의미와 자부심으로 손꼽을 수 있겠다.

그러나 이승만에 의한 자율정부라는 신생국가건설이 공산계를 흡수·통합하여 민족의 대합창인 '통일 대한민국'이 되지 못하였을 뿐 아니라 민족해방투쟁의 주체세력인 임정계 등 독립투사들이나 양심 있는 선비·학자가 탈락된 거국내각이었다는 점에서 대한민국의 출발부터가 아쉽다. 반민특위라는 커다란 민족정기를 판가름하는 그물이 설치되었으면서도 그것을 정상 가동시키지 못하고 친일, 부일배, 기회주의 자정상배, 안일무사주의자, 아첨배, 정권 탐욕자까지 대거 신생정부에 참여함으로써 "약삭빠르면 기회는 온다."는 잘못된 가치관의 전례를 남겨 놓았다.

일정기간 근신하고 반성·회개하여 재생의 기회를 잡아 다시 참신한 정신으로 봉사할 수 있는 여건이 마련되어야 민족이 번영하는 것이다.

넷째, 6·25남침전쟁 이후, 4·19, 5·16, 6·3사태, 10월유신, 10·26사태 …… 등의 정치적 악순환이 이어지고 있는 것이다. 8·15광복의 민족사 의의는 독립국가의 탄생과 민주주의로의 장점을 가져다주었고, 발전과 비판의 장을 열어 주었다고 평가해 본다.

다섯째, 우리는 이제 2005년 8월로 민족의 광복 60년과 대한민국의 정식 수립 57년을 맞게 되었다. 신생국으로서의 발랄하고 생동감 넘치는 출범으로 인하여 선진화라는 과업을 달성해 가고 있다. 온 국민의 화합의식이 바탕이 되어 이순의 광복을 맞게 되었다.

그러나 우리의 가장 큰 민족사적 과제는 통일과업의 달성이라고 생각된다. 이 과업은 신라통일 이후 오늘날까지 우리가 해야 할 최우선적인 지상과제가 아닐 수 없는 것이다. 일제강점 35년간의 독립전쟁을 치루면서 우리는 수백만 명의 희생자를 낸 전대미문(前代未聞)의 큰 상처를 안고 있다. 이의 치유방법은 곧 민족의 평화적 통일로 국력의 신장과 세계화로의 도약을 실천의지로 완수할 때 가능한 것이고, "오늘 우리의 우리된 도리를 충실하거나 다하는 소이가 된다"고 결론지어 본다.

인명색인

사항색인

●저 자●

이 현 회 ·약 력·

서울 출신 문학박사. 한국근현대사 전공.
국사편찬위원회 편사연구관. 정문연 역사연구실장. 성신여대 교수.

국사편찬위원, 문화재위원, 도서윤리위원, 인권위원, 국사교육강화위원,
동학학회장, 한국민족운동사학회장, 자유지성300인회 공동대표
등 15개 자문위원 역임.

현재, 성신여대명예교수, 서울시표석자문위원장, 서울신문명예논설위원,
한국현대사연구소장, 동학학회명예회장, 백범연구소 상임이사,
이동녕기념사업회이사, 6.10만세기념사업회장, 조동호기념사업회장
등 12개 단체 임원.

서울시문화상 등 5개 학술상 수상. 황조근정훈장 수훈 등 6개 훈장 수훈.

·저 서·

대한민국임시정부사연구 전2권, 한국의 역사 전20권 등 75권 11책.

征韓論의 背景과 影響

• 초판 인쇄	2006년 1월 10일
• 초판 발행	2006년 1월 10일
• 지 은 이	이현희
• 펴 낸 이	채종준
• 펴 낸 곳	한국학술정보㈜
	경기도 파주시 교하읍 문발리 526-2
	파주출판문화정보산업단지
	전화 031) 908-3181(대표) · 팩스 031) 908-3189
	홈페이지 http://www.kstudy.com
	e-mail(e-Book사업부) ebook@kstudy.com
• 등 록	제일산-115호(2000. 6. 19)
• 가 격	29,000원

ISBN   89-534-4490-X 93910 (Paper Book)
        89-534-4491-8 98910 (e-Book)